U0801277

法博士教你
学法用法系列

教你化解
婚姻家事纠纷

123个婚姻家庭
疑难法律问题实操指引

张 力 著

法律出版社 | LAW PRESS
北京

图书在版编目（CIP）数据

教你化解婚姻家事纠纷：123 个婚姻家庭疑难法律问题实操指引 / 张力著. -- 北京：法律出版社，2025.

ISBN 978-7-5197-9992-2

Ⅰ. D923.9

中国国家版本馆 CIP 数据核字第 2025TB1962 号

教你化解婚姻家事纠纷：123 个婚姻家庭疑难法律问题实操指引

JIAONI HUAJIE HUNYIN JIASHI JIUFEN：123 GE HUNYIN JIATING YINAN FALÜ WENTI SHICAO ZHIYIN

张　力　著

策划编辑　陈　妮

责任编辑　陈　妮　李晶晶

装帧设计　鲍龙卉

出版发行　法律出版社

编辑统筹　法治与经济出版分社

责任校对　晁明慧

责任印制　吕亚莉

经　　销　新华书店

开本　710 毫米×1000 毫米　1/16

印张　20.75　　**字数**　409 千

版本　2025 年 6 月第 1 版

印次　2025 年 6 月第 1 次印刷

印刷　保定市中画美凯印刷有限公司

地址：北京市丰台区莲花池西里 7 号（100073）

网址：www.lawpress.com.cn

投稿邮箱：info@lawpress.com.cn

举报盗版邮箱：jbwq@lawpress.com.cn

销售电话：010-83938349

客服电话：010-83938350

咨询电话：010-63939796

版权所有·侵权必究

书号：ISBN 978-7-5197-9992-2

定价：99.00 元

凡购买本社图书，如有印装错误，我社负责退换。电话：010-83938349

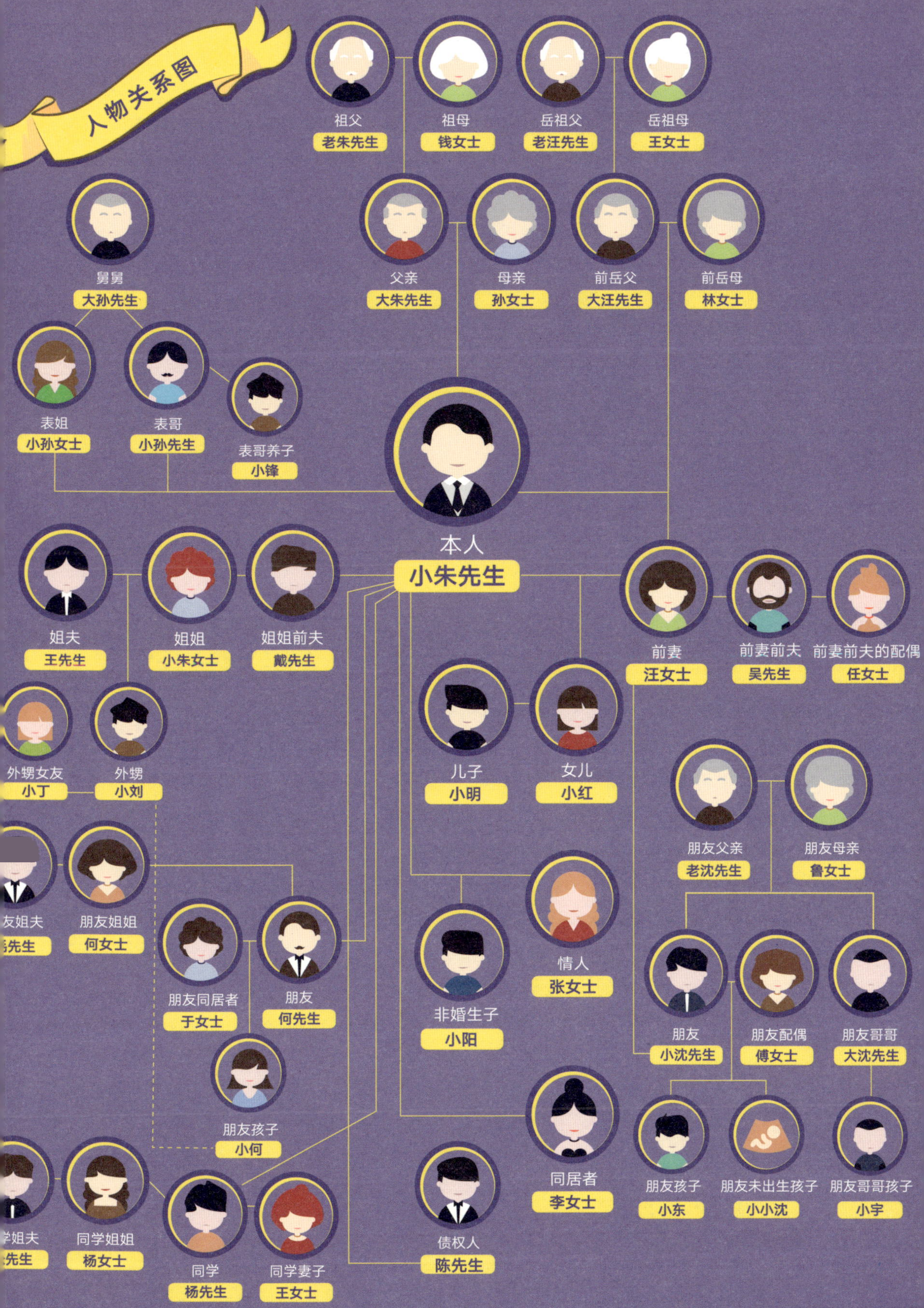

人物关系图
祖父
老朱先生
祖母
钱女士
岳祖父
老汪先生
岳祖母
王女士
舅舅
大孙先生
父亲
大朱先生
母亲
孙女士
前岳父
大汪先生
前岳母
林女士
表姐
小孙女士
表哥
小孙先生
表哥养子
小锋
本人
小朱先生
姐夫
王先生
姐姐
小朱女士
姐姐前夫
戴先生
前妻
汪女士
前妻前夫
吴先生
前妻前夫的配偶
任女士
儿子
小明
女儿
小红
外甥女友
小丁
外甥
小刘
朋友父亲
老沈先生
朋友母亲
鲁女士
友姐夫
朋友姐姐
何女士
朋友同居者
于女士
朋友
何先生
非婚生子
小阳
情人
张女士
朋友
小沈先生
朋友配偶
傅女士
朋友哥哥
大沈先生
朋友孩子
小何
同居者
李女士
朋友孩子
小东
朋友未出生孩子
小小沈
朋友哥哥孩子
小宇
同学姐姐
杨女士
同学
杨先生
同学妻子
王女士
债权人
陈先生

序

当代中国社会的飞速发展重塑了民众的婚姻图景。从 20 世纪 80 年代象征幸福婚姻的“三转一响”,到如今动辄数十万元的彩礼争议;从计划经济时代简单的家庭财产分割,到如今涉及股权、房产、网络虚拟财产的复杂博弈——婚姻家事纠纷已演变为交织着情感纠葛与法律博弈的社会课题。2022~2024 年,全国法院每年审结一审婚姻家庭继承纠纷案件约 200 万件。

这种变化不仅考验着法律从业者的专业能力,更让普通民众面临诸多困惑:有人因误解夫妻共同债务规则而背负巨债,有人因错认离婚财产分配原则丧失应有权益,更有人因对婚姻制度的误读陷入“恐婚”焦虑。当法律知识的缺失演变为家庭矛盾的导火索,一本能讲透法律原理、提供解决方案的实操指引便显得尤为重要。

作为长期从事婚姻家庭法研究的学者,我亲历了婚姻家事纠纷从“家长里短”到“专业命题”的演变历程。10 年前当事人常问“离婚是否需要单位证明”“遗产如何分配”,如今则更多聚焦“婚前股权婚后增值如何分割”“网络虚拟财产是否可以继承”等新型问题。解答这些真实的法律困惑,正是本书的写作初衷。

本书以“小朱先生的人生轨迹”为叙事主线,从恋爱结婚到生儿育女,从婚姻危机到遗产继承,通过 123 个场景化故事串联起婚姻家庭继承的全生命周期,涵盖了实践中常见的婚姻继承家事纠纷。

爱情的开始或许是冲动且激情的,但婚姻的缔结应当是冷静且理性的。在婚姻开始之前,我们将跟随小朱先生及他的家人、朋友,一步步了解彩礼、父母出资购房、婚前财产的分配制度以及婚前债务的承担等相关问题的处理。近几年房价飞涨,新婚夫妻缺乏独立购买的经济实力,一方或双方父母往往选择为小两口出资购买房屋,但出资一方父母难免担心遭遇“洗房”而“家财外流”。您将在本书中看到司法实践对类似案例处理的最新动向,从而未雨绸缪规划婚前财产。

天下之本在国,国之本在家,家和万事兴。优良家风不仅存在于理念的宣讲,更在于家庭关系的具体展现。我们将跟随小朱先生和他的家人及朋友,学习如何正确处理家庭关系,尤其是夫妻婚内财产与债务管理、父母与子女间的权利义务关系以及夫妻与双方父母的关系。例如,家庭冷暴力应该如何处理、夫妻一方投资的收益应归谁、夫妻一方将财产赠与第三者应该如何处理等实践中常见的家事困惑。阅读本书后,您能够了解到优良家风的理念如何贯彻于立法、司法与执法的方方面面,并自觉在婚姻生活中维护家庭和谐。

离婚并不是可耻的事，而是双方追求新生活的开始。我们将跟随小朱先生和他的家人、朋友，学习如何为婚姻画上圆满句号。阅读本书后，您将明白处理婚姻存续期间财产与债务的方法、抚养义务与抚养权利的区分，并了解离婚损害赔偿制度与离婚经济补偿制度。

生老病死，人之常情。谁也不知道明天和意外谁先到来，我们能够做的是知道意外到来时会发生什么并提前规划。我们将跟随小朱先生和他的家人、朋友们，学习当死亡来到我们身边时，我们应该如何应对。通过阅读本书，您能够了解到如何订立一份合法有效的遗嘱（尤其是在危急情况下如何形成有效的口头遗嘱）、在无遗嘱情况下财产的处理以及有多份遗嘱或遗赠扶养协议时的财产处理问题。

本书根据《最高人民法院关于适用〈中华人民共和国民法典〉婚姻家庭编的解释（二）》和 2025 年《婚姻登记条例》全新撰写，除上述主线外，本书还涉及收养子女、非婚生子女等特殊群体的权利保护，农村宅基地、承包土地和游戏账号等网络虚拟财产的继承以及对 2025 年《婚姻登记条例》的新规理解等近几年的热点问题。

我们特别设计了“三步学习法”：每个话题以故事情节引入，通过抽丝剥茧的专业解析明确法律规则与司法处理，最后附上专业提示拓展实务要点。这种“问题导向+解决方案+实务拓展”的架构，让抽象的法条化作可操作的生活智慧。

全书贯彻“法律是婚姻守护者”的核心理念：通过婚前财产约定的相关故事帮助年轻人理性开启婚姻，借助故事中离婚损害赔偿的处理为破碎关系划定公平底线，运用故事探讨遗嘱的有效要件让亲情延续更有保障。我们期待，当您合上这本书时，收获的不仅是处理家事纠纷的方法，更是经营幸福家庭的智慧与底气。

是为序。

2025 年 4 月于重庆

目录

CONTENTS

1. 夫妻一方婚前的财产，结婚后会变成夫妻共同财产吗？

小朱先生与汪女士结婚前，自己拥有一套房产、一辆汽车和一些存款。请问小朱先生结婚后，汪女士入住小朱先生的房子，使用小朱先生购买的车，那么这些财产会变成夫妻共同财产吗？

专业解析

要解答这个问题，我们首先需要了解夫妻婚前财产及夫妻共同财产在法律上是怎样规定的。

◉ 夫妻婚前财产

夫妻婚前财产，是指一方婚前已经取得所有权的财产，包括动产、不动产和其他财产权益。根据《民法典》第1063条的规定，“下列财产为夫妻一方的个人财产：（一）一方的婚前财产；（二）一方因受到人身损害获得的赔偿或者补偿；（三）遗嘱或者赠与合同中确定只归一方的财产；（四）一方专用的生活用品；（五）其他应当归一方的财产”，夫妻婚前财产属于夫妻的个人财产，在婚姻关系存续期间仍属于各自所有。这一原则体现了对个人财产权的尊重和保护，也是维护婚姻关系中双方经济独立性的重要基础。

小朱先生结婚前所拥有的房产、车辆和存款，均属于其婚前财产。即便在结婚后，汪女士入住小朱先生的房子并使用其车辆，这些财产的所有权并未因此发生转移，依然归小朱先生个人所有。然而，在婚姻生活中，夫妻双方可能会因为共同生活的需要而共同使用或管理某些婚前财产。例如，小朱先生允许汪女士居住其婚前购买的房屋，共同使用车辆等。这种情况下，虽然财产的所有权没有改变，但双方在共同使用和管理过程中可能会产生一些权益上的交集。这些交集并不足以改变财产本身的权属关系，只是在实际生活中形成了一种共享使用的状态。

◉ 夫妻婚前财产是否会因结婚转化为夫妻共同财产

夫妻共同财产，是指婚姻存续期间夫妻共同所有的动产、不动产及其他的财产权益。《民法典》第1062条规定：“夫妻在婚姻关系存续期间所得的下列财产，为夫妻的共同财产，归夫妻共同所有：（一）工资、奖金、劳务报酬；（二）生产、经营、投资的收益；（三）知识产权的收益；（四）继承或者受赠的财产，但是本法第一千零六十三条第三项规定的除外；（五）其他应当归共同所有的财产。夫妻对共同财产，有平等的处理权。”由此可知，夫妻婚前所有的财产并不属于夫妻共同财产。同时，《最高人民法院关于适用〈中华人民共和国民法典〉婚姻家庭编的解释（一）》第 31 条规定：“民法典第一千零六十三条规定为夫妻一方的个人财产，不因婚姻关系的延续而转化为夫妻共同财产。但当事人另有约定的除外。”

因此，婚前财产，不会因为结婚或婚姻持续时间长而变成夫妻共同财产，除非双方有明确的书面协议或约定，否则小朱先生的婚前财产在婚后依然保持其个人财产的属性。这不仅保护了婚前财产所有者的财产权益，也维护了婚姻关系中经济独立的原则。

◉ 婚前财产转变为夫妻共同财产的几种情况

然而，财产的归属并非僵化地从一而终，夫妻一方的婚前财产也可以因为夫妻双方的几种行为，而转化为夫妻共同财产。

（1）协议约定

根据《民法典》第 1065 条第 1 款第 1 句的规定：“男女双方可以约定婚姻关系存续期间所得的财产以及婚前财产归各自所有、共同所有或者部分各自所有、部分共同所有。”夫妻双方可以自行签订书面协议，对各自的婚前财产进行约定，若将法律规定的婚前的个人财产约定为共同财产，那么个人财产就将变成共同财产。

（2）赠与

赠与是《民法典》规定的一种无偿转移财产的行为，其法律后果是财产的所有权转移。夫妻之间亦可签订赠与协议，重新定义婚前财产的归属。需要注意的是，在赠与财产的所有权转移之前，赠与人可以随时撤销赠与行为。例如，赠与不动产的行为中，在不动产进行变更登记之前，赠与人都可以撤销赠与。因此在赠与之后，暂时还无法进行产权登记的，双方可以持有赠与协议前往公证处进行登记，在公证之后，赠与人将失去撤销赠与的权利。

（3）不动产登记变更

不动产登记变更，指的是一方在婚后主动在房产证上加上了配偶的名字。“加名”的这种行为被视为一方自愿将自己的部分房产份额赠与配偶，房产的性质也就由个人房产转化为了夫妻共同财产，离婚时，被加名的配偶有权要求分割房产。

（4）财产转化

财产转化，指的是实践中，夫妻一方卖掉婚前财产，然后购买其他财产。例如，小朱先生把婚前个人房产卖掉后，个人财产变成货币，从法律上来说，这时候的货币仍然是小朱先生的个人财产，但这时候，小朱先生若用此货币购买了一处新的房产，新的房产被登记在小朱先生与汪女士夫妻二人的名下，则此房产属于夫妻共同财产；又如，小朱先生将婚前购买的车辆在婚后出卖，又添加了一部分钱再次购买新的车辆，即便该新车只登记在小朱先生个人名下，也应被视为夫妻共同财产。

专业提示

无疑，小朱先生婚前所有的房产、车辆及存款是其婚前财产，不因结婚而发生变化，转化为夫妻共同财产，但同时也可以通过协议约定、赠与等方式将其转化为夫妻共同财产。值得注意的是，如果要对婚前财产与婚后夫妻共同财产作出区分，那么使用财产时也要注意区分使用。如果小朱先生的婚前存款与婚后所得的夫妻共同财产产生混同，那么对此财产无法进行判断。同时，如果小朱先生使用婚前个人的现金存款为家庭付出，在离婚时汪女士也不会因其为婚前财产而对小朱先生进行补偿。此外，为了更好地将婚前财产和婚后共同财产作以区分，可以选择签订婚前财产协议或在婚前对个人财产进行公证。

2. 婚前夫妻一方的父母出资购买的房屋，属于夫妻共同财产吗？

小朱先生和汪女士结婚前，小朱先生的父母大朱先生和孙女士准备出资购买一套房产，供小朱先生和汪女士婚后共同居住。大朱先生和孙女士想了解，什么样的出资方式和房屋登记方式会使这套房产属于夫妻共同财产？

专业解析

要解答这个问题，我们首先需要了解父母出资购买房屋在法律上是怎样规定的。其具体分为 4 种情况。

◉ 父母全额出资，登记在子女一方名下

根据《最高人民法院关于适用〈中华人民共和国民法典〉婚姻家庭编的解释(一)》第 29 条第 1 款规定，当事人结婚前，父母为双方购置房屋出资的，该出资应当认定为对自己子女个人的赠与，但父母明确表示赠与双方的除外。由此可知，如果父母全额出资购置房产，产权也登记在自己子女名下，则视其为自己子女的婚前财产。也就是说，大朱先生和孙女士在小朱先生婚前全额出资的房产只要登记在小朱先生个人名下，则属于小朱先生的婚前财产。如果小朱先生在获得房产后，婚前在房产登记中自行加入了汪女士的名字，不管最终双方是否结婚，此房产均被视为双方的共同财产。同时，若小朱先生婚后在房产登记中加入了汪女士的名字，婚前财产实现了向夫妻共同财产的转化，该房产因此也属于夫妻共同财产。

◉ 父母全额出资，登记在夫妻双方名下

若小朱先生的父母大朱先生和孙女士在小朱先生婚前全额出资购买房产，并将房屋产权直接登记在小朱先生和汪女士双方名下，那么这套房产的法律性质将发生显著变化。根据《民法典》及相关司法解释的精神，当父母全额出资购房且将产权登记在即将成为夫妻的双方名下时，这通常被视为父母对即将成为夫妻的双方的赠与行为，而非仅针对某一方的单独赠与。因此，在此情境下，即便该房产是在婚前购买的，但由于其产权登记包含了即将成为夫妻的双方，故应认定该房产为夫妻共同财产。

这意味着，在小朱先生和汪女士的婚姻关系存续期间，该房产的权益由两人共同享有，包括但不限于使用权、收益权和在特定情况下的处分权。当然，若双方日后因故离婚，该房产也将作为夫妻共同财产进行分割，除非双方另有约定或法律另有规定。

值得注意的是，如果小朱先生与汪女士最终没有登记结婚，大朱先生与孙女士购买的房屋仍将被认定为双方共有财产。如果有相应证据显示父母出资是基于小朱先生与汪女士双方结婚的目的，法院也会认定这部分出资是一种附加条件的赠与，而条件就是双方结婚。如果双方没有结婚，父母就有权索回出资。

此外，还有一种情况是，如果大朱先生与孙女士出资购买房屋，而房屋产权却登记在汪女士名下，按照日常经验法则，除非能够提供大朱先生与孙女士出资时的书面约定或声明，证明出资父母明确表示向子女的“配偶”赠与，一般应认定为向小朱先生与汪女士准夫妻双方的赠与。在离婚房产分割时也应将其认定为夫妻共同财产进行分割。作为父母资助买房的一方，小朱先生有权利按照规定要求分割房屋。

◉ 父母仅支付首付，登记在子女一方名下

若小朱先生的父母婚前只部分出资，房屋产权登记在小朱先生名下，剩余房款以按揭贷款方式支付，且由夫妻共同还贷，这种情况相对复杂。一般而言，父母的出资部分可能会被视为对小朱先生个人的赠与，而剩余的房款若由小朱先生或汪女士或双方共同通过贷款等方式支付，则该部分房款及其对应的房产增值部分涉及夫妻共同财产的认定。如果小朱先生与汪女士离婚，一般会将房屋判给登记方小朱先生所有并由其继续支付剩余贷款。对婚内共同还贷的资金及其还贷部分因房价上涨等情况所产生的增值，由取得所有权的小朱先生对汪女士补偿。

此外，在小朱先生的父母在小朱先生婚前只支付了部分首付款，房屋产权登记在小朱先生名下的情况下，若双方家庭在购房时签订了书面协议，明确约定了出资的性质和房屋的归属，根据《民法典》中的意思自治原则，如果协议内容合法、明确，且各方均无异议，那么该协议将作为处理房产归属的重要依据。如果协议中明确说明父母出资的部分或全部是对小朱先生和汪女士双方的赠与，那么即便产权只登记在小朱先生一人名下，该房产也可能被视为夫妻共同财产。

◉ 父母仅支付首付，登记在夫妻双方一方名下

若小朱先生的父母在小朱先生婚前部分出资购房，并将房屋产权登记在小朱先生和汪女士双方一方名下，这种情况与父母全额出资且登记在双方名下类似，通常会被视为父母对即将结婚的夫妻双方的共同赠与。因此，该房产应被认定为夫妻共同财产，双方均享有相应的权益。

综上所述，父母出资购买房屋并登记在夫妻双方名下的行为，其法律后果因出资方式和登记情况的不同而有所差异。小朱先生和汪女士及其父母在决定购房及登记方式时，应充分了解相关法律规定，以避免日后产生不必要的法律纠纷。

专业提示

若婚姻走到尽头，离婚时对涉及父母出资购买的房产，法院会综合考虑购房时间、资金来源、产权登记情况、双方贡献大小等因素，来判定房产的归属及分割比例。如果房产被认定为夫妻共同财产，那么一般会按照夫妻共同财产的分割原则进行处理，即考虑双方对房产的贡献、婚姻期间的生活状况、子女抚养权归属等因素。如果房产被认定为个人财产，则通常归产权登记人所有，但其需要对婚姻期间共同还贷及增值部分向另一方进行补偿。

在某些情况下，法院可能会认定父母的出资为借款，需由子女偿还。为了证明出资是赠与还是借款，父母需要提供相应的证据。例如，如果父母在出资时明确表示这是借款，并且有借条、转账记录等书面证据支持，那么法院在审理时可能会认定该出资为借款而非赠与。相反，如果父母没有明确的表示，且缺乏足够的证据证明出资是借款，那么通常会被视为对子女的赠与。

3. 婚前夫妻是否可以约定分别财产制？

小朱先生与汪女士可以在婚前约定双方拥有的财产在婚后仍归个人所有吗？夫妻双方可以实现分别财产制吗？

专业解析

要解答这个问题，我们首先需要了解夫妻分别财产制在法律上是怎样规定的。

◉ 何为夫妻分别财产制

《民法典》第 1065 条第 1 款第 1 句规定："男女双方可以约定婚姻关系存续期间所得的财产以及婚前财产归各自所有、共同所有或者部分各自所有、部分共同所有。"夫妻分别财产制是夫妻约定财产制的一种，是指夫妻双方在婚姻关系存续期间，经协商确定各自保持财产的独立状态。在此制度下，双方所有的财产及其收益均归各自所有，互不享有对方财产的权益。具体而言，分别财产制赋予了夫妻双方在财产方面独立的权利和义务，即每位配偶均对其所拥有的财产享有占有、管理、使用、收益及处分的权利，并独立承担由此产生的财产债务责任。此外，在经济层面，双方不承担相互扶养或支持的义务，且财产的增值或未来可能的分割亦不受对方行为的干扰或影响。

关于约定财产制的主体界定，即从 2001 年修正的《婚姻法》[①]中的"夫妻"扩展至《民法典》第 1065 条中的"男女双方"，此举标志着该制度适用范围的显著拓宽，不再

① 《民法典》自 2021 年 1 月 1 日起施行，《婚姻法》同时废止。

仅仅局限于业已缔结婚姻关系的配偶双方,而是涵盖了婚前即有意向缔结婚姻并就财产关系达成共识的男女双方。这一主体表述的调整,是对当代社会多元化发展趋势的积极响应,体现了法律对个人自由意志及财产安排的充分尊重。根据《民法典》规定,即将缔结婚姻的男女双方或已正式结为夫妻的配偶,均有资格成为夫妻约定财产制的主体。他们有权依据自身的意愿与需求,就财产的权属界定、管理方式及处分规则等核心要素进行协商,并达成具有法律约束力的协议。此举不仅增强了婚姻关系的稳定性与可预测性,也为个体财产权益的保护提供了更为坚实的法律保障。由此,小朱先生与汪女士可以在婚前协商双方婚后的财产安排,实现分别财产制。

◉ 夫妻之间如何实现分别财产制

《民法典》第 1065 条第 1 款规定,夫妻对财产的约定应当采用书面形式,没有约定或者约定不明确的,适用《民法典》第 1062 条、第 1063 条的规定。这意味着夫妻分别财产制需要经夫妻双方约定产生,若双方没有进行约定,则夫妻之间实行法定财产制。同时,夫妻分别财产制的约定还需要具备以下条件:

夫妻分别财产制以合法的夫妻关系为前提。仅配偶双方或即将成为配偶的男女双方可以对婚姻存续期间的财产进行分别制约定,未办理结婚登记而同居者、婚外同居者之间对分别财产的约定,均不属于夫妻分别财产制。

约定夫妻财产的夫妻双方须为完全民事行为能力人。无民事行为能力人、限制民事行为能力人不具备独立的判断能力,无法对财产权益进行清晰明确的判断,订立夫妻财产约定可能会损害自身或相对人的财产性利益。

夫妻分别财产制的约定须为夫妻双方真实的意思表示,不存在欺诈、胁迫等意思表示瑕疵的情况,也应当遵循平等、自愿、公平的原则。

夫妻分别财产制约定的内容必须合法,不得损害任何他人的合法权益,不得损害国家和集体的利益。在具体情况下,如果约定涉及违法行为或侵犯他人合法权益,其对外效力可能会受到限制甚至无效。

夫妻分别财产制的约定应为书面形式。

小朱先生与汪女士须满足上述条件,他们之间的分别财产制约定才具备有效性。

◉ 夫妻分别财产制的效力

《民法典》第 1065 条第 2 款和第 3 款规定:"夫妻对婚姻关系存续期间所得的财产以及婚前财产的约定,对双方具有法律约束力。夫妻对婚姻关系存续期间所得的财产约定归各自所有,夫或者妻一方对外所负的债务,相对人知道该约定的,以夫或者妻一方的个人财产清偿。"这是对夫妻分别财产制效力的规定,在夫妻内部,夫妻双方的财产、债务都归各自所有;但在对外关系中,只有第三人知悉夫妻间分别财产制的约定，才能受其制约，具体如下：

（1）内部效力

婚姻关系存续期间，夫妻双方以书面形式约定分别财产制，约定一旦形成即对夫妻双方产生法律约束力。双方婚姻关系存续期间的财产以及收益全部归各自所有，并且各自享有对财产的占有、使用、收益和处分权。夫或妻一方在约定的范围内行使上述权利时，另一方不得干涉。同时，夫妻一方对外所负的债务，应以其自身财产清偿，但前提是债权人知道夫妻双方关于财产的安排。

（2）外部效力

夫妻分别财产制的对外效力是指夫妻关于财产的约定对第三方产生的约束力。换言之，其是指当夫妻分别财产制的约定涉及第三方的合法权益时，该约定对第三方的法律效力。根据《民法典》的规定，夫妻分别财产制的约定对第三人并不具有当然的效力，只有第三人知道这一约定，才对其产生约束力，若不知道这一约定，则不对其产生约束力。具体来讲，在约定实行夫妻分别财产制的婚姻双方中，夫妻一方的婚后外债在内部应当以自己的财产予以清偿，但若债权人并不知晓夫妻间的分别财产制约定，则仍可以要求夫妻双方对其债务予清偿；否则，夫妻双方可能以此故意逃避债务，损害债权人的权益。同时，无外债的一方可以债权人知道或应当知道夫妻双方已经约定实行夫妻分别财产制的事实，对抗债权人要求其承担债务清偿责任的请求。

专业提示

小朱先生与汪女士可以约定实行夫妻分别财产制，双方可以签订婚前协议，以书面约定的方式明确，双方各自拥有自己的婚前财产和婚姻关系存续期间的财产。同样，约定了夫妻双方分别财产后，小朱先生与汪女士任何一方的债务应当由自己负担。但需要注意的是，该约定仅在小朱先生与汪女士内部产生约束力。在分别财产制的约定下，债权人就婚姻关系存续期间夫妻一方以个人名义所负债务主张权利的，应当按夫妻共同债务处理。除非夫妻一方能够证明债权人与债务人明确约定其为个人债务，或者能够证明债权人知道或应当知道双方的分别财产约定。小朱先生与汪女士若想强化双方这一分别财产制的对外效力，可以以一定的形式向社会公示，也便于债权人了解情况作出经济决策。

4. 结婚登记可以跨省办理吗？

小朱先生和汪女士准备登记结婚，小朱先生的户籍在A地，汪女士的户籍在B地，两人都在C地工作多年。若是二人回一方户籍所在地办理结婚登记，需要耗费不少时间和精力。他们不禁疑惑，如今结婚登记可以跨省办理吗？

专业解析

要解答这个问题，我们首先需要了解结婚登记在法律上是怎样规定的。

◉ 男女双方亲自共同申请

从法律规定来看，结婚登记有明确的程序要求。《民法典》第1049条规定："要求结婚的男女双方应当亲自到婚姻登记机关申请结婚登记。符合本法规定的，予以登记，发给结婚证。完成结婚登记，即确立婚姻关系。未办理结婚登记的，应当补办登记。"想要缔结婚姻关系的男女双方应亲自到婚姻登记机关申请结婚登记。此外，根据2025年《婚姻登记条例》第7条的规定，"内地居民结婚，男女双方应当亲自到婚姻登记机关共同申请结婚登记。中国公民同外国人在中国内地结婚的，内地居民同香港居民、澳门居民、台湾居民、华侨在中国内地结婚的，男女双方应当亲自到本条例第二条第二款规定的婚姻登记机关共同申请结婚登记。婚姻登记机关可以结合实际为结婚登记当事人提供预约、颁证仪式等服务。鼓励当事人邀请双方父母等参加颁证仪式"。"男女双方亲自共同申请结婚登记"，是婚姻登记不可缺少的程序要件，具有重要的法律意义。

在实务中，"男女双方亲自共同申请"涵盖了三个层面的要求。一是物理共同在场，要求结婚的男女双方必须同时出现在同一婚姻登记机关；二是意思表示要求，要求结婚的男女双方须具备完全民事行为能力且意思表示真实；三是程序参与要求，要求结婚的男女双方要共同完成申请、审查、登记等法定程序。满足以上三个层面的要求，即满足了"男女双方亲自共同申请结婚登记"这一要件。

◉ 结婚登记实行"全国通办"

随着2025年修订通过的《婚姻登记条例》的出台，结婚登记正式推行"全国通办"。2021年4月30日，《国务院关于同意在部分地区开展内地居民婚姻登记"跨省通办"试点的批复》(国函〔2021〕48号)指出，我国内地居民实行婚姻登记"跨省通办"试点，试点期限为2年。2023年5月12日，《国务院关于同意扩大内地居民婚姻登记“跨省通办”试点的批复》(国函〔2023〕34 号)将部分地区推广至 21 个省(自治区、直辖市),试点期限为 2 年。在各地试点过程中,只要凭一方居住证、身份证就可以在非户籍地婚姻登记机关申请办理婚姻登记。2025 年修订通过的《婚姻登记条例》第 4 条规定:“国务院民政部门统筹规划、完善全国婚姻基础信息库,会同外交、公安等有关部门以及最高人民法院建立健全信息共享机制,保障婚姻信息准确、及时、完整、安全。省、自治区、直辖市人民政府民政部门负责统筹本地区婚姻登记信息系统的建设、管理、维护和信息安全工作。”其调整了原有的结婚地域管辖规则,当事人双方不用再专程回到一方户籍地进行登记,实现了婚姻登记服务的范式转变。全国联网的婚姻基础信息库,保证了数据的实时更新,适应了时代发展需求,极大地便利了人们的生活。

◉ 结婚登记不再需要户口本

2003 年《婚姻登记条例》原本规定当事人须出具户口簿、身份证、无配偶声明等材料,2025 年修订通过的《婚姻登记条例》第 8 条第 1 款和第 2 款规定:“申请结婚登记的内地居民应当出具下列证件和书面材料:(一)本人的居民身份证;(二)本人无配偶以及与对方当事人没有直系血亲和三代以内旁系血亲关系的签字声明。申请结婚登记的香港居民、澳门居民、台湾居民应当出具下列证件和书面材料:(一)本人的有效通行证或者港澳台居民居住证、身份证;(二)经居住地公证机构公证的本人无配偶以及与对方当事人没有直系血亲和三代以内旁系血亲关系的声明。”取消了结婚登记出具户口簿的要求,有效解决了实践中因户口簿保管、补办等问题引发的登记难题。此外,2025 年修订通过的《婚姻登记条例》第 15 条明确规定:“申请离婚登记的内地居民应当出具下列证件:(一)本人的居民身份证;(二)本人的结婚证。申请离婚登记的香港居民、澳门居民、台湾居民、华侨、外国人除应当出具前款第二项规定的证件外,香港居民、澳门居民、台湾居民还应当出具本人的有效通行证或者港澳台居民居住证、身份证;华侨、外国人还应当出具本人的有效护照或者其他有效的国际旅行证件,或者外国人永久居留身份证等中国政府主管机关签发的身份证件。”取消了离婚登记出具户口簿的要求,自此结婚登记和离婚登记都不再需要户口簿,为人们的生活带来了极大便捷。故按照修订后的《婚姻登记条例》小朱先生和汪女士可以不用回到户籍地 A 地或者 B 地办理结婚登记,只须携带身份证即可前往 C 地的婚姻登记机关办理结婚登记。

专业提示

结婚登记跨省通办制度旨在适应人口流动需求，便利非户籍地居民办理婚姻登记，使其不再需要回到户籍地，全国任一婚姻登记机关均可办理。同时，根据2025年《婚姻登记条例》第23条的规定，“当事人应当对所出具证件和书面材料的真实性、合法性负责，出具虚假证件或者书面材料的，应当承担相应法律责任，相关信息按照国家有关规定记入信用记录，并纳入全国信用信息共享平台”。新规强化了责任意识，签字声明具有法律效力，隐瞒婚姻状况或者近亲关系等将面临诚信惩戒。需要提醒的是，即使登记成功，根据《民法典》第1051条的规定，“有下列情形之一的，婚姻无效：(一)重婚；(二)有禁止结婚的亲属关系；(三)未到法定婚龄”。若构成该条规定的三种情形，仍可能被法院宣告婚姻无效。

5. 办理婚姻登记需要缴纳工本费吗？

小朱先生和汪女士关于婚姻登记是否需要工本费的问题听到了不同的说法：有人说办理婚姻登记要缴纳工本费，而也有人说不需要。

专业解析

要解答这个问题，我们需要了解结婚登记的工本费在法律上是怎样规定的。

◉ 办理婚姻登记不得收取工本费

依据2025年《婚姻登记条例》第6条的规定，“婚姻登记机关从事婚姻登记的工作人员应当接受婚姻登记业务培训，依照有关规定经考核合格，方可从事婚姻登记工作。婚姻登记机关办理婚姻登记，不得收取费用。婚姻登记机关及其工作人员在婚姻登记工作中发现疑似被拐卖、绑架的妇女的，应当依法及时向有关部门报告；发现当事人遭受家庭暴力或者面临家庭暴力的现实危险的，应当及时劝阻并告知受害人寻求救助的途径。婚姻登记机关及其工作人员应当对在婚姻登记工作中知悉的个人隐私、个人信息予以保密，不得泄露或者向他人非法提供”。2025年5月10日后婚姻登记机关办理婚姻登记将不再收取工本费。这一规定在婚姻登记制度中具有基础性与导向性意义，对社会诸多层面将产生广泛影响。从 2003 年《婚姻登记条例》第 3 条的规定，即"婚姻登记机关的婚姻登记员应当接受婚姻登记业务培训，经考核合格，方可从事婚姻登记工作。婚姻登记机关办理婚姻登记，除按收费标准向当事人收取工本费外，不得收取其他费用或者附加其他义务"，到 2025 年《婚姻登记条例》第 6 条的规定，我国婚姻登记工本费政策历经工本费收费到如今的全面免费，这一转变不仅体现了国家财政政策的调整，更深层次地反映了社会治理理念的进步。

故按照以前的规定，小朱先生和汪女士办理婚姻登记手续时需缴纳工本费，按照 2025 年《婚姻登记条例》小朱先生和汪女士办理婚姻登记手续并不需要缴纳工本费。

◉ 违规收取的费用退还及法律责任

若当事人遭遇婚姻登记机关或其工作人员违反规定收取工本费等不当费用，依据 2025 年《婚姻登记条例》第 22 条的规定，"婚姻登记机关及其工作人员有下列行为之一的，对负有责任的领导人员和直接责任人员依法依规给予处分：（一）为不符合婚姻登记条件的当事人办理婚姻登记的；（二）违反规定泄露或者向他人非法提供婚姻登记工作中知悉的个人隐私或者个人信息的；（三）玩忽职守造成婚姻登记档案损毁、灭失的；（四）办理婚姻登记收取费用的；（五）其他违反本条例规定的行为。违反前款第四项规定收取的费用，应当退还当事人"。当事人享有退费请求权，婚姻登记机关或其工作人员必须将违规收取的费用全额退还当事人。退费机制为当事人误缴工本费提供直接救济，有利于保障当事人在婚姻登记过程中的合法权益，维护婚姻登记的规范秩序。与此同时，对于负有责任的领导人员和直接责任人员依法依规给予处分，有力维护了婚姻登记制度的严肃性。

故当事人遭遇婚姻登记机关或其工作人员违反规定收取工本费等不当费用时，可以要求婚姻登记机关或其工作人员将违规收取的费用全额退还。

◉ 登记者的隐私保护

根据 2025 年《婚姻登记条例》第 6 条的规定，"婚姻登记机关从事婚姻登记的工作人员应当接受婚姻登记业务培训，依照有关规定经考核合格，方可从事婚姻登记工作。婚姻登记机关办理婚姻登记，不得收取费用。婚姻登记机关及其工作人员在婚姻登记工作中发现疑似被拐卖、绑架的妇女的，应当依法及时向有关部门报告；发现当事人遭受家庭暴力或者面临家庭暴力的现实危险的，应当及时劝阻并告知受害人寻求救助的途径。婚姻登记机关及其工作人员应当对在婚姻登记工作中知悉的个人隐私、个人信息予以保密，不得泄露或者向他人非法提供"。在婚姻登记过程中，当事人向登记机关提交的信息涉及多方面个人隐私和个人信息，如身份证号码、家庭住址等。这些信息是婚姻登记机关及其工作人员准确核实当事人身份、婚姻状况，依法依规完成登记流程的必备信息，同时也应当受到婚姻登记机关及其工作人员的严格保护。

为了更好地保护当事人的隐私，2025 年《婚姻登记条例》也规定了相应的法律责任。根据 2025 年《婚姻登记条例》第 22 条的规定，“婚姻登记机关及其工作人员有下列行为之一的，对负有责任的领导人员和直接责任人员依法依规给予处分：（一）为不符合婚姻登记条件的当事人办理婚姻登记的；（二）违反规定泄露或者向他人非法提供婚姻登记工作中知悉的个人隐私或者个人信息的；（三）玩忽职守造成婚姻登记档案损毁、灭失的；（四）办理婚姻登记收取费用的；（五）其他违反本条例规定的行为。违反前款第四项规定收取的费用，应当退还当事人”。若当事人在婚姻登记过程中，个人隐私或者个人信息被泄露，婚姻登记机关负有责任的领导人员和直接责任人员应当受到严厉处分。

专业提示

结婚登记工本费的取消是国家深化“放管服”改革，保障公民婚姻自由的关键举措。随着 2025 年《婚姻登记条例》的实施，全国范围内婚姻登记证工本费全面停缴，包括结婚证与离婚证，婚姻登记正式进入“0 元时代”。工本费已被全面免除，但部分服务性项目，如现场拍照、复印材料可能产生费用，此类收费属于自愿选择，并非强制。若在婚姻登记过程中，婚姻登记机关或其工作人员违反规定收取工本费等不当费用，当事人可以根据 2025 年《婚姻登记条例》第 22 条第 2 款的规定，即“违反前款第四项规定收取的费用，应当退还当事人”，要求婚姻登记机关或其工作人员将违规收取的费用全额退还。

6. 领证当天户口簿丢失，还能顺利结婚吗？

小朱先生和汪女士筹备领证，在所选定好的良辰吉日当天，发现家中户口簿找不到了，而下一个吉日要等到下半年，两人十分着急。小朱先生和汪女士想知道户口簿丢失了，还能登记结婚吗？

专业解析

婚姻是男女双方以永久共同生活为目的，以夫妻的权利义务为内容的结合。创设夫妻关系的婚姻行为在法律上被归纳为身份法上的行为，而相应的行为要想发生效力，需要我们去了解婚姻登记的程序。

◉ 申请结婚登记时需要出具什么材料？

为了保障婚姻自由、一夫一妻、男女平等的婚姻制度的实施，保护婚姻当事人的合法权益，根据《民法典》第 1049 条的规定，“要求结婚的男女双方应当亲自到婚姻登记机关申请结婚登记”。由此可知，结婚登记是结婚的必经程序。我们了解到，结婚登记是国家对婚姻关系的建立进行监督和管理的制度，大致分为三个环节：申请、审查和登记。小朱先生的困惑对应的便是我们第一个环节，即申请阶段。

由于小朱先生属于内地居民，根据 2025 年《婚姻登记条例》第 8 条第 1 款的规定，“申请结婚登记的内地居民应当出具下列证件和书面材料：（一）本人的居民身份证；（二）本人无配偶以及与对方当事人没有直系血亲和三代以内旁系血亲关系的签字声明”。值得注意的是，2025 年《婚姻登记条例》删除了过去规定中“户口簿”的要求。该举措强调了婚姻登记材料的简化，为方便婚姻登记提供了便利条件，显示了国家鼓励结婚的价值导向。所以，小朱先生和汪女士无须为户口簿丢失而担心，只需要携带双方的居民身份证以及证明双方没有直系血亲和三代以内旁系血亲关系的书面材料即可。

当然，假设小朱先生和汪女士有一方或双方不是内地居民，而是我国香港特别行政区、澳门特别行政区、台湾地区等地的居民以及华侨、外国人，《婚姻登记条例》中亦有相应的规定。

一方面，针对我国香港居民、澳门居民、台湾居民，2025 年《婚姻登记条例》第 8 条第 2 款规定当事人应当出具“（一）本人的有效通行证或者港澳台居民居住证、身份证；（二）经居住地公证机构公证的本人无配偶以及与对方当事人没有直系血亲和三代以内旁系血亲关系的声明”。作为我国香港居民、澳门居民、台湾居民，与内地居民相似，只需要携带个人的身份证明（有效通行证或者港澳台居民居住证、身份证）以及公证机构公证的本人无配偶以及与对方当事人没有直系血亲和三代以内旁系血亲关系的书面材料。

另一方面，针对华侨和外国人，2025 年《婚姻登记条例》第 8 条第 3 款还规定，除了应当出具本人的有效护照、外国人永久居留身份证等身份证件外，还需要出具官方机构出具的本人无配偶以及与对方当事人没有直系血亲和三代以内旁系血亲关系的证明。关于华侨和外国人的相关证明,如果我国缔结或参加的国际条约另有规定的,按照国际条例规定的证明手续办理。

◉ 除了材料齐全外，结婚登记还需要满足什么条件？

虽然我国当前规定对登记材料进行了简化处理,但并不意味着当事人双方仅需要携带身份证和相关证明就可以进行登记。该阶段涉及结婚登记的第二个阶段,即审查。

根据 2025 年《婚姻登记条例》第 10 条的规定,“婚姻登记机关应当核对结婚登记当事人出具的证件、书面材料,询问相关情况,并对当事人的身份以及婚姻状况信息进行联网核对,依法维护当事人的权益……”据此,我们可以进一步拓展,了解婚姻登记机关会对哪些情况作出不予登记的决定。

首先,若双方未达到法定结婚年龄,婚姻登记机关不予登记。关于法定结婚年龄,《民法典》第 1047 条规定,男性不得早于 22 周岁,女性不得早于 20 周岁。当然,这一条文在我国一些民族自治地区存在变通。如《西藏自治区施行〈中华人民共和国婚姻法〉的变通条例》第 1 条规定,男性不得早于 20 周岁、女性不得早于 18 周岁。相关的变通规定还存在于内蒙古自治区,新疆维吾尔自治区伊犁哈萨克自治州,云南省耿马傣族佤族自治县、西盟佤族自治县等地区。举例而言,若一名藏族男性与汉族女性结婚,藏族男性只需要年满 20 周岁即可,不必遵守《民法典》的 22 周岁之规定,但汉族女性必须依照《民法典》的规定年满 20 周岁,不适用相关变通规定。

其次,若男女双方非完全自愿,婚姻登记机关不予登记。根据《民法典》第 1046 条规定的结婚自愿原则,结婚应当男女双方完全自愿,禁止任何一方对另一方加以强迫,禁止任何组织或者个人加以干涉。在该规定下,譬如父母为未成年子女订立“娃娃亲”,又或者子女对于老年人婚姻自由的干预,均属于法律不予认可的行为。结婚需要双方当事人自愿,否则不对双方产生法律上的拘束力。

再次,若一方或双方已有配偶,婚姻登记机关不予登记。由于我国实行一夫一妻制,禁止一人同时拥有一名以上妻子或丈夫。重婚即是指有配偶的人又与他人登记结婚的违法行为,或者明知他人有配偶而与他人登记结婚的违法行为。重婚行为不仅严重违背公序良俗,更不利于婚姻家庭和谐与社会稳定,故法律对其进行了否定性的评价。除了否定其婚姻效力外,我国还将重婚认定为刑事犯罪。

最后,若双方属于直系血亲或三代以内旁系血亲,婚姻登记机关不予登记。根据《民法典》第 1048 条的规定,直系血亲或者三代以内的旁系血亲禁止结婚。自古以来,我国便有限制近亲结婚的习俗。如《左传》指出,“男女同姓,其生不蕃”。我国在法律中明确禁止血亲结婚主要基于以下两点考量：一是基于优生优育方面的考虑，二是基于传统伦理道德和亲属秩序的维护。另外需要注意，法律仅限制了直系血亲以及三代以内旁系血亲的范畴，对于拟制旁系血亲并没有明确规定，遵循"法无禁止即许可"的民法原理，其不在禁止通婚之列。

若没有涉及上述的四种情形，则进入结婚登记的第三个阶段，即登记。简言之，婚姻登记机关将依据当事人提供的材料完成结婚登记，双方当即确立婚姻关系。

专业提示

2025 年《婚姻登记条例》删除了内地居民办理婚姻登记需要出具居民户口簿的相关规定，这一举措实际上有两个亮点。一是技术赋能政务改革取得实质性突破。随着政务信息技术高度发展，二代身份证、面部识别等技术已经成功构建起精准高效的身份核验机制，有效解决了身份认证问题。在此背景下，户口簿证明文件的功能必要性已然降低。此时通过新规将之删除，既简化公众办事流程，亦提高了行政人员工作效率。二是以婚姻自由为基调的新型婚育文化之风盛行。考虑到户口簿与家庭之间的绑定关系，户口簿在婚姻登记程序里的退位，更是对个人自主权利的尊重和提升，让作为家庭成员的子女在人生大事上有了更多的话语权。民政部门在简化婚姻登记流程的同时，亦提供了婚恋教育、心理辅导、法律咨询等服务，帮助公众建立正确婚恋观，减少因冲动结婚而可能带来的非必要问题。

7. 夫妻一方婚前财产在婚后产生的收益属于夫妻共同财产还是个人财产？

小朱先生与汪女士结婚前，小朱先生自己拥有一套房产 A 房。小朱先生与汪女士结婚后，小朱先生把 A 房出租，每月取得固定的租金。请问小朱先生婚前财产在婚后产生的收益属于夫妻共同财产还是个人财产？

专业解析

要解答这个问题，我们首先需要了解夫妻婚前财产在婚后产生的收益法律上是怎样规定的。

◉ 什么是婚前财产在婚后产生的收益？

夫妻一方的婚前财产在婚后产生的收益主要包含财产的孳息、自然增值及投资经营收益。小朱先生婚前财产在婚后产生的收益包括房屋租金、房屋增值部分、存款利息及股份的分红。具体而言，这些收益类型包括以下内容：

1. 财产的孳息：孳息，是指由原物所生的物或收益，主要分为天然孳息与法定孳息。天然孳息如树木结的果实、牲畜生的幼崽等；而法定孳息则是指根据法律规定，由法律关系所产生的收益，如租金、利息等。在小朱先生的案例中，他将婚前房产出租后每月取得的租金、存款的利息，即属于财产中的法定孳息。

2. 自然增值：自然增值，是指财产所有人拥有的财产因通货膨胀或市场行情的变化等而发生的价值增加。这种增值的发生与财产所有人的主观努力无关，而是因外部市场因素导致。例如，小朱先生婚前购买的房产，在婚后因房地产市场价格上涨而增值的部分，就属于自然增值。

3. 投资经营收益：投资经营收益，是指夫妻一方或双方通过投资、经营等活动所获得的收益。这类收益通常与财产所有人的主观努力和投资决策直接相关。小朱先生婚前投资的股份所取得的分红，即属于此类收益。

◉ 婚前财产在婚后产生的归个人所有的收益类型

《最高人民法院关于适用〈中华人民共和国民法典〉婚姻家庭编的解释（一）》第26条规定："夫妻一方个人财产在婚后产生的收益，除孳息和自然增值外，应认定为夫妻共同财产。"换言之，一方婚前财产在婚后产生的孳息和自然增值，仍旧属于夫妻一方的个人财产，不会因为结婚而产生移转效果。这是因为，孳息与自然增值是财产受外部情况影响而产生的收益，属于财产本身的形态变化，与婚姻双方的主观意志与行为无关，按照物权原理，仍应当归属于原物权人。具体来说，实践中婚前财产在婚后产生的收益仍属于个人的情况包括：一方婚前的银行存款在婚后取得的利息；一方婚前的房屋、古董、字画、珠宝、黄金等因市场价格上涨而产生的增值；一方婚前的房屋，婚后未进行装修或者未添置家具等进行出租所收取的租金；一方婚前所持有的股票、基金在婚后首次卖出取得的增值部分；等等。

我们再进一步探讨小朱先生婚前财产在婚后产生的收益归属。首先，租金作为房产的法定孳息，在小朱先生的案例中，显然是其婚前房产在婚后所产生的收益。根据《最高人民法院关于适用〈中华人民共和国民法典〉婚姻家庭编的解释（一）》第 26 条的规定，这类法定孳息原则上应归属于原财产所有人，即小朱先生个人所有。然而，若小朱先生与汪女士在婚后通过书面协议明确约定，该租金收入作为夫妻共同财产处理，则应当按照协议执行，视其为夫妻共同财产。其次，房产的自然增值部分，同样依据法律规定，属于小朱先生的个人财产。这是因为自然增值是基于市场因素导致的价值提升，与夫妻双方的共同努力或投入无直接关联。最后，存款利息作为法定孳息的一种，其归属原则与租金相似，原则上应归属于原存款所有人小朱先生。

◉ 婚前财产在婚后产生的归夫妻共同所有的收益类型

《民法典》第 1062 条第 1 款规定："夫妻在婚姻关系存续期间所得的下列财产，为夫妻的共同财产，归夫妻共同所有：（一）工资、奖金、劳务报酬；（二）生产、经营、投资的收益；（三）知识产权的收益；（四）继承或者受赠的财产，但是本法第一千零六十三条第三项规定的除外；（五）其他应当归共同所有的财产。"《最高人民法院关于适用〈中华人民共和国民法典〉婚姻家庭编的解释（一）》第 25 条规定："婚姻关系存续期间，下列财产属于民法典第一千零六十二条规定的'其他应当归共同所有的财产'：（一）一方以个人财产投资取得的收益；（二）男女双方实际取得或者应当取得的住房补贴、住房公积金；（三）男女双方实际取得或者应当取得的基本养老金、破产安置补偿费。"

由此可知，夫妻一方婚前财产在婚后因生产、经营、投资产生的收益，应当属于夫妻共同财产，因为这凝结了夫妻双方的努力和对家庭的贡献，即便其原始投资资金源于夫妻一方的婚前财产，投资后的收益也应当被认定为夫妻共同财产。在婚姻关系存续期间，婚前财产通过经营所产生的增值部分，应当被视作夫妻共同财产。若将个人出资部分的收益仅归个人所有，则可能成为一方逃避家庭责任的理由。在现实生活情境中，男方往往承担着出资经营的主要责任，有时甚至会利用婚前财产进行多种形式的投资，而女方则更多地负责家庭内务、育儿及照顾家庭的任务。若离婚时，男方的投资所得与女方无关，这将严重损害家庭和谐，并对弱势群体的权益保护构成不利影响。

小朱先生婚前用个人积蓄投资了公司并取得股份，作为股东每年领取分红。这部分分红收益并非简单的孳息或自然增值，而是其投资行为所带来的经营成果，应被认定为夫妻共同财产。同时，如果小朱先生在婚后对其婚前的房产实施了装修、扩建等增值行为，并且这些增值行为是由夫妻双方共同出资或劳动完成的，那么增值部分可能转化为夫妻共同财产。但在小朱先生的案例中，并未提及此类情况，因此房产的自然增值部分仍应视为其个人财产。

专业提示

究其本质，判断婚前一方拥有的财产在婚后的收益是否属于孳息、自然增值，主要看婚后财产所有方是否对该部分财产有实质性的财力、劳力投入以及另一方是否有协作帮助，如劳务、管理等。如果婚后收益的产生不具备上述条件，则该收益属于夫妻一方的个人财产。简要说明，若小朱先生婚前购买了很多股票，婚后通过买进卖出致使股票价格大幅增长，则增长的这部分收益属于夫妻共同财产，因为其对股票进行了实际操作，增长的这部分收益并不属于财产的自然增值。如果股票就"躺在"账户里，对其没有进行任何操作，则这部分收益属于自然增值，为小朱先生的个人财产。此外，若收益是基于个人财产与共同财产混同后进行的投资行为所产生，且无证据证明具体比例，则推定其为共同财产投资收益，归夫妻共同所有。

8. 未经过对方同意，用夫妻共同财产超额直播打赏，能否视为打赏一方挥霍夫妻共同财产？

小朱先生在一家公司做销售，月收入 8000 元；汪女士月收入 5000 元。两人每月还房贷 4000 元，生活开销 5000 元，家庭经济状况一般。然而，小朱先生在婚后近半年，频繁在网络直播平台上打赏某主播，累计金额高达 20 万元，掏空了家里的存款。汪女士发现后非常生气，质问小朱先生为什么要花那么多钱打赏，但小朱先生认为这是自己的爱好，没什么大不了的。两人为此经常吵架。请问，婚内小朱先生未经过汪女士的同意，用夫妻共同财产超额直播打赏，汪女士可以此请求法院认定小朱先生挥霍夫妻共同财产吗？

专业解析

夫妻关系存续期间，夫妻一方挥霍夫妻共同财产，另一方可以在婚姻关系存续期间请求分割夫妻共同财产，或者在离婚时请求对方少分或者不分夫妻共同财产吗？要解答这个问题我们需要了解夫妻一方超额打赏的行为能否被认定为“挥霍”夫妻共同财产，其与日常家事的开销有何区别？

◉ “挥霍”与日常家事行为的界限

在判断夫妻一方的直播打赏行为是否构成“挥霍”之前，我们必须认识到夫妻一方的挥霍行为和日常家事行为两者的区别。挥霍行为通常是说夫妻一方在未经另一方同意的情况下，用夫妻共同财产进行大额消费，且该笔消费往往金额巨大，且是为了满足个人兴趣或者娱乐，非家庭生活所需。日常家事行为是指夫妻为了维持家庭正常生活所进行的必要开销，比如买菜、交水电费、支付房贷等。这些开销是为了满足家庭的基本需求，金额通常不大，而且是双方都能理解和接受的。《民法典》第1060 条第 1 款规定，“夫妻一方因家庭日常生活需要而实施的民事法律行为，对夫妻双方发生效力，但是夫妻一方与相对人另有约定的除外”。也就是说，夫妻一方不需要对方的授权即可独立决定日常家事行为，且该行为的效果对夫妻双方都具有约束力或法律效力。挥霍行为显然不同于日常家事行为。根据《最高人民法院关于适用〈中华人民共和国民法典〉婚姻家庭编的解释（二）》第 6 条的规定，夫妻一方未经另一方同意，在网络直播平台用夫妻共同财产打赏，数额明显超出其家庭一般消费水平，严重损害夫妻共同财产利益的，可以视为“挥霍”，并适用《民法典》第 1066 条和第 1092 条的规定。也就是说，另一方既可以在婚姻关系存续期间请求分割共同财产，也可以在离婚时请求对方少分或不分财产。

◉ 认定超额直播打赏行为为“挥霍”的核心要素

在日常生活中，夫妻一方的超额直播打赏行为显然不同于为了维持一个家庭日常生活所必需的花费，如买菜、支付房贷、购买家具等开销行为。这是因为超额直播打赏行为与日常生活所必需的开销行为存在两点关键性的不同。一是夫妻一方的打赏行为已经超出了家庭一般的消费水平，不属于正常的生活开销范围。是否属于超额打赏，应当与家庭的经济收入相关联。也就是说，打赏能否构成挥霍，不仅需要考虑到单次打赏的数额、打赏频率、持续时间和总量，还要考虑家庭的经济状况和消费习惯。二是夫妻一方超额打赏的行为会损害夫妻共同财产利益，通俗点讲，就是说这一行为导致家里的生活更加拮据。比如，夫妻二人每月的收入刚好可以支付家庭每月的生活开销、小孩的教育费用、家里的房贷，但是夫妻一方用夫妻共同财产大额度打赏主播，导致小孩的教育费用紧张、无法按时偿还房贷等。

值得注意的是，小额打赏行为并不会构成夫妻一方“挥霍”夫妻共同财产。这是因为网络消费突破了地域经济的限制，且随着数字经济发展和人民生活水平提高，大家通过网络进行精神消费的比例越来越高，消费金额也越来越多。比如，在网络平台购物、购买电视剧会员、网络打赏音乐剧表演等。小额的打赏行为是观众对于直播平台上主播的表演的一种认可，是满意后自行决定向主播或者平台支付的，其打赏的钱款本质上属于为了满足个人精神文化需求而进行的合理支出。并且，由于打赏的金额较小，往往不会影响家庭其他开销的支出。

小朱先生和汪女士婚后的家庭收入并不高，每月支付完房贷和生活开销后，剩下的钱并不多。小朱先生陆续打赏主播的 20 万元，几乎是家里所有的存款。这种行为未经汪女士的同意，且金额巨大，明显超出了普通家庭的承受能力，甚至可能导致无法继续支付房贷和小明后续的教育费用。因此，可以认定小朱先生的行为属于挥霍夫妻共同财产。

◉ 认定超额直播打赏行为为“挥霍”的法律后果

在认定夫妻一方超额直播打赏行为是挥霍夫妻共同财产时，另一方可以据此采取两种救济路径。一是夫妻婚姻关系存续期间的救济手段。《民法典》第 1066 条规定：“婚姻关系存续期间，有下列情形之一的，夫妻一方可以向人民法院请求分割共同财产：(一)一方有隐藏、转移、变卖、毁损、挥霍夫妻共同财产或者伪造夫妻共同债务等严重损害夫妻共同财产利益的行为；(二)一方负有法定扶养义务的人患重大疾病需要医治，另一方不同意支付相关医疗费用。”因此，汪女士可以选择在婚姻关系存续期间向人民法院请求分割与小朱先生的夫妻共同财产。二是离婚时或者离婚后的救济手段。《民法典》第 1092 条规定，“夫妻一方隐藏、转移、变卖、毁损、挥霍夫妻共同财产，或者伪造夫妻共同债务企图侵占另一方财产的，在离婚分割夫妻共同财产时，对该方可以少分或者不分。离婚后，另一方发现有上述行为的，可以向人民法院提起诉讼，请求再次分割夫妻共同财产”。对于离婚时请求分割共同财产，夫妻一方超额直播打赏的行为可以作为法院认定一方少分或者不分夫妻共同财产的考量因素；在离婚后才发现一方在婚姻关系存续期间存在超额打赏主播这一挥霍夫妻共同财产的行为时，也可以作为重新分割夫妻共同财产的事实要件。汪女士也可以选择在离婚时向法院提出对小朱先生少分或者不分夫妻共同财产的请求。

夫妻一方超额打赏主播的行为是否无效？也就是说，另一方能否追回超额直播打赏的金额，主要看打赏的金额是否超出家庭正常消费水平、是否损害夫妻共同财产利益以及是否基于夫妻共同意思表示。小朱先生月收入 8000 元，汪女士月收入 5000 元，家庭生活开销大约 9000 元，但是小朱先生却偷偷打赏主播 20 万元，这一打赏行为就明显超过了小朱先生一家的正常消费水平，严重损害了夫妻共同财产。而且，汪女士对小朱先生的打赏既不知情也不赞同。那么小朱先生这种打赏行为就容易被法院认定为无效，汪女士可以追回全部或者部分的钱。简单来说，如果一方乱花钱打赏，导致家庭经济陷入困境，另一方是有机会通过法律的手段追回这笔钱的。法院在审理的过程中会根据具体的情况判断打赏的钱花得是否合理，从而决定是否支持返还。

专业提示

夫妻共同财产是家庭资产的重要组成部分，夫妻双方在日常生活中本应秉持相互信任、相互协商的原则进行合理使用，这既是对夫妻共同财产权益的尊重，也是家庭关系和谐稳定的基础。《最高人民法院关于适用〈中华人民共和国民法典〉婚姻家庭编的解释（二）》第 6 条规制了夫妻一方的超额直播打赏行为。当发现配偶可能存在大额打赏行为时，要及时留存证据。如银行流水明细、支付平台交易记录、信用卡账单、直播平台账户信息、直播平台购买及打赏记录等，同时，可以收集家庭的收入与支出证明，如工资单、社保缴费记录、购物票据、缴费账单等，以证明家庭的经济状况和消费能力，从而反衬打赏行为的异常之处，以维护夫妻共同财产和家庭生活的稳定和谐。

9. 妻子终止妊娠，丈夫能否请求损害赔偿？

小朱先生和汪女士结婚后。小朱先生一直想要一个孩子，但是汪女士认为自己现在不适合生育，小朱先生偶然发现汪女士一直在偷偷服避孕药，怒而指责其不尊重自己。随后汪女士道歉，承诺不再偷服避孕药。不久后，汪女女士便怀孕了，但丈夫小朱先生偶然得知汪女士自行到医院流产，并且到她父母家休养。丈夫小朱先生对此不能接受，向法院提起诉讼，以生育权被侵犯为由主张精神损害赔偿。

专业解析

妻子终止妊娠，丈夫能否请求损害赔偿？对这个问题，我们需要了解生育权，以及《民法典》和其他法律对妻子终止妊娠的有关规定。

◉ 生育权的性质

夫妻双方均享有生育权,这是法律赋予公民的基本人权之一,也是法律赋予公民的一项基本权利。夫妻双方各自都享有生育权,只有夫妻协商一致,共同行使这一权利,生育权才能实现。生育权属于人身权的范畴,男方与女方作为生育权的主体,均享有选择生育或不生育的自由,但因为生育过程中,女方承担更多的风险责任,故法律对女性的生育意愿提供较多保护。因此,丈夫不能以自己享有生育权为由,要求妻子承担因终止妊娠而产生的损害赔偿责任。

丈夫小朱先生和妻子汪女士平等享有生育权,丈夫小朱先生不能以汪女士终止妊娠侵害其生育权为由,请求妻子汪女士承担损害赔偿责任。

◉ 妇女的生育决定权

《妇女权益保障法》第 32 条规定:“妇女依法享有生育子女的权利,也有不生育子女的自由。”赋予已婚妇女不生育的自由,是为了强调妇女在生育问题上享有的独立权利,不受丈夫意志的左右。妇女有生育的权利,也有不生育的自由。如果妇女不愿意生育,丈夫不得以其享有生育权为由强迫妻子生育。即使一开始夫妻双方都同意生育,妻子依然享有终止妊娠的权利。这是因为妊娠过程与妇女的健康权与身体权密切相关,妇女对终止妊娠有决定权。终止妊娠是女性的正当权利,并不会被认为是侵犯了男方的生育权。妻子怀孕后,是否生育子女应由妻子本人决定,丈夫不得强迫。

◉ 生育权冲突的解决

《最高人民法院关于适用〈中华人民共和国民法典〉婚姻家庭编的解释(一)》第 23 条规定:“夫以妻擅自中止妊娠侵犯其生育权为由请求损害赔偿的,人民法院不予支持;夫妻双方因是否生育发生纠纷,致使感情确已破裂,一方请求离婚的,人民法院经调解无效,应依照民法典第一千零七十九条第三款第五项的规定处理。”在夫妻双方生育意愿不能达成一致时,会产生生育权冲突。虽然双方都享有生育权,但妻子享有生育决定权。当妻子不愿生育时,丈夫不得以其享有生育权为由强迫妻子生育。妻子擅自终止妊娠虽可能对夫妻感情造成伤害,但并不构成对丈夫生育权的侵犯。如果夫妻双方因是否生育发生纠纷,且导致感情破裂,一方请求离婚的,人民法院在调解无效的情况下,可以依照《民法典》第 1079 条第 3 款第 5 项的规定处理,即判决准予双方离婚。这实际上是为夫妻之间因生育权冲突无法调和提供了一种法律上的救济途径。

综上所述,虽然男女双方都有生育权,但是生育的行为和女性密切相关,生育与否的主要决定权也在于女方。妻子汪女士终止妊娠不构成对丈夫小朱先生生育权的侵犯，所以丈夫小朱先生不能以此为由要求妻子承担损害赔偿责任。如果双方因是否生育发生纠纷，感情破裂，夫妻一方即小朱先生或者汪女士请求离婚，人民法院在调解无效的情况下，可以依照《民法典》有关规定处理，判决准予双方离婚。

◉ 如果男方不愿生育，女方坚持生育时的处理

实践中存在男方因经济困难、出现第三者、婚姻即将解体甚至不喜欢孩子等因素不愿生育而女方坚持生育的情形。比如，丈夫与妻子协议离婚，在离婚时妻子已经怀有身孕，丈夫给妻子一大笔补偿款，明确表示不要孩子，双方协议约定妻子终止妊娠。女方已拿到补偿款，但事后反悔，又生下孩子，此时男方是否要承担抚养义务。对此，结合司法实践，在男女双方协作使女方怀孕后，男方不得基于其不愿生育而强迫女方堕胎，因为男方在和女方发生性关系时没有采取任何避孕措施，这一行为本身表明双方以默示的方式行使了自身的生育权，这时男方虽然不愿女方生育子女，但是不得强迫其堕胎，否则可能侵犯女方的人身权。另外，根据《民法典》规定，父母对未成年子女负有抚养教育的义务，这一义务不受父母离异的影响，不能因父母的过错免除其对子女的抚养义务。因此，女方执意生育仍不能免除男方作为父亲的任何义务，男方不能以已向女方支付补偿款要求女方终止妊娠为由，不承担相应的责任和义务。

专业提示

生育权是公民享有的基本人权之一，我国的国家政策和法律均确认和保护公民享有生育权，生育权属于人身权的范畴，故夫妻双方各自都享有生育权。生育权是夫妻双方平等的权利，只有夫妻双方协商一致、共同行使，这一权利才能实现。因此，一方的意愿应当基于双方的协商，共同决定是否生育。根据《最高人民法院关于适用〈中华人民共和国民法典〉婚姻家庭编的解释（一）》第 23 条规定，妻子终止妊娠后，丈夫不能以此为由请求损害赔偿。这一规定体现了对妇女生育决定权的尊重和保护，也符合现代社会生育权利平等和女性权益保障的理念。《妇女权益保障法》第 32 条规定，妇女依法享有生育子女的权利，也有不生育子女的自由。由于生育权的人身属性，男性的生育权必须通过女性来实现，导致女性在生育过程中需要承受更多的心理压力、精神压力，与身体上的不可控风险，故法律会更倾向于保护女性的生育权益，这体现出法律对妇女群体的特殊保护与人文关怀。

10. 夫妻一方婚前所负债务应当如何偿还？

小朱先生与汪女士结婚前因做生意失败负债20万元，婚后小朱先生认为汪女士与自己结为配偶，应当与自己一同分担这笔债务。但汪女士认为这笔债是小朱先生婚前负担的，不知道应不应该替他偿还。

专业解析

要回答这个问题，我们首先要明白债的相对性原理，进而分析婚前个人债务在何种情况下能成为夫妻共同债务，由夫妻二人共同分担。

◉ 债的相对性对夫妻一方婚前之债的影响

夫妻一方婚前所负个人债务，是其与债权人之间因特定法律事实而形成的一种债权债务关系，它是夫妻一方在婚姻关系产生之前与债权人这种特定主体之间发生的权利义务关系。根据债的相对性原理，债权人只能向特定的债务人主张权利，而不能在债务人结婚后向其配偶主张权利。因为债通常由当事人约定或者法律规定产生，一般是谁举债、谁偿还。一方婚前所负担的债务，原则上仍然是举债方的个人债务，除特定法律事实之外，债的相对性不会因为其他事由而发生转移。夫妻一方婚前所负个人债务，如果没有另一方在婚后向债权人作出承诺帮忙偿还，在原债务人配偶与债权人之间不会建立起债权债务关系，债权人也无法律上的根据和理由向债务人的配偶主张权利。夫妻一方婚前所欠债务属于个人债务。所以小朱先生在结婚前负担的债务，单从债的相对性原理出发，与汪女士是没有关联的。汪女士可以拒绝小朱先生的要求，不与其一起分担债务。

◉ 婚前个人债务在何种条件下能演变为夫妻共同债务？

但是，如果一方婚前所欠债务与婚后夫妻共同生活之间具有必然的因果联系，且婚前所欠债务中的资金、财物已经转化为夫妻共同财产或已用于婚后夫妻共同生活的，婚前一方所欠个人债务即转化为夫妻共同债务，应当由夫妻双方共同偿还。在生活中，婚前个人债务向婚后共同债务转化有多种类型：一方婚前举债购置大量结婚用品，婚后为夫妻双方共同生活所需要时，可以转化为婚后共同债务；一方婚前借款装修房屋，该房屋供夫妻双方婚后共同居住或者共同使用时，婚前所欠债务中的资金就已经转化成夫妻共同财产，且已经成为夫妻共同的物质生活条件，那么在此种形式下，该笔债务系夫妻共同债务，应当由夫妻二人共同偿还。总之，判断一方婚前债务和婚后共同生活之间的因果关系，应当结合债务人举债的目的、用途以及婚后共同生活的需要等诸多因素综合判断。

汪女士是否应当偿还小朱先生婚前负担的债务，要看这笔债务是否具备转化为夫妻共同债务的条件，即小朱先生婚前所欠债务中的资金、财务是否成为小朱先生与汪女士的夫妻共同财产或者其是否构成婚后夫妻共同的物质生活条件。

◉ 债权人的举证责任

婚前个人债务向婚后共同债务的转化，必须以婚前所欠个人债务用于婚后家庭共同生活为条件，债权人对此事实应当承担证明责任，这就使债权人完成证明责任十分困难。如果对债权人承担证明责任的要求过严苛，实际上无法真正保护债权人的合法权利。如债权人主张债务人婚前所负债务主要用于婚后共同生活，并举证证明了借款的时间、结婚的时间以及结婚时购置的大量物品等，由此可以推定债务人所负债务用于婚后共同生活，此时，人民法院可以要求债务人及其配偶就否认的事实承担证明责任。如果夫妻双方能够举证证明结婚时购置的物品或者其他夫妻共同财产的形成，与债务人婚前所举债务无关，债务人的配偶就不应承担该债务的清偿责任；如果双方所持证据都不能完全证明自己的主张，应当按照《最高人民法院关于适用〈中华人民共和国民事诉讼法〉的解释》第 108 条规定的原则处理，即作为主张事实成立的一方，债权人具有举证证明的责任，其所举证据应当需要达到高度可能性证明标准；而对作为抗辩一方的配偶，虽然就其抗辩的主张也应当提供证据予以证明，但因其在诉讼中是“防御”的一方，其所举证据只要达到使债权人主张的事实真伪不明的程度即可。

专业提示

婚前的夫妻个人债务指夫妻任何一方在结婚登记之前所负的债务。在司法实践中，如果债权人能够证明夫妻一方将其婚前个人债务用于婚后家庭共同生活而向债务人配偶主张权利，则会得到人民法院的支持。

债具有相对性，在债的关系中，债权人只能向债务人主张权利，而不能向债务人以外的第三人主张权利。一方婚前所负担的债务原则上也应该受到债的相对性原理的调整，但是，如果一方婚前所欠债务与婚后夫妻共同生活之间具有必然的因果联系，且婚前所欠债务中的资金、财物已经转化为夫妻共同财产或已成为婚后夫妻共同的物质生活条件，婚前一方所欠个人债务即转化为夫妻共同债务，应当由夫妻双方共同偿还。汪女士是否应当偿还小朱先生婚前负担的债务，要判断该笔债务是否达成个人债务向夫妻共同债务的转化条件，同时，若债权人想向汪女士主张该笔债务，还要就转化条件承担举证责任。

11. 夫妻双方是否都可决定日常家庭开销？

小朱先生与汪女士结婚后，生活消费、购置家具家电等家庭开销几乎均由小朱先生做主。某日，妻子汪女士计划带家人跟团旅游，与一家旅行社签订旅游合同并支付定金。合同签订后，遭到小朱先生的强烈反对，小朱先生以妻子汪女士无权决定家庭对外开支为由，向旅行社要求确认合同无效并退还定金。汪女士是否有权自主决定与旅行社订立旅游合同呢？

专业解析

要解答这个问题，我们需要了解我国《民法典》婚姻家庭编中的夫妻日常家事代理权制度，以及我国法律对该制度的行使条件、适用范围等是如何规定的。

◉ 日常家事代理权的初步认识

夫妻日常家事代理权，是指夫妻在日常家事范围内，与第三人进行民事法律行为时有相互代理的权利。夫妻一方在日常家事范围内与第三人为法律行为时，不必明示其代理权，可直接以自己名义、双方名义或对方名义为之；夫妻一方实施此类行为产生的债务是夫妻共同债务。随着男女平等观念的确立，夫妻权利日渐平等，并在《民法典》上得到确认与体现。

我国《民法典》第 1060 条规定："夫妻一方因家庭日常生活需要而实施的民事法律行为，对夫妻双方发生效力，但是夫妻一方与相对人另有约定的除外。夫妻之间对一方可以实施的民事法律行为范围的限制，不得对抗善意相对人。"法律如此规定，主要希望通过家事代理权增强夫妻对彼此身份与家庭生活的认同。且家事代理权的存在能让交易相对方在通常情况下信赖交易行为的效力，进而与夫妻任一方建立法律关系，这在很大程度上保障了交易安全与交易效率。如果夫妻一方对其对外基本的、简单的、日常的开销行为都无法保障效力，那市场交易的效率将大打折扣。夫或妻在家庭关系中地位平等，就夫妻财产享有平等的处分权，夫或妻基于家庭生活需要而对外从事民事法律行为的效力，于情于法于理均应当得到认可。小朱先生的抗议与反对显然与男女平等、交易安全等价值相悖。既然日常家事代理权对家庭、第三人都如此重要，那么这项权利具体如何运作呢？

◉ 日常家事代理权的行使条件

从我国目前的立法看，事实婚姻不再为法律所保护，因此日常家事代理权仅适用于具备合法婚姻关系的配偶之间。夫妻双方在日常家庭事务范围内，均可直接以自己的名义、双方名义或对方名义与第三人发生法律行为，对此行为产生的后果，由夫妻双方共同承担。

夫与妻在身份与财产上的关联具有隐秘、模糊的特点，在夫妻双方与第三人进行交易时，对该第三人信赖利益的保护成为保护交易安全的核心。因此，只要是发生在家庭日常生活范围内的民事法律行为，无须第三人证明夫妻一方得到另一方的授权，除非另一方与第三人另有约定，另一方不能以未经同意、未经授权、不知道为由对行为效果予以否认。关于汪女士对外单独订立旅游合同的行为是否超出家庭日常生活需要，暂不讨论。小朱先生认为妻子汪女士无权决定家庭对外开支，不论是从法律、情理，还是经济生活客观需要角度判断，都是站不住脚的。

◉ 家庭日常生活需要的认定

夫妻一方非因日常生活需要而实施的法律行为，不能当然地对另一方产生法律拘束力。对重大事项或重大财产的处分，夫妻双方应当取得一致意见，如不动产处分通常被排除在日常家事代理权的适用范围之外。

那么，如何判断某一法律行为是否基于夫妻日常生活需要而产生？由于“日常生活需要”因地域、经济条件、消费习惯等多重因素影响极具差异，对日常家事代理权适用范围的判断，应当从通常的社会观念和民众的生活习惯出发。每个家庭的经济水平、家庭结构、生活状况均存在差异，所以对日常家事代理权的适用范围应当就每个家庭的客观情况进行具体问题具体分析。具体判断如下：首先，从目的出发，设立日常家事代理权的目的应当基于维持家庭日常消费、子女抚养教育、医疗服务等日常行为，在这些事务中夫或妻一方无须通过事先与另一方商议就可以独立决定是否交易、怎样交易等问题。其次，在经济水平的维度中判断是否基于夫妻日常生活需要应当是恰当的。如一对普通的工薪阶层夫妻，二人一年收入分别为10万元，若夫或妻一人以娱乐消费的目的对外举债300万元，则该项交易显然就超出了日常家事代理权的适用范围。

每一个小家庭都有自己的封闭性，经济水平、收入水平、消费习惯等隐秘需求，外部难以知悉。所以关于一项法律行为是否超出日常家庭生活所需，我们只能以大多数人的立场，对此进行常理上的分析。汪女士计划带全家跟团旅游而与旅行社签订旅游合同，从目的上看，具备适当性。但若合同金额特别巨大，显然超出其日常消费水平，则难以将其归于基于日常家庭生活需要而产生的法律行为，小朱先生有合理理由否认该行为产生的效力。

专业提示

夫妻日常家事代理权是基于夫妻紧密身份关系产生的特别代理权,允许夫或妻为日常家庭生活需要与第三人进行民事活动,后果由双方共同承担。我国《民法典》第1060条规定,夫妻一方因家庭日常生活需要实施的民事法律行为对双方有效,夫妻一方与相对人另有约定的除外,且夫妻间对一方可以实施的民事法律行为范围的限制不得对抗善意相对人。此权利旨在增进夫妻身份认同、保障交易安全、提升效率。其仅适用于具备合法婚姻关系的夫妻之间涉及日常家庭需要的事项。关于家庭日常生活需要的认定应考虑通常社会观念和民众习惯,从合目的性与适当性两重标准判断法律行为是不是基于家庭日常需要实施。汪女士与旅行社订立的旅游合同,目的适当,但该行为是否系行使日常家事代理权还需结合小朱先生一家的消费习惯、经济状况与合同金额等因素考量。同时,若该旅游合同有效,该旅游合同产生的债务应为夫妻共同债务。《民法典》第1064条第1款规定:"夫妻双方共同签名或者夫妻一方事后追认等共同意思表示所负的债务,以及夫妻一方在婚姻关系存续期间以个人名义为家庭日常生活需要所负的债务,属于夫妻共同债务。"立法明确日常家事代理权为夫妻共同债务的认定标准之一,以"家庭日常生活需要"为界,界内债务推定为夫妻共同债务,界外推定为个人债务。

12. 婚前债务隐瞒、婚后冒名连带如何处理?

汪女士在与小朱先生结婚前并不知其有巨额欠款,而且小朱先生也并未告知汪女士有关欠款的任何情况并承诺自己并无任何个人债务。婚后,小朱先生在汪女士并未知晓和同意的情况下将汪女士写为了自己该笔债务的连带债务人。对此,汪女士想要知道这在法律上是如何处理的?

专业解析

要解答这个问题,我们首先需要了解婚姻法上除对重大疾病婚前隐瞒有所规制之外，对婚前债务隐瞒是否也有所规制，其次需要了解夫妻共同债务的相关规定。

◉ 婚前债务隐瞒行为的法律规制

从我国首部《婚姻法》到《民法典》婚姻家庭编，对存在效力瑕疵的婚姻有无效和可撤销两种规定，其中根据《民法典》第 1051 条的规定，无效婚有以下三种："（一）重婚；（二）有禁止结婚的亲属关系；（三）未到法定婚龄。"根据《民法典》第 1052 条和第 1053 条的规定，可撤销婚有受胁迫婚和婚前重大疾病隐瞒婚两种。

综上所述，根据《民法典》婚姻家庭编的规定，存在婚前债务隐瞒情况的婚姻并不属于无效婚或者可撤销婚，这是因为婚姻法规定无效婚和可撤销婚是为了规制有违社会秩序、道德伦理和优生优育等方面的普遍现象和重大事务，并不会将属于个人问题的债务隐瞒等作为规制对象。

但是，毕竟一方的隐瞒行为对另一方的感情、二人间的信任都会造成巨大的裂痕，尤其是事关二人生活、事业等重大事务的隐瞒行为，例如小朱先生对汪女士婚前巨额债务的隐瞒行为。所以就婚姻法的角度而言，可以通过判断这种隐瞒行为是否使二人之间的"感情确已破裂"，进而通过离婚诉讼的方式使二人的婚姻走向终点；而且在给汪女士造成损害的情况下还可以根据《民法典》第 1091 条的规定，即"有下列情形之一，导致离婚的，无过错方有权请求损害赔偿：（一）重婚；（二）与他人同居；（三）实施家庭暴力；（四）虐待、遗弃家庭成员；（五）有其他重大过错"，受隐瞒一方可以以"其他重大过错"的理由请求离婚损害赔偿。

另外，从刑法角度也可以规制这种行为，即如果隐瞒方并不是为了真实感情而是为了规避债务而结婚，那么可能构成刑法上的诈骗罪，受隐瞒方可以向公安机关报案。

◉ 夫妻个人债务与夫妻共同债务的分界线

前面我们对婚前债务隐瞒行为的法律规制有了简单的了解，但其属于帮助受隐瞒方摆脱受隐瞒的婚姻的法律规制。如果受隐瞒方与隐瞒方感情基础依旧存在，而只是不愿将自己陷入隐瞒方的债务陷阱，那么婚姻法又能够提供什么帮助呢？

对此，我们需要了解夫妻个人债务和夫妻共同债务的分界线，以此认识隐瞒方的债务归属进而解决问题。《民法典》第 1064 条规定："夫妻双方共同签名或者夫妻一方事后追认等共同意思表示所负的债务，以及夫妻一方在婚姻关系存续期间以个人名义为家庭日常生活需要所负的债务，属于夫妻共同债务。夫妻一方在婚姻关系存续期间以个人名义超出家庭日常生活需要所负的债务，不属于夫妻共同债务；但是，债权人能够证明该债务用于夫妻共同生活、共同生产经营或者基于夫妻双方共同意思表示的除外。"《最高人民法院关于适用〈中华人民共和国民法典〉婚姻家庭编的解释(一)》第 33 条规定:“债权人就一方婚前所负个人债务向债务人的配偶主张权利的,人民法院不予支持。但债权人能够证明所负债务用于婚后家庭共同生活的除外。”

由此,我们发现夫妻个人债务与夫妻共同债务的实质分界线在于该债务的负担是否是为了维持家庭生活或者家庭生产经营。若是,则不论此债务是带有双方签名的共同借债还是婚前借债,都要以夫妻共同债务来处理;若否,则要以夫妻个人债务处理。小朱先生并未将婚前债务用于婚后家庭生活或者家庭生产经营,所以此债务不属于夫妻共同债务,不需要汪女士对此负任何法律责任。

◉ 婚后冒名连带行为的法律后果

结合前述夫妻共同债务和夫妻个人债务区别规定的介绍,我们发现小朱先生的冒名行为,尽管使其婚前个人债务有了婚后夫妻共债共签的表象,但是汪女士可以通过证明其中并不存在自己真实意思表示而予以否认。如此,该笔婚前债务依旧属于小朱先生的个人债务,汪女士无须为此承担任何法律责任。

此时,就债权人的角度而言,其只能请求小朱先生个人承担偿还义务;而且其冒名行为情节严重并给债权人造成损害的情况下可能涉嫌债权欺诈,构成刑法上的诈骗罪。

就汪女士的角度而言,首先其不需要承担任何偿还义务,其次其还可以因为小朱先生冒名行为使二人间“感情确已破裂”而请求诉讼离婚,并在小朱先生的行为给她造成了损害的情况下请求离婚损害赔偿。另外,如果小朱先生的真实意图是通过婚姻逃避债务使汪女士一起偿还债务,那么他还涉嫌诈骗罪。

专业提示

夫妻间的相互信任、忠实自然属于二人感情的基础,但是由于婚姻关系属于精神世界的事务,难以通过物质利益衡量,所以婚姻法上并不将一方婚前债务隐瞒行为规制为无效婚或者可撤销婚的法定理由。但是,总归这种隐瞒行为对夫妻二人的感情基础有所伤害,更何况还存在婚后冒名连带的行为。所以,小朱先生的行为如果使二人感情确已破裂,则汪女士完全可以通过诉讼请求离婚,而且在给自己造成了损害的情况下还可以请求离婚损害赔偿。如果小朱先生的行为并未导致二人感情确已破裂,则汪女士可以通过举证证明自己不存在共债共签的真实意思表示而不承担该笔债务。

13. 如何面对家庭冷暴力？

小朱先生与汪女士结婚后，由于二人在一些琐碎的家务事上产生了矛盾进而使汪女士受到了小朱先生长达一年之久的忽视和冷漠对待（冷暴力），更严重的是作为公公婆婆的大朱先生和孙女士还对汪女士冷嘲热讽，汪女士想知道法律能够给她提供什么样的帮助？

专业解析

要解答这个问题，我们需要了解法律上是如何规制家庭暴力行为的，家庭冷暴力是否也能够被囊括在家庭暴力的范围内。

◉ 家庭暴力的法律规制

2001年修正的《婚姻法》首次对"禁止家庭暴力"作了明文规定，后《民法典》婚姻家庭编也沿袭了该规定。为配套适应和具体落实2001年修正的《婚姻法》中"禁止家庭暴力"的规定，2015年我国公布了《反家庭暴力法》，以国家专门法律的形式规制家庭暴力行为。

《反家庭暴力法》第1条明文规定，制定该法是"为了预防和制止家庭暴力，保护家庭成员的合法权益，维护平等、和睦、文明的家庭关系，促进家庭和谐、社会稳定"，而后第3条又规定"家庭成员之间应当互相帮助，互相关爱，和睦相处，履行家庭义务。反家庭暴力是国家、社会和每个家庭的共同责任。国家禁止任何形式的家庭暴力"。通过这两条的规定我们发现，国家通过法律规制家庭暴力不仅是为了彰显国家保护婚姻、保护家庭的职责，更是为了以"家长"身份为婚姻、家庭做好最后的保护。

《反家庭暴力法》共六章38条规定，除最后一章是附则之外，其他章节以"总则""家庭暴力的预防""家庭暴力的处置""人身安全保护令""法律责任"的逻辑展开，是一部能够完整落实《民法典》婚姻家庭编中"禁止家庭暴力"规定的法律。

◉ 家庭冷暴力行为属于家庭暴力的一种

了解了家庭暴力行为已经被国家法律专门的规制之后，我们需要进一步认识哪些行为属于家庭暴力行为，尤其是结合该案事实去认识家庭冷暴力算不算家庭暴力，如果算，在何种程度上家庭冷暴力能够作为家庭暴力行为而被《反家庭暴力法》所规制。

《反家庭暴力法》第 2 条明文规定了家庭暴力的种类,即“本法所称家庭暴力,是指家庭成员之间以殴打、捆绑、残害、限制人身自由以及经常性谩骂、恐吓等方式实施的身体、精神等侵害行为”。根据这一条规定的认定标准,按照家庭暴力的表现形式,家庭暴力被分为以下几种:身体暴力、情感暴力、性暴力和经济控制。其中本案例所提及的家庭冷暴力就是所谓的情感暴力,即家庭成员中的一方对另一方的诋毁、嘲弄、威胁、恐吓、歧视、排斥、忽视以及其他非身体暴力的精神性对抗。

既然家庭冷暴力也属于家庭暴力的一种,那么该如何具体认定家庭冷暴力行为呢?换句话说,是否一切家庭冷战行为都属于家庭冷暴力呢?对此,我们需要以相当性的标准来认定,而不是以“一刀切”的方式来认定。具体而言,要以身体暴力对家庭成员造成损害的程度为标准认定冷暴力的行为,即冷暴力对家庭成员的伤害程度至少要达到身体暴力对家庭成员造成伤害的程度,不能把一切家庭琐碎的冷战行为都定性为家庭冷暴力。

就如汪女士不仅受到丈夫小朱先生的忽视和冷漠对待,而且还受到公婆的冷嘲热讽,其精神损害丝毫不亚于身体暴力造成的肉体疼痛,甚至有过之而无不及。所以从“相当性”的标准来看,这种行为对受害者造成的伤害完全等同于身体暴力带来的肉体伤害,进而属于家庭暴力行为,需要受到《反家庭暴力法》的规制。

◉ 法律如何处理家庭冷暴力

家庭冷暴力属于《反家庭暴力法》规制的对象而且需要以“相当性”的标准来认定的情况已经被我们所了解,那么该法是如何具体规制家庭冷暴力的呢?就受害者汪女士而言,她可以根据该法第 13 条的规定向有关机关投诉、向公安机关报案或者向人民法院起诉请求赔偿。该条的具体规定是:“家庭暴力受害人及其法定代理人、近亲属可以向加害人或者受害人所在单位、居民委员会、村民委员会、妇女联合会等单位投诉、反映或者求助。有关单位接到家庭暴力投诉、反映或者求助后,应当给予帮助、处理。家庭暴力受害人及其法定代理人、近亲属也可以向公安机关报案或者依法向人民法院起诉。单位、个人发现正在发生的家庭暴力行为,有权及时劝阻。”

于是,结合上述条文和相关机关的职责我们可以知道,收到投诉的机关,要将反家庭暴力作为一种社会责任,以调解者的身份居间调解,以挽救双方的感情,通过批评教育的方式处理施暴方,通过心理治疗的方式帮助受害者;收到报案的公安机关,要依法调查取证,判断施暴方的冷暴力行为是否构成治安处理的行政案件,或者属于侮辱罪等刑事案件,构成前述情况的按照相关规定处理,而尚不构成前述情况的,根据《反家庭暴力法》第 16 条的规定对施暴方出具告诫书;收到起诉的人民法院,则需要根据受害者的诉讼请求和双方提供的证据,依法判断双方是否属于“感情确已破裂”而满足离婚条件（如果受害方诉讼请求离婚），或者依法判断施暴方的冷暴力行为是否构成对受害者相关权利的侵害等。

此外，如果小朱先生的冷暴力行为属于恐吓、威胁等精神控制行为而且存在现实危害性，汪女士或者其近亲属可以根据《反家庭暴力法》的规定向人民法院请求人身安全保护令。

专业提示

以法律的方式保护婚姻、保护家庭是我国法治国家、法治社会建设的既定目标，也是现已具体落实的既定事实。所以，有违家庭和睦、社会和谐的家庭暴力行为是会受到国家法律专门规制的。2015 年颁布的《反家庭暴力法》就是一部规制家庭暴力行为的专门法律，家庭冷暴力行为自然囊括在其中。小朱先生和其父母对汪女士的行为属于典型的以忽视、冷漠、嘲讽等精神控制行为暴力对待家庭成员的行为，自然需要依法处置。汪女士可以根据《反家庭暴力法》的相关条文向有关部门、公安机关或者人民法院请求帮助和保护。相关机关在收到汪女士的请求之后，需要结合案件事实与严重程度分别处理，即收到投诉的单位（如二人所在单位以及居民委员会、村民委员会、妇女联合会等）需要作为调解者居间调解，缓和二人矛盾；收到报案的公安机关结合案件事实和法律依据分别按行政案件或者刑事案件处理；收到起诉的人民法院根据汪女士的具体诉讼请求依法予以处理。

14. 未成年人在幼儿园将同学打伤应当由谁来承担赔偿责任呢？

小朱先生和妻子汪女士婚后育有一女小红。在自由活动期间，小红上幼儿园时，和幼儿园同学小张在玩耍过程中发生冲突，老师擅离职守，未及时发现两人的肢体冲突并予以制止，导致小红被小张打伤，脸部留下难以去除的疤痕。在此情况下，小朱先生和汪女士应当向谁请求医疗费用赔偿呢？

专业解析

要解答这个问题，我们需要了解无民事行为能力人和侵权责任这些基础概念，以及法律上如何规定无民事行为能力人承担侵权责任。

◉ 无民事行为能力人和侵权责任的概念

《民法典》第 120 条规定："民事权益受到侵害的，被侵权人有权请求侵权人承担侵权责任。"简单来说，侵权责任就是对他人的民事权益造成损害而应当承担的责任。小张打伤小红，很显然侵犯了小红的健康权、身体权等基本权益，但小张作为幼儿园在读的未成年人，无法依靠自身取得金钱收入，要求其本人支付赔偿费用并不符合常理。

在法律上，幼儿园在读的小张属于 8 周岁以下未成年人，按照法律规定属于无民事行为能力人。无民事行为能力人是指不具有以自己独立的意思表示进行民事法律行为的能力的自然人。《民法典》第 20 条规定："不满八周岁的未成年人为无民事行为能力人，由其法定代理人代理实施民事法律行为。"幼儿园在读的小张属于无民事行为能力人，自身无法承担侵权责任，因此小朱先生和汪女士应当向小张的法定代理人请求支付相应的赔偿。

《民法典》第 23 条规定："无民事行为能力人、限制民事行为能力人的监护人是其法定代理人。"小张的父母作为小张的法定代理人应当承担相应的责任，但是孩子们打闹的场合在幼儿园，在幼儿园期间老师对孩子们负有保护、教育的责任，正是由于老师擅离职守才发生这一结果，按理应当追究幼儿园在这一事件中的责任。小张父母及幼儿园承担侵权责任的比例还需根据事实情况进一步确定。

◉ 无民事行为能力人侵权中的监护人责任

小张的父母作为小张的监护人，对小张疏于教育，导致小张在发生矛盾冲突时第一反应为实施暴力，父母有责任通过教育、管理等方式来减少或避免小张侵权行为的发生，因此小张父母对小张打人的侵权行为应当承担相应的侵权责任。可以参照《民法典》第 1188 条第 1 款的规定："无民事行为能力人、限制民事行为能力人造成他人损害的，由监护人承担侵权责任。监护人尽到监护职责的，可以减轻其侵权责任。"

另外，小张的父母虽然将小张的教育责任暂时委托给幼儿园，但幼儿园并不是孩子的监护人，家长作为孩子的法定监护人，其监护职责并未因孩子入园而转移。虽然幼儿园作为受托人，未尽到及时制止打架行为与事前教育的责任，也应当承担相应的责任，但并不导致小张监护人的责任消灭，即《民法典》第 1189 条规定的"无民事行为能力人、限制民事行为能力人造成他人损害，监护人将监护职责委托给他人的，监护人应当承担侵权责任；受托人有过错的，承担相应的责任”。

◉ 无民事行为能力人侵权中的幼儿园责任

幼儿园作为专业的教育机构，对无民事行为能力的未成年人应当负有教育、管理和保护的义务。在该前提下，幼儿园需要尽到基本的托管义务，防止学生受到不必要的伤害。无民事行为能力人在幼儿园内受到伤害，对学校适用推定过错责任原则。也就是说，不满 8 周岁的未成年学生在幼儿园受到人身损害的，首先推定幼儿园承担侵权责任，如果幼儿园能够证明尽到教育、管理职责，则可以不承担相应责任。依据《民法典》第 1199 条的规定：“无民事行为能力人在幼儿园、学校或者其他教育机构学习、生活期间受到人身损害的，幼儿园、学校或者其他教育机构应当承担侵权责任；但是，能够证明尽到教育、管理职责的，不承担侵权责任。”

幼儿园老师在上班时间擅离职守，未尽到基本的关注义务，没有进行必要的安全指导和监督，未在事故发生的第一时间制止两人的打架行为，导致小红受伤严重，因此幼儿园应当承担相应的责任。

◉ 承担侵权责任的赔偿标准

小红合法权益受到侵害后，小朱先生和汪女士作为监护人应当代表小红主张权益，要求小张监护人及幼儿园支付医疗费等相关费用，即参考《民法典》第 1179 条规定“侵害他人造成人身损害的，应当赔偿医疗费、护理费、交通费、营养费、住院伙食补助费等为治疗和康复支出的合理费用，以及因误工减少的收入。造成残疾的，还应当赔偿辅助器具费和残疾赔偿金；造成死亡的，还应当赔偿丧葬费和死亡赔偿金”。

依据《最高人民法院关于审理人身损害赔偿案件适用法律若干问题的解释》第 6 条规定：“医疗费根据医疗机构出具的医药费、住院费等收款凭证，结合病历和诊断证明等相关证据确定。赔偿义务人对治疗的必要性和合理性有异议的，应当承担相应的举证责任。医疗费的赔偿数额，按照一审法庭辩论终结前实际发生的数额确定。器官功能恢复训练所必要的康复费、适当的整容费以及其他后续治疗费，赔偿权利人可以待实际发生后另行起诉。但根据医疗证明或者鉴定结论确定必然发生的费用，可以与已经发生的医疗费一并予以赔偿。”

小红脸部留下的伤疤若需要后续处理治疗，小朱先生和汪女士可以在后续治疗费用出现时，要求侵权责任人，即小张监护人与幼儿园进行相应的赔偿。

专业提示

监护制度是为了保护未成年人而设立的,它确保孩子们在年幼且身心发展尚未成熟的时候得到正确的教育和引导。父母是孩子的法定监护人,他们有责任承担起这一角色,确保孩子的权益得到妥善保护和照顾。《民法典》第34条第1款明确规定:“监护人的职责是代理被监护人实施民事法律行为,保护被监护人的人身权利、财产权利以及其他合法权益等。”在责任承担方面,若小张名下存在财产,需要由小张先行赔偿。根据《最高人民法院关于适用〈中华人民共和国民法典〉侵权责任编的解释(一)》第5条的规定,“无民事行为能力人、限制民事行为能力人造成他人损害,被侵权人请求监护人承担侵权人应承担的全部责任的,人民法院应予支持,并在判决中明确,赔偿费用可以先从被监护人财产中支付,不足部分由监护人支付”,且“从被监护人财产中支付赔偿费用的,应当保留被监护人所必需的生活费和完成义务教育所必需的费用”。

此外,幼儿园、学校和其他教育机构作为孩子们学习和生活的重要场所,其管理人承担着特定的责任和义务,不仅要对内部人员造成的损害负责,还必须对非机构成员导致的孩子伤害事件承担相应的管理责任。《民法典》第1201条规定旨在明确管理者的管理义务,即孩子在幼儿园、学校等场所受到非机构成员的伤害时,若幼儿园、学校或者其他教育机构没有尽到管理职责,则应在加害人承担侵权责任的基础上,承担相应的补充责任。

15. 父母应当怎样教育、保护未成年人呢?

小朱先生与汪女士结婚以后,经常因为教育女儿小红的事宜发生争吵。小朱先生指责汪女士总是以辱骂的方式教育孩子,汪女士则认为小朱先生总是放任小红玩网络游戏。他们想知道,法律上是如何规定父母的教育、保护义务的?

专业解析

要解答这个问题，我们首先需要明白教育、保护未成年人在法律上包含哪些内容。

◉ 教育的权利和义务

未成年人的健康成长和发展需要正确的引导和培养，父母应当在日常生活中培养子女的良好品行，引导子女进行有益身心的活动，预防、制止子女的违法行为。《民法典》第 26 条第 1 款规定："父母对未成年子女负有抚养、教育和保护的义务。"《未成年人保护法》第 15 条第 1 款规定："未成年人的父母或者其他监护人应当学习家庭教育知识，接受家庭教育指导，创造良好、和睦、文明的家庭环境。"此外，根据《未成年人保护法》第 16 条和第 17 条对父母监护职责的要求，父母还应当教育和引导未成年人遵纪守法、勤俭节约，养成良好的思想品德和行为习惯；对未成年人进行安全教育，提高未成年人的自我保护意识和能力；尊重未成年人受教育的权利，保障适龄未成年人依法接受并完成义务教育；预防和制止未成年人的不良行为和违法犯罪行为，并进行合理管教；不得放任、教唆或者利用未成年人实施违法犯罪行为；不得放任未成年人沉迷网络，接触危害或者可能影响其身心健康的图书、报刊、电影、广播电视节目、音像制品、电子出版物和网络信息等；不得放任、唆使未成年人吸烟、饮酒、赌博、流浪乞讨或者欺凌他人。

因此，小朱先生在允许小红玩网络游戏时应当注意避免小红沉迷网络，汪女士也应当学习家庭教育知识，以更和睦文明的方式教育孩子。

◉ 保护的权利和义务

父母应当保护孩子的人身财产安全。对此，《未成年人保护法》第 16 条和第 17 条规定，父母应为未成年人提供生活、健康、安全等方面的保障；妥善管理和保护未成年人的财产并依法代理未成年人实施民事法律行为；不得实施虐待、遗弃、非法送养未成年人或者对未成年人实施家庭暴力等侵犯未成年人身心健康、财产权益的行为；不得允许、迫使未成年人从事国家规定以外的劳动、结婚或者为未成年人订立婚约。此外，《未成年人保护法》第 18 条还规定："未成年人的父母或者其他监护人应当为未成年人提供安全的家庭生活环境，及时排除引发触电、烫伤、跌落等伤害的安全隐患；采取配备儿童安全座椅、教育未成年人遵守交通规则等措施，防止未成年人受到交通事故的伤害；提高户外安全保护意识，避免未成年人发生溺水、动物伤害等事故。"当未成年的父母因为一些情况在一定期限内不能完全履行监护职责时，应当委托适宜照顾孩子的人员对孩子进行临时保护。当未成年人的财产和身心受到伤害时，父母也应当及时了解情况并采取保护措施；情况严重的，应当立即向公安、民政、教育等部门报告。

因此，小朱先生在允许小红玩网络游戏的同时也应当注意对小红进行网络安全的保护，汪女士在教育小红时不可对其实施侮辱、殴打等伤害其身心健康的行为。

◉ 怠于履职的后果

未成年人是祖国的未来和民族的希望，父母怠于履行教育、保护义务将会承担相应的后果。《未成年人保护法》第118条规定："未成年人的父母或者其他监护人不依法履行监护职责或者侵犯未成年人合法权益的，由其居住地的居民委员会、村民委员会予以劝诫、制止；情节严重的，居民委员会、村民委员会应当及时向公安机关报告。公安机关接到报告或者公安机关、人民检察院、人民法院在办理案件过程中发现未成年人的父母或者其他监护人存在上述情形的，应当予以训诫，并可以责令其接受家庭教育指导。"《家庭教育促进法》第49条规定："公安机关、人民检察院、人民法院在办理案件过程中，发现未成年人存在严重不良行为或者实施犯罪行为，或者未成年人的父母或者其他监护人不正确实施家庭教育侵害未成年人合法权益的，根据情况对父母或者其他监护人予以训诫，并可以责令其接受家庭教育指导。"由于疏于管教，未成年人造成他人损害的，父母也应当依法承担民事责任。《民法典》第1188条第1款规定："无民事行为能力人、限制民事行为能力人造成他人损害的，由监护人承担侵权责任。监护人尽到监护职责的，可以减轻其侵权责任。"针对父母不履行监护职责或者严重侵害未成年子女权益的行为，我国还设置了撤销监护权制度。《民法典》第36条第1款规定："监护人有下列情形之一的，人民法院根据有关个人或者组织的申请，撤销其监护人资格，安排必要的临时监护措施，并按照最有利于被监护人的原则依法指定监护人：（一）实施严重损害被监护人身心健康的行为；（二）怠于履行监护职责，或者无法履行监护职责且拒绝将监护职责部分或者全部委托给他人，导致被监护人处于危困状态；（三）实施严重侵害被监护人合法权益的其他行为。"

专业提示

监护人应该保护未成年人，正确引导孩子的言行，帮助其健康成长。如果不履行监护职责或严重侵犯未成年人的合法权益，监护人会被撤销监护资格。监护人被撤销了监护资格意味着其不能再作为监护人对未成年人进行教育、监督和管教，并不意味着能免除其支付抚养费等抚养义务。抚养义务与监护资格是相互区分的，在监护资格被撤销的情况下，父母仍然要履行支付抚养费等抚养义务。在监护人被撤销监护资格后，人民法院会根据有关个人或者组织的申请为被监护人安排必要的临时监护措施，并根据最有利于被监护人的原则最终确定新的监护人。即便被撤销监护资格的人确有悔改表现想要继续担任监护人，人民法院也会考虑被监护人的意愿并综合被撤销监护资格的人曾经的行为再视情况决定是否恢复其资格。对被监护人实施故意犯罪的不得恢复监护资格。

16. 需要扶养重病丧失劳动能力的配偶吗？

小朱先生与汪女士结婚数年后，汪女士因身体不好需经常就医，而且也为了更好地照顾家庭便在家当全职家庭主妇。因此，汪女士没有工作能力、经济收入。汪女士多次向小朱先生索要生活费、医疗费，但均被小朱先生拒绝。汪女士回父母家养病，小朱先生不允许汪女士回家居住，也不来探望汪女士、不支付费用。汪女士能否要求小朱先生照顾自己，给予必要的物质与精神支持？

专业解析

要解答这个问题，我们首先需要了解什么是夫妻之间的扶养义务，它包含哪些方面，在法律上又是怎样规定的？

◉ 夫妻之间扶养义务的初认识

《民法典》第1059条确立了夫妻间应当互相承担的扶养义务，其规定，“夫妻有相互扶养的义务。需要扶养的一方，在另一方不履行扶养义务时，有要求其给付扶养费的权利”。该条文明确指出在婚姻存续期间，夫妻双方负有在经济扶持、精神慰藉及日常生活照料方面的相互责任。这一义务根植于夫妻关系的法律本质，是夫妻作为共同生活体不可或缺的一部分，具有法律的强制性和不可撤销性。任何试图通过协议放弃或豁免对方扶养责任的行为均无法律效力。无论夫妻双方的居住状态、情感亲密度如何，亦无论其财产管理方式为共同制或分别制，均不影响夫妻之间扶养义务的履行。简言之，在婚姻存续期间，双方都有责任对对方在经济上提供支持、在精神上给予安慰，并在日常生活中相互照料，这是法律赋予并保障的基本权利与义务。

◉ 扶养义务包括精神扶养与经济扶养

精神扶养所蕴含的深厚人身关联与伦理价值，更多属于被道德调整的范畴。因此，在多数情况下，不适宜通过法律强制手段来执行。若夫妻间在精神交流与生活照料上存在缺失，这可作为评估婚姻情感破裂的一个重要考量点，在婚姻关系难以为继时，可通过法律途径如离婚来解决。

至于经济扶养，则涉及实质性的物质支持，根据相关法律条款，一方在特定条件下可向另一方主张扶养费用。这些条件通常包括：首先，双方仍处于婚姻关系的存续期；其次，一方确实处于需要经济扶养的困境中；最后，另一方具备提供扶养的经济能力却未履行相应义务。上述 3 项要件即构成了主张经济扶养费的法律基础。

◉ “一方确需扶养”的情形

实践中，法院认为“一方确需扶养”的情形主要包括：(1) 一方因病或其他情况部分或者全部丧失劳动能力，无法自食其力；(2) 一方为无民事行为能力或者限制民事行为能力人；(3) 一方没有固定收入且无其他生活来源，无法满足基本生活需要。“有能力扶养”主要结合另一方的工作性质、收入情况、消费支出等因素来判断。扶养费一般包括医疗费、生活费等维持基本生活的其他必要开支。司法实践中，法院通常根据被扶养人的实际情况、扶养人的能力和当地居民的人均生活水平来确定扶养费的给付标准。

汪女士因病部分丧失劳动能力，疾病缠身，没有工作能力、经济收入，无论是在身体还是在经济上都面临巨大压力，小朱先生应当承担其作为丈夫的责任，为汪女士提供经济上的供养，心理上的支持，减轻汪女士的负担与焦虑。小朱先生怠于扶养妻子，对其不管不顾，无论是在法律还是在道德层面都将受到谴责与唾弃。由于患病，汪女士长期没有工作和固定收入，属于法律上规定的“一方确需扶养”的情形。小朱先生有固定的工作，经济情况较好，具有扶养能力，应承担汪女士的合理医疗和生活费用。

如果小朱先生想要与汪女士离婚，根据《最高人民法院关于适用〈中华人民共和国民法典〉婚姻家庭编的解释（二）》第 22 条的规定：“离婚诉讼中，一方存在年老、残疾、重病等生活困难情形，依据民法典第一千零九十条规定请求有负担能力的另一方给予适当帮助的，人民法院可以根据当事人请求，结合另一方财产状况，依法予以支持。”小朱先生仍然有为汪女士提供适当帮助的法定义务。

◉ 拒不履行扶养义务应承担的责任

我国《刑法》第 261 条规定："对于年老、年幼、患病或者其他没有独立生活能力的人，负有扶养义务而拒绝扶养，情节恶劣的，处五年以下有期徒刑、拘役或者管制。"由此可见，如果小朱先生拒绝扶养汪女士，情节恶劣，可能还会构成刑法上的遗弃罪，需要承担刑事责任。

在小朱先生怠于履行扶养义务时，汪女士可以向当地街道办、居委会、妇联等有关机构求助，请求其协调纠纷，与丈夫沟通，劝导小朱先生承担其应尽的扶养义务。此外，若调解无果，汪女士亦可以向法院提起民事诉讼，要求对方支付必要的扶养费用。如果汪女士自身有意愿起诉但因诉讼能力欠缺等原因不能提起诉讼的，可以向人民检察院申请支持起诉。

如果小朱先生不履行扶养义务，并造成严重后果，可能还会构成遗弃罪。此时，除需承担刑事责任外，小朱先生仍负有继续履行扶养义务的法律责任，确保汪女士的基本生活不受影响。

专业提示

夫妻间的扶养义务是家庭伦理与责任感的体现，它强调相互扶持、共渡难关的传统美德。良好的家风鼓励夫妻间在经济、情感及生活上相互扶助，共同承担家庭责任，维系家庭和谐。

《民法典》第 1059 条从法律层面确立了夫妻间的扶养义务，这一义务不仅体现了对夫妻作为共同生活体的本质要求，也是婚姻制度中保障家庭稳定与成员福祉的重要基石。它要求无论夫妻双方的居住状态、情感亲密度或财产管理方式如何，均不得免除对另一方的扶养责任，该责任具有法律的强制性和不可撤销性。它具体包括经济扶养、精神扶养。经济扶养指当一方因疾病、残疾、年老或其他情况丧失或部分丧失劳动能力，无法维持自身生活时，或一方无固定收入且无其他生活来源时，有经济能力的另一方应承担提供必要生活费、医疗费等经济支持的义务。而精神扶养包括情感交流、心理支持、日常照料等非物质性的扶助，目的是确保双方在婚姻关系中能够相互依赖、共同生活。在极端情况下，若精神扶养严重缺失，这可能作为评估婚姻情感破裂的重要考量因素。当一方陷入确需扶养的情形时，另一方应当积极履行自己身为伴侣的责任，提供必要的精神与经济扶助，如果另一方怠于履行扶养义务、情节恶劣，可能还会构成刑法上的遗弃罪，需要承担刑事责任。

17. 夫妻双方能干涉各自的社交吗？

小朱先生与汪女士结婚后，小朱先生严管汪女士，不允许汪女士与朋友出去吃饭、聚会、参加活动，汪女士很是苦恼，社交活动被丈夫完全控制，没有参加社交活动的自由。汪女士想知道，丈夫能干涉自己的社交吗？

专业解析

要解答这个问题，我们首先要理解何为“社交自由”？结婚后，夫妻双方各自的社交自由能否被对方干预，以及干预社交的行为又会受到哪些限制。

◉ 自由与社交自由的理解

自由是人最重要的权利，受我国《宪法》《民法典》和其他法律法规保护。我国《宪法》第37条第1款规定：“中华人民共和国公民的人身自由不受侵犯。”

人身自由，是指自然人依法享有的自主支配其人身和行为，不受任何组织和个人非法限制或侵害的权利。人身自由是每个自然人最基本的权利，自然人的人身自由不因结婚而受限制。夫妻各自的社交自由即人身自由在婚姻家庭关系中的重要体现，这对男女双方都适用，但实际上重点是保障妇女在婚后的相关权利。

我国《宪法》第48条第1款规定：“中华人民共和国妇女在政治的、经济的、文化的、社会的和家庭的生活等各方面享有同男子平等的权利。”该条即是对《宪法》所保护的上述自由在婚姻家庭领域的具体化。按照该条规定，夫妻双方具有自主参加社会活动的自由。从夫妻双方两性关系的历史发展看，此条主要是确认和保护妻子的工作权、受教育权和参加各种社会交往、文化活动的自由，强调妻子有权自己决定从事生产、工作、学习及社会交往，并且禁止丈夫及其他人的限制和干涉。夫妻双方在婚后，仍然享有人身自由、社交自由等权利。

因此，汪女士在婚后仍然享有工作权、受教育权和参加各种社会交往、文化活动的自由等权利，并不因为和小朱先生结婚而改变，小朱先生对配偶的社交自由的限制与干涉，严重违反了法律的规定，侵害了配偶的权利。

◉ 夫妻双方不能限制或干涉对方社交活动的自由

夫妻享有平等的人身自由是夫妻法律地位平等的必要条件。为了家庭的共同利益，夫妻双方必然存在适当的分工，同时，男女性别的差异也导致各自在家庭中的角色存在不同，唯在有利于夫妻共同生活利益范围内，维护夫妻各方的工作、学习、社交自由，才能增进夫妻婚姻生活的和谐、美满和幸福。《民法典》第 1057 条规定：“夫妻双方都有参加生产、工作、学习和社会活动的自由，一方不得对另一方加以限制或者干涉。”由此可见，我国法律明确规定夫妻双方不能限制或者干涉另一方社交自由。如果夫妻一方强制干涉另一方的社交自由，就违反了法律的规定，受侵害的一方可以向人民法院提起诉讼。

小朱先生与汪女士结婚后，小朱先生对汪女士的正常社交活动进行限制，严重侵害了汪女士的社交自由，汪女士可以向法院提起诉讼，请求小朱先生停止侵害汪女士的权利。

◉ 夫妻双方不能限制或干涉各自社交活动的自由的限制

法律规定了夫妻双方享有社交自由的权利，这并不意味着夫妻双方可以不顾家庭、为所欲为。夫妻行使人身自由的权利，必须符合法律与社会主义核心价值观的要求，不得滥用权利损害家庭和他人的合法权益。夫妻双方婚后，对配偶、子女、家庭负担着重要的义务和责任。如果夫妻一方对家庭和谐、子女成长等不负担相应的义务和责任，不顾一切地参加各种社会活动，这与法律规定的立法精神和社会主义核心价值观是不相符合的。夫妻双方婚姻共同生活的目的应当是在夫妻双方互相尊重、互谅互让、共同协商、自觉自愿地共同负担的基础之上，处理好参加工作、学习和社会活动与尽到家庭责任和义务之间的关系。在实践中，一方以另一方侵害其社交自由为由提起诉讼的，法院应当综合考量夫妻另一方和家庭利益等各项因素作出判断。

若汪女士的社交活动不属于正常的社交活动，并且汪女士没有对家庭、子女等负担必要的责任和义务，此时这种不正常的社交活动，法律将不会予以保护。

专业提示

社交自由是一项重要的人身权利，夫妻双方在婚后应当相互尊重，保障另一方的社交自由。《民法典》第 1057 条规定：“夫妻双方都有参加生产、工作、学习和社会活动的自由，一方不得对另一方加以限制或者干涉。”如果汪女士婚后的社交权利被丈夫小朱先生干涉或者限制，汪女士可以向人民法院提起诉讼，要求丈夫停止侵害自己自由社交的权利。《民法典》第 1043 条规定：“家庭应当树立优良家风，弘扬家庭美德，重视家庭文明建设。夫妻应当互相忠实，互相尊重，互相关爱；家庭成员应当敬老爱幼，互相帮助，维护平等、和睦、文明的婚姻家庭关系。”夫妻双方也应当以家庭为核心，树立良好的家风家教观，不能盲目地追求社交自由，而忽略对家庭的关心和照顾。夫妻双方任何一方的社交活动必须是正常的社交活动，而不能是不正常的社交活动以及破坏家风家教的社交活动，夫妻任何一方社交时还应当对家庭、子女、父母等尽到主要的责任和义务，这样有利于维护良好的家庭氛围，树立更好的家风家教观。

18. 夫妻一方投资所得财产属于夫妻共同财产吗？

小朱先生在股市中赚了 1 万元，妻子汪女士知道后将小朱先生账户里的 1 万元转出，想买一个名牌包包。小朱先生想知道，自己通过投资获得的钱是属于夫妻共同财产还是自己个人财产？另外，小朱先生想知道汪女士这一行为是否合法合理？

专业解析

要解答这个问题，我们需要先了解何为夫妻共同财产，以及何为夫妻个人财产。在此基础上，我们再进一步了解法律上关于夫妻处置共同财产有何具体规定。

◉ 夫妻共同财产的概念

夫妻共同财产的概念在《民法典》第 1062 条中得到了明确，即“夫妻在婚姻关系存续期间所得的下列财产，为夫妻的共同财产”。该法条确立了夫妻在婚姻期间所获得的财产属于共同财产的原则。为了更好地了解夫妻共同财产的概念，我们来作一些简单的拆分理解。夫妻共同财产的定义中存在两个重要的限定概念：一是“婚姻关系存续期间”，其是指夫妻在结婚登记后且未结束婚姻关系的时期，属于时间范畴上的限定；二是“所得”，这里的“所得”是夫妻所得，包括夫妻共同所得、夫或妻一方所得。

《民法典》第 1062 条在进行概括式地阐述后，对属于夫妻共同财产的情形进行了列举，即“（一）工资、奖金、劳务报酬；（二）生产、经营、投资的收益；（三）知识产权的收益；(四)继承或者受赠的财产，但是本法第一千零六十三条第三项规定的除外；(五)其他应当归共同所有的财产”。

小朱先生在股市中获得的 1 万元收益，根据《民法典》第 1062 条第 1 款第 2 项的规定，被归类为“投资的收益”，属于夫妻共同财产的一部分。值得注意的是，《民法典》中的“投资的收益”是立法者对《婚姻法》的一次重要更新。《婚姻法》作为新中国成立后制定的第一部法律，从 1950 年实施后虽经历了几次修改调整，但条文内容仍然受历史背景限制，无法切合现今社会的实际情况。譬如在涉及股票、证券、期货等金融投资产生的收益是否属于夫妻共同财产时，法院无法援引《婚姻法》作出判断。对此，《民法典》作出了相应更新，更加全面地覆盖了现代家庭可能获得的各类收益。与《婚姻法》相比，《民法典》这一更新体现了法律对时代发展和家庭经济活动多样性的适应。这样的扩展，不仅丰富了共同财产的内涵，也使法律更加贴近现代家庭的实际情况，增强了法律的适用性和指导性。

◉ 夫妻个人财产的概念

夫妻共同财产和夫妻个人财产是相互对立的两个概念。除了可以通过《民法典》第 1062 条所进行的列举和概括方式做到对夫妻共同财产的正面认识，还可以通过理解夫妻一方个人财产这一对立概念来深化对夫妻共同财产的理解。

《民法典》第 1063 条同样采取列举和概括的方式，明确规定夫妻个人财产的范畴为：“(一)一方的婚前财产；(二)一方因受到人身损害获得的赔偿或者补偿；(三)遗嘱或者赠与合同中确定只归一方的财产；(四)一方专用的生活用品；(五)其他应当归一方的财产。”简单来讲，个人财产通常包括婚前财产、因身体伤害获得的赔偿或补偿、遗嘱或赠与中明确指定为个人财产的部分，以及其他依法应认定为个人财产的财产。

通过对比夫妻共同财产和夫妻个人财产的范畴，我们可以更清晰地界定夫妻双方在婚姻中的财产权利和义务。共同财产原则强调了婚姻期间财产的共有性质，而个人财产的规定则保护了夫妻双方的个人权益，确保了在婚姻关系中各自的财产安全和独立性。这种平衡有助于维护婚姻关系的和谐与稳定，并为可能出现的财产纠纷提供了明确的法律依据。

◉ 夫妻双方具有平等的处理权

夫妻双方对共同财产具有平等的处理权，这一点在《民法典》第 1062 条第 2 款中存在明确规定，即“夫妻对共同财产，有平等的处理权”。这里存在两个需要进一步明确解释的要点：一是条文体现了《民法典》所采纳的婚后所得共同制原则，即除非有特别规定，否则婚姻期间夫妻任何一方或双方获得的财产，都应被视为夫妻共同共有；二是“平等的处理权”并不意味着一方可以单方面随意处置夫妻共同财产，而是应当经过双方的同意，这一点是基于共同共有财产制度来确定的。

共同共有的财产制度，即除非夫妻双方有其他约定，否则他们对财产享有平等的权利，包括平等协商、平等处分。夫妻共同财产属于共同共有，夫妻双方对财产的处分均需要取得双方的同意。夫妻之间若任意一方选择无视或者违背另一方的意思而作出某种行为，则该行为在法律上的结果会被认定为无效。参照《民法典》第 301 条对共有财产的处分规则，“处分共有的不动产或者动产以及对共有的不动产或者动产作重大修缮、变更性质或者用途的，应当经占份额三分之二以上的按份共有人或者全体共同共有人同意，但是共有人之间另有约定的除外”。这个规定旨在保护夫妻双方在财产上的平等权利，确保财产的处分不会损害任何一方的利益。

小朱先生在股市中获得的收益属于夫妻共同财产，故夫妻双方对这部分财产共同享有平等的处理权利。“平等的处理权”并不意味着任何一方可以单方面随意处置共同财产，相反，它要求夫妻双方在作出任何关于共同财产的决策时，都应进行充分的沟通和协商。这意味着在出售、投资或以其他方式处理共同财产之前，双方都应达成一致意见，以确保双方的权益都得到尊重和保护。“平等的处理权”促进了夫妻之间的相互尊重和合作，有助于维护婚姻关系的和谐与稳定。

专业提示

夫妻共同财产制度不仅是对财产主体的确认，更是对家庭平等的呼唤。《民法典》是平等的守护者，它旨在确保平等主体之间的权利和义务得到公正的调整。在家庭决策过程中，尊重意味着双方的意见都应被认真听取，并共同考虑如何作出最有利于家庭的选择。若汪女士在未经过小朱先生同意的情况下，将小朱先生在股市中赚取的 1 万元用以购买名牌包包，实际上是违背了婚姻中相互尊重、协商一致的精神。

在处理夫妻共同财产时，确实需要双方达成共识才能进行分配或处置，这可能会让一些人感到疑惑：如果每项家事都需要双方一致同意后才能解决，是否会影响日常生活中处理家庭事务的效率。对此《民法典》也作出了相应回应，在第 1060 条中规定了日常家事代理权，即“夫妻一方因家庭日常生活需要而实施的民事法律行为，对夫妻双方发生效力”。该条款规定，对因家庭日常生活需要而进行的夫妻共同财产的处置，原则上被视为已经得到了另一方的知情和同意，等同于双方协商一致后的决定。

19. 夫妻一方擅自处分属于夫妻共同财产的股权，另一方如何主张权利？

小朱先生和妻子汪女士结婚多年后有了积蓄，以夫妻共同财产出资与另 4 位合伙人设立了一家有限责任公司，他们将公司股份分为 5 股，其中 1 股由小朱先生和妻子汪女士共同持有，但是登记在小朱先生名下。后来小朱先生向不知情人出让了该笔股权，二人订立了股权转让协议，但未办理更名登记(亦未变更股东名册)。面对这种情况，汪女士该如何主张权利。

专业解析

要解答这个问题，我们不仅需要了解《民法典》中有关夫妻共同财产的规定，还要了解股权转让的相关规则，以及综合夫妻共同财产规则和股权转让规则后的婚姻法规定。

◉ 婚姻法上夫妻共同财产的范围和处分规则

根据《民法典》第 1062 条的规定，股权是小朱先生和汪女士的夫妻共同财产。根据《民法典》第 1060 条、第 1064 条的规定，夫妻共同财产的处分适用“重大处分共同决定，日常互惠处分可以代理”的原则。深入挖掘夫妻共同财产的处分规则，我们可以发现这是物权法上关于共同共有物的处分规则，也就是《民法典》第 301 条规定的处分共同共有的财产需要经所有共有人同意。如此而言，小朱先生未经汪女士同意而处分共有的股权不符合处分规则，属于无权处分行为。

◉ 财产法上的物债二分规则与股权转让规则

既然小朱先生的行为属于无权处分，那么是否意味着汪女士可以主张该股权转让合同无效呢？然而问题并不是这么简单。这里我们需要了解一下财产法上的物债二分规则。《民法典》物权编第 215 条规定：“当事人之间订立有关设立、变更、转让和消灭不动产物权的合同，除法律另有规定或者当事人另有约定外，自合同成立时生效；未办理物权登记的，不影响合同效力。”尽管该条规定的是不动产的转让问题，但是该规定向我们传递了这样一则财产法原则，即物权法的效力和债法的效力需要分别根据其效力规则观察，而不能互相影响。根据债法上的规定合同是否有效与该出让人是否拥有对该出让物的权利没有关系。下面举一个简单的例子让大家理解一下这个抽象的法律原则：A 将属于 B 的车卖给了 C，并与 C 订立了买卖合同。所谓的物债二分原则就是指尽管 A 不是该车的所有权人，但是不影响其与 C 订立有关该车的买卖合同，该买卖合同若无其他无效事由则属于有效合同。但由于 A 不是该车所有权人，所以他不能完成对 C 的权利让渡，需要承担违约责任。

接下来，根据《公司法》第 86 条的规定，有限责任公司股权转让需要变更股东名册以及办理变更登记。所以，股权转让规则也需要类比不动产转让规则实行物债二分。由此而言，汪女士不可以主张小朱先生与甲的股权转让协议无效，但是可以不追认小朱先生的处分行为，以使小朱先生无法实现对甲的股权处分行为（办理相应的转让手续），那么其结果就是小朱先生向甲承担因债务不能履行的违约责任。但是需要补充的是，如果股权受让人知情并与小朱先生恶意串通进行股权交易损害汪女士的合法权益，则根据《民法典》第 154 条的规定该股权转让协议因恶意串通而无效。

◉ 婚姻法视角下的综合处理方式

以上都是从民商法的各个角度进行分析的结果，那么婚姻法又是如何综合性地处理这种情况的呢？《最高人民法院关于适用〈中华人民共和国民法典〉婚姻家庭编的解释（二）》第 9 条给出了处理方法，其规定："夫妻一方转让用夫妻共同财产出资但登记在自己名下的有限责任公司股权，另一方以未经其同意侵害夫妻共同财产利益为由请求确认股权转让合同无效的，人民法院不予支持，但有证据证明转让人与受让人恶意串通损害另一方合法权益的除外。"这条规定结合了上述婚姻法上夫妻共同财产的处分规则、财产法上的物债二分规则和公司法上的股权转让规则。它明确规定汪女士不可以主张转让协议无效，除非有证据证明二人恶意串通损害其合法利益。但是，汪女士可以主张该笔股权属于夫妻共同财产，需要二人共同处分，进而使小朱先生无法向甲转让该笔股权。

以小朱先生转让股权作为一个引子我们捎带分析这样一个问题：若该笔股权登记在小朱先生和汪女士二人名下，而且在股东名册上载明了二人的出资额（实质是夫妻共同财产出资，并无实质意义的分别出资），但二人没有明确股权分割比例。那么在二人离婚之时，若一方主张以股东名册载明的出资额分割股权，该如何处理？对此问题，《最高人民法院关于适用〈中华人民共和国民法典〉婚姻家庭编的解释（二）》第 10 条坚持以夫妻共同财产的分割规则来处理公司股权分割，而非以简单的公司股权分割规则进行，其规定："夫妻以共同财产投资有限责任公司，并均登记为股东，双方对相应股权的归属没有约定或者约定不明确，离婚时，一方请求按照股东名册或者公司章程记载的各自出资额确定股权分割比例的，人民法院不予支持；对当事人分割夫妻共同财产的请求，人民法院依照民法典第一千零八十七条规定处理。"深入而言，根据公司法原则公司股东需要以其出资额来享有公司股权和承担有限责任，所以二人分割公司股权之时若无具体明确的份额约定，则需要依据二人认缴的出资额进行分割。然而，夫妻共同持股的情况比较特殊，二人实际是以夫妻共同财产进行认缴的（采取夫妻共同财产制的情况下），所以相关出资额的记载并不能代表夫妻持股比例。故而就有该司法解释第 10 条的规定——以夫妻共同财产的分割规则分割夫妻共有的股权。

专业提示

物债二分是财产法的基本规则，维护家庭和睦、提倡互尊互敬是婚姻法的基本原则。那么在交互二者的夫妻财产法领域如何处理这两个价值取向就是一个重要的法律问题，尤其在复杂的夫妻共同持有股权的问题上。《最高人民法院关于适用〈中华人民共和国民法典〉婚姻家庭编的解释（二）》以第 9 条和第 10 条两条规则，在遵循财产法物债二分基本规则的基础上坚持了婚姻法的基本立场。根据其第 9 条的规定，汪女士尽管不能主张转让协议无效，但是她可以夫妻共同财产的处分规则主张小朱先生无权处分，而使小朱先生无法向甲转让股权。根据其第 10 条的规定，若股权登记在二人名下则在离婚之时不能以公司法规定的股权分割规则进行分割，而是需要坚持婚姻法上的夫妻共同财产分割规则。

20. 夫妻可以约定仅由一方抚养子女吗？

汪女士生了第二个孩子小明后，成了全职家庭主妇。小朱先生常常因为事业而忽略家庭。夫妻二人因孩子的教育抚养问题争吵不断，小朱先生想让汪女士重新工作，准备与汪女士达成约定：婚姻存续期间，女方负责料理家庭事务以及照顾孩子日常生活和教育，并承担孩子全部抚养费开支（包括但不限于伙食费、教育费、课外辅导费、医疗费等）。那么，如果汪女士同意，二人的约定是否合法有效呢？

专业解析

要解答这个问题,我们需要了解法律对抚养权利、抚养义务、婚内抚养协议是如何规定的。

◉ 抚养权利和义务的初认识

对未成年子女的抚养,是指父母应当保障未成年子女的基本生活和教育所需。父母对未成年子女的抚养是无条件的,该义务始于子女出生,终于子女成年或能够独立生活。父和母在抚养未成年子女上的权利义务是平等的。当一方不履行抚养义务时,未成年子女享有请求其支付抚养费的权利。《民法典》第 1067 条第 1 款规定:"父母不履行抚养义务的,未成年子女或者不能独立生活的成年子女,有要求父母给付抚养费的权利。"小朱先生以协议的形式,推卸自己对小明应尽的抚养义务,小明可以以自己的名义向法院提起诉讼,要求父亲支付抚养费。

◉ 婚内抚养协议的法律解读

根据《民法典》合同编关于合同成立及效力之规定,夫妻婚内协议对孩子抚养权的约定若未违反法律强制性规定的,则合同有效。《最高人民法院关于适用〈中华人民共和国民法典〉婚姻家庭编的解释(一)》第 52 条规定:"父母双方可以协议由一方直接抚养子女并由直接抚养方负担子女全部抚养费。但是,直接抚养方的抚养能力明显不能保障子女所需费用,影响子女健康成长的,人民法院不予支持。"法律允许父母对子女的抚养费作出约定,但如果此种约定影响到子女的健康成长,仍然会被法律所否认,在这一问题上法律仍坚持最有利于未成年人原则。通过小朱先生与汪女士的协议可以看出,双方达成一致约定,由汪女士负责照顾儿子小明并负担孩子的教育、生活等必要开支,小朱先生已放弃承担身为父亲的责任,已经违反法律、行政法规的强制性规定。汪女士作为家庭主妇,没有独立的工作收入,难以独自承担孩子的日常生活与教育开支。根据《最高人民法院关于适用〈中华人民共和国民法典〉婚姻家庭编的解释(一)》第 52 条规定:"父母双方可以协议由一方直接抚养子女并由直接抚养方负担子女全部抚养费。但是,直接抚养方的抚养能力明显不能保障子女所需费用,影响子女健康成长的,人民法院不予支持。"夫妻二人就孩子的抚养问题的约定,已经超出汪女士的能力范围,如果由汪女士一人独自承担孩子的成长、教育所需开支,将会大大影响孩子的正常发展,所以此种约定不能得到法律的认可。

◉ 最有利于未成年人原则的考量

我国《民法典》的立法精神是意思自治，在民事领域，通过当事人的意愿，设立、变动、终止法律关系。当事人可以约定权利的享有，义务的承担。对权利，当事人完全可以表示放弃、不主张，对义务，并不是说放弃就可以放弃的。根据《民法典》第 1068 条“父母有教育、保护未成年子女的权利和义务”以及第 1084 条第 2 款“离婚后，父母对于子女仍有抚养、教育、保护的权利和义务”的规定，无论婚姻关系是否存续，抚养未成年子女是父亲和母亲共同的权利和义务，这是不允许放弃的。当然在实务中，夫妻双方离婚时约定抚养权的归属也并非剥夺其中一方的抚养权，而是夫妻一方直接抚养未成年子女，另一方往往会通过支付抚养费等方式间接履行抚养义务。

再者，《民法典》婚姻家庭编按照最有利于未成年子女的原则以及尊重已满 8 周岁子女的真实意愿确定子女抚养权归属的规定已经摒弃了之前父母本位的做法，赋予了未成年子女表达权与参与权。婚内协议中约定孩子抚养权则反其道而行，回归了父母本位的做法。

综上所述，婚内协议中约定子女抚养权归夫妻一方，另一方放弃子女抚养权是不可行的。抚养子女作为父母的义务不可放弃。若在协议中约定抚养权归一方，则违背了未成年子女利益最大化原则，也侵犯了未成年子女的选择权。

专业提示

抚养未成年子女是父母双方共同的法定义务，这一点在《民法典》中有明确体现。无论是婚姻关系存续期间还是离婚后，父母都有责任为子女提供必要的生活条件、教育环境和身心健康的保护。这种义务是强制性的，不允许通过任何形式的协议来放弃或转移。因此，婚内协议中约定一方放弃子女抚养权是无效的，因为它违反了法律的强制性规定。但是，最高人民法院出台的司法解释将子女利益放在优先地位，有关司法解释允许父母间可以就子女抚养问题进行协商，且允许父母对子女抚养费的承担作出约定，但此种约定的效力以不影响孩子的健康成长、实现子女利益最大化为前提。汪女士没有独立的收入来源，由其一人独自承担孩子的成长、教育费用，不利于孩子的正常发展。对孩子的抚养是父母不可推卸的责任，这源于血缘情感的呼唤、来自法律的规定，因此在此种情况下，小明对其父亲小朱先生享有抚养费请求权。当小朱先生怠于支付抚养费时，小明可以自己的名义向法院提起诉讼，要求其父小朱先生支付抚养费。

21. 交通事故所生债务是否属于夫妻共同债务？

小朱先生投资失败后，以开网约车谋生。一日，小朱先生在开网约车送乘客前往目的地时，不慎撞伤坐在马路旁边的一位老大爷。事后，老大爷及其家属向小朱先生与汪女士主张一系列交通事故损害赔偿，这笔赔偿费用是否属于夫妻共同债务，汪女士是否应该与小朱先生一同承担。

专业解析

要回答这个问题，我们首先要了解法律对夫妻共同债务的规定，再进一步分析侵权之债在夫妻财产关系中的处理。

◉ 夫妻共同债务

《民法典》第 1064 条规定："夫妻双方共同签名或者夫妻一方事后追认等共同意思表示所负的债务，以及夫妻一方在婚姻关系存续期间以个人名义为家庭日常生活需要所负的债务，属于夫妻共同债务。夫妻一方在婚姻关系存续期间以个人名义超出家庭日常生活需要所负的债务，不属于夫妻共同债务；但是，债权人能够证明该债务用于夫妻共同生活、共同生产经营或者基于夫妻双方共同意思表示的除外。"由此可见，法律对夫妻共同债务的规定可以归纳为基于夫妻共同意愿产生的债务、基于家事代理权产生的债务。

但是，债务的产生是基于交通事故，这样一种侵权事实。因夫妻一方侵权产生的债务是否属于夫妻共同债务，目前为止在理论界尚未得出一个统一的结论，在立法层面也未能得到一个肯定的回答。

◉ 司法实践的观点

山西省高级人民法院在(2017)晋民申 1428 号民事裁定书中认为：判断所负债务是否为夫妻共同债务的标准是该债务是否为夫妻共同生活所负债务，夫妻一方或双方基于家庭共同的生产和生活必要而产生的支出，由此而设定的债务或者夫妻从所负债务中获得利益的债务系夫妻共同债务。北京市第一中级人民法院在(2019)京 01 民终 3660 号民事判决书中对夫妻一方侵权之债是否属于夫妻共同债务的理解与山西省高级人民法院的见解相同，其根据《最高人民法院关于审理涉及夫妻债务纠纷案件适用法律有关问题的解释》，认为判断一项债务是否为夫妻共同债务，应当结合举债合意或债务目的是否用于家庭共同生活或共同生产经营。湖北省高级人民法院在(2016)鄂民申第1956号民事裁定书中认为,因机动车交通事故产生的债务是法定的侵权之债,而非以举债合意而形成的合同之债。关于夫妻一方发生交通事故形成的债务系个人债务还是共同债务,应当从夫妻另一方对机动车是否进行运行支配和有无运行利益两个方面来判断。如果符合这两个标准,则属于夫妻共同债务,反之,系个人债务。

综合以上判决得出的结论进行概括,司法实践中针对不同的个案,进行不同的具体分析。认定交通事故所负债务是否属于夫妻共同债务,关键点就在于审查侵权行为是否用于夫妻共同生活、共同生产经营。比如上下班期间、开出租车期间发生交通事故,这一债务即是属于为夫妻共同生活所负债务,属于夫妻共同债务。

专业提示

债一般分为合同之债和侵权之债。在夫妻共同债务的认定上,侵权之债与合同之债亦存在根本不同。因合同之债导致的夫妻共同债务,合同相对方在与夫妻一方产生债权债务时,基于市场风险意识及自身作为债权人的审慎注意义务,可以选择要求以共债共签等形式规避风险,从而保障了夫妻中非举债方的利益;即使合同相对方在合同之债中没有"共债共签",但只要举证该合同之债主要用于夫妻共同生活、共同生产经营,即亦可推定该合同之债属于夫妻共同债务。常见的夫妻共同债务均是合同之债,如因购置家庭生活用品、支付家庭生活费用、改善家庭生活条件、抚养教育子女、赡养扶助父母等所负的共同生活债务;因从事个体工商业、经营、投资或者其他金融证券交易活动且收入用于共同生活等所负的生产经营性债务。侵权之债一般系因侵权行为而产生的,而侵权行为往往是偶然发生的、无法预料的。当侵权行为是由夫妻一方实施而没有双方共同合意时,就应当结合侵权行为本身的情况,审查该侵权行为是否符合夫妻共同生活、共同生产经营的要件,同时结合侵权行为自身的特点,综合认定该侵权行为造成的赔偿责任(侵权之债)是否属于夫妻共同债务。从上不难看出,侵权之债较之合同之债,认定夫妻共同债务的条件对应更为严格、谨慎,在价值倾向的侧重点上亦有所不同。

22. 未成年人直播打赏行为是否有效?

小红在暑假期间使用父母的手机观看游戏直播时,用父母的微信账户购买"嘉年华"等虚拟产品用于打赏。小朱先生和汪女士发现小红的行为后,以小红未成年为由要求某科技公司返还充值的钱款,某科技公司拒绝返还。夫妻二人诉至法院,请求某科技公司返还转账充值的钱款。请问,未成年的小红直播打赏行为是否有效?

专业解析

未成年人直播打赏的行为是否有效。要解答这个问题,我们需要了解《民法典》关于未成年人的民事行为能力,以及未成年人的民事法律行为效力的特殊规定。

◉ 未成年人的民事行为能力

根据《民法典》第 18 条规定:"成年人为完全民事行为能力人,可以独立实施民事法律行为。十六周岁以上的未成年人,以自己的劳动收入为主要生活来源的,视为完全民事行为能力人。"《民法典》第 19 条规定:"八周岁以上的未成年人为限制民事行为能力人,实施民事法律行为由其法定代理人代理或者经其法定代理人同意、追认;但是,可以独立实施纯获利益的民事法律行为或者与其年龄、智力相适应的民事法律行为。"《民法典》第 20 条规定:"不满八周岁的未成年人为无民事行为能力人,由其法定代理人代理实施民事法律行为。"

根据《民法典》第 17 条的规定,不满 18 周岁的自然人为未成年人。虽然《民法典》第 18 条将已满 16 周岁以自己劳动收入为主要收入来源的未成年人视为完全民事行为能力人,但实践中未成年人大部分是无民事行为能力人和限制民事行为能力人。不满 8 周岁的未成年人为无民事行为能力人,其实施民事法律行为由其法定代理人代理实施,未经法定代理人代理实施的法律行为无效。8 周岁以上的未成年人为限制民事行为能力人,其实施民事法律行为由其法定代理人代理或者经其法定代理人事后追认,如果实施的民事法律行为与其年龄、智力相适应,那么该行为有效;但实施的民事法律行为与其年龄和智力不相适应,那么该行为可能需要法定代理人的同意或追认才能产生法律效力。

◉ 未成年人直播打赏的效力

根据《最高人民法院关于适用〈中华人民共和国民法典〉婚姻家庭编的解释(二)(征求意见稿)》第 5 条第 1 款和第 2 款规定:第一,不满 8 周岁的未成年人通过网络直播平台实施打赏行为，其法定代理人主张该民事法律行为无效，请求返还已打赏款项的，人民法院应依法予以支持。这意味着，对这类未成年人，其打赏行为被视为无效，父母有权要求平台返还打赏金额。第二，8 周岁以上不满 16 周岁或 16 周岁以上不能以自己的劳动收入为主要生活来源的未成年人未经法定代理人同意，通过网络直播平台实施与其年龄、智力和精神健康状况不相适应的打赏行为，法定代理人不予追认并主张该民事法律行为无效，请求网络直播平台返还已打赏款项的，人民法院应依法予以支持。对这类未成年人，判断其行为是否有效，关键在于判断打赏行为是否与未成年人的年龄、智力和精神健康状况相适应。如果打赏金额明显超出未成年人的认知水平和经济能力，那么该行为很可能被视为无效。

小红在未满 8 周岁时，其为无民事行为能力人，其打赏行为被视为无效，小朱先生夫妇可以要求平台返还打赏金额。小红在 8 周岁以上不满 16 周岁时或是 16 周岁以上不能以自己的劳动收入为主要生活来源的未成年人时，小朱夫妇对打赏行为不予追认，并且小红打赏的金额明显超出未成年人的认知水平和经济能力，那么该打赏行为是无效的，小朱先生夫妇也可以要求平台返还打赏金。

◉ 网络平台义务与责任

《未成年人保护法》等法律法规对网络直播平台的相关义务作出了规定。《未成年人保护法》第 74 条第 2 款规定：“网络游戏、网络直播、网络音视频、网络社交等网络服务提供者应当针对未成年人使用其服务设置相应的时间管理、权限管理、消费管理等功能。”《未成年人网络保护条例》第 44 条规定：“网络游戏、网络直播、网络音视频、网络社交等网络服务提供者应当采取措施，合理限制不同年龄阶段未成年人在使用其服务中的单次消费数额和单日累计消费数额，不得向未成年人提供与其民事行为能力不符的付费服务。”对未成年人直播打赏的行为，网络平台也有相应的监管义务和责任。

专业提示

根据《民法典》以及相关司法解释的规定，未成年人直播打赏行为的有效性取决于未成年人的年龄以及打赏行为是否与其年龄、智力和精神健康状况相适应。对不满 8 周岁的未成年人，其打赏行为一律被视为无效；而对 8 周岁以上的未成年人，则需要根据其年龄、心智、经济状况进行判断。《最高人民法院关于适用〈中华人民共和国民法典〉婚姻家庭编的解释（二）（征求意见稿）》

对未成年人的直播打赏行为有着明确的规定。一方面,这体现了最高人民法院对未成年人网络直播打赏问题的关注和重视,体现这一问题对维护家庭和谐稳定的重要性;另一方面,这也表明对未成年人的网络保护需要通过互联网企业、家庭和社会各界的共同努力来实现,凸显了互联网企业和家庭在预防和治理未成年人沉迷网络方面的责任和义务。对未成年人直播打赏的行为,家长应加强对未成年人的监管和教育,引导他们正确、理性地看待网络直播和打赏行为,避免发生不必要的纠纷和损失。同时,网络直播平台也应加强自律和管理,切实履行社会责任,保护未成年人的合法权益。

23. 有配偶者与他人同居的婚姻法规制

小朱先生与其情人张女士相识,并与张女士同居生活,并且毫不顾及汪女士的生活状况和感情。为此汪女士特别苦恼,想要知道从法律层面其能够获得什么样的帮助?

专业解析

要解答这个问题,我们首先需要了解同居关系在什么程度上受到婚姻家庭法的调整,接着需要了解婚姻家庭法是如何处理有配偶者与他人同居的行为。

◉ 同居关系的法律可调整性

我们需要明确的是,并非所有的同居关系都会受到婚姻家庭法的调整。具体而言:首先,作为婚姻关系必然结果的同居关系肯定受到婚姻家庭法的完全调整,如小朱先生与张女士的同居关系是受到婚姻家庭法完全调整的;其次,以事实婚姻关系存在的同居关系(双方均无配偶),其二者间的财产交往将会受到婚姻家庭法中财产法部分的调整,甚至其人身关系也会在一定程度上受到婚姻家庭法的调整(如同居期间育有子女,则其父母子女关系受到婚姻家庭法的调整);再次,有配偶者与他人同居的同居关系会受到婚姻家庭法的完全调整(如小朱先生与张女士之间的同居关系);最后,短暂的以友谊关系或者恋爱关系而存在的同居关系,由于其更多地关涉道德而非法律,所以难以也无须受到婚姻家庭法的调整。综上,我们发现同居关系更多地在涉及婚姻关系以及类似婚姻关系的情况下将会受到婚姻家庭法的调整。

接着，我们需要了解对不同的同居关系，婚姻家庭法有着不同的调整态度，即前述受到婚姻家庭法调整的同居关系有些是婚姻家庭法所认可的，如夫妻间的同居关系，但也有一些是婚姻家庭法所否认的。对婚姻家庭法所否认的同居关系，我国的法律实践在认识上经历了一个大的变化。在 20 世纪 90 年代最高人民法院为规制未办理结婚登记而存在的同居关系，无论是对非婚同居还是对有配偶与他人同居都定性为“非法同居”，进而通过强制解除同居关系的手段来处理。后来，经过多方研究与实践将所谓的“非法同居”概念废弃了，而且在法律上认同了非婚同居关系。所以，现在唯有有配偶者与他人同居是被婚姻家庭法所否认的同居关系。小朱先生与张女士之间的同居关系是被婚姻家庭法所否认的。

◉ 有配偶者与他人同居的违法性依据

在我们了解了婚姻家庭法对同居关系的调整范围以及具体调整态度之后，就需要结合事实来具体认识有配偶者与他人同居这一同居关系的违法性依据。夫妻婚后履行同居义务是婚姻关系的必然要求，是婚姻关系存在的另一事实依据。有配偶者在存在婚姻关系的情况下与他人同居必然违反了对对方的同居义务，更是违反了一夫一妻制原则。

我国自首部《婚姻法》颁布以来，一直将一夫一妻制度列为婚姻法的基本原则。为具体落实这一原则，要求夫妻双方互相尽到同居义务就成了婚姻法具体原则的任务。首部《婚姻法》所规定的禁止重婚也在一定程度上承担着此项任务，但是事实婚是否属于重婚的争论影响了其对有配偶者与他人同居的法律规制。所以，直至 2001 年《婚姻法》的修改，明确规定了“禁止有配偶者与他人同居”，从而使有配偶者与他人同居的违法性有了明确的法律条文依据。2020 年公布的《民法典》婚姻家庭编更是沿袭了该规定。

综上所述，我们发现有配偶者与他人同居从原则上讲，违反了婚姻法的一夫一妻制原则；从夫妻关系角度讲，违反了夫妻间同居义务，而且还有违夫妻间的忠实义务。由此为了规制这种行为，我国婚姻法首先以“禁止重婚”调整，但是发现事实婚难以认定而且“禁止重婚”的规定重在规制双重法律婚，所以就明确规定了“禁止有配偶者与他人同居”。综上，我们知道了小朱先生与张女士的同居行为违反了一夫一妻制的婚姻法原则，小朱先生还违反了对自己妻子的同居义务和忠实义务。

◉ 有配偶者与他人同居的法律后果

在了解了有配偶者与他人同居行为的违法性之后，我们就需要知道这种违法行为的法律后果，即需要知道小朱先生和张女士的违法同居行为需要受到怎样的法律制裁。先前存在“非法同居”这个法律概念时，另一方配偶可以通过向相关机关进行举报或者起诉，进而使该同居关系被强制解除。而且，在更为严重的情况下，小朱先生如果构成事实婚则可能受到重婚罪的制裁。结合事实而言，在当时的法律背景下，可以通过强制解除小朱先生和张女士的同居关系来制裁二者，更甚者可以以重婚罪的刑事方式制裁二者。

但是，现在由于认识到“非法同居”概念的不科学性，以及认识到婚姻法律关系相较于其他财产法上的法律关系是更多地关系道德生活和精神世界，难以用纯物质和利益的价值去衡量，所以对违反婚姻法律关系的行为很难通过唯一确定的法律后果予以制裁。所以，《最高人民法院关于适用〈中华人民共和国民法典〉婚姻家庭编的解释(一)》第 3 条第 1 款规定，“当事人提起诉讼仅请求解除同居关系的，人民法院不予受理；已经受理的，裁定驳回起诉”。而且还根据该司法解释第 2 条的规定，有配偶者与他人同居是指不以夫妻名义，持续、稳定地共同居住，进而难以通过刑法上的重婚罪规制这种行为。

所以最终，对这种情况，婚姻家庭法现能提供的帮助是补救性的，即将这种行为作为夫妻二人离婚时一方的证据筹码。此外，如若小朱先生将属于其与汪女士的夫妻共同财产赠与张女士，那么汪女士可以主张该赠与行为因违背公序良俗原则而无效，并可主张婚内析产或者在离婚财产分割时主张对方不分或者少分。根据《最高人民法院关于适用〈中华人民共和国民法典〉婚姻家庭编的解释(二)》的第 7 条的规定，“夫妻一方为重婚、与他人同居以及其他违反夫妻忠实义务等目的，将夫妻共同财产赠与他人或者以明显不合理的价格处分夫妻共同财产，另一方主张该民事法律行为违背公序良俗无效的，人民法院应予支持并依照民法典第一百五十七条规定处理。夫妻一方存在前款规定情形，另一方以该方存在转移、变卖夫妻共同财产行为，严重损害夫妻共同财产利益为由，依据民法典第一千零六十六条规定请求在婚姻关系存续期间分割夫妻共同财产，或者依据民法典第一千零九十二条规定请求在离婚分割夫妻共同财产时对该方少分或者不分的，人民法院应予支持”。首先作为离婚条件——夫妻感情确已破裂的证据，其次作为夫妻一方存在重大过错而进行离婚损害赔偿的证据。这两种证据手段的法律依据是《民法典》婚姻家庭编的第 1079 条和第 1091 条，具体如下：第 1079 条规定“夫妻一方要求离婚的，可以由有关组织进行调解或者直接向人民法院提起离婚诉讼。人民法院审理离婚案件，应当进行调解；如果感情确已破裂，调解无效的，应当准予离婚。有下列情形之一，调解无效的，应当准予离婚：(一)重婚或者与他人同居……”。第 1091 条规定“有下列情形之一，导致离婚的，无过错方有权请求损害赔偿……(二)与他人同居……”

综上所述，根据我国现行《民法典》婚姻家庭编的规定，难以通过法律强制的手段来强制解除有配偶者与他人同居的情况,但是可以将这种同居行为作为证据筹码,有利于受害一方在离婚时请求离婚损害赔偿。在现在的法律背景下汪女士可以将小朱先生的所作所为当作自己离婚以及请求离婚损害赔偿时的证据筹码,为自己感情的缺失获得经济上的补偿。

专业提示

有配偶者与他人同居是同居行为中受到婚姻家庭法调整的一种社会关系,而且属于受到否定性评价的一种同居关系。但是由于夫妻关系更多地关涉道德生活和精神世界,不能通过强制解除的手段来制裁,婚姻家庭法在这个问题上只能起到道德提倡的作用,即通过优良家风条款提倡夫妻间要相互忠诚,履行同居义务,却难以通过强制手段制裁有违夫妻同居义务与忠实义务的违法同居行为。但是,婚姻家庭法毕竟是调整婚姻家庭关系的法律,有配偶者与他人同居的违法行为最终是能够受到婚姻家庭法制裁的。这种制裁手段就是将违法同居行为作为夫妻离婚时的证据,以及作为夫妻离婚时受害方请求离婚损害赔偿的证据,以此规制加害方在婚姻关系存续期间的这种违法行为。

24. 丈夫将婚内财产赠与同居者，妻子能否追回？

汪女士发现,小朱先生出轨并与张女士同居,并且把和汪女士的夫妻共同财产部分赠与张女士。汪女士发现后,想要追回赠与张女士原本属于夫妻二人的共同财产。那么,汪女士有合法的依据追回属于夫妻二人的共同财产吗?如果有合法的依据,那么用什么办法能顺利追回呢?

专业解析

丈夫将婚内财产赠与同居者,妻子能否追回?怎样追回?要想解答这个问题,我们首先要了解夫妻共同财产的性质,以及丈夫的赠与行为是否产生法律效果。

◉ 夫妻共同财产的性质

夫妻共同财产，是指夫妻在婚姻关系存续期间所得的财产，除另有约定外，归夫妻共同所有。这种共同所有权的性质决定了夫妻双方对共同财产享有平等的权利，承担平等的义务。然而，这种平等并不意味着夫妻各自对共同财产享有一半的处分权，而是指在处理共同财产时，夫妻双方应当协商一致，共同决定。

◉ 丈夫将婚内财产赠与同居者的行为无效

根据《民法典》第 1062 条的规定："夫妻在婚姻关系存续期间所得的下列财产，为夫妻的共同财产，归夫妻共同所有……夫妻对共同财产，有平等的处理权。"夫妻一方擅自将大额夫妻共同财产赠与他人，超出了日常生活需要的范围，属于对共同财产的重大处分，应当经双方协商一致。丈夫将婚内财产赠与同居者的行为侵犯了妻子的财产权利，因为共同财产是夫妻双方共同所有的，任何一方无权单独处分。

◉ 违背公序良俗的赠与无效

根据《民法典》第 8 条的规定："民事主体从事民事活动，不得违反法律，不得违背公序良俗。"我国法律明确规定违背公序良俗的法律行为无效，丈夫将夫妻婚内的共同财产赠与同居的第三者的行为，严重违背了公序良俗原则，应当被认定为无效。

《民法典》婚姻家庭编明确了婚姻中的夫妻双方应当忠诚于对方，维护婚姻关系的稳定和家庭的和谐，树立良好的家风家教观。如果一方与婚姻外的其他第三者建立了不正当关系，这不仅是对婚姻的背叛、家庭和谐的破坏，更是对社会公序良俗的违反，这种行为在道德和法律上都是不被接受的。

综上所述，小朱先生将婚内财产赠与同居者张女士的行为，严重违反了《民法典》基本的公序良俗原则，并且该行为也违反了法律的强制性规定，所以丈夫小朱先生的赠与行为属于无效的行为。妻子汪女士可以要求同居者予以返还财产。

◉ 丈夫将婚内财产有效赠与的例外

根据《民法典》及司法解释的相关规定，有效赠与的行为，大致包括以下几种方式。第一，对夫妻共同的财产双方有平等的处理权，需要双方协商一致处理。如果赠与行为经过夫妻双方的协商一致，或者事后得到另一方的追认，该赠与行为就发生法律效力。第二，赠与的财产如果只属于夫妻一方的个人财产，而非共同财产，赠与行为就不需要夫妻另一方同意，该赠与行为就发生法律效力。第三，受赠人符合善意取得的构成要件，即在不知情且已支付合理对价的情况下取得财产。但在将夫妻共同财产赠与同居者的情境中，由于同居关系通常不被社会认可，且往往涉及不正当利益，因此很难构成善意取得。

◉ 丈夫婚内将财产赠与同居者，妻子的追回权利

首先,《民法典》第 311 条规定,无处分权人将不动产或者动产转让给受让人的,所有权人有权追回;除法律另有规定外,符合善意取得条件的,受让人取得该不动产或者动产的所有权。但在此类赠予案件中,由于同居者很难构成善意取得,因此妻子有权追回财产。其次,《民法典》第 1062 条规定:“夫妻在婚姻关系存续期间所得的下列财产,为夫妻的共同财产,归夫妻共同所有……夫妻对共同财产,有平等的处理权。”这表明妻子对共同财产享有平等的所有权和处分权,丈夫未经过妻子同意处分共有财产,妻子有权将财产追回。

◉ 追回方式

妻子汪女士可以通过以下方式追回赠与的财产:第一,受害者妻子汪女士一方可以尝试与丈夫小朱先生和同居者张女士协商解决,要求返还赠与的财产。第二,如果协商不成,妻子汪女士可以向法院提起诉讼,请求确认赠与行为无效,并要求返还财产。但在诉讼过程中,妻子汪女士需要提供充分的证据证明赠与行为的存在、赠与财产的性质以及自己作为共同财产所有人的权利。

专业提示

夫妻一方在婚姻关系存续期间超出家庭日常生活需要处分夫妻共同财产的,除有特别规定外,一旦侵害了配偶方的合法权益,且不存在善意取得等情形的,就应当被认定为无效。丈夫将婚内财产赠与的行为,严重侵害了妻子的权益,其不仅违背了公序良俗,也违反了《民法典》关于夫妻双方应当互相忠诚、维护家庭和谐的规定。所以丈夫将婚内财产赠与同居者,妻子是有权追回的。这种追回权利是基于夫妻共同财产的性质、赠与行为的效力以及相关法律法规的规定产生的。在实践中,妻子可以通过协商或法律途径来维护自己的合法权益。同时,这也提醒我们,夫妻在处理共同财产时应当相互尊重、协商一致,避免擅自处分共同财产而引发纠纷。

25. 非婚生子女能要求父母给付抚养费吗?

张女士生下小朱先生的孩子小阳后,十分担心小朱先生就此对他们母子俩不管不顾,她想问,小阳是否有权利向小朱先生索取抚养费用。

专业解析

要解答这个问题,我们需要了解何为非婚生子女,以及在照顾非婚生子女上法律是如何规定的。

◉ 非婚生子女、婚生子女与养子女

非婚生子女这一概念是与婚生子女相对应的。由于生育行为可以发生在婚姻之内或婚姻之外,因此所生育的子女根据其出生时父母的婚姻状况被划分为婚生子女和非婚生子女。婚生子女的定义在不同国家的法律中有所区别,普遍观点认定,如果孩子是在父母之间存在婚姻关系时受孕或出生的,那么这个孩子就被视为婚生子女。在这一定义下,孩子的出生母亲是明确可知的,而根据婚生子女推定原则,母亲的配偶被法律认定为孩子的父亲。非婚生子女是指在没有合法婚姻关系的情况下出生的孩子,包括未婚的男女所生的孩子、已婚人士与配偶之外的人生的孩子,以及在无效或可撤销婚姻中出生的孩子等。

有些人可能会有这样的误解:养子女并非在养父母的婚姻关系中出生,所以自然而然将养子女归类为非婚生子女。然而,这种看法是错误的。养子女不属于非婚生子女,两者属于不同的学理分类。非婚生子女是指在没有合法婚姻关系的情况下出生的孩子,而养子女是通过合法的收养程序成为家庭一员的。根据法律规定,一旦收养关系成立,养子女就取得了与婚生子女相同的法律地位,与婚生子女享有同等的权利和义务。因此,养子女在法律上被视为养父母的合法子女,与出生方式无关。

◉ 非婚生子女的地位

非婚生子女与婚生子女在法律上具有同等地位,即《民法典》第 1071 条规定,"非婚生子女享有与婚生子女同等的权利,任何组织或者个人不得加以危害和歧视。不直接抚养非婚生子女的生父或者生母,应当负担未成年子女或者不能独立生活的成年子女的抚养费"。

这一地位意味着所有关于父母与子女关系的法律规定同样适用于非婚生子女,具体包括以下几个方面:一是父母对婚生子女与非婚生子女有抚养、教育和保护的权

利和义务，这些权利和义务源自亲子之间的法定权利义务关系，因而无论子女是婚生还是非婚生，父母都应承担起相应的责任；二是婚生与非婚生子女在与父母的其他近亲属间也享有同样的法律权利和义务，如对祖父母、外祖父母以及兄弟姐妹的抚养、扶养和赡养；三是婚生与非婚生的成年子女都有义务在父母年老或需要帮助时提供赡养和扶助；四是在遗产继承方面，父母与子女之间都相互拥有继承对方遗产的权利，无论子女是婚生或非婚生。

◉ 非婚生子女的抚养费问题

父母对子女有抚养义务，这种抚养义务表现为直接抚养或者间接抚养，间接抚养的形式主要为支付抚养费。《民法典》第 1067 条第 1 款规定："父母不履行抚养义务的，未成年子女或者不能独立生活的成年子女，有要求父母给付抚养费的权利。"这里的"子女"自然包括非婚生子女在内。

通常情况下，根据分娩等实际情况，可以直接确认非婚生子女的生母身份。但由于缺少与生父之间的法定婚姻关系，生父的身份确认往往需要进一步的法律程序。在现实操作中，非婚生子女多数由母亲直接抚养。为了确保子女的权益得到全面保护，《民法典》明确规定，未直接抚养子女的父母，不论其经济状况是否良好、是否与子女同住或是否再婚，都有责任支付抚养费。抚养义务是一项法律规定的职责，它要求父母为子女的成长提供必要的支持和条件，包括但不限于生活费、教育费、医疗费等物质需求。

在裁定抚养费的具体数额时，法院会参照《最高人民法院关于适用〈中华人民共和国民法典〉婚姻家庭编的解释（一）》的相关条款，以未成年人的最佳利益为出发点，综合考虑以下因素：子女的实际生活需求、父母的经济承担能力以及居住地区的一般生活标准。对非婚生子女的抚养费判定，同样遵循这些原则。如果父母有稳定的月收入，抚养费通常为其月总收入的 20%～30%，若需抚养两个或两个以上的子女，该比例可适度增加，但通常不会超过 50%。对没有固定收入的父母，抚养费的计算则可能基于其年总收入或所在行业的平均收入，并根据特殊情况适当调整这一比例。这一做法旨在确保抚养费的合理性，这既能满足子女的合理需求，又能考虑到父母的实际支付能力。

如果非婚生子女的生父母就孩子的抚养问题无法达成协议，或者一方不履行抚养义务，子女有权向法院提起诉讼，要求支付抚养费。此外，如果父母拒绝履行抚养义务，并且恶意遗弃未成年子女，这种行为可能构成犯罪。在这种情况下，根据我国《刑法》的相关规定，应当追究其刑事责任。这强调了法律对未成年人权益保护的严肃性和强制性。

专业提示

非婚生子女的身份是由其父母的行为决定的，例如双方在没有婚姻关系的情况下怀孕，或者是已婚人士与第三者进行生育的情形。这种身份不是孩子的选择，也不能因为父母的行为而对孩子进行任何形式的区别对待。因此，法律明确保障了非婚生子女享有与婚生子女同等的权利和法律地位，确保他们不会因出生情况而受到不公平对待，即《民法典》第1071条第1款规定“非婚生子女享有与婚生子女同等的权利，任何组织或者个人不得加以危害和歧视”。

父母对子女负有不可推卸的抚养责任，这一责任同样适用于非婚生子女。无论是选择亲自抚养子女，还是通过支付抚养费来履行责任，父母都必须确保子女的福祉和需求得到满足，即《民法典》第1071条第2款规定“不直接抚养非婚生子女的生父或者生母，应当负担未成年子女或者不能独立生活的成年子女的抚养费”。

26. 婚姻关系无效或被撤销，同居期间的财产如何处理？

汪女士在与小朱先生结婚前，曾与吴先生登记结婚。二人离婚后，汪女士才知道吴先生曾在与汪女士结婚前于已与任女士登记结婚且未离婚。汪女士与吴先生共同生活期间曾购买一套房屋，该房屋登记在双方名下，由吴先生支付首付和贷款，汪女士支付装修款。汪女士想知道，这套房屋应如何分割呢？

专业解析

要解答这个问题，我们首先需要对婚姻关系无效或者被撤销的法律后果进行了解。

◉ 婚姻关系无效或被撤销的法律后果

随着社会不断进步与发展，人们的法律意识也不断提高。如今无效或可撤销的婚姻已成为较为少见的情形，然而一旦身陷无效或被撤销的婚姻中，男女双方当事人的权利义务关系如何界定以及同居期间的财产如何处理等都是需要解决的重要问题。

吴先生与汪女士的婚姻发生于吴先生与任女士的合法婚姻持续期间，形成了重婚。根据《民法典》第1041条的规定："婚姻家庭受国家保护。实行婚姻自由、一夫一妻、男女平等的婚姻制度。保护妇女、未成年人、老年人、残疾人的合法权益。"我国实行一夫一妻、男女平等的婚姻制度，重婚行为违反了一夫一妻制，属于违法行为。对第一段婚姻的对方当事人任女士来说，重婚属于离婚的法定事由之一，可以与重婚一方吴先生离婚。对第二段婚姻的当事人汪女士来说，重婚属于婚姻无效的情形之一，汪女士与吴先生之间的婚姻应为无效，二者之间并不存在婚姻关系。

婚姻既为无效，那么在汪女士与吴先生共同生活期间，二人的关系应如何认定呢？根据《民法典》第1054条的规定："无效的或者被撤销的婚姻自始没有法律约束力，当事人不具有夫妻的权利和义务。同居期间所得的财产，由当事人协议处理；协议不成的，由人民法院根据照顾无过错方的原则判决。对重婚导致的无效婚姻的财产处理，不得侵害合法婚姻当事人的财产权益。当事人所生的子女，适用本法关于父母子女的规定。婚姻无效或者被撤销的，无过错方有权请求损害赔偿。"即汪女士与吴先生之间的婚姻自始没有法律约束力，二人之间并不互相具有日常家事代理权、继承权、扶养义务、同居义务与忠实义务等夫妻间的权利与义务，在共同生活期间，汪女士与吴先生自始不存在婚姻关系，而应为同居关系。

◉ 婚姻关系无效或被撤销后同居期间财产性质的举证责任

既然二人为同居关系，那么同居期间的财产是否如一般同居关系的财产一样原则上为个人所有呢？答案是否定的。婚姻关系无效或被撤销后的同居关系与一般的非婚同居关系有所不同，不能直接适用一般同居关系的分别财产制。虽然无效或被撤销的婚姻具有婚姻关系的表象特征，但是由于当事人之间自始不存在婚姻关系，其婚姻没有法律约束力，故也不能直接套用合法婚姻的夫妻共同财产制。

根据《最高人民法院关于适用〈中华人民共和国民法典〉婚姻家庭编的解释（一）》第22条规定："被确认无效或者被撤销的婚姻，当事人同居期间所得的财产，除有证据证明为当事人一方所有的以外，按共同共有处理。"即当婚姻关系被确认无效或者被撤销后，当事人双方在同居期间所得的财产，原则上被视为共同财产，按共同共有处理。若当事人一方主张某财产为其一方的个人财产，则应当承担举证责任。若其无法提供证据或提供的证据不足以证明该财产为个人财产的，该财产即应被认定为双方的共同财产，按照共同共有处理。

◉ 婚姻关系无效或被撤销后同居期间财产的分割

那么汪女士与吴先生共同生活期间购买的这套房屋应当如何进行分割呢？综合

《民法典》第 1054 条规定以及《最高人民法院关于适用〈中华人民共和国民法典〉婚姻家庭编的解释(一)》第 22 条规定来看,应按以下顺序进行考虑。

首先,当事人的意思自治在财产分割的处理中处于优先地位。当婚姻关系被确认无效或者被撤销后,同居期间的财产分割应当首先由双方当事人进行协商处理。对汪女士与吴先生在共同生活期间购买的这套房屋的分割,应当首先由汪女士与吴先生进行协商,若能达成一致意见,则按双方协议进行分割。

其次,若当事人双方协商无法达成一致意见,才由人民法院根据照顾无过错方的原则作出判决。该房屋登记在双方名下,首付款和贷款均由吴先生支付,装修款由汪女士支付。若吴先生欲证明该房屋为其一人所有的个人财产,则应当由吴先生承担举证责任。若吴先生提供的证据不足以证明该房屋为其个人财产,则该房屋应当被认定为汪女士与吴先生的共同财产,按照共同共有进行处理。

此外,若确认该房屋属于双方共同财产时,应如何进行财产分割呢?结合司法实践来看,对房屋份额的分配,应当综合考量同居期间双方对房屋的使用情况、贡献情况以及双方是否存在过错等情况进行综合认定。汪女士对吴先生的另一段婚姻并不知情,属于善意无过错方当事人,在法院作出判决时应当对无过错方汪女士予以适当照顾。同时,该房屋购买于汪女士与吴先生共同生活期间,首付款和贷款由吴先生支付,装修款由汪女士支付,并且该房屋登记在双方名下,可以说明双方均对该房屋作出了一定的贡献。结合司法实践来看,汪女士在房屋分割中一般能够获得该房屋一半的份额。

专业提示

重婚违反了一夫一妻的婚姻制度,对两段婚姻的另一方当事人都将造成极大伤害。其不仅会导致第二段婚姻无效的法律后果,构成第一段婚姻离婚的法定事由,还会导致相应的刑事责任。根据《刑法》第 258 条的规定:“有配偶而重婚的,或者明知他人有配偶而与之结婚的,处二年以下有期徒刑或者拘役。”当婚姻关系由于重婚等事由而被认定为无效或者被撤销后,二人之间的婚姻自始没有法律效力,同居期间的财产分割不同于一般非婚同居关系的财产分割,在协议不成且当事人一方无法证明二人共同生活期间的财产为个人财产的情况下,该财产应当被认定为二人共同共有,由人民法院根据照顾无过错方的原则判决。

27. 没有签署离婚协议，能够进行协议离婚吗?

汪女士不想通过诉讼途径进行离婚,打算到婚姻登记机关办理。直到约定好前往婚姻登记机关的那天,夫妻二人因没有签署离婚协议且没有经过离婚冷静期而被拒绝办理登记。小朱先生和汪女士咨询了律师朋友,想请问办理协议离婚的程序是怎么样的?

专业解析

离婚,是指夫妻双方依照法律规定终止婚姻关系的法律行为,区分为协议离婚和诉讼离婚两种方式。鉴于小朱先生和汪女士并不希望采取诉讼离婚的方式,我们需要进一步了解协议离婚的具体程序。

◉ 离婚登记的具体规定

为了保障离婚自由,降低离婚成本,让夫妻双方可以在短时间内解除婚姻关系而避免诉累,同时节约司法资源,我国《民法典》第 1076 条第 1 款规定了协议离婚的情形,明确载明“夫妻双方自愿离婚的,应当签订书面离婚协议,并亲自到婚姻登记机关申请离婚登记”。下列将分列三个要点讲解该条款的具体内容。

首先,协议离婚要求夫妻双方是完全自愿的。由于离婚本质上仍然属于一个民事法律行为,所以就要求夫妻双方需要表达真实的离婚意愿,不得在强迫、欺骗、重大误解等非自愿的情形下进行。在此我们需要区分非自愿情形与双方通谋虚伪离婚。双方通谋虚伪离婚是指双方并不想实际解除婚姻关系,但基于某个特定目的而办理了离婚登记,如骗取低保费用、规避购房政策,抑或是骗取更多拆迁款等现象。在司法实践中,无论夫妻双方离婚时基于何种目的,一旦登记离婚,则夫妻身份关系已经解除,不得以其恶意登记离婚为由否定离婚的效力。

其次,协议离婚要求夫妻双方签订书面离婚协议。我国法律规定,除了夫妻双方自愿,当事人还应当就离婚后的子女抚养、财产分配和债务负担等问题进行约定,即《民法典》第 1076 条第 2 款所载明的“离婚协议应当载明双方自愿离婚的意思表示和对子女抚养、财产以及债务处理等事项协商一致的意见”。2025 年《婚姻登记条例》第 13 条第 1 款也对该点作出了强调,明确“内地居民自愿离婚的,男女双方应当签订书面离婚协议,亲自到婚姻登记机关共同申请离婚登记”。因此,小朱先生和汪女士并没有签署离婚协议,婚姻登记机关无法为双方办理离婚登记。这一点在 2025 年

《婚姻登记条例》第 14 条也有规定，“申请离婚登记的当事人有下列情形之一的，婚姻登记机关不予受理：（一）未达成离婚协议的”。在此需要说明的是，由于离婚协议书属于双方当事人之间的自由约定，不属于有法律约束力的文书，所以在实践中若有一方不履行离婚协议，另一方也不得以此直接向人民法院申请强制执行。

最后，协议离婚要求夫妻双方亲自达到婚姻登记机关共同申请。由于离婚属于涉及人身权利的重大问题，只有本人才有权利进行处分，所以我国法律严格规定夫妻双方必须共同亲自到场，不得委托他人办理。该规定旨在确保登记机关能够验证核实当事人的信息，也方便了解双方是否完全自愿，是否符合离婚的具体条件。值得注意的是，在婚姻登记管辖问题上，2025 年《婚姻登记条例》删除了原规定中要求夫妻双方应共同到一方当事人常住户口所在地的婚姻登记机关办理离婚登记的条件，扩大了夫妻办理离婚登记的单位范畴，使其不局限于一方常住户口所在地，极大程度上提供了诸多便利条件，彰显了我国数智司法的成效。

◉ 是否可以立刻进行离婚登记？

虽然我国主张婚姻自由，尊重个体的婚姻意愿，但并不意味着当事人双方携带离婚协议亲自共同到达婚姻登记机关就可以进行离婚登记。从时间轴角度理解离婚程序，其包含“申请—受理—离婚冷静期—审查—登记”的步骤。其中离婚冷静期即在离婚程序中设置夫妻任何一方都可在婚姻登记机关收到离婚申请后一定时间内撤回申请。具体的法律条文详见《民法典》第 1077 条，即“自婚姻登记机关收到离婚登记申请之日起三十日内，任何一方不愿意离婚的，可以向婚姻登记机关撤回离婚登记申请。前款规定期限届满后三十日内，双方应当亲自到婚姻登记机关申请发给离婚证；未申请的，视为撤回离婚登记申请”。

由于小朱先生与汪女士夫妻选择协议离婚，所以夫妻俩亲自共同到达婚姻登记机关时，实际上只能起到一个“预告”的作用。我国法律赋予夫妻双方一定的思考时间，如果夫妻双方在 30 日后仍决定离婚，并再次共同前往婚姻登记机关，即可获得离婚证。该制度既尊重婚姻当事人意思自治，展现出程序便利的特点，也对不良离婚行为、轻率离婚现象予以回应。之所以设置 30 日的冷静期，亦是在保护当事人离婚自由和防止不良离婚之间寻找利益平衡，既避免冷静期时间太长损害当事人的离婚自由，又避免了冷静期太短而无法达到“冷静”效果。

关于离婚冷静期，公众较为关心的有两个问题：一是财产问题，即离婚冷静期内财产的处置；二是人身问题，主要表现在人们对离婚冷静期内人身安全的担忧。针对第一个问题，在冷静期内，夫妻双方应平和协商共同财产分割和子女抚养问题。若存在财产转移或挥霍情况，另一方可以向人民法院请求分割共同财产。例如，《最高人民法院关于适用〈中华人民共和国民法典〉婚姻家庭编的解释（二）》第 6 条明确规定："夫妻一方未经另一方同意，在网络直播平台用夫妻共同财产打赏，数额明显超出其家庭一般消费水平，严重损害夫妻共同财产利益的，可以认定为民法典第一千零六十六条和第一千零九十二条规定的'挥霍'。另一方请求在婚姻关系存续期间分割夫妻共同财产，或者在离婚分割夫妻共同财产时请求对打赏一方少分或者不分的，人民法院应予支持。"针对第二个问题，如果在离婚冷静期内发生家庭暴力等严重情形，我们建议当事人依据《反家庭暴力法》第 23 条的规定，选择报警并申请人身安全保护令，同时可直接向法院起诉离婚，无须等待冷静期结束。

专业提示

2025 年《婚姻登记条例》在规范上强调了协议离婚中离婚协议的重要性，并且通过登记管辖放宽的方式为民众减压，依托数智服务中心的搭建，从技术上实现了公众办事流程的简化。值得注意的是，离婚协议在部分地区的"离婚申请"阶段中并不作强制要求，仅需要夫妻双方出具基本身份材料即可，如身份证、结婚证。在申请并由工作人员受理之后，申请离婚登记的夫妻就进入了离婚冷静期。关于离婚冷静期的作用，从实践角度确实对于稳定婚姻关系、维护家庭关系和谐起到了支持维稳功效。由于解除婚姻关系的法律行为一旦作出，必然影响婚姻存续期间抚养的未成年子女利益，若当事人未经深思熟虑而草率离婚，匆忙拟定的离婚协议很可能无法全面顾及子女的各方面利益，从而损害各方的合法权益，故离婚冷静期也是一段夫妻双方认真审视夫妻共同财产分割的思虑期。

28. 夫妻双方自愿登记离婚的流程

汪女士对离婚登记的具体流程和法律要求并不清楚，尤其担心子女抚养、财产分割等事项的处理是否合法有效，想知道夫妻双方自愿登记离婚的流程。

专业解析

要解答这个问题,我们首先需要了自愿登记离婚需要具备的条件是什么,在法律上又是怎样规定的。

◉ 自愿登记离婚的法律要件

离婚登记,是指自愿离婚的双方当事人,通过婚姻登记机关解除婚姻关系的法定程序。自愿离婚登记,是指夫妻双方自愿离婚,并就子女抚养和财产分割问题协商一致,夫妻双方可以到婚姻登记机关办理离婚登记,经婚姻登记机关依法核准并发给离婚证,当事人之间的婚姻关系即依法解除。通过这种方式离婚的,也被称为协议离婚或登记离婚。根据 2025 年《婚姻登记条例》第 13 条的规定,内地居民自愿离婚需满足三大核心要件:第一,书面离婚协议。必须明确双方自愿离婚的意思表示,并对子女抚养、财产分割及债务处理形成详细约定。第二,共同亲自申请。双方须携带证件共同到婚姻登记机关提交申请,不得委托他人代理。第三,登记机关范围。若涉及涉外或港澳台婚姻,男女双方除应签订书面离婚协议,还须亲自到省级民政部门指定的登记机关办理。

◉ 自愿登记离婚的流程

自愿登记离婚是解除婚姻关系的重要法律制度,法律保护当事人的结婚自由,同样也保证当事人的离婚自由。根据 2025 年《婚姻登记条例》第 15 条、第 16 条的规定,离婚登记须完成以下步骤:首先是材料准备阶段。内地居民须提供身份证、结婚证原件;港澳台居民须本人的有效通行证或者港澳台居民居住证、身份证,外籍人士须提供护照及居留证件。此外,准备一份离婚协议,离婚协议关乎夫妻双方后续财产及子女抚养关系,可以提前咨询律师或公证处,避免条款模糊引发后续纠纷。例如,房产过户须明确办理时限,债务须注明承担比例。其次是申请与冷静期。初次申请,双方共同到一方户籍所在地婚姻登记处提交材料,领取《离婚登记申请受理回执单》。根据《民法典》第 1077 条的规定,自婚姻登记机关收到离婚登记申请之日起 30 内,任何一方不愿意离婚的,可以向婚姻登记机关撤回离婚登记申请。因此自申请受理次日起计算,任何一方可单方面撤回申请。若冷静期内未撤回,须在期满后 30 日内共同申请领证,逾期视为撤回离婚登记申请。最后是最终审查与登记。婚姻登记机关根据当事人的申请,核对离婚登记当事人出具的证件、书面材料并询问相关情况。对当事人确属自愿离婚,并已经对子女抚养、财产以及债务处理等事项协商一致,男女双方亲自到收到离婚登记申请的婚姻登记机关共同申请发给离婚证的,婚姻登记机关应当当场予以登记，发给离婚证。

◉ 自愿登记离婚的风险防范

协议离婚虽是高效解除婚姻关系的方式，但其法律后果与结婚登记同等重大。因此夫妻双方在选择自愿登记离婚程序的时候，应当注意风险防范，避免自身利益受到损害。在财产分割方面，要注意明确税费承担主体，房产过户可能涉及契税、个人所得税。例如，离婚后房产归一方所有，若该房产为婚后购买且登记在双方名下，过户时须按“赠与”或“买卖”方式计税，在离婚协议中最好明确税费承担主体。在债务隔离方面，若一方存在未披露的债务，债权人可能主张夫妻共同偿还。因此，离婚协议应该列明“各自名下债务由本人承担”，并保留银行流水等财务证据。在子女抚养关系方面，抚养费可约定按比例逐年递增，同时设置重大疾病、升学等特殊情况下的费用分担机制，保障子女的生活水平。在婚姻登记信用管理制度方面，根据2025年《婚姻登记条例》第23条、第24条的规定，对使用伪造证件、虚假声明办理登记的当事人，除依法撤销登记，相关行为将被录入全国信用信息共享平台；构成犯罪的，还将依法追究刑事责任。

小朱先生和汪女士如果通过离婚协议的方式去明晰子女抚养、财产分割等事项，其行为合法有效，那么双方需要携带提供身份证、结婚证原件亲自到婚姻登记机关共同申请离婚登记。双方在婚姻登记机关提交材料，领取《离婚登记申请受理回执单》。30天离婚冷静期届满后，婚姻登记机关根据小朱先生和汪女士的申请，核对离婚登记当事人出具的证件、书面材料并询问相关情况，对当事人确属自愿离婚，应当当场予以登记，发给离婚证。

专业提示

婚姻关系的缔结源于情感契约的达成，婚姻关系的解除是双方彼此磨合之后的选择，结婚自由与离婚自由同样重要。夫妻双方自愿登记离婚是合法退出婚姻关系的重要渠道，因此需要细化自愿登记离婚的流程。需要注意的是，冷静期内一方反悔如何处理？若一方拒绝继续离婚程序，另一方可依据《民法典》第1079条的规定向法院提起离婚诉讼。诉讼中须提供感情破裂证据，如分居满1年、家庭暴力记录等。离婚后，若当事人对离婚协议书内容反悔，要求在婚姻登记机关更改的，婚姻登记机关应当如何处理？《婚姻登记工作规范》第56条第4款规定：“离婚登记完成后，当事人要求更换离婚协议书或变更离婚协议内容的，婚姻登记机关不予受理。”婚姻登记机关要求办理离婚登记的当事人出具离婚协议书的目的,是为了证明在办理离婚登记时当事人确属自愿离婚并已对子女抚养、财产分割等协商一致。离婚后,当事人对离婚协议书内容反悔的,婚姻登记机关应当告知当事人可以重新签订离婚协议书,必要时可以到公证机关对新签订的离婚协议书进行公证或向法院申请变更离婚协议,但不能对婚姻登记机关所存离婚协议档案进行更改。

29. 怎样才能去法院起诉离婚?

汪女士对小朱先生心灰意冷,提出离婚。小朱先生如果坚决不同意离婚。在这种情况下,汪女士可否向法院起诉离婚呢?

专业解析

要解答这个问题,我们首先需要了解起诉离婚需要满足什么条件,什么情形法院可以准许离婚。

◉ 起诉离婚的条件

起诉离婚是指夫妻一方基于一定理由,向法院提起诉讼,请求离婚的行为。根据《民法典》第 1079 条第 1 款规定:“夫妻一方要求离婚的,可以由有关组织进行调解或者直接向人民法院提起离婚诉讼。”由此可见,当夫妻关系中的一方有解除婚姻关系的意愿时,便能基于一定的事实和理由直接向有管辖权的法院起诉离婚。其中,确定诉讼主体并找准提起诉讼的法院是起诉离婚的重点。

一般而言,夫妻任何一方均可向人民法院提起离婚诉讼。其中,提起诉讼的一方为原告,另一方为被告。然而,出于保护军婚的目的,《民法典》第 1081 条规定,现役军人的配偶未经军人同意不得起诉离婚(军人一方有重大过错的除外)。出于保护妇女权益的目的,《民法典》第 1082 条规定,女方在怀孕期间、分娩后 1 年内或终止妊娠后 6 个月内,男方不得提出离婚。此外我们还应当注意,如果人民法院已经判决不准离婚或者调解和好的离婚案件,在没有新情况、新理由的情况下,原告在 6 个月之内有起诉的,人民法院不会受理。原告撤诉或者按撤诉处理的离婚案件,没有新情况、新理由的,前次诉讼中的原告也不得在 6 个月内再次起诉离婚。

一般而言,当事人起诉离婚应当由被告住所地人民法院管辖,被告住所地与经常居住地不一致的,由经常居住地人民法院管辖。当夫妻一方离开住所地超过 1 年,另一方起诉离婚的案件也可以由原告住所地人民法院管辖。《民法典》第 25 条规定:"自然人以户籍登记或者其他有效身份登记记载的居所为住所;经常居所与住所不一致的,经常居所视为住所。"而经常居所地是指自然人离开住所后连续居住 1 年以上的地方,但住院就医、外地出差除外。

汪女士在准备好起诉材料后,可直接向有管辖权的人民法院提起诉讼、要求离婚。在起诉离婚之后,法院会对离婚案件进行调解。对调解无效的离婚案件,法院会依法判决。对此,汪女士认为自己离婚的心意已决,不需要法院再进行调解。那么,起诉离婚的整个过程中是否可以直接跳过调解环节呢?

◉ 起诉离婚中的调解

调解是审理离婚案件的必经程序,是由人民法院主持、双方当事人自愿达成协议解决纠纷的程序,不可以随便跳过。《民法典》第 1079 条第 2 款规定:"人民法院审理离婚案件,应当进行调解;如果感情确已破裂,调解无效的,应当准予离婚。"经过调解,可能出现 3 种结果:第一,双方和好,原告撤诉,人民法院将调解协议记录在案,双方婚姻关系继续维持;第二,双方都同意离婚,人民法院制作离婚调解书,双方婚姻关系自离婚调解书生效时解除;第三,调解无效,人民法院应当及时裁判,双方婚姻关系由判决结果决定维持或解除。

调解是解决离婚纠纷的重要途径,有利于维护家庭和谐和社会稳定,也可以有效地解决婚姻问题、避免诉讼程序的烦琐。在了解调解对起诉离婚的重要性后,汪女士仍认为她和小朱先生最后会进入离婚诉讼的判决阶段。此时,她想知道什么情形下法院会支持她的离婚诉求。

◉ 准予离婚的情形

对准予离婚的情形,我国法律规定了相应的法律原则和具体条件。根据我国《民法典》第 1079 条第 2 款和第 3 款规定:"人民法院审理离婚案件,应当进行调解;如果感情确已破裂,调解无效的,应当准予离婚。有下列情形之一,调解无效的,应当准予离婚:(一)重婚或者与他人同居;(二)实施家庭暴力或者虐待、遗弃家庭成员;(三)有赌博、吸毒等恶习屡教不改;(四)因感情不和分居满二年;(五)其他导致夫妻感情破裂的情形。"

关于具体情形的第 1 项:重婚分为法律上的重婚和事实上的重婚。法律上的重婚是指有配偶者又与他人登记结婚。事实上的重婚是指双方虽然没有进行结婚登记但以夫妻名义共同生活。根据《最高人民法院关于适用〈中华人民共和国民法典〉婚姻家庭编的解释（一）》第 2 条规定，“与他人同居”是指有配偶者与婚外异性，不以夫妻名义，持续、稳定地共同居住。

关于具体情形的第 2 项：《反家庭暴力法》第 2 条规定：“……家庭暴力，是指家庭成员之间以殴打、捆绑、残害、限制人身自由以及经常性谩骂、恐吓等方式实施的身体、精神等侵害行为。”根据《最高人民法院关于适用〈中华人民共和国民法典〉婚姻家庭编的解释（一）》第 1 条规定，持续性、经常性的家庭暴力，可以认定为“虐待”。遗弃家庭成员，是指对年老、年幼、患病或者其他没有独立生活能力的家庭成员，应当扶养而拒不扶养的行为。

关于具体情形的第 3 项：恶习往往还包括嫖娼、卖淫、酗酒等行为。夫妻一方如多次有以上行为，且屡教不改，另一方坚持离婚，人民法院调解无效的，应当判决离婚。

关于具体情形的第 4 项：因感情不和而分居，是指夫妻间不再共同生活，不再互相履行夫妻义务，包括停止性生活、生活上不再互相关心、互相扶助等情形，而不是指简单的因为工作异地而分开居住等情形。

因此，如果小朱先生与婚外异性不以夫妻名义，持续、稳定地共同居住导致二人夫妻感情破裂，汪女士坚持离婚的诉讼请求将会得到法院的支持。

专业提示

我国法院根据夫妻感情是否破裂来决定是否支持原告的离婚诉求。除了法条明确列举应当被认定为夫妻感情破裂的情形外，还存在其他导致夫妻感情破裂的情形。根据《最高人民法院关于适用〈中华人民共和国民法典〉婚姻家庭编的解释（一）》第 23 条规定：“……夫妻双方因是否生育发生纠纷，致使感情确已破裂，一方请求离婚的，人民法院经调解无效，应依照民法典第一千零七十九条第三款第五项的规定处理。”此外，法官会结合夫妻双方结婚时的感情基础、婚后的感情状况、离婚的原因和夫妻是否还有和好希望等方面的具体情况判断夫妻感情是否破裂。另外，我国《民法典》第 1079 条第 4 款和第 5 款还规定了两种特殊情形，即“一方被宣告失踪，另一方提起离婚诉讼的，应当准予离婚。经人民法院判决不准离婚后，双方又分居满一年，一方再次提起离婚诉讼的，应当准予离婚”。因此，小朱先生和汪女士如果满足法律具体规定的应当准予离婚的情形，法院应当准予离婚，如果不满足则需法官通过其他因素考量裁判。

30. 夫妻双方分居期间，一方抢夺藏匿未成年子女侵犯另一方监护权的应当如何处理？

小朱先生和汪女士协议离婚不成后，小朱先生和他的母亲孙女士在没经过汪女士同意的情况下，把尚在哺乳期的小明带走，汪女士多次要求探望都被拒绝。无奈之下，汪女士想通过法律手段要回孩子，她应该怎么办？

专业解析

要回答这个问题，我们应当先明确小朱先生和其母亲孙女士抢夺并藏匿儿子小明的行为在法律上意味着什么。

◉ 抢孩子藏起来，法律怎么看？

《民法典》第34条第2款规定："监护人依法履行监护职责产生的权利，受法律保护。"第1058条规定："夫妻双方平等享有对未成年子女抚养、教育和保护的权利，共同承担对未成年子女抚养、教育和保护的义务。"简单来说，父母对未成年孩子的人身和财产等权益进行保护和管理的权利，是受法律严格保护的。像小朱先生和其母亲孙女士擅自将尚在哺乳期的小明接走藏起来，并拒绝将小明送回汪女士身边，致使汪女士长期不能探望孩子的行为，严重侵犯了汪女士对孩子抚养、教育和保护的权利，是违法的，须承担法律责任。

《未成年人保护法》第24条第1款规定："未成年人的父母离婚时，应当妥善处理未成年子女的抚养、教育、探望、财产等事宜，听取有表达意愿能力未成年人的意见。不得以抢夺、藏匿未成年子女等方式争夺抚养权。"小朱先生和孙女士的行为导致小明被迫中断母乳、无法得到母亲的呵护，这显然对孩子的身心健康和成长环境都造成了不好的影响，法律不能容忍。

◉ 被抢走孩子的一方，该怎么维权？

首先，汪女士可以申请人身安全保护令或人格权侵害禁令。《最高人民法院关于适用〈中华人民共和国民法典〉婚姻家庭编的解释（二）》第12条第1款规定："父母一方或者其近亲属等抢夺、藏匿未成年子女，另一方向人民法院申请人身安全保护令或者参照适用民法典第九百九十七条规定申请人格权侵害禁令的，人民法院依法予以支持。"

此外,汪女士还能提起侵权之诉。父母对子女的监护权是基于身份关系产生的,小朱先生和孙女士的行为侵犯了汪女士的身份权利。《民法典》第 1001 条规定:“对自然人因婚姻家庭关系等产生的身份权利的保护,适用本法第一编、第五编和其他法律的相关规定;没有规定的,可以根据其性质参照适用本编人格权保护的有关规定。”汪女士可以依照《民法典》第 179 条规定,要求小朱先生和孙女士承担停止侵害、排除妨碍、恢复原状、赔偿损失等民事责任。具体而言,除归还孩子等基本请求外,像是找孩子过程中的交通费用、请人帮忙寻找的费用等合理的寻亲费用,汪女士都可以根据《最高人民法院关于适用〈中华人民共和国民法典〉侵权责任编的解释(一)》第 1 条,即“非法使被监护人脱离监护,监护人请求赔偿为恢复监护状态而支出的合理费用等财产损失的,人民法院应予支持”,要求小朱先生和孙女士赔偿。

不仅如此,如果小朱先生和孙女士迟迟不将小明归还给汪女士,从而造成汪女士严重焦虑、抑郁,甚至影响正常工作、生活时,按照《最高人民法院关于适用〈中华人民共和国民法典〉侵权责任编的解释(一)》第 2 条,即“非法使被监护人脱离监护,导致父母子女关系或者其他近亲属关系受到严重损害的,应当认定为民法典第一千一百八十三条第一款规定的严重精神损害”,汪女士还可以向法院要求小朱先生和孙女士给予精神损害赔偿。

不过需要注意的是,上面提到的寻亲费用赔偿和精神损害赔偿,在法律上分属于不同法律体系。在一般情况下,不能同时一起提出来,得分别处理。但也有特殊情况,《最高人民法院关于适用〈中华人民共和国民法典〉侵权责任编的解释(一)》第 3 条规定,“非法使被监护人脱离监护,被监护人在脱离监护期间死亡,作为近亲属的监护人既请求赔偿人身损害,又请求赔偿监护关系受侵害产生的损失的,人民法院依法予以支持”。比如,要是小朱先生和孙女士照顾不周等,导致小明在和汪女士分离期间不幸去世,汪女士就可以同时提起这两项赔偿请求。

◉ 孩子被藏着不还，监护权怎么恢复？ 抚养问题如何解决？

要是小朱先生和孙女士死活不把孩子还回来,怎么恢复汪女士的监护权,确定孩子暂时由谁抚养就成了大问题。这也是现实中常见的纠纷,很多人打监护权官司,其实就是想确定分居期间孩子跟谁生活。

因小明还不满 2 周岁,自出生起直至被爸爸小朱先生和奶奶孙女士带走前,一直都是被妈妈汪女士母乳喂养的。尽管父母对孩子均有平等的监护权,但更重要的是要最大限度保护未成年子女的利益。小朱先生和汪女士虽然还没离婚,但两人在分居期间关系肯定是不好的,为了让小明能够在更稳定和谐的环境中成长,《最高人民法院关于适用〈中华人民共和国民法典〉婚姻家庭编的解释(二)》第 13 条规定:“夫妻分居期间，一方或者其近亲属等抢夺、藏匿未成年子女，致使另一方无法履行监护职责，另一方请求行为人承担民事责任的，人民法院可以参照适用民法典第一千零八十四条关于离婚后子女抚养的有关规定，暂时确定未成年子女的抚养事宜，并明确暂时直接抚养未成年子女一方有协助另一方履行监护职责的义务。”法院会参照《民法典》第 1084 条第 3 款第 1 句“离婚后，不满两周岁的子女，以由母亲直接抚养为原则”的规定让小明暂由汪女士直接抚养。不过，汪女士在直接抚养小明期间，也应当对小朱先生探望小明给予协助配合。毕竟无论夫妻双方感情如何，孩子都是无辜的，让小朱先生探望能够让孩子感受到父爱，也有利于孩子的健康成长。

◉ 抢孩子的一方，有没有合理理由抗辩？

然而，如果小朱先生不甘心就这样将小明还给汪女士，声称汪女士有赌博、吸毒、家庭暴力这些严重侵害孩子权益的情况，法院又会如何裁判呢？《最高人民法院关于适用〈中华人民共和国民法典〉婚姻家庭编的解释（二）》第 12 条第 2 款规定：“抢夺、藏匿未成年子女一方以另一方存在赌博、吸毒、家庭暴力等严重侵害未成年子女合法权益情形，主张其抢夺、藏匿行为有合理事由的，人民法院应当告知其依法通过撤销监护人资格、中止探望或者变更抚养关系等途径解决。当事人对其上述主张未提供证据证明且未在合理期限内提出相关请求的，人民法院依照前款规定处理。”

也就是说，小朱先生得拿出充分证据证明汪女士有这些问题，要是拿不出或者证据不足，他的理由法院肯定不支持。就算汪女士真有这些情况，小朱先生也不能用抢孩子藏起来这种暴力方式解决，而是要按照《民法典》第 36 条的规定，向法院申请撤销汪女士的监护人资格、中止探望或者变更抚养关系。

不过，要是汪女士真有严重侵害孩子利益的行为，小朱先生在紧急情况下可以把孩子带离危险处境。《民法典》第 1177 条第 1 款规定：“合法权益受到侵害，情况紧迫且不能及时获得国家机关保护，不立即采取措施将使其合法权益受到难以弥补的损害的，受害人可以在保护自己合法权益的必要范围内采取扣留侵权人的财物等合理措施；但是，应当立即请求有关国家机关处理。”因此，小朱先生的行为不属于法律禁止的“抢夺、藏匿”行为，而是自助行为。但危险解除后，小朱先生也得马上通过法律途径维护自己和孩子的权益，不然还是有侵犯汪女士监护权的风险。

专业提示

《最高人民法院关于适用〈中华人民共和国民法典〉婚姻家庭编的解释（二）》第14条规定，“离婚诉讼中，父母均要求直接抚养已满两周岁的未成年子女，一方有下列情形之一的，人民法院应当按照最有利于未成年子女的原则，优先考虑由另一方直接抚养：（一）实施家庭暴力或者虐待、遗弃家庭成员；（二）有赌博、吸毒等恶习；（三）重婚、与他人同居或者其他严重违反夫妻忠实义务情形；（四）抢夺、藏匿未成年子女且另一方不存在本条第一项或者第二项等严重侵害未成年子女合法权益情形；（五）其他不利于未成年子女身心健康的情形”。抢孩子藏起来的行为，可能会被法院认定为和赌博、吸毒、家庭暴力这些侵害孩子权益的行为一样严重，从而判定抢孩子的一方不适合抚养孩子。但在确定孩子由谁直接抚养时，法院会综合考虑孩子的年龄、性别、和父母的感情依赖程度、双方经济状况等各种因素，按照最有利于孩子的原则来判断，不是只看某一个因素。可见，在这场“抢娃”大战中只有真正爱护、尊重孩子意愿、能给孩子提供稳定成长环境的一方才有可能取得胜利，而为达目的不择手段的一方最终往往会因小失大、事与愿违。

31. 离婚后一方家长能要求孩子随自己生活吗？

小朱先生与汪女士协议离婚时，小朱先生提出是否可以要求尚在哺乳期的小明随自己生活？

专业解析

这个问题实际上是离婚后儿女由谁直接抚养问题。要解答这个问题，我们首先需要了解抚养是什么，在法律上又是怎样规定的。

◉ 抚养的初认识

抚养在生活中常被理解为养育孩童的行为，在法律上既是为人父母的权利也是为人父母的义务。根据《民法典》第1058条规定：“夫妻双方平等享有对未成年子女抚养、教育和保护的权利，共同承担对未成年子女抚养、教育和保护的义务。”根据《民法典》第 1084 条第 2 款规定：“离婚后，父母对于子女仍有抚养、教育、保护的权利和义务。”因此，无论离婚前后，小朱先生和汪女士各自都有对小明的抚养权利和义务，都可以要求离婚后小明随自己生活。

离婚前，夫妻双方与孩子一起生活，平等且共同地担任抚养孩子的职责。离婚后，获得子女抚养权的一方与子女一起生活，直接地享有抚养权；未获得子女抚养权的一方，不与子女一起生活，并以支付抚养费与行使探视权等方式，间接地享有抚养权。获得抚养权的一方除了给予子女抚养费之外，还需要给予子女直接的照顾和监护等；未获得抚养权的一方除了给予子女抚养费之外，在必要时仍需担负直接照顾孩子的责任。

在了解了抚养的内容之后，小朱先生也产生了自己的疑问：如果自己和汪女士都要求抚养小明，法院大概率会让孩子和谁生活呢？

◉ 不满 2 周岁的子女的抚养

不满 2 周岁的子女是处于哺乳期的婴幼儿，一般而言更需要母亲的养育和保护。因此，为了保护未成年人的合法权益，《民法典》第 1084 条第 3 款第 1 句规定：“离婚后，不满两周岁的子女，以由母亲直接抚养为原则。”当然，如果孩子随母亲生活不利于对未成年人的保护，法院也会支持父亲的诉求。《最高人民法院关于适用〈中华人民共和国民法典〉婚姻家庭编的解释（一）》第 44 条规定：“离婚案件涉及未成年子女抚养的，对不满两周岁的子女，按照民法典第一千零八十四条第三款规定的原则处理。母亲有下列情形之一，父亲请求直接抚养的，人民法院应予支持：（一）患有久治不愈的传染性疾病或者其他严重疾病，子女不宜与其共同生活；（二）有抚养条件不尽抚养义务，而父亲要求子女随其生活；（三）因其他原因，子女确不宜随母亲生活。”同时，在对子女健康成长无不利影响的前提下，法院也会尊重夫妻双方共同的意愿。《最高人民法院关于适用〈中华人民共和国民法典〉婚姻家庭编的解释（一）》第 45 条规定：“父母双方协议不满两周岁子女由父亲直接抚养，并对子女健康成长无不利影响的，人民法院应予支持。”

因此，原则上法院会将不满 2 周岁的小明判给汪女士抚养。如果小朱先生有证据证明小明不宜和汪女士一起生活的，或者小朱先生和汪女士协商一致由小朱先生抚养小明，法院也会将小明判给小朱先生抚养。对此，小朱先生想知道，如果小明已经年满 2 周岁，法律规定是否会变得不同？

◉ 两周岁以上的子女的抚养

对于两周岁以上的子女的抚养，夫妻双方协商一致由一方抚养子女的，法院应当尊重夫妻双方的意见。父母双方对抚养问题协议不成的，由人民法院根据双方的具体情况，按照最有利于未成年子女的原则判决。何为根据双方的具体情况，按照最有利于未成年子女的原则判决呢？《最高人民法院关于适用〈中华人民共和国民法典〉婚姻家庭编的解释（一）》第46条规定："对已满两周岁的未成年子女，父母均要求直接抚养，一方有下列情形之一的，可予优先考虑：（一）已做绝育手术或者因其他原因丧失生育能力；（二）子女随其生活时间较长，改变生活环境对子女健康成长明显不利；（三）无其他子女，而另一方有其他子女；（四）子女随其生活，对子女成长有利，而另一方患有久治不愈的传染性疾病或者其他严重疾病，或者有其他不利于子女身心健康的情形，不宜与子女共同生活。"《最高人民法院关于适用〈中华人民共和国民法典〉婚姻家庭编的解释（二）》第14条也规定："离婚诉讼中，父母均要求直接抚养已满两周岁的未成年子女，一方有下列情形之一的，人民法院应当按照最有利于未成年子女的原则，优先考虑由另一方直接抚养：（一）实施家庭暴力或者虐待、遗弃家庭成员；（二）有赌博、吸毒等恶习；（三）重婚、与他人同居或者其他严重违反夫妻忠实义务情形；（四）抢夺、藏匿未成年子女且另一方不存在本条第一项或者第二项等严重侵害未成年子女合法权益情形；（五）其他不利于未成年子女身心健康的情形。"此外，《最高人民法院关于适用〈中华人民共和国民法典〉婚姻家庭编的解释（一）》第47条也规定："父母抚养子女的条件基本相同，双方均要求直接抚养子女，但子女单独随祖父母或者外祖父母共同生活多年，且祖父母或者外祖父母要求并且有能力帮助子女照顾孙子女或者外孙子女的，可以作为父或者母直接抚养子女的优先条件予以考虑。"

何为尊重8周岁以上的孩子的真实意愿呢？8周岁以上的未成年人属于限制民事行为能力人，具有一定的辨识能力。父母双方对8周岁以上的未成年人随父或随母生活发生争执的，应当考虑儿女的意见。

因此，当小明年满2周岁后，法官更多地通过小朱先生和汪女士的协商结果，结合双方的具体情况以最有利于未成年人的原则来进行裁判，同时如果小明年满8周岁，法官也会根据小明的意愿裁判其和谁一起生活。

◉ 抚养权的变更

如果情况特殊，直接抚养方实在无法履行抚养义务时，父母双方可以协议变更子女抚养关系。协商不成的，根据《最高人民法院关于适用〈中华人民共和国民法典〉婚姻家庭编的解释（一）》第56条规定："具有下列情形之一，父母一方要求变更子女抚养关系的，人民法院应予支持：(一)与子女共同生活的一方因患严重疾病或者因伤残无力继续抚养子女；(二)与子女共同生活的一方不尽抚养义务或有虐待子女行为，或者其与子女共同生活对子女身心健康确有不利影响；(三)已满八周岁的子女，愿随另一方生活，该方又有抚养能力；(四)有其他正当理由需要变更。”根据《最高人民法院关于适用〈中华人民共和国民法典〉婚姻家庭编的解释(二)》第 16 条，离婚后，直接抚养子女一方经济状况发生变化导致原生活水平显著降低或者子女生活、教育、医疗等必要合理费用确有显著增加，另一方以直接抚养子女一方无抚养能力为由请求变更抚养关系的，法院可以支持其诉讼请求。值得注意的是，我们一定要通过合法的途径变更抚养权。《最高人民法院关于适用〈中华人民共和国民法典〉婚姻家庭编的解释(二)》第 12 条第 1 款规定：“父母一方或者其近亲属等抢夺、藏匿未成年子女，另一方向人民法院申请人身安全保护令或者参照适用民法典第九百九十七条规定申请人格权侵害禁令的，人民法院依法予以支持。”

专业提示

在生活实践中也会出现父母双方都不愿孩子同其生活在一起的情形。此时，如果孩子未满 2 周岁，原则上应当由母亲抚养。如果孩子为年满 2 周岁的未成年人，根据《最高人民法院关于适用〈中华人民共和国民法典〉婚姻家庭编的解释(一)》第 60 条规定：“在离婚诉讼期间，双方均拒绝抚养子女的，可以先行裁定暂由一方抚养。”此外，当小朱先生和汪女士离婚时，如果还涉及小朱先生还有一子为其与前妻所生，且随小朱先生和汪女士生活，根据《最高人民法院关于适用〈中华人民共和国民法典〉婚姻家庭编的解释(一)》第 54 条规定：“生父与继母离婚或者生母与继父离婚时，对曾受其抚养教育的继子女，继父或者继母不同意继续抚养的，仍应由生父或者生母抚养。”也就是说，如果小朱先生和汪女士均不愿意抚养孩子，法院则应当判决其随小朱先生一起生活。

32. 婚内赠与房屋的约定可以撤销吗?

小朱先生与妻子汪女士结婚前,为了表明自己的诚意,答应婚后将自己名下的 A 房赠与汪女士,但未与汪女士签署赠与协议。婚后小朱先生确将 A 房转移登记至汪女士名下,但在双方离婚进行财产分割时,小朱先生对该房屋主张撤销赠与。汪女士疑惑,难道赠与房屋的约定可以撤销吗?

专业解析

要解答这个问题,我们需要了解在法律中如何规定赠与的成立与撤销,以及法律上对离婚时财产分割的相关规定。

◉ 赠与的成立与撤销

赠与,是指将自己的财产无偿给予受赠人的行为,不以签订合同为必然要件,即使没有书面合同,无偿赠与的行为仍然受到法律保护。但需要注意的是,在双方之间未就赠与内容签订合同的情形下,如果发生争议且受赠人无法提供相应证据,则可能导致受赠人权益受到损害。因此,在涉及较为重要的赠与时,签订赠与合同是更为保险的方法。

首先,我们需要了解,赠与人在尚未完成赠与行为时享有任意撤销权,除非赠与合同经过公证或者依照法律规定不得撤销,即《民法典》第 658 条规定“赠与人在赠与财产的权利转移之前可以撤销赠与。经过公证的赠与合同或者依法不得撤销的具有救灾、扶贫、助残等公益、道德义务性质的赠与合同,不适用前款规定”。

其次,为了保障受赠人不会以胁迫、威胁等方式侵害赠与人的合法权益,《民法典》第 663 条明确规定了 3 种因受赠人实施某种行为而支持赠与人撤销赠与的情形,即“(一)严重侵害赠与人或者赠与人近亲属的合法权益;(二)对赠与人有扶养义务而不履行;(三)不履行赠与合同约定的义务”。在此基础上,《民法典》第 664 条第 1 款还规定:“因受赠人的违法行为致使赠与人死亡或者丧失民事行为能力的,赠与人的继承人或者法定代理人可以撤销赠与。”通过该条款来确保赠与人及其继承人的权益不受侵犯。

最后,《民法典》也考虑到了赠与人可能发生难以预料且不属于商业风险的事故,在第 666 条中明确规定:“赠与人的经济状况显著恶化,严重影响其生产经营或者家庭生活的,可以不再履行赠与义务。”

小朱先生已经配合汪女士完成了房产的转移，事实上已经完成了赠与行为，且汪女士并未作出符合其他撤销事宜的行为，因此小朱先生主张撤销赠与并无法律支撑。但在离婚时，小朱先生是否参与该房产的分割，仍需要进一步分析该赠与的性质。

◉ 婚后赠与的财产是否属于一方财产

《民法典》第 1062 条对夫妻共同财产的概念和范畴采取了概括式和列举式两种表述方法进行阐述，具体包括下列情形："（一）工资、奖金、劳务报酬；（二）生产、经营、投资的收益；（三）知识产权的收益；（四）继承或者受赠的财产，但是本法第一千零六十三条第三项规定的除外；（五）其他应当归共同所有的财产。"这一条款明确了在婚姻关系存续期间，一方通过继承或者受赠而获得的财产属于夫妻共同财产，除非属于《民法典》第 1063 条中规定的"遗嘱或者赠与合同中确定只归一方的财产"。

小朱先生将房屋转移登记至汪女士名下，但双方并未签订赠与合同，没有以书面形式明确表示该房产归汪女士一人所有，不属于《民法典》第 1063 条规定的夫妻个人财产；另外，转移登记发生在两人婚后，根据《民法典》第 1062 条的规定，婚姻关系存续期间接受的赠与也属于夫妻共同财产。因此，小朱先生虽然无法主张撤销赠与，但在离婚时可就该房产主张夫妻共同财产的分割。

◉ 夫妻离婚时的财产分割规则

在离婚过程中，夫妻双方首先应尝试通过协商来确定共同财产的分配方式。如果双方无法达成一致意见，可以向法院提起诉讼，由法院来裁决财产的分配问题。在分割财产时，应当明确分割的对象是夫妻共同财产，即《民法典》第 1062 条所规定的"夫妻在婚姻关系存续期间所得"。个人财产不包括在被分割的财产范围内，即《民法典》第 1063 条规定夫妻一方婚前各自拥有或婚后因特定原因单独获得的财产。相关规定参见《民法典》第 1087 条，即"离婚时，夫妻的共同财产由双方协议处理；协议不成的，由人民法院根据财产的具体情况，按照照顾子女、女方和无过错方权益的原则判决。对夫或者妻在家庭土地承包经营中享有的权益等，应当依法予以保护"。

小朱先生已经将房产转移登记至汪女士名下，根据《最高人民法院关于适用〈中华人民共和国民法典〉婚姻家庭编的解释（二）》第 5 条的规定，"如果婚姻关系存续时间较短且给予方无重大过错，人民法院可以根据当事人诉讼请求，判决该房屋归给予方所有，并结合给予目的，综合考虑共同生活及孕育共同子女情况、离婚过错、对家庭的贡献大小以及离婚时房屋市场价格等因素，确定是否由获得房屋一方对另一方予以补偿以及补偿的具体数额"。在实务过程中，如果遇到特殊情况，如在涉及未成年子女的离婚案件中，人民法院会根据最有利于子女的原则，适当增加抚养方的财产分配比例，为未成年人健康成长提供更加良好的条件。

专业提示

夫妻间的财产制度分为法定财产制和约定财产制度。小朱先生与汪女士之间的赠与合同属于约定财产制,即指夫妻或者即将成为夫妻的双方,以契约的形式,约定相互间的财产关系,从而排除法定财产制适用的制度。约定财产制优先于法定财产制适用。约定财产制在《民法典》第1065条有明确规定,即夫妻双方可以通过约定的形式确定婚姻关系存续期间所得财产以及婚前财产的归属,包括各自所有、共同所有或者部分各自所有、部分共同所有,这一约定仅对夫妻双方有约束力。若夫妻约定婚内所得财产归各自所有,夫或者妻一方对外所负债务,且相对人知晓该约定,则以夫或者妻一方的个人财产清偿,反之则需要夫妻承担连带责任。从中我们可以了解,民法调整平等主体之间的人身关系和财产关系,但当事人之间的协议,若未得到第三人的知情和同意,对第三人不具有约束力。但是,如果小朱先生有证据证明汪女士存在欺诈、胁迫、严重侵害其合法权益的情形,《最高人民法院关于适用〈中华人民共和国民法典〉婚姻家庭编的解释(二)》第5条规定,可以请求撤销该房屋赠与行为。

33. 婚前单独购买的房屋属于夫妻共同财产吗?

小朱先生在与汪女士结婚前用个人财产为B房付了首付,婚后二人共同偿还贷款。协议离婚后,二人对B房的归属产生了争议。小朱先生主张B房为其个人财产,而汪女士认为该房为二人共同购得,应为夫妻共同财产。小朱先生想知道,自己婚前单独用个人财产支付首付购买的房屋属于夫妻共同财产吗?

专业解析

在步入婚姻后,财产一直是人们关注的重要问题。要解答小朱先生的这个问题,我们先来了解一下婚姻财产制是什么,在法律上又是怎么样进行规定的。

◉ 婚姻财产制的初认识

婚姻财产制，是指对夫妻双方婚前以及婚后的财产关系进行规定的制度。

根据《民法典》第 1065 条的规定，“男女双方可以约定婚姻关系存续期间所得的财产以及婚前财产归各自所有、共同所有或者部分各自所有、部分共同所有。约定应当采用书面形式。没有约定或者约定不明确的，适用本法第一千零六十二条、第一千零六十三条的规定。夫妻对婚姻关系存续期间所得的财产以及婚前财产的约定，对双方具有法律约束力。夫妻对婚姻关系存续期间所得的财产约定归各自所有，夫或者妻一方对外所负的债务，相对人知道该约定的，以夫或者妻一方的个人财产清偿”。我国采取的是法定财产制与约定财产制相结合的财产制度，即在夫妻双方没有特别约定的情况下，采取法定财产制。

那么在没有约定财产归属的情况下，哪些财产属于夫妻共同财产，而哪些财产又属于夫或者妻一方的个人财产呢？婚前以个人财产支付首付款，婚后共同偿还贷款的房屋，究竟是属于小朱先生的个人财产还是属于小朱先生和汪女士的夫妻共同财产呢？

◉ 夫妻共同财产的认定

夫妻共同财产，顾名思义，即为夫妻双方共同拥有的财产。那么从法律规定的角度看，哪些属于夫妻共同财产呢？

《民法典》第 1062 条规定：“夫妻在婚姻关系存续期间所得的下列财产，为夫妻的共同财产，归夫妻共同所有：(一) 工资、奖金、劳务报酬；(二) 生产、经营、投资的收益；(三) 知识产权的收益；(四) 继承或者受赠的财产，但是本法第一千零六十三条第三项规定的除外；(五) 其他应当归共同所有的财产。夫妻对共同财产，有平等的处理权。”由此看来，夫妻共同财产，是指在婚姻关系存续期间，夫妻一方或双方通过工作、生产经营、被赠与等方式取得的，除因法律规定或者双方约定而属于一方个人财产以外的夫妻双方共同享有所有权的财产。对夫妻共同财产的认定，需要注意两点：第一，在主体方面，双方应为具有婚姻关系的合法夫妻。而未缔结婚姻关系的恋爱双方、同居双方等并不能成为夫妻共同财产的主体。第二，在时间方面，夫妻共同财产存在于婚姻关系存续期间，即从办理结婚登记手续之日起，到夫妻一方死亡或者离婚生效之日止。

此外，夫或妻一方个人财产是指，在实行夫妻共同财产制的前提下，根据法律规定或者双方约定保留一定个人财产，从反向界定了不属于夫妻共同财产的财产范围。根据《民法典》第 1063 条的规定：“下列财产为夫妻一方的个人财产：(一) 一方的婚前财产；(二) 一方因受到人身损害获得的赔偿或者补偿；(三) 遗嘱或者赠与合同中确定只归一方的财产；（四）一方专用的生活用品；（五）其他应当归一方的财产。”在没有特别约定的情况下，上述财产即应属于夫或妻一方所有，而不属于夫妻共同财产。

◉ 婚前单独购买房屋的性质

房屋，作为家的象征，自古以来就是婚姻中的重要议题。B 房为小朱先生婚前支付首付款，婚后二人共同偿还贷款取得的，其究竟应该属于小朱先生的个人财产还是小朱先生与汪女士的夫妻共同财产呢？结合司法实践来看，进行房屋登记的人不同，最终房屋归属亦不相同。

若 B 房登记在小朱先生名下，由于 B 房由小朱先生婚前支付首付，所以应适用《最高人民法院关于适用〈中华人民共和国民法典〉婚姻家庭编的解释（一）》第 78 条的规定：“夫妻一方婚前签订不动产买卖合同，以个人财产支付首付款并在银行贷款，婚后用夫妻共同财产还贷，不动产登记于首付款支付方名下的，离婚时该不动产由双方协议处理。依前款规定不能达成协议的，人民法院可以判决该不动产归登记一方，尚未归还的贷款为不动产登记一方的个人债务。双方婚后共同还贷支付的款项及其相对应财产增值部分，离婚时应根据民法典第一千零八十七条第一款规定的原则，由不动产登记一方对另一方进行补偿。”也就是说，在小朱先生和汪女士未能达成协议的情况下，该房屋应属小朱先生个人所有，并对汪女士进行相应的补偿。

若 B 房登记在汪女士名下，由于 B 房由小朱先生婚前支付首付，婚后二人共同还贷款，则结合审判实践来看，如果小朱先生能够提供证据证明 B 房为双方长期共同生活而使用的房屋或者以结婚为目的而购买的房屋，那么原则上应将 B 房认定为夫妻共同财产。需要注意的是，若汪女士能够提供证据证明 B 房屋为小朱先生对汪女士的一般赠与，则 B 房屋应属于汪女士的个人财产。

若 B 房登记在小朱先生和汪女士双方名下，结合司法实践来看，即使 B 房为小朱先生婚前支付首付，婚后双方共同还贷购买的，该房屋原则上也应当属于夫妻双方共同财产。但是在双方离婚分割 B 房时，可以根据双方出资情况，对小朱先生适当多分。

专业提示

房屋作为家的重要象征，一直以来都是婚姻关系中的重要财产之一。在双方感情破裂终止婚姻关系后，房产仍然是财产分割的重要难点之一。在房屋分割的纠纷中，首先应当明确房屋属于夫妻一方个人财产还是夫妻双方共同财产。若明确该房屋属于夫妻共同财产，双方对分割亦无法达成协议，则根据《最高人民法院关于适用〈中华人民共和国民法典〉婚姻家庭编的解释（一）》第76条的规定，"双方对夫妻共同财产中的房屋价值及归属无法达成协议时，人民法院按以下情形分别处理：（一）双方均主张房屋所有权并且同意竞价取得的，应当准许；（二）一方主张房屋所有权的，由评估机构按市场价格对房屋作出评估，取得房屋所有权的一方应当给予另一方相应的补偿；（三）双方均不主张房屋所有权的，根据当事人的申请拍卖、变卖房屋，就所得价款进行分割"，按照双方不同的主张对房屋的分割进行不同的处理。

34. 结婚后父母出资为夫妻购置的房屋，离婚时归谁？

小朱先生与汪女士在离婚分割财产时对其中一套房产C房发生争执。这套房产是小朱先生与汪女士结婚后，汪女士的父母为了让小两口早日拥有属于自己的温馨小家，为两人全款购置的。小朱先生认为该房产属于汪女士父母对夫妻二人的赠与。汪女士不解，父母全款出资的房屋应当作为夫妻共同财产予以分割吗？

专业解析

要解答这个问题，我们需要了解在法律意义上夫妻共同财产的认定，以及不同情形下父母出资购置房产，夫妻离婚时分割之规则。

◉ 作为夫妻共同财产的房产及其例外

《民法典》第1062条第1款对夫妻共同财产进行了阐述，包括："……（一）工资、奖金、劳务报酬；（二）生产、经营、投资的收益；（三）知识产权的收益；（四）继承或者受赠的财产，但是本法第一千零六十三条第三项规定的除外；（五）其他应当归共同所有的财产。"在我国，父母出资为已婚子女购置房产是普遍现象。因此，依据习惯以及《民法典》第1062条第4项的相关规定，父母在子女婚姻关系存续期间为其购置的房产，在实务中通常被认为是父母对夫妻二人共同生活的资助，属于夫妻共同财产。

然而，上述情形也存在例外。《民法典》第1063条对夫妻一方的个人财产进行了归纳，包括："……（一）一方的婚前财产；（二）一方因受到人身损害获得的赔偿或者补偿；（三）遗嘱或者赠与合同中确定只归一方的财产；（四）一方专用的生活用品；（五）其他应当归一方的财产。"从该条款可知，现行法律在该问题上留有例外，即使父母为子女购置房产发生在子女婚姻关系存续期间，也并非一概认定为夫妻共同财产。例如，父母在购置房产时在赠与合同中明确约定只赠与自己子女一方的，依照双方真实的意思表示，应当以赠与合同所作的约定为准；即便发生在婚姻存续期间，也不会被法院认定为夫妻共同财产。

汪女士的父母在小两口婚姻关系存续期间，全款出资为他们二人购置的房屋，由于并无赠与合同的相关约定，应当被认定为夫妻共同财产。但我们仍有疑惑，由于该房产是汪女士父母全款出资的，基于朴素的道德和正义观，这样的分配是否过于武断？对此，《最高人民法院关于适用〈中华人民共和国民法典〉婚姻家庭编的解释（二）》给了我们回复。

◉ 父母在子女婚姻存续期间购置房产，子女离婚时分割规则

虽然父母为已婚子女购置房产系我国普遍现象，但仍存在多种不同情形，譬如全资或者部分出资之差异，再者以有无赠与合同约定作为区分标准，上述情形均会对离婚时财产的分割产生相应影响。依据《最高人民法院关于适用〈中华人民共和国民法典〉婚姻家庭编的解释（二）》第8条之规定，以小朱先生和汪女士作为主人公代入，可将不同情形拆分如下：

情形一：结婚后，汪女士的父母全额出资为小两口购置房屋，并通过口头或合同约定的形式，明确购置房屋旨在赠与汪女士。在该情形下，由于赠与合同等约定具有法律效力，从法律视角看，会将该房屋视为父母对汪女士一个人的赠与，不涉及夫妻双方，也就不属于夫妻共同财产，而是汪女士的个人财产。在进行离婚财产分割时，法院也会充分尊重双方的约定，使房产归汪女士所有，不纳入夫妻共同财产分割范畴。

情形二：结婚后，汪女士的父母全额出资为汪女士购置房屋，但并没有通过口头或合同约定的形式明确购置房屋旨在赠与汪女士。在该情形下，由于不存在具备法律效力的约定，该房产将被视为对夫妻共同生活的资助，属于小朱先生和汪女士的夫妻共同财产。但由于房产系汪女士父母全资购买，离婚分割夫妻共同财产时，人民法院可以判决该房屋归汪女士所有，并综合考虑共同生活及孕育共同子女情况、离婚过错、对家庭的贡献大小以及离婚时房屋市场价格等因素，确定是否由汪女士对小朱先生予以补偿，并确定需要补偿的具体数额。简言之，该情形下房产会被纳入夫妻共同

财产分割范畴,但法院一般不会对房屋作变卖分割,而是判给出资人子女一方,对另一方则判决予以相应补偿。

情形三:结婚后,夫妻购置房屋时,是由一方父母出资一部分,或者双方父母共同出资,赠与合同都明确约定相应出资只赠与自己子女一方。在该情形下,法律上将各方父母的出资视为赠与自己子女一方,在离婚财产分割时应当严格按照约定进行分割,即按照前期出资份额确定双方对所涉及房产的份额。

情形四:结婚后,夫妻购置房屋时,是由一方父母出资一部分,或者双方父母共同出资,但缺乏具备法律效力的约定,没有单独约定只赠与自己子女一方。在该情形下,各方父母为夫妻二人出资购置的房产,均视为对夫妻二人的赠与,属于夫妻共同财产。但离婚分割夫妻共同财产时,人民法院可以根据当事人诉讼请求,以出资来源及比例为基础,综合考虑共同生活及孕育共同子女情况、离婚过错、对家庭的贡献大小以及离婚时房屋市场价格等因素,判决房屋归其中一方所有,并由获得房屋一方对另一方予以合理补偿。

在本案例中,汪女士父母为汪女士与小朱先生购置房产属于情形二。因此,虽然该房产属于夫妻共同财产,但该房产系汪女士父母全款购置,因此离婚财产分割若涉诉,人民法院可以判决该房屋归汪女士所有,并综合多种因素,确定是否由汪女士对小朱先生予以补偿以及补偿的具体数额。

◉ 父母在子女婚前购置的房产

依据《民法典》第 1063 条之规定,婚前财产属于夫妻一方所有。因此,若父母在子女婚前为其购置房产,理应属于夫或妻一方的财产。但在实际生活中,常出现婚前房产成为“嫁妆”或“彩礼”的现象。在这种特殊情况下,父母在子女婚前为其购置的房产就不能简单地被认为是夫妻一方的财产,而需结合实际情况,判断该房产是否被赠与给夫妻二人,是否属于夫妻共同财产。在有关判决中,法院认为婚前购置房产作为彩礼进行赠与并无不妥,但该行为是基于双方以谈婚论嫁为目的作出的行为。在诉讼过程中,双方已经终结了恋爱关系,也就丧失了谈婚论嫁进而缔约婚姻关系的可能,所以赠与彩礼的缘由也应当归于消灭,受赠人在婚约结束后就丧失了继续占有彩礼的法律依据。这一点在《最高人民法院关于适用〈中华人民共和国民法典〉婚姻家庭编的解释(二)》第 5 条中也有回应。该条规定,在婚前或者婚姻存续期间,当事人约定将一方所有的房产转移到另一方或者双方名下,无论登记与否,法院都可以判决该房屋归给予方所有,并综合考虑相关因素,确定是否由获得房屋一方对另一方予以补偿以及补偿的具体数额。

专业提示

根据《民法典》第1062条、第1063条的规定，婚姻关系存续期间受赠的财产，除赠与合同中明确表示只归一方以外，均属于夫妻共同财产。基于父母为子女出资购房的特殊考量，如果子女离婚，父母出资购房的行为基础丧失，因此在分割财产时应当充分考虑个案情况，如父母购置房产赠与对象、出资数额、比例等，在夫妻离婚对分割财产协议不成时，由人民法院根据财产的具体情况，按照照顾子女、女方和无过错方权益的原则进行判决。需要特别提醒的是，婚姻期间父母为子女购置房产归属问题较为复杂，需要综合考虑家庭成员间的情感、信任及经济状况等因素。因此，父母出资为已婚子女购买房产时，应与子女进行充分沟通，明确约定该出资款项的性质和房屋产权归属，避免日后发生争议。

35. 夫妻以共同财产投资有限责任公司并均被登记为股东，离婚时一方能否要求按照持股比例分割公司股权？

小朱先生和汪女士离婚时，双方就登记在双方名下的一所公司股权如何分割存在较大分歧。工商登记除显示小朱先生持股90%，汪女士持股10%外并未有其他关于该财产归属的约定。小朱先生认为就应当按照工商部门登记的持股比例进行分割，这种主张可行吗？

专业解析

能否按照工商部门登记的比例进行分割，我们需要先了解有限责任公司股权是否属于夫妻共同财产。

◉ 有限责任公司股权属于夫妻共同财产吗？

股权所代表的财产利益是夫妻共同财产，股权本身并不是。我们在日常生活的影视剧中经常会看到，如“离婚可以，但公司股权要分我一半”等类似的台词，但实际上股权相对于一般的财产而言具有较强的人身属性，即作为公司股东享有广义上的身份权利。公司作为人格独立的法律主体，股东的出资都将转化为公司财产，管理性的股东权利及具体的股权比例并不必然对应出资额，更不意味着实际享有对应的财产。因此股东资格并非离婚分割的对象，而是夫妻共同出资后所享有的收益性的股权权益。在股权仅登记在夫妻一方名下的情况下，认定相应财产性权益属于夫妻共同财产，那么也一样可以按照共同财产进行处理。

值得注意的是，夫妻离婚时可以通过协议对一方或双方持有的股权权益进行分割，但并不意味着非股东的一方就能够依据该协议成为公司股东，是否具有股东资格还要受到其他约束且符合《公司法》规定。如在夫妻一方持有股权的情况下，《最高人民法院关于适用〈中华人民共和国民法典〉婚姻家庭编的解释（一）》第 73 条就明确规定：“人民法院审理离婚案件，涉及分割夫妻共同财产中以一方名义在有限责任公司的出资额，另一方不是该公司股东的，按以下情形分别处理：（一）夫妻双方协商一致将出资额部分或者全部转让给该股东的配偶，其他股东过半数同意，并且其他股东均明确表示放弃优先购买权的，该股东的配偶可以成为该公司股东；（二）夫妻双方就出资额转让份额和转让价格等事项协商一致后，其他股东半数以上不同意转让，但愿意以同等条件购买该出资额的，人民法院可以对转让出资所得财产进行分割。其他股东半数以上不同意转让，也不愿意以同等条件购买该出资额的，视为其同意转让，该股东的配偶可以成为该公司股东。用于证明前款规定的股东同意的证据，可以是股东会议材料，也可以是当事人通过其他合法途径取得的股东的书面声明材料。”由此可知，即便是股权仅登记在一方名下这种情况，另一方也不能直接分割股权，而只能分割“出资额”，即如果夫妻一方欲获得股权，则应当按照《公司法》的规定完成相应的股权变更。因此，小朱先生与汪女士对公司股权的分割，实际上是对共同投资设立公司所对应的财产权益的分割，而该部分收益性的股权权益属于夫妻共同财产。

◉ 工商股权比例登记是夫妻共同财产归属的约定吗？

小朱先生的疑问是，既然双方都已经登记成为股东，并且清楚明白地在工商部门登记了持股比例，那么此登记是否可以作为对夫妻共同财产归属的约定呢？一般而言，仅有工商登记是不能视为对夫妻共同财产归属的约定的，必须有明确的书面记载或依据。《民法典》第 1065 条第 1 款规定：“男女双方可以约定婚姻关系存续期间所得的财产以及婚前财产归各自所有、共同所有或者部分各自所有、部分共同所有。约定应当采用书面形式。没有约定或者约定不明确的，适用本法第一千零六十二条、第一千零六十三条的规定。”实际上，在常见的情况下，公司股东仅为夫妻二人的公司，注册夫妻股权比例往往仅出于形式上的需要，并不当然反映实际权益的分配，所得收益亦并非按此比例进行分红而是用于共同生活经营。在公司尚有其他股东情况下亦在夫妻二人共计持股的范围内存在上述类似情形。因此，在没有明确的书面约定情况下，不能当然地依据工商登记的持股比例对相应财产进行分割。

◉ 没有其他约定时股权该如何处理？

既然股权对应的财产性权益属于夫妻共同财产，在没有明确约定情况下，工商登记的持股比例不能当然作为分割的依据，那么该部分财产自然应当按照离婚时夫妻共同财产的处理原则进行分割。《民法典》第 1087 条第 1 款规定："离婚时，夫妻的共同财产由双方协议处理；协议不成的，由人民法院根据财产的具体情况，按照照顾子女、女方和无过错方权益的原则判决。"《最高人民法院关于适用〈中华人民共和国民法典〉婚姻家庭编的解释（二）》第 10 条规定："夫妻以共同财产投资有限责任公司，并均登记为股东，双方对相应股权的归属没有约定或者约定不明确，离婚时，一方请求按照股东名册或者公司章程记载的各自出资额确定股权分割比例的，人民法院不予支持；对当事人分割夫妻共同财产的请求，人民法院依照民法典第一千零八十七条规定处理。"

也就是说，对没有明确约定下的有限公司股份，工商登记的持股比例并不能作为分割比例，而应当先通过协议处理，协议不成的按照照顾子女、女方和无过错方权益的原则进行判决。小朱先生与汪女士若按照 90% 和 10% 的比例进行划分，显然将导致对共同财产的分配严重不公平，因此，双方应当进一步对此进行协商，若协商不成则法院应当综合考量离婚双方情况进行酌定。

专业提示

夫妻持股比例登记并不能当然地被认为是双方对共同财产归属的约定，在没有书面记载或约定的情况下，离婚时仍然应当以《民法典》第 1087 条所确立的原则进行处理。若公司有夫妻以外的股东，为确保公司顺利经营而不至于因夫妻离婚导致的股权变动陷入僵局，可以在公司章程中对夫妻所持比例对应的共同财产进行明确的约定并取得双方共同签字确认，从而避免由于夫妻离婚可能造成的更大损失。

36. 离婚时夫妻双方各自购买的股票、基金该怎么分割？

小朱先生在与汪女士离婚时就结婚前后分别买入的股票，汪女士婚后投资的基金是否应该分割以及如何确定这些财产的价值等问题难以达成一致，该怎么办？

专业解析

夫妻各自购买的股份、基金等财产如何分割，需要先了解婚前婚后不同时期购买的投资性财产及其收益的不同分配方式。

◉ 夫妻共同财产中的投资性财产初认识

自己购买的股票、基金应该是个人财产，特别是婚前投资或购买的股票等有价证券，离婚时就不必分割。这样的观点可能为大多数人所认同。但实际上，在对相关财产没有明确约定归属的情况下，根据《民法典》第 1062 条的规定，夫妻在婚姻关系存续期间所得的生产、经营、投资的收益为夫妻的共同财产，归夫妻共同所有。因此，和夫妻一方获得的劳动收入对应，资本收益也应当属于夫妻共同财产，包括股票、债权、投资基金份额等有价证券以及未上市股份有限公司股份等的资本利得，在没有明确约定的情况下，婚后持有的投资性财产应属于夫妻共同财产。

此外，《最高人民法院关于适用〈中华人民共和国民法典〉婚姻家庭编的解释(一)》第 25 条进一步明确规定："婚姻关系存续期间，下列财产属于民法典第一千零六十二条规定的'其他应当归共同所有的财产'：(一)一方以个人财产投资取得的收益；(二)男女双方实际取得或者应当取得的住房补贴、住房公积金；(三)男女双方实际取得或者应当取得的基本养老金、破产安置补偿费。"第 26 条规定："夫妻一方个人财产在婚后产生的收益，除孳息和自然增值外，应认定为夫妻共同财产。"因此，即便是夫妻一方婚前财产的投资，该笔投资在婚后所产生的收益亦应当属于夫妻共同财产。

因此，小朱先生婚前购买的股票在婚后产生的收益应当作为夫妻共同财产进行分割。此外，夫妻二人分别在婚后购买的股票、基金等有价证券都应当按照离婚财产分割原则进行处理。

◉ 投资性财产分割时遇到的困难

投资性财产有别于传统的物权、债权等，具有特殊性。以股票为例，股票的价值受到多种因素影响,股票价格可能在短期内出现大幅的波动,因而股票在离婚财产分割时的价值可能与购买时的市场价值存在较大差异且始终处于变动的状态。因此,确定财产分割时投资性财产的价值较为复杂,不同的考量因素与估值时间点可能造成投资性财产价值的重大差异,这往往成为双方争议的焦点。此外,在持有股票数量较大时还涉及公司控制权及公司治理、经营决策等问题,这会给股票这类有价证券的分割增添新的博弈筹码和变数。双方都希望能够取得具有升值空间或持续分红的股票而非补偿价款,即便能够确定一个较为合理的补偿价格,也可能会因基准日之后价格的波动,导致双方当事人产生新的争议。

◉ 意思自治与灵活处理

对这类投资性财产,最好的处理办法就是由当事人双方协商决定,根据夫妻双方对相关投资的了解及投资贡献,综合考虑未来的风险、收益,同时兼顾子女利益等因素,在离婚财产中进行统一的分配,尽量避免因权利变更导致的投资利益的损失,实现双方利益的最大化。

如果夫妻双方就股票、基金这类投资性财产的分割无法达成一致,那么是否可以诉诸人民法院进行处理呢?人民法院将会按照何种原则确定财产分割方案呢?《最高人民法院关于适用〈中华人民共和国民法典〉婚姻家庭编的解释(一)》第72条规定:“夫妻双方分割共同财产中的股票、债券、投资基金份额等有价证券以及未上市股份有限公司股份时,协商不成或者按市价分配有困难的,人民法院可以根据数量按比例分配。”据此,以股票为例,分割方式分为按照市场价值给予现金补偿和对数量进行按比例两种。

第一种分割方式的关键在于确定计算股票价值的基准日。由于股票价值的市价实时变动,计算股票价值的基准日将影响当事人所得的财产数额。司法实践中存在不同的计算方式,如以离婚当日收盘价、法庭辩论终结日股价、当事人申报财产时股价或离婚后出售股票实际所得价款为准进行计算等。第二种相较于第一种更为妥当,即根据数量按比例分配。人民法院在作出判决时并不会确定相关财产的确切价值,仅从当事人持有的有价证券等的数量层面,综合考量双方过错、对相关投资的贡献以及离婚财产分割情况等因素,确定分割的比例,具体的交易操作待判决生效后,由当事人自行处分,以更充分地保护当事人的合法权益。在实践中,还会出现部分股票属于公司法规定的转让受限制的情况,那么就需要综合运用两种处理方式进行分割。因此两种方式并不冲突,应当充分考虑相关财产的实际情况灵活运用,但最终还是应当以夫妻双方相互协商一致,达成双方离婚后发展利益最优的方案为上策。

专业提示

属于夫妻共同财产的股票、债权、投资基金份额等有价证券以及未上市股份有限公司股份等投资性财产，具有区别于一般物权、债权的特殊性质，在离婚财产分割时可能因无法确定价值等而难以达成一致。对这类财产，最佳的处理办法仍然是双方尽可能通过离婚财产的整体性考量和统一配置，兼顾多种因素达成分割协议，实现利益最大化。若无法协商一致，则可以通过人民法院确定的股票价值基准日或根据数量确定的分割比例进行处理。对这类投资性财产，当事人应当对其财产归属有合理的预期、规划和预先约定，秉持为家庭、为配偶负责任的原则，避免因权利变更导致更大范围的经济损失，更不能利用离婚规避法律、损害公司或其他主体合法权益。

37. 夫妻一方婚后以个人名义投资或成立有限责任公司，离婚时其股权能否转让给妻子?

小朱先生和汪女士在离婚时，小朱先生以个人名义持有的股权在离婚时能否转让给汪女士作为补偿呢？

专业解析

离婚时个人持有的股权能否作为补偿呢？这需要我们了解离婚后应分割财产的范围。

◉ 施舍还是应得

小朱先生认为，自己持有的公司股权是通过个人辛苦经营得来的，虽然汪女士平时也帮助了自己不少，但都是家务活，和公司经营管理无关，离婚时多少分给对方一些股权也都算是一种补偿。真的是这样吗？

事实上，夫妻一方婚后以个人名义持有的股权对应财产性权益属于夫妻共同财产，离婚时分割相应的财产是作为配偶的汪女士应得的部分，而非来自小朱先生的施舍。根据《民法典》第 1062 条的规定，夫妻在婚姻关系存续期间所得的生产、经营、投资的收益为夫妻的共同财产,归夫妻共同所有。因此,只要是小朱先生在婚后所持有的有限公司股权,其对应的财产价值在没有明确约定为个人财产的情况下,应当依法确定为夫妻共同财产。

夫妻本应患难与共,无论家庭分工如何,一方事业的成功都离不开另一方的支持和帮助。《民法典》第1043条规定:“家庭应当树立优良家风,弘扬家庭美德,重视家庭文明建设。夫妻应当互相忠实,互相尊重,互相关爱;家庭成员应当敬老爱幼,互相帮助,维护平等、和睦、文明的婚姻家庭关系。”《民法典》第1055条规定:“夫妻在婚姻家庭中地位平等。”因此,即便是夫妻最后走到了离婚的那天,亦应当相互尊重、平等相待,这也体现在离婚时财产分割上。因此,小朱先生认为将自己创业所持公司股权分给汪女士是一种补偿或施舍的想法是不正确的,而汪女士也应当大胆积极地、主动地争取、维护自己应得的权益。

◉ 共同财产分割与成为公司股东间的距离

一般认为,若小朱先生把其持有的公司股权分割给汪女士,那么汪女士自然也就成为公司的股东,享有公司分红等股东权利。但事实上,夫妻间协议分割股权与非股东一方成为公司股东间还存在一段距离。换言之,通常所说的双方分割夫妻一方持有的有限责任公司股权,实际上分割的仅是该部分股权对应的出资额或财产权益,而非对应的股东资格,因而若想要真正将“股权”即股东资格转让给将要离婚的一方当事人,其除了与股权持有者达成出资份额的分割协议外,还要受到公司法层面,如其他股东优先购买权等规定的限制。

具体而言,股权具有财产与人身的双重属性,即它不仅是财产权利,更对应着作为股东这一身份所享有的与公司经营决策相关的身份性权利。特别是对有限责任公司来说,股东具有较为突出的人合属性,即股东之间有较强的信赖关系,需要更强的身份认同才能共同作为公司股东参与公司决策发展。因而,公司股东以外的第三人想要成为有限公司股东,往往需要符合公司章程约定或法律规定才能实现。因此,在司法实践中较少认定夫妻一方持有的股权为夫妻共同所有,而是将股权对应的财产性利益作为夫妻共同财产。作为股东的小朱先生,如因经营管理或合作发展需要,将自己所持有的部分股权经合法程序转让给第三人,那么汪女士作为配偶无法对股权转让提出异议,但对应的股权转让款作为夫妻共同财产,为汪女士和小朱先生所共同享有。

◉ 取得或分割股权的方式

第一,如何才能成为公司股东,坐享红利?《最高人民法院关于适用〈中华人民共和国民法典〉婚姻家庭编的解释(一)》第73条明确规定:“人民法院审理离婚案件,涉及分割夫妻共同财产中以一方名义在有限责任公司的出资额，另一方不是该公司股东的，按以下情形分别处理：(一)夫妻双方协商一致将出资额部分或者全部转让给该股东的配偶，其他股东过半数同意，并且其他股东均明确表示放弃优先购买权的，该股东的配偶可以成为该公司股东；(二)夫妻双方就出资额转让份额和转让价格等事项协商一致后，其他股东半数以上不同意转让，但愿意以同等条件购买该出资额的，人民法院可以对转让出资所得财产进行分割。其他股东半数以上不同意转让，也不愿意以同等条件购买该出资额的，视为其同意转让，该股东的配偶可以成为该公司股东。用于证明前款规定的股东同意的证据，可以是股东会议材料，也可以是当事人通过其他合法途径取得的股东的书面声明材料。”因此，如果汪女士想要真正在离婚后成为公司股东，那么就应当根据法律规定，在其他股东均明确放弃优先购买权的前提下，取得其他股东过半数的同意，并取得相应的书面材料，以维护自身合法权益。

第二，不想成为股东或成为股东较为困难时，如何获得财产权利？在这种情况下，可以选择取得所分得出资额对应股权的财产价值。那么关键问题就在于，如何确定股权对应的财产价值。司法实践中，对公司股权价值的确定往往会尊重夫妻双方协商确定的价值，如果双方对股权价值无法达成一致，则应采取评估、竞价、参考市场价等方式予以确定。但如果是因为缺乏完整财务信息等原因导致无法通过评估方式确定股权价值，人民法院还可以依据该企业在行政主管机关备案的财务资料对财产价值进行认定；或参照当地同行业中经营规模和收入水平相近的企业的营业收入或者利润及其他方式来核定相应股权的价值，以最终酌定对放弃股权一方的经济补偿数额。

专业提示

夫妻一方婚后以个人名义投资或成立有限责任公司，其所持股权对应的财产性权益除另有约定外应属于夫妻共同财产，自然应当在离婚时进行合理分割处理。但股权与股权对应的财产性权益并不完全对应，若想在离婚后成为股东，还需要符合法定的条件。实践中还存在如职工内部流通股等具有内部流通性的股权，离婚分割时还要考虑具体情况，征询职工所在企业等相关组织意见，以确定具体分割方法。例如对具有特殊个人人身性的村民股权应属于个人财产，但村民股权在夫妻关系存续期间可作为夫妻共同财产进行分割。

38. 夫妻一方婚后以个人名义出资成立合伙企业，离婚时欲将其份额转让给另一方，其他合伙人不同意该如何处理？

小朱先生和汪女士离婚时，小朱先生欲将其在合伙企业的份额转让给汪女士，无奈其他两位合伙人一致认为在企业发展关键之际不宜更换合伙人，因此拒不同意小朱先生的决定，该如何妥当处理呢？

专业解析

若小朱先生想在离婚时将合伙的份额转让给妻子，这与将股权转让给妻子有所区别。我们需要知道，合伙企业和普通公司的区别。

◉ 合伙企业与普通公司的不同之处

合伙企业和普通公司虽然有时都叫作某某企业，但实际在法律属性上具有很大差别。根据我国《民法典》第102条的规定，合伙企业并不具备法人资格，而是属于非法人组织的一种，但仍能够依法以自己的名义从事民事活动。一般认为，合伙企业就是由两个或两个以上的自然人、法人或其他组织根据合伙协议共同出资、共同经营、共享收益、共担风险的组织形式，合伙人需要对合伙企业的债务承担无限连带责任。合伙人与合伙组织间的关系，股东与独立法人的公司间的关系相比，前者的关系更为紧密，甚至是命运与共、唇齿相依。因此，合伙人的变更或合伙份额的转让都相比股权转让有更严格的要求。我国《合伙企业法》第22条规定："除合伙协议另有约定外，合伙人向合伙人以外的人转让其在合伙企业中的全部或者部分财产份额时，须经其他合伙人一致同意。合伙人之间转让在合伙企业中的全部或者部分财产份额时，应当通知其他合伙人。"

像小朱先生与朋友共同成立合伙企业的情况在实际生活中十分常见，往往都是基于相互间的了解、信任，在良好的协作关系下推动合伙事务的运作发展，从而实现经营盈利的目的。因此，小朱先生的两位合伙人的担忧不无道理，因为合伙事业取得成功离不开合伙人的智慧、信任与协作，在经营发展关键时期临时转让合伙份额、更换合伙人，将影响合伙事务的顺利进行，损害各方利益。

◉ 离婚时一方所持合伙企业份额转让给配偶的规则

夫妻一方婚后持有的合伙企业份额，在无特别约定的情况下自应当属于夫妻共同财产，应当在离婚时作分割，或像小朱先生与汪女士一样协商，将其全部转让给汪女士作为补偿及后半生之寄托。那么，作为小朱先生的结发之妻，在离婚之际分得该合伙份额无可厚非，同时也可保障其离婚后的生活水平，但合伙企业的特殊性也决定了必须兼顾其他合伙人的权益，那么在其他合伙人不同意合伙份额转让时应当如何处理？

《最高人民法院关于适用〈中华人民共和国民法典〉婚姻家庭编的解释（一）》第 74 条对此作出了规定："人民法院审理离婚案件，涉及分割夫妻共同财产中以一方名义在合伙企业中的出资，另一方不是该企业合伙人的，当夫妻双方协商一致，将其合伙企业中的财产份额全部或者部分转让给对方时，按以下情形分别处理：（一）其他合伙人一致同意的，该配偶依法取得合伙人地位；（二）其他合伙人不同意转让，在同等条件下行使优先购买权的，可以对转让所得的财产进行分割；（三）其他合伙人不同意转让，也不行使优先购买权，但同意该合伙人退伙或者削减部分财产份额的，可以对结算后的财产进行分割；（四）其他合伙人既不同意转让，也不行使优先购买权，又不同意该合伙人退伙或者削减部分财产份额的，视为全体合伙人同意转让，该配偶依法取得合伙人地位。"

因此，从小朱先生合伙人的角度出发，在两合伙人均不同意转让的情况下，有两种处理办法。第一，持有异议的两合伙人协商，行使对小朱先生在合伙企业中的对应份额的优先购买权。第二，若两合伙人既不同意转让，也无多余财力行使优先购买权，可以一致同意小朱先生退伙或者削减对应部分财产份额。但《合伙企业法》第 51 条第 2 款规定："退伙时有未了结的合伙企业事务的，待该事务了结后进行结算。"因此，如果夫妻离婚诉讼时合伙企业仍有合伙事务正在履行或尚不便结算，人民法院往往会先判决离婚，而就涉及该财产分割问题则待合伙企业事务了结后再行处理。从汪女士角度来看，在前述两种处理方案下，其都可以获得相应份额或退伙结算的财产，也可达成夫妻双方离婚协议中对该财产分割之目的。如果其他合伙人既不同意小朱先生的份额转让，也不积极采取前述处理方案，那么法律就将推定汪女士依法取得合伙人的地位。

专业提示

合伙企业与普通公司存在法律性质的差异，相应地，在夫妻分割所持份额财产时也有不同。夫妻一方在婚后以个人名义投资成立合伙企业，后因离婚需要将合伙企业中财产份额部分或全部转让到另一方名下的，将涉及合伙企业“入伙”“转让”等重大事务变动，可能对合伙企业事务运行和盈利目标实现产生重要影响，与其他合伙人均利益攸关，不得不谨慎为之，因此也会遇到合伙人不同意份额转让等情况。此时，需要其他不同意份额转让的合伙人积极行使优先购买权，同时也需要当事人积极协商、促动。夫妻之间分割合伙企业中财产份额的同时，亦应当关注和承担合伙人应尽的义务，一方面应尽量避免因离婚变故而导致合伙事务运行陷入僵局或造成其他财产损失，另一方面取得相应合伙企业份额的一方亦应对合伙关系存续期间的合伙债务承担连带清偿责任。

39. 婚姻中总是自己独自照顾老人和小孩，离婚时能跟对方要“家务补偿”吗？

离婚时，汪女士想到自己多年来放弃工作机会，为家庭付出，独自照顾家里的老人和小孩，心有不甘，想知道能否就此要求小朱先生给予补偿呢？

专业解析

要解答这个问题，首先我们要准确认识“家务补偿”在法律上的界定，并明确相应的法律规定。

◉ “家务补偿”的本质是离婚经济补偿

日常生活中，出于照顾家庭的考虑，一些人可能负担了大部分的家庭义务，将重心从职场转移到了抚育子女、照顾老人或者是协助另一方工作上。为了尊重与肯定承担较多家庭义务一方的劳动付出，“家务补偿”随之出现在婚姻法的制度设计当中。

我们常说的“家务补偿”其实只是一种通俗的叫法，在法律上“家务补偿”实质上是一种离婚经济补偿，其性质主要是补偿性、救济性的，在适用条件上也有一定要求。《民法典》第 1088 条规定：“夫妻一方因抚育子女、照料老年人、协助另一方工作等负担较多义务的，离婚时有权向另一方请求补偿，另一方应当给予补偿。具体办法由双方协议；协议不成的，由人民法院判决。”从这一条规定中我们可以解读出，离婚经济补偿实际上是二次补偿，它是夫妻在离婚时分割完夫妻共同财产以后，救济家庭义务承担较多的一方。

我们应该承认，家庭义务的承担虽然不直接带来薪酬，但它隐性地创造了社会价值，对家庭的幸福和谐至关重要。若是汪女士能继续在职场打拼，也许她也可以拥有很好的职业前景，但她为了家庭和孩子作出了巨大的牺牲，一旦婚姻关系就此解除，她和小朱先生未来的发展就会产生巨大差距。因此，为了纾解因家务劳动分工的不均衡可能引发的夫妻间发展、付出与回报的失衡问题，离婚经济补偿制度能够确保负担较多家庭义务的一方在婚姻解体后，获得相应的经济支持，以促进家庭责任合理分配、维护社会公平正义。

◉ 可以要求离婚经济补偿的情况

根据《民法典》第 1088 条的规定，并结合实践情况，夫妻一方能够在离婚时获得经济补偿的情况一般有以下两种：第一，夫妻一方无工作，全职在家照顾家里的老人、小孩，并操持家务，另一方主要工作，以支付部分或者全部家庭开销。第二，双职工家庭中的一方在工作的同时承担更多家庭义务，付出明显多于另一方，这也是目前存在最多的情况。

◉ 适用离婚经济补偿需符合的条件

那么汪女士是否符合适用离婚经济补偿的条件呢？首先，经济补偿要求以负担了较多家庭义务作为前提，《民法典》第 1088 条对部分家庭义务承担方式进行了列举，包括但不限于抚育子女、照料老年人、协助另一方工作等。事实上，所有无法依照市场价值衡量，为自己和家人最终消费所进行的准备食物、清理住所环境、整理衣物、购物等无酬家务劳动以及对家庭成员和家庭以外人员提供的无酬照料与帮助活动都可纳入家庭义务的范畴，可作为夫妻一方的付出。其次，《民法典》第 1088 条中的“离婚时有权向另一方请求补偿”既说明离婚经济补偿仅限于在协议离婚或离婚诉讼的离婚阶段时提出，也意味着当事人须主动或经人民法院释明后提出离婚经济补偿的请求，法院不得主动适用该规则。因此，汪女士放弃工作，独自照顾家里老人、小孩的行为符合“负担较多义务”这一前置条件，如果她在离婚时主动请求人民法院判决小朱先生给付经济补偿，那么能够获得支持。另外，虽然实践中往往是由女性来担任“家庭主妇”的角色，但并不意味着只有女性才能在离婚时主张经济补偿。随着“家庭主夫”的增多，只要符合离婚经济补偿的适用条件，男性同样可以进行主张。

◉ 认定离婚经济补偿的考量因素

《最高人民法院关于适用〈中华人民共和国民法典〉婚姻家庭编的解释(二)》第21条体现了进一步细化认定和处理离婚经济补偿时考量因素的精神,要求离婚时,因抚育子女、照料老年人、协助另一方工作等负担较多义务的夫妻一方请求另一方给予补偿的,人民法院可以综合考虑负担相应义务投入的时间、精力和对双方的影响以及给付方负担能力、当地居民人均可支配收入等因素,确定补偿数额。具体来看,第一,投入的时间、精力大小是衡量补偿数额的重要指标,因为有的家务通过操纵机器就可完成,而如照顾老人、小孩这类义务则不仅需要体力劳动,还少不了精神关怀,针对这类劳动给予更多补偿应在情理之中。第二,对双方的影响反映的是家庭义务为家庭所带来的效益,良好的家庭氛围、家庭财产的整体增多等都可以作为增加经济补偿的依据。第三,双方离婚时人民法院考虑给付方负担能力、当地居民人均可支配收入等则是客观考虑给付实际情况,避免强人所难。

专业提示

虽然离婚经济补偿制度在法律上救济了家庭义务承担较多一方的权利,但离婚时双方感情恶化,通常都会主张自己承担了较多的家庭义务,此时取证与举证就显得尤为重要。比如在抚育子女层面,汪女士可以提供平常照顾孩子、接送孩子上下学的照片或视频,陪同孩子去医院看病的病历、诊断报告,邻居、老师、课外培训机构相关人员的证人证言等。在照料老人方面,汪女士则可以向法院提供给老人们购买日常用品、营养保健品的消费记录,以及陪同老人去医院看病时的请假证明、医药费的支付凭证、诊断报告或者相关病历、陪床信息等。在协助另一方工作方面,汪女士可以出示能够证明小朱先生长期出差、晚归的证据,汪女士为小朱先生购置生活用品的记录等。

40. 离婚经济帮助的方式有哪些？

汪女士为更好地支持家庭与小朱先生的事业,在家当全职家庭主妇,后因意外造成手部残疾。离婚时,汪女士考虑到自己日后既无固定住所又无法正常工作,想要从小朱先生处获得相应的经济帮助，她该如何实现呢？

专业解析

要解答这个问题，我们需要了解“离婚经济帮助”制度的相关规定，并知晓其适用的条件和方式。

◉ 初探“离婚经济帮助”制度

离婚经济帮助制度与前文提到的离婚经济补偿制度、离婚损害赔偿制度一同称为我国的三大离婚救济制度。在婚姻生活中，可能有一方会因为家庭的需要而选择牺牲自己的事业机会，全心全意地投入家庭生活中。然而，当婚姻走到尽头，这部分人群可能会因为缺乏经济来源而陷入困境。为了保障这部分人的基本生活，法律特别规定了离婚经济帮助制度。

自新中国成立以来，离婚经济帮助制度就在 1950 年的《婚姻法》第 25 条中有所规定，一直沿袭到如今的《民法典》第 1090 条规定，即“离婚时，如果一方生活困难，有负担能力的另一方应当给予适当帮助。具体办法由双方协议；协议不成的，由人民法院判决”。我们需要注意，离婚经济帮助不同于离婚经济补偿与离婚损害赔偿，它更注重于“帮助”，即强调夫妻双方好聚好散，所谓“一日夫妻百日恩”，即使双方感情破裂即将分道扬镳，也应积极给予困难一方适当的帮助，保证离婚后处于“生活困难”一方的基本生存权益，体现中华民族传统美德中“友善”的一面。

◉ 离婚经济帮助的具体方式

从法律角度看，离婚经济帮助制度指离婚时，夫妻一方依靠个人财产和离婚时分得的财产仍无法维持当地基本生活水平，可请求有负担能力的另一方给予适当帮助的制度。在主张离婚经济帮助的过程中，夫妻双方应尽量通过协商达成共识，以减少不必要的纷争。如果协商不成，可以向法院提起诉讼，由法院根据具体情况作出判决。离婚后的经济帮助可以采取多种方式，以满足不同情况下的实际需求，以下是最主要的 3 种方式：

第一种是一次性经济补助。一次性经济补助是最直接、最简单的一种方式。在离婚时，经济条件较好的一方可以给予经济条件较差的一方一笔固定的经济帮助款项。这种方式适用于双方关系相对和谐，且经济条件较好的一方有能力一次性支付的情况。

第二种是在一定期间内给予相应的经济支持。如果受助方的生活困难预计会持续一段时间，或者经济条件较好的一方一次性支付存在困难，那么可以选择定期经济支持的方式。这意味着，在一定期限内，支付方需要按照约定的金额和时间，定期向受助方提供经济帮助。这种方式能够确保在离婚后的一段时间内，受助方的生活得到稳定的保障。

第三种是提供居住性用房的保障。如果受助方离婚后无房可住，属于生活困难的情形，法律还允许其请求法院判决暂时居住或使用对方的房屋，或者对方提供相应的租房费用上的帮助。这种方式特别适用于因离婚而失去住所的一方，通过对方提供住房居住权或使用权，可以有效缓解其经济压力和生活不便。同时这也是离婚经济帮助案件中最常见的一种情形，也是被法院认定为“生活困难”的最典型的情况。

◉ 适用离婚经济帮助需符合的条件

根据《民法典》第 1090 条的规定，汪女士是否符合获得离婚经济帮助的条件呢？首先，请求经济帮助的一方需存在“生活困难”的情况，即汪女士需要证明自己离婚后确实存在生活困难的情形，如个人财产无法覆盖自身患病的基本医疗需要、缺乏或丧失劳动能力导致没有收入来源或收入有限、离婚后无居所等。其次，提供经济帮助的一方也是需要拥有一定的负担能力的。从前文的解释我们可以知道该制度的目的是保障“生活困难”一方的基本生存权益，所以如果提供帮助的一方因此而使自己也陷入了困难的境地，那就违背了立法的初衷，造成不必要的“拆东墙补西墙”的情况。

同时，《民法典》第 1090 条将适用离婚经济帮助制度的时间节点限定在了“离婚时”，即“困难方”并不可永久享受另一方的经济帮助，可将其理解为另一方仅是在离婚后的 1 年或 2 年左右的过渡期内提供“困难方”相应的经济帮助。虽然“十年修得同船渡，百年修得共枕眠”，但毕竟夫妻双方离婚后也将面对各自新的生活，在过渡期提供竭诚的帮助，也是尽到自身适当帮助的义务，为双方曾经的感情与婚姻生活画下完美的句号。

专业提示

离婚经济帮助制度与离婚经济补偿制度、离婚损害赔偿制度不同的是，该制度更倾向于“人道性”的帮助，更能体现中华法系中“亲和友善”的传统美德核心。离婚经济帮助的“人道”属性，更要求汪女士能够提供有力的证明，如医疗诊断报告、无就业证明、无固定居所证明等，法院也会综合考虑其年龄、劳动能力、身体状况等，在对小朱先生负担能力进行评估后，酌情确定小朱先生为汪女士提供离婚经济帮助的方式、金额以及期间。但要注意的是离婚经济帮助并不意味着终身保障，它只能在离婚过渡期为汪女士提供短暂帮助，在此期间汪女士应该积极寻找能够胜任的工作，对自己日后的生活做出踏实可行的规划，尽快开启自己人生的下一章。

41. 如果婚姻双方其中一方认为对方存在过错导致离婚，是否可以请求多分共同财产？

小朱先生有了情人张女士令汪女士很伤心，她希望在离婚财产分割时自己能够多分一些，以弥补她和孩子的损失。那么，汪女士是否可以因为小朱先生的过错而要求多分财产呢？

专业解析

在解答汪女士的疑问之前，首先需要了解法律上针对因过错离婚，影响财产分割的相关规定。

◉ 离婚损害赔偿制度的适用条件

一直以来，婚姻的过错方应当净身出户似乎一直在道德上受到大家认可，事实上，为了弘扬家庭美德、引领文明风尚，在离婚分割共同财产时，《民法典》第1087条也对保护无过错方权益作了原则性的规定，通过对婚姻的过错方设置一定的惩罚措施，以期补偿和救济无过错方被损害的权利。

具体来看，汪女士所要求的多分财产其实被称为离婚损害赔偿。离婚损害赔偿是指因夫妻一方存在重大过错致使婚姻关系破裂，无过错方可主张过错方对其遭受的损失予以赔偿的法律制度。具体体现在《民法典》第1091条中，其规定："有下列情形之一，导致离婚的，无过错方有权请求损害赔偿：（一）重婚；（二）与他人同居；（三）实施家庭暴力；（四）虐待、遗弃家庭成员；（五）有其他重大过错。"为了避免离婚损害赔偿制度的过分滥用，夫妻一方在主张损害赔偿时存在一定的适用条件要求，具体有以下几点：

第一，在主体要件上，《最高人民法院关于适用〈中华人民共和国民法典〉婚姻家庭编的解释（一）》第90条的规定："夫妻双方均有民法典第一千零九十一条规定的过错情形，一方或者双方向对方提出离婚损害赔偿请求的，人民法院不予支持。"这说明只有婚姻中的无过错方才有权主张离婚损害赔偿。另外，离婚损害赔偿制度的目的在于救济和抚慰无过错方因另一方的过错导致离婚所受到的损害，故离婚损害赔偿制度处理的是夫妻间的内部关系，因过错方行为受损的子女或其他家庭成员无权就此向过错方提出赔偿请求；夫妻中无过错的一方也无权向受过错方牵连的第三者主张离婚损害赔偿,只能通过主张侵权损害赔偿等其他方式来保护权益。第二,在提出离婚损害赔偿请求时,还需符合以下几点要求:首先,行为人的过错必须是导致离婚的原因;其次,该过错必须是《民法典》第 1091 条所规定的法定情形之一;最后,离婚损害赔偿以损害结果的产生为前提,且要求过错方的损害行为与结果之间存在因果关系。第三,在程序上,《最高人民法院关于适用〈中华人民共和国民法典〉婚姻家庭编的解释(一)》第 88 条规定:“人民法院受理离婚案件时,应当将民法典第一千零九十一条等规定中当事人的有关权利义务,书面告知当事人。在适用民法典第一千零九十一条时,应当区分以下不同情况:(一)符合民法典第一千零九十一条规定的无过错方作为原告基于该条规定向人民法院提起损害赔偿请求的,必须在离婚诉讼的同时提出。(二)符合民法典第一千零九十一条规定的无过错方作为被告的离婚诉讼案件,如果被告不同意离婚也不基于该条规定提起损害赔偿请求的,可以就此单独提起诉讼。(三)无过错方作为被告的离婚诉讼案件,一审时被告未基于民法典第一千零九十一条规定提出损害赔偿请求,二审期间提出的,人民法院应当进行调解;调解不成的,告知当事人另行起诉。双方当事人同意由第二审人民法院一并审理的,第二审人民法院可以一并裁判。”

◉ 过错的具体认定

综上所述,离婚损害赔偿的主张要想得到支持,夫妻一方具有法律规定的过错情形是重要前提,那么如何理解《民法典》第 1091 条所规定的 5 种法定过错形式呢?

第一,重婚包括两种情况:一是已婚者与他人登记结婚,即法律上的重婚;二是已婚者虽未与他人登记结婚,但与他人以夫妻名义共同生活,即事实上的重婚。第二,与他人同居是指已婚者与婚外异性,不以夫妻名义,持续、稳定地在一起共同生活。小朱先生在外与他人同居,最终导致婚姻破裂,无过错的汪女士有权请求小朱先生进行赔偿。第三,实施家庭暴力既包括殴打、捆绑、限制人身自由等身体暴力,也包括谩骂、诽谤、侮辱、威胁、恐吓等精神暴力。第四,虐待家庭成员可以理解为持续性、经常性地对家庭成员实施暴力,而遗弃家庭成员指的是夫妻中任意一方对年老、年幼、患病或没有独立生活能力,需要扶助、抚养的另一方或其他家庭成员,故意不履行其应尽义务导致离婚的行为。第五,除了上述 4 种法律明文规定的过错以外,为了防止挂一漏万,如若夫妻中的一方有其他与上述四种严重程度相当的重大过错,另一方亦可请求离婚损害赔偿。

◉ 离婚损害赔偿数额的确定

那么,汪女士如何大致了解自己能拿到多少离婚损害赔偿呢?有这几个因素需要注意。首先,过错方的过错程度是衡量过错责任的关键,包括过错行为持续的时间长短以及是否存在反复性等特征。其次，无过错方因对方过错在物质或精神上所遭受的实际损失也是赔偿金额的重要参考。此外，夫妻双方的年龄、健康状况、当地的经济发展水平同样影响赔偿数额的认定。

专业提示

离婚损害赔偿制度有效制约了婚姻过错方，保障了无过错方的合法权益，既有助于促进形成平等、和睦、文明的婚姻家庭关系，也符合社会主义核心价值观的基本要求。以汪女士为例，她在主张离婚损害赔偿时，除需要符合实体要件外，还需在发现小朱先生与他人同居的情况下，重视证据的收集和保存。证据是法律诉讼的关键，她可以收集和留存相关的短信、微信聊天记录等电子通信内容，保留小朱先生写的保证书或道歉信，获取证人的证词，甚至还可以收集酒店的开房记录或租房记录等。这些证据能够帮助汪女士在诉讼中证明小朱先生的过错行为，实现其要求损害赔偿的主张。

42. 离婚协议中约定一方不支付抚养费，当抚养方经济状况发生变化，还能请求另一方支付抚养费吗？

小朱先生与汪女士离婚时，小朱先生提出孩子小红和小明由汪女士单独抚养，小朱先生不负担抚养费。汪女士想知道，如果今后自己经济状况发生变化，影响自己和孩子生活时，还能要求小朱先生支付孩子的抚养费吗？

专业解析

要解答这个问题，我们需要知道小朱先生与汪女士如果在离婚协议中约定由汪女士单独抚养小红和小明，小朱先生不支付抚养费是否有效，并明确相应的法律规定。

◉ 离婚协议中约定一方不支付抚养费的效力

我们都知道，夫妻双方共同抚养子女是双方的义务和责任，也是弘扬优良家风的良好体现。父母离婚并不意味着对子女抚养责任的终结。《民法典》第1085条第1款规定，“离婚后，子女由一方直接抚养的，另一方应当负担部分或者全部抚养费。负担费用的多少和期限的长短，由双方协议；协议不成的，由人民法院判决”。因此往往在离婚后，若直接对子女进行抚养、教育、保护的义务主要由父母中的一方承担，那么另一方对子女的抚养义务则多直接表现为抚养费的支付。这对于保障未成年子女的健康成长有着重要意义。不过这是否就意味着不直接抚养子女的一方必须支付抚养费呢？其实不然，为了尊重夫妻双方在离婚时的真实意思表示，我国法律也允许夫妻对抚养费支付自行安排。如《最高人民法院关于适用〈中华人民共和国民法典〉婚姻家庭编的解释（二）》第16条第1款规定，“离婚协议中关于一方直接抚养未成年子女或者不能独立生活的成年子女、另一方不负担抚养费的约定，对双方具有法律约束力……”因此，小朱先生与汪女士如果在离婚协议中事先约定由汪女士单独抚养小红和小明，小朱先生不负担抚养费符合我国司法解释的规定，是有效的约定。

◉ 抚养费的支付安排可以变更

当然，即使原则上应当尊重离婚协议中有关抚养费的支付安排，但该安排还是具有变更调整的可能。《最高人民法院关于适用〈中华人民共和国民法典〉婚姻家庭编的解释（二）》第16条第1款第2句规定，“但是，离婚后，直接抚养子女一方经济状况发生变化导致原生活水平显著降低或者子女生活、教育、医疗等必要合理费用确有显著增加，未成年子女或者不能独立生活的成年子女请求另一方支付抚养费的，人民法院依法予以支持，并综合考虑离婚协议整体约定、子女实际需要、另一方的负担能力、当地生活水平等因素，确定抚养费的数额”。这表明，尽管离婚协议在签订时具有法律约束力，但如果直接抚养子女一方的经济状况发生重大变化，导致子女的基本生活需求难以维持，法院依然可以依据“最有利于未成年人”原则进行调整。因此，如果汪女士作为直接抚养子女的一方，因失业出现了长期的经济困境，这种经济状况的变化，显然影响到孩子的基本生活、教育及医疗需求，使其生活质量远低于离婚前的水平。为了保障孩子的健康成长，法律上依然允许法院根据实际情况调整抚养费的安排。

需要特别注意的是，抚养费的请求权主体是未成年子女，而非直接抚养子女的一方父母。根据《民法典》及司法解释的相关规定，抚养关系的法律基础在于父母对子女的法定抚养义务，而非父母的离婚协议。因此，在诉讼请求变更抚养费支付安排时，汪女士并非合法的请求权主体，而应当以未成年子女小红和小明的名义，由其法定代理人（通常为直接抚养方，即汪女士）代为向法院提起诉讼。

◉ 一方欠付抚养费的救济方式

若在小红和小明提起诉讼之前，小朱先生重新与汪女士签订协议作出承诺，表示愿意支付小红和小明的抚养费，但迟迟没有履行，此时汪女士与小红、小明母子又该如何得到救济呢？《最高人民法院关于适用〈中华人民共和国民法典〉婚姻家庭编的解释（二）》第 17 条规定，“离婚后，不直接抚养子女一方未按照离婚协议约定或者以其他方式作出的承诺给付抚养费，未成年子女或者不能独立生活的成年子女请求其支付欠付的抚养费的，人民法院应予支持。前款规定情形下，如果子女已经成年并能够独立生活，直接抚养子女一方请求另一方支付欠付的费用的，人民法院依法予以支持”。所以，如果小朱先生作出承诺后欠付抚养费，我国法律赋予小红、小明主张这笔抚养费的权利。另外，从该解释第 17 条的第 2 款中可知，有关抚养费的请求权并不适用诉讼时效的规定，这一规定明确了该请求权的独立性与长期性，使直接抚养子女一方可以在更长的时间跨度内获得法律救济，避免诉讼时效经过导致权益受损。所以，即便小红、小明成年后具备独立生活能力，汪女士依然可以作为曾经的直接抚养方，向法院追索未支付的抚养费，以保障自身在抚养期间的合理权益。

专业提示

虽然离婚协议中可以约定抚养费的支付问题，但这并不意味着父母就此免责。当出现小朱先生和汪女士类似情况时，子女的利益应当是最重要的考量因素，为了更好保障小红、小明生存发展的合法权益，人民法院在调整抚养费支付安排时可能会着重考虑以下因素：汪女士和小朱先生现在的收入来源和水平，是否有较为稳定的收入和资产；离婚协议的整体约定是否符合“最有利于未成年人”原则；是否有必要对抚养费的支付安排作出调整；未成年子女的基本生活需要和实际生活感受；等等。因此，即使双方在离婚协议中未约定抚养费，或曾经达成不支付抚养费的协议，法院也有权根据实际情况作出调整，确保未成年子女能够在父母离婚后得到应有的抚养支持。

43. 妻子代夫清偿个人婚前债务，离婚时如何处理？

小朱先生在与汪女士在离婚时，对小朱先生结婚前欠的一笔 20 万元的外债有所争议。二人结婚后汪女士为维持二人感情替丈夫小朱先生偿还了该笔债务，但并未明确表示是赠送给小朱先生的。现在准备离婚时，就该笔代为清偿的债务，汪女士想知道其是否有权向小朱先生主张偿还？

专业解析

要解答这个问题，我们需要了解法律上关于夫妻共同债务的规定和代位清偿的规定。

◉ 婚前个人债务与婚后夫妻共同债务的区别

对某笔债务是属于婚前个人债务还是夫妻共同债务，《民法典》婚姻家庭编和《最高人民法院关于适用〈中华人民共和国民法典〉婚姻家庭编的解释(一)》有着重点规定。

首先，《民法典》第1064条的规定："夫妻双方共同签名或者夫妻一方事后追认等共同意思表示所负的债务，以及夫妻一方在婚姻关系存续期间以个人名义为家庭日常生活需要所负的债务，属于夫妻共同债务。夫妻一方在婚姻关系存续期间以个人名义超出家庭日常生活需要所负的债务，不属于夫妻共同债务；但是，债权人能够证明该债务用于夫妻共同生活、共同生产经营或者基于夫妻双方共同意思表示的除外。"其次，《最高人民法院关于适用〈中华人民共和国民法典〉婚姻家庭的解释(一)》第33条的规定："债权人就一方婚前所负个人债务向债务人的配偶主张权利的，人民法院不予支持。但债权人能够证明所负债务用于婚后家庭共同生活的除外。"

从这两个条文中，我们发现从时间线上而言，夫妻婚前债务一般属于个人债务，而婚后债务一般属于共同债务。但是一般之外也有例外：首先，如果婚前个人债务用于婚后家庭生活或者家庭生产经营则该债务属于夫妻共同债务；其次，如果夫妻婚后债务并非以共同名义负担的或者并未用于婚后家庭生活或者家庭生产经营则属于夫妻一方的个人债务。

综上所述，我们可以清楚认识到，如果某笔债务属于夫妻一方婚前负担的而且并未用于婚后家庭生活或者家庭生产经营，则必然属于夫妻一方的个人债务。小朱先生的20万元婚前外债就属于这种情况。所以，该笔20万元婚前外债不属于小朱先生与前妻李女士的夫妻共同债务，汪女士对该笔债务没有偿还义务。

◉ 代位清偿的认识

由上述内容可知，汪女士对小朱先生的婚前外债没有法律上的偿还义务，那么其偿还行为就属于法律上的代位清偿。对此我国《民法典》第524条规定："债务人不履行债务，第三人对履行该债务具有合法利益的，第三人有权向债权人代为履行；但是，根据债务性质、按照当事人约定或者依照法律规定只能由债务人履行的除外。债权人接受第三人履行后，其对债务人的债权转让给第三人，但是债务人和第三人另有约定的除外。”另外，《最高人民法院关于适用〈中华人民共和国民法典〉合同编通则若干问题的解释》第 30 条规定，债务人的近亲属属于具有合法利益的主体。

所以结合这两个条文，我们可以知道汪女士可以作为小朱先生的配偶代为履行小朱先生的婚前个人债务，小朱先生的债权人不得拒绝汪女士的债务履行行为。以上法律分析是从债权人和债务人的外部关系来认识的代位清偿，下面我们来看看偿还人和债务人之间的内部关系。

首先根据《民法典》第 524 条第 2 款的解释，偿还人在代为履行了债务人的债务之后，有权在偿还的利益范围内顶替原债权人作为债务人的新债权人，从而可以向债务人主张清偿代为履行的利益。但若偿还人明确表示其代为履行债务是为了赠与债务人财产利益的，则二人间的法律关系属于赠与合同，进而不存在后续财产利益偿还的问题。

◉ 夫妻间代位清偿的法律后果

继续上面的话题，我们知道偿还人和债务人之间如果不存在赠与合同关系，那么二人之间就存在利益偿还的问题。以上是常规情况下的处理方式，那么夫妻间在未明确表示汪女士偿还该笔债务属于赠与合同的情况下，为维持二人感情和家庭生活而代位清偿，就二人间的利益偿还而言该如何处理呢？是认为夫妻间存在赠与合同？还是以代位清偿的常规处理方式解决？

对此，我们要严格区分婚姻道德和法律规定，不能混淆二者来解决问题。就婚姻道德角度而言，为了显示夫妻感情的恩爱和维持家庭生活，代为履行夫妻一方婚前债务自然正常不过，这也就是将近亲属规定为代位清偿利害关系人的缘故。但是，就法律规定的角度而言，我们要以具有法律拘束力的意思表示来具体认定二人间的财产利益关系。

汪女士自始至终并未明确表示代丈夫清偿其婚前个人债务是作为对小朱先生的赠与，所以我们不能以赠与合同处理二人间就该代为履行债务的法律关系。所以，根据《民法典》第 524 条的规定，汪女士能够基于债权人的地位向小朱先生主张偿还该笔代位清偿的债务，且汪女士在二人离婚时更是可以如此主张。

但是，需要注意的是该笔债务受到诉讼时效的保护。《民法典》第 188 条的规定：“向人民法院请求保护民事权利的诉讼时效期间为三年。法律另有规定的，依照其规定。诉讼时效期间自权利人知道或者应当知道权利受到损害以及义务人之日起计算。法律另有规定的，依照其规定。但是，自权利受到损害之日起超过二十年的，人民法院不予保护，有特殊情况的，人民法院可以根据权利人的申请决定延长。”具体而言,汪女士需要在3年内向小朱先生主张偿还其代为履行的债务。如果汪女士3年内并未主张,则小朱先生就取得了时效抗辩权而拒绝履行该债务。

专业提示

夫妻间互帮互助进而共同创建和谐、幸福的家庭不仅是婚姻道德所要求的,更是《民法典》婚姻家庭编所规定和提倡的。夫妻一方为了夫妻感情的维持和继续、家庭生活、家庭生产经营的向好,帮助另一方偿还其婚前个人债务恰能体现这种夫妻互帮互助的家庭优良氛围,所以《民法典》合同编和《最高人民法院关于适用〈中华人民共和国民法典〉合同编通则若干问题的解释》关于代位清偿的规定也赋予了夫妻一方代位清偿另一方个人债务的法律权利。但是,对代位清偿后夫妻间具体的财产利益偿还问题,则需要根据法律具体规定处理,而不能以婚姻道德一致认为这种代位清偿属于夫妻间的赠与行为而抹杀夫妻一方的法律权利。小朱先生的前妻汪女士自始并未明确表示赠与,所以其有权基于债权人的地位要求小朱先生偿还该笔债务。但是由于该债务属于《民法典》总则编中需要遵守诉讼时效的情况,所以汪女士需要在3年内主张偿还,否则小朱先生对此就有了时效抗辩权进而拒绝偿还。

44. 夫妻之间什么财产算是夫妻共同财产？

小朱先生与汪女士协议离婚,在分割财产时,小朱先生认为汪女士在他们经济条件好时,买的名牌化妆品、护肤品价格高昂,是夫妻间的共同财产,其主张将这些化妆品、护肤品在二手平台卖掉,就变卖价款进行分割。汪女士认为这些化妆品和护肤品都是个人专有的物品,属于自己的个人财产,请问小朱先生的要求应该得到支持吗？

专业解析

要回答这个问题,我们首先要了解什么是夫妻共同财产,什么是夫妻个人财产,在法律上对夫妻共同财产和夫妻个人财产是如何规定的？

◉ 夫妻共同财产的初认识

我国《民法典》第 1062 条以“列举式+概括式”的表达手段对哪些财产属于夫妻共同财产作出明确规定。夫妻共同财产不仅包括工资、奖金，还包括劳务报酬。即夫或妻一方虽然未与用人单位建立劳动关系，仅是劳务关系，但其劳务收入所得仍然属于夫妻共同财产。除此之外，夫或妻对外投资所形成的收益，因知识产权的流转、许可使用等形成的收益，亦属于夫妻共同财产。原因在于，一方用婚前财产炒股、买基金的，由于炒股、买基金属于一种投资行为，既可以获利，也可能具有相当的风险，而且在婚姻关系存续期间炒股、买基金，必然占用该方时间、精力，这应当属于夫妻生活的部分。如果炒股、买基金赚了钱，双方在没有另行约定该笔财产的归属时，其应当属于夫妻共同财产。

法条中“其他应当归共同所有的财产”包括但不限于住房补贴、住房公积金、破产安置费等。这一项作为兜底条款，主要目的在于通过法律自身的包容性适应社会生活的变化和发展。关于法条中提到的“继承或者受赠的财产”，在通常情况下，夫妻一方因继承或受遗赠取得的财产是夫妻共同财产，但仍有一种例外情形：在遗嘱或遗赠中明确只归一方的财产，还是个人财产。

◉ 夫妻个人财产的初认识

我国《民法典》第 1063 条规定：“下列财产为夫妻一方的个人财产：（一）一方的婚前财产；（二）一方因受到人身损害获得的赔偿或者补偿；（三）遗嘱或者赠与合同中确定只归一方的财产；（四）一方专用的生活用品；（五）其他应当归一方的财产。”法条就夫妻个人财产范围作出明确的界定，主要分为四类：第一类是夫妻各自的婚前财产，以完成结婚登记、确立婚姻关系为界，婚前财产，即个人财产。第二类是一方因受到人身损害获得的赔偿或者补偿，因其明确的人身专属性而归一方所有，属于个人财产。如在交通事故中遭受人身损害，就此获得的医药费、赔偿金、补偿金等，系个人财产。《民法典》第 1179 条的规定：“侵害他人造成人身损害的，应当赔偿医疗费、护理费、交通费、营养费、住院伙食补助费等为治疗和康复支出的合理费用，以及因误工减少的收入。造成残疾的，还应当赔偿辅助器具费和残疾赔偿金；造成死亡的，还应当赔偿丧葬费和死亡赔偿金。”当然，根据《民法典》侵权责任编的规定，从人身损害赔偿各项费用的具体性质看，不能将所有费用笼统地认定为个人财产，比如因误工减少的收入，该收入对应获得的时间如果是婚姻存续期间，则应当被认定为夫妻共同财产。第三类是遗嘱或者赠与合同中明确只归一方的财产。第四类是一方专用的生活用品。通过列举式明确规定夫妻个人财产的范围，以与夫妻共同财产相区分。

◉ 夫妻个人财产中一方专用的生活用品的司法认定

个人衣物、书籍、资料等均属于极具个人属性的财产，为个人财产。在离婚纠纷中争夺这些财产也屡见不鲜，在现实生活中应当注意有些价值较大的贵重物品和其他奢侈品，完全归一方所有明显有失公平。

我国《民法典》第 1063 条规定了夫妻个人财产范围，其中一方专用的生活用品属于法定夫妻个人财产，无论是法学理论界还是司法实务中对“专用的生活用品”都没有一个统一的鉴定标准。法学理论研究领域从专用的生活用品的经济价值和专属功能，认为“专用的生活用品”必须符合生活用品、一方专用两个特性。如黄金用品，既是个人的饰品，也有用于家庭保值作用的。一方专用的生活用品具有专属于个人使用的特点，如个人的衣服、鞋帽等，应当属于夫妻共有财产。司法实务中，夫妻个人财产中一方专用的生活用品，基于一般人的普遍认知应当具有明显的三重属性：身份性、专属性和生活性，如口红、粉底、彩妆等，通常属于女性专用的生活用品。符合这三个属性的专用的生活用品，原则上应当依法被认定为个人财产，但也非绝对。根据公平原则，夫妻双方在婚姻关系存续期间购买的价值较高或者具有保值功能的皮具珠宝等，并非单纯的生活用品。根据婚内双方经济条件和家庭收入水平，并结合购买时间与感情破裂时间，这些财物也可能作为夫妻共同财产进行折价分割，从而达到物尽其用、两全其美的目的。

汪女士购买价值较大的护肤产品，虽然属于个人使用，但也应该属于夫妻共同财产，在分割财产时，基于物尽其用原则，可以判给使用者，但应当支付购买者一定的折价款作为补偿。也就是说，对小朱先生为汪女士购买的化妆品、护肤品等，可以由汪女士获得所有权，但汪女士应当支付小朱先生一定的折价款作为补偿。

专业提示

我国法律规定夫妻个人财产包括：一方婚前财产、一方因受到人身损害获得的赔偿或补偿、遗嘱或赠与合同中确定只归一方的财产、一方专用的生活用品等。司法实务中，法律规定属于一方专用的生活用品，指价值不大的生活用品，如果价值大仍然属于夫妻共同所有。价值大小由法官根据个案双方的收入水平、财产情况，属于一方专用生活用品的价值情况来确定，没有统一标准。化妆品的归属应当根据物尽其用原则，归汪女士所有，但是汪女士应当支付小朱先生一定的补偿金。

我国是法定婚后财产共同制，在无法确定财产是共同财产还是个人财产时，应以确定共同财产为原则。主要理由是：我国为法定婚后财产共同制，而该制度的法理基础是承认夫妻之间存在的协力关系。夫妻之间的“协力”贯穿整个婚姻生活。只要婚姻关系存在，便可认定夫妻之间存在“协力”关系，而不考虑双方情感状况、家务劳动分配以及各自对家庭贡献大小等因素。法定婚后财产共同制认可夫妻之间的“协力”，目的在于维护婚姻的稳定，引导婚姻当事人以家庭整体利益为重，鼓励配偶之间互相支持与扶助。因此，在认定夫妻个人财产时应当不超越上述法律的基本原则和立法目的。

45. 离婚协议中赠与子女财产的约定可以撤回吗？

小朱先生与汪女士协议离婚时，共同商定将夫妻二人购买的新房 D 房赠与女儿小红。离婚后，小朱先生的生意周转不灵、急需用钱。小朱先生想要撤回赠与，卖出新房 D 房，以凑够周转费用。他的想法能得到法律的支持吗？

专业解析

要解答这个问题，我们需要了解离婚协议中赠与子女财产的约定的性质，之后再探讨该约定是否可以撤回。如果可以撤回，法律上又规定了怎样的条件。

◉ 离婚协议中赠与子女财产的约定的性质

谈到离婚协议中赠与子女财产的约定，我们可能会根据字面文义将其理解为普通的赠与。然而，离婚协议中夫妻赠与子女财产的约定真就等同于一般的赠与吗？离婚协议是夫妻双方权衡利益、考量利弊后，围绕婚姻关系解除签订的一个协议，涉及的夫妻身份关系解除、夫妻共同财产分割以及子女抚养问题等内容既互相独立，又互相依存。也就是说，离婚协议是夫妻双方有关财产的约定是因当事人想要解除婚姻关系而产生，如果可任意撤销其中的财产关系而不顾及离婚协议本质上是对夫妻关系的解除，将破坏离婚协议的整体性。此外，《民法典》第 657 条规定：“赠与合同是赠与人将自己的财产无偿给予受赠人，受赠人表示接受赠与的合同。”也就是说，赠与合同的双方当事人是赠与方和受赠方，其成立需要受赠人表示接受赠与。然而，离婚协议中的双方当事人是夫妻二人，其决定将共同财产赠与子女的约定不需要经过子女的同意，因此离婚协议中赠与子女财产的约定并不等同于一般的赠与。实质上，离婚协议中赠与子女财产的约定更像是一个利益第三人合同，即合同双方当事人为第三人设定了权利，由第三人取得利益的合同，其核心在于使第三人取得合同或法律上的权利。《最高人民法院关于适用〈中华人民共和国民法典〉婚姻家庭编的解释（二）》第 20 条第 3 款规定："双方在离婚协议中明确约定子女可以就本条第一款中的相关财产直接主张权利，一方不履行离婚协议约定的义务，子女请求参照适用民法典第五百二十二条第二款规定，由该方承担继续履行或者因无法履行而赔偿损失等民事责任的，人民法院依法予以支持。"这一条款也印证其利益第三人的性质。因此，撤回离婚协议中赠与子女财产的约定不适用一般赠与合同的撤回规定。那么，小朱先生想要撤回离婚协议中赠与子女财产的约定应当遵循什么规定呢？

◉ 离婚协议中赠与子女财产的约定的撤回

《最高人民法院关于适用〈中华人民共和国民法典〉婚姻家庭编的解释（二）》第 20 条第 1 款规定："离婚协议约定将部分或者全部夫妻共同财产给予子女，离婚后，一方在财产权利转移之前请求撤销该约定的，人民法院不予支持，但另一方同意的除外。"因此，在财产权利转移之前，小朱先生若能征得汪女士的同意，便可以撤销该约定。关于财产权利转移的时间，对像房屋这样移动会影响其价值的财产来说，其变更财产权属关系登记之时就是财产权利转移之时；对像车辆这样移动不会影响其价值的财产来说，对方接收到相应财产之时就是财产权利转移之时。此外，《最高人民法院关于适用〈中华人民共和国民法典〉婚姻家庭编的解释（二）》第 20 条第 4 款还规定："离婚协议约定将部分或者全部夫妻共同财产给予子女，离婚后，一方有证据证明签订离婚协议时存在欺诈、胁迫等情形，请求撤销该约定的，人民法院依法予以支持；当事人同时请求分割该部分夫妻共同财产的，人民法院依照民法典第一千零八十七条规定处理。"因此，当签订离婚协议时存在欺诈、胁迫等情形，即便汪女士不同意，小朱先生也可向法院请求撤销赠与子女财产的约定。此外，在司法实践中，有当事人基于离婚协议约定将财产赠与子女后，发现子女非亲生的情形。在该情形下，当事人可依据《最高人民法院关于适用〈中华人民共和国民法典〉婚姻家庭编的解释（二）》第 20 条第 4 款之规定主张该离婚协议系在受欺诈、胁迫等情形下签订，诉请人民法院撤销该约定。在请求法院撤销该约定的同时，为一次性化解纠纷，当事人可同时主张分割原赠与非亲生子女的财产。在无法撤回约定的情况下，小朱先生执意不履行约定将会承担怎样的责任呢？

◉ 不履行赠与约定的后果

《最高人民法院关于适用〈中华人民共和国民法典〉婚姻家庭编的解释(二)》第20 条第 2 款规定:“一方不履行前款离婚协议约定的义务,另一方请求其承担继续履行或者因无法履行而赔偿损失等民事责任的,人民法院依法予以支持。”此外,根据《最高人民法院关于适用〈中华人民共和国民法典〉婚姻家庭编的解释(二)》第 20 条第 3 款的规定,离婚协议中如明确约定子女可就离婚协议中的赠与财产直接主张权利,当一方不履行离婚协议约定的义务,子女可请求参照适用《民法典》第 522 条第 2 款规定,要求该方承担继续履行或者因无法履行而赔偿损失等民事责任。《民法典》第 522 条第 2 款规定:“法律规定或者当事人约定第三人可以直接请求债务人向其履行债务,第三人未在合理期限内明确拒绝,债务人未向第三人履行债务或者履行债务不符合约定的,第三人可以请求债务人承担违约责任;债务人对债权人的抗辩,可以向第三人主张。”由此可见,当离婚协议明确约定小红可就离婚协议中的赠与财产直接主张权利时,小红即使不是离婚协议的当事人,但也可以在父母一方未按约履行或不适当履行时要求其承担违约责任。这一规定有力地保障了当事人及其子女的合法权益。

专业提示

在生活中,有的父母基于自身需要,将房屋赠与未成年子女后,又以回赠的方式收回房屋。例如,小朱先生和汪女士离婚之后,将 D 房以赠与方式登记在小红名下。事后,小朱先生再以监护人的身份将房子再回赠给自己。此时,人民法院会认同小朱先生的行为的效力吗?《民法典》第 35 条第 1 款规定:“监护人应当按照最有利于被监护人的原则履行监护职责。监护人除为维护被监护人利益外,不得处分被监护人的财产。”因此,小朱先生和汪女士将 D 房赠与小红并办理过户登记后,该房屋即为小红的个人财产。事后,小朱先生再以监护人的名义代理小红将该 D 房回赠给自己的,该回赠行为无效。

46. 有不良生活习惯的家长可以探望孩子吗？

小朱先生与汪女士协议离婚后，孩子由汪女士直接抚养。小朱先生想要探望孩子时，汪女士总是以小朱先生有吸烟恶习，可能带坏孩子拒绝。小朱先生想知道，存在生活恶习能否阻止自己探望孩子？

专业解析

要解答这个问题，我们首先需要了解探望权是什么，在法律上又是怎样规定的。

◉ 探望权的初认识

父母对子女都负有抚养、教育、保护的权利和义务。为了保持子女成长的稳定连贯性，离婚后往往只有一方长期直接抚养子女。无论是由父亲抚养还是母亲抚养，子女仍然是双方的子女。为了满足不直接抚养一方能够行使和履行抚养、教育、保护的权利和义务，探望权应运而生。

生活中通常理解的探望权是指母亲或父亲一方对孩子享有探视、看望与交往的权利，似乎探望权是一方父母与孩子之间的权利义务关系。但在法律中，探望权并非如此：《民法典》第 1086 条第 1 款和第 2 款规定："离婚后，不直接抚养子女的父或者母，有探望子女的权利，另一方有协助的义务。行使探望权利的方式、时间由当事人协议；协议不成的，由人民法院判决。"探望权是不直接抚养子女一方对另一方享有的要求协助探望的权利，而具体的探望方式、时间由当事人协商确定。

从离婚父母的角度来看，探望权的目的是与孩子定期亲子互动、建立亲密的亲情关系、满足自己的亲权利益。正是因为这样，法律才允许当事人自由约定探视的方式。在这种情况下，另一方似乎没有拒绝的正当性。毕竟，根据法律的规定，汪女士应当协助而非阻拦探望。这也正是小朱先生疑惑的地方：难道探望自己的孩子都不被允许吗？

◉ 拒绝协助探望的正当性

事实上，探望权制度的目的不仅在于满足离婚父母的利益，其同样侧重保护未成年人利益。《民法典》第 1086 条第 3 款还规定："父或者母探望子女，不利于子女身心健康的，由人民法院依法中止探望；中止的事由消失后，应当恢复探望。"一方面，通过探望权制度，保障父母双方都能够通过定期与子女见面、交往与短暂共同生活等方式来实现离异家庭之间的亲子互动，从而减少离婚对子女造成的伤害；另一方面，立法者也要求父或母在探视中不能对子女身心造成不良影响，而防止的方式则是中止探望。

因此，在满足一定条件（不利于子女身心健康）的情况下，汪女士是有权拒绝协助小朱先生探望子女的。

◉ 不利于未成年人身心健康的认定

如何理解法条中的“不利于子女身心健康”将是解决小朱先生疑问的关键。在《民法典》中，并没有明确“不利于子女身心健康”的标准，但类似考虑子女身心健康的其他条文中可以用作参照。《民法典》第 36 条第 1 款规定：“监护人有下列情形之一的，人民法院根据有关个人或者组织的申请，撤销其监护人资格，安排必要的临时监护措施，并按照最有利于被监护人的原则依法指定监护人：（一）实施严重损害被监护人身心健康的行为；（二）怠于履行监护职责，或者无法履行监护职责且拒绝将监护职责部分或者全部委托给他人，导致被监护人处于危困状态；（三）实施严重侵害被监护人合法权益的其他行为。”司法实务中往往也是基于该法条的精神，从父或母自身情况、行使探望权方式、子女意愿三个角度判断是否达到“不利于子女身心健康”的标准。

就父或母自身情况的角度而言，将其作为判断是否达到“不利于子女身心健康”的标准的需要考虑父或母是否存在暴力倾向、攻击性精神疾病、损害未成年人身心健康的暴力史与吸毒、酗酒、赌博等难以履职的情形。《民法典》第 26 条第 1 款规定：“父母对未成年子女负有抚养、教育和保护的义务。”为了子女的健康成长，若父母过去存在伤害子女的暴力史，或是无法正当地教育子女，在改正行为前，应当中止其探望。

就行使探望权方式的角度而言，主要考虑父或母是否会教唆、胁迫、引诱未成年子女实施不良行为。“不良行为”可以结合《预防未成年人犯罪法》第 28 条，“本法所称不良行为，是指未成年人实施的不利于其健康成长的下列行为：（一）吸烟、饮酒；（二）多次旷课、逃学；（三）无故夜不归宿、离家出走；（四）沉迷网络；（五）与社会上具有不良习性的人交往，组织或者参加实施不良行为的团伙；（六）进入法律法规规定未成年人不宜进入的场所；（七）参与赌博、变相赌博，或者参加封建迷信、邪教等活动；（八）阅览、观看或者收听宣扬淫秽、色情、暴力、恐怖、极端等内容的读物、音像制品或者网络信息等；（九）其他不利于未成年人身心健康成长的不良行为”来认定。

而就子女意愿的角度而言，需要考虑子女是否愿意接受探望。未成年子女可以分为无民事行为能力人与限制民事行为能力人，后者主要是指 8 周岁以上的未成年人。8 周岁以上的未成年人正处于三观的形成期，并且已经有了一定的自我意识，在这种情况下，应当考虑、尊重其意愿。类似的情况是，《民法典》第 1084 条第 3 款规定："离婚后，不满两周岁的子女，以由母亲直接抚养为原则。已满两周岁的子女，父母双方对抚养问题协议不成的，由人民法院根据双方的具体情况，按照最有利于未成年子女的原则判决。子女已满八周岁的，应当尊重其真实意愿。"在离婚判决中，应当尊重 8 周岁以上的子女意愿；那么同样，在父或母希望行使探望权时，也应当尊重他们的意愿。

需要注意的是，即使曾经存在过怠于履行监护职责导致未成年子女处于危困状态和严重侵害过被监护人合法权益，实施行为的父或母一方并非永久不能行使探望权，而是"中止探望"。所谓中止探望，并不是否认探望权本身，而是限制其行使探望权。这种限制既可以是在一定期限内完全不允许探望的时间限制，如对有吸毒、酗酒史的父或母一方，既可以在其改变恶习后允许其探望，也可以是对探望方式的限制，如对患有攻击性精神疾病的父或母一方，可以限制其与子女单独共处，而允许在另一方陪伴下探望子女。

而小朱先生存在的吸烟恶习在客观上可能对孩子的生理造成损害，同时也有可能诱使孩子模仿小朱先生吸烟。为了避免这些损害，汪女士可以与小朱先生约定在探望孩子的过程中，小朱先生不得吸烟或诱导孩子吸烟，但不能完全拒绝小朱先生行使探望权。

专业提示

探望权制度不仅是为了满足不直接抚养子女一方的亲权利益，还为了通过探望降低离婚对孩子造成的身心影响。因而直接抚养子女一方不能够因为自身意愿，而拒绝协助对方探望。《最高人民法院关于适用〈中华人民共和国民法典〉婚姻家庭编的解释（一）》第 65 条的规定："人民法院作出的生效的离婚判决中未涉及探望权，当事人就探望权问题单独提起诉讼的，人民法院应予受理。"如果汪女士仍然拒绝让小朱先生探望孩子，小朱先生可以就探望权问题提起诉讼，请求法院判决确认行使探望权的时间、方式。而如果汪女士仍拒不协助，则《最高人民法院关于适用〈中华人民共和国民法典〉婚姻家庭编的解释（一）》第 68 条规定："对于拒不协助另一方行使探望权的有关个人或者组织，可以由人民法院依法采取拘留、罚款等强制措施，但是不能对子女的人身、探望行为进行强制执行。"

47. 夫妻双方离婚时，共同债务应当如何处理呢？

小朱先生与汪女士在婚姻存续期间时，曾由小朱先生出面向朋友何先生借了 10 万元，欠条上签有小朱先生与汪女士双方共同的名字。何先生想知道，小朱先生与汪女士离婚了，他还能要求他们共同归还这笔债务吗？

专业解析

在解答这个问题之前，了解夫妻共同债务的认定规则是重要前提。

◉ 什么是夫妻共同债务

在现今的社会经济环境中，夫妻共同参与经济活动的情况越来越多，民事交易也变得十分频繁。除了日常生活开支外，夫妻因参与生产、经营、投资和消费等活动而产生债务的情况也变得非常普遍，因此一旦夫妻间感情破裂走向离婚，对夫妻共同债务的处理自然会备受夫妻双方与债权人的关注。

《民法典》第 1064 条规定："夫妻双方共同签名或者夫妻一方事后追认等共同意思表示所负的债务，以及夫妻一方在婚姻关系存续期间以个人名义为家庭日常生活需要所负的债务，属于夫妻共同债务。夫妻一方在婚姻关系存续期间以个人名义超出家庭日常生活需要所负的债务，不属于夫妻共同债务；但是，债权人能够证明该债务用于夫妻共同生活、共同生产经营或者基于夫妻双方共同意思表示的除外。"由此可知，夫妻共同债务一般有以下 3 种典型类型：第一种是基于共同意思表示形成的夫妻共同债务，俗称"共债共签"，常表现为夫妻双方在欠条上共同签字或者夫妻一方签字，另一方事后追认。小朱先生与汪女士在婚姻存续期间在欠条上共同签名，这笔 10 万元欠款就是典型的夫妻共同债务。第二种是为日常家庭生活需要所负的债务，这类债务通常包括日常的吃穿用度费用、子女的抚养和教育费用、家庭成员的医疗费用及赡养老人的费用等，且都是基于夫妻家事代理权，在夫妻共同生活期间产生的。第三种是指债权人能够证明的夫妻共同债务，这类债务虽然是以夫妻某一方个人名义所负，且超出了家庭日常生活需要，但只要债权人能够证明债务用于夫妻共同生活、共同生产经营或者基于夫妻双方共同意思表示，此债务就可以被认定为夫妻共同债务，这既有利于倒逼债权人在债权债务关系成立时就尽量做到"共债共签"，也有助于平衡双方利益，保障债权人的合法权益。

◉ 夫妻共同债务的处理规则

既然我们已经确认何先生是小朱先生与汪女士共同的债权人,那么他又能如何要回这笔钱呢？在解答何先生的疑惑之前,我们先来了解一下夫妻共同债务的具体处理规则。《民法典》第 1089 条规定:“离婚时,夫妻共同债务应当共同偿还。共同财产不足清偿或者财产归各自所有的,由双方协议清偿;协议不成的,由人民法院判决。”由此可知,婚姻关系存续期间产生的夫妻共同债务是一种法定连带债务,这意味着夫妻任何一方都对全部的共同债务负有给付义务,这种债务也并不会因婚姻关系的解除而消灭,只是在偿还时需要按照一定的顺序进行。

首先,夫妻共同债务自然应当优先由夫妻共同财产进行偿还,当夫妻共同财产能够覆盖共同债务时,夫妻双方可就剩余部分进行财产分割。其次,当夫妻间实行分别财产制没有共同财产,或者共同财产不足以清偿夫妻共同债务时,则可以通过签订协议或者法院判决的方式明确夫妻双方各自的清偿份额。为了保护第三方债权人的合法权益,夫妻双方针对清偿比例所约定的协议只在夫妻内部之间产生效力,对债权人而言,夫妻对外承担的仍是连带责任,债权人既可以要求双方依照协议中约定的比例偿还,也可以要求一方先行承担全部债务,还可以另行提出新的清偿比例要求双方履行。

同时,《最高人民法院关于适用〈中华人民共和国民法典〉婚姻家庭编的解释(一)》第 35 条第 1 款规定:“当事人的离婚协议或者人民法院生效判决、裁定、调解书已经对夫妻财产分割问题作出处理的,债权人仍有权就夫妻共同债务向男女双方主张权利。”因此,即使小朱先生与汪女士已经离婚并进行了财产分割,何先生仍可以就任何比例主张小朱先生与汪女士任何一方,或者由他们双方共同偿还这 10 万元。

◉ 夫妻一方的追偿权行使

如前文所述,针对夫妻共同债务,夫妻双方均需承担连带清偿责任,同时,债权人亦可任意选择其中一方先行清偿。那么如果何先生在先找汪女士清偿完 10 万元共同债务之后,汪女士能否就超出其应当负担的债务额度找小朱先生进行追偿呢？

《民法典》第 519 条第 2 款规定:“实际承担债务超过自己份额的连带债务人,有权就超出部分在其他连带债务人未履行的份额范围内向其追偿,并相应地享有债权人的权利,但是不得损害债权人的利益。其他连带债务人对债权人的抗辩,可以向该债务人主张。”由此可知,虽然汪女士清偿完 10 万元欠款后会使这笔夫妻共同债务归于消灭,但针对先前协议或者判决书中确定的不属于其偿还的部分,汪女士自然有权向小朱先生进行追偿。

专业提示

夫妻共同债务的处理不仅切实关系到夫妻双方和债权人的合法权益保护,还关系到婚姻家庭的稳定和谐,以及经济社会的健康发展。除了上述的基本处理规则外,还有一些更具体的细节需要关注。例如若该债务系夫妻一方因从事吸毒、赌博等违法犯罪行为所负,或者债权人明知该债务用于违法犯罪活动却仍出借,这类非法债务均不会受到法律保护。又如,在执行夫妻共同债务时,法律也规定了一定的保护措施,确保在满足债权人权益的同时,不至于对夫妻一方或者双方的基本生存权益造成过度损害。夫妻双方及其一同生活的家属的生活必需费用应当得以保留,尤其是针对生活所必需的唯一住房,一般不得拍卖、变卖或者进行折抵。

48. 债务人利用离婚协议逃避债务，债权人如何保障自身债权的实现?

小朱先生向陈先生借款 20 万元,逾期未还。陈先生向法院起诉,要求小朱先生偿还本息。在执行阶段,法院调查发现,小朱先生名下并无可供执行的财产。原因是,在陈先生起诉不久前,小朱先生与汪女士协议离婚,并约定家中资产,包括股权、房产、车辆等都归汪女士所有,且无须任何补偿。此种情况下,陈先生能否行使债权人撤销权保障债权的顺利实现呢?

专业解析

要解答这个问题,我们需回答在涉及夫妻一方或者双方对外负有债务的情况下,离婚协议中关于财产分割部分的约定是否可撤销。这个问题应从夫妻共同财产整体分割及履行情况、子女抚养费负担、离婚过错等因素综合判断。

◉ 何为债权人撤销权

债权人撤销权是指债权人对于债务人所为的危害债权及其实现的行为得诉请法院予以撤销的权利。《民法典》第 538 条至第 542 条规定了债权人撤销权制度。债权人撤销权的行使条件为：(1)债权人享有合法、有效的债权。(2)债务人实施诈害债权的行为。“诈害”债权的行为包括两种：一是无偿处分财产权益，恶意延长其到期债权的履行期限；二是以明显不合理的低价转让财产，以明显不合理的高价受让他人财产或者为他人的债务提供担保。(3)诈害行为影响债权的实现。(4)有偿行为下相对人主观存在恶意。

如果债务人在负债期间，将自己的部分或全部财产低价转让给他人，或者无偿赠与他人，或者在自己的财产之上为他人增设担保，导致债务人自身财产不足以清偿负债，无法保障债权人的债权得到顺利实现，法律为了保障债权人的利益不受损害，允许债权人就此类不当处理财产的行为向法院提起诉讼，请求法院将此类行为予以撤销。债权人行使撤销权后，与债务人进行交易的第三人则应将被不当处理的财产返还给债务人，恢复债务人的资力。

从立法体例上来看，离婚协议属于《民法典》婚姻家庭编所调整的事项，而债权人撤销权则在合同编中予以规定，离婚协议因兼具身份关系与财产关系的特殊性，与一般的合同存在显著差异。那么，合同编中规定的债权人撤销制度能否用于基于离婚协议引发的财产变动，裁判意见未能达成一致。

随着 2025 年 1 月 15 日出台的《最高人民法院关于适用〈中华人民共和国民法典〉婚姻家庭编的解释(二)》，这一争论得以明确。《最高人民法院关于适用〈中华人民共和国民法典〉婚姻家庭编的解释(二)》第 3 条规定：“夫妻一方的债权人有证据证明离婚协议中财产分割条款影响其债权实现，请求参照适用民法典第五百三十八条或者第五百三十九条规定撤销相关条款的，人民法院应当综合考虑夫妻共同财产整体分割及履行情况、子女抚养费负担、离婚过错等因素，依法予以支持。”

◉ 债权人撤销夫妻离婚协议的行权条件

债权人在债务人签订离婚协议前享有合法有效的债权是指，在债务成立之时，债务人与配偶尚未离婚，且该项债务是明确的、合法的，比如有借条、电话录音、聊天记录、法院的判决书、调解书等证据证明该项债务确实存在。除此之外，债权人撤销夫妻离婚协议的前提是相关债务为夫妻一方债务，而非夫妻共同债务，如果该债务被认定为夫妻共同债务，则可适用《最高人民法院关于适用〈中华人民共和国民法典〉婚姻家庭编的解释(一)》第 35 条。该条规定：“当事人的离婚协议或者人民法院生效判决、裁定、调解书已经对夫妻财产分割问题作出处理的，债权人仍有权就夫妻共同债务向男女双方主张权利。一方就夫妻共同债务承担清偿责任后，主张由另一方按照离婚协议或者人民法院的法律文书承担相应债务的，人民法院应予支持。”若夫妻双方均为债务人，则任何一方的所有财产均为责任财产，债权人可以同时向夫妻双方主张债权,从利益衡量角度分析,认定为夫妻共同债务已能充分保护债权人利益,没必要再行使撤销权破坏夫妻离婚后果的稳定性。

根据《民法典》第538条、第539条的规定,“诈害”债权的行为指向无偿处分与有偿不合理交易。然而在离婚协议语境下,这些标准难以直接套用。离婚协议区别于一般的合同,财产分割条款与解除夫妻关系、子女抚养条款不可割裂看待。在实践中,一方可能为了争取子女抚养权、尽快结束婚姻关系,或出于愧疚而在财产上作出的退让,不能简单将其与等同于诈害债权的行为。

《最高人民法院关于适用〈中华人民共和国民法典〉合同编通则若干问题的解释》第42条规定:“对于民法典第五百三十九条规定的‘明显不合理’的低价或者高价,人民法院应当按照交易当地一般经营者的判断,并参考交易时交易地的市场交易价或者物价部门指导价予以认定。转让价格未达到交易时交易地的市场交易价或者指导价百分之七十的,一般可以认定为‘明显不合理的低价’;受让价格高于交易时交易地的市场交易价或者指导价百分之三十的,一般可以认定为‘明显不合理的高价’。债务人与相对人存在亲属关系、关联关系的,不受前款规定的百分之七十、百分之三十的限制。”

但是,离婚协议并非市场交易行为,也无法依据《最高人民法院关于适用〈中华人民共和国民法典〉合同编通则若干问题的解释》第42条的规定,将不合理低价和高价的标准作为衡量尺度,其不存在相对确定的交易价格,无法准确确定“不合理”的区间范围。利用债权人撤销权制度并参照合同编有关条文,调整离婚协议时,应当考虑离婚协议的特殊性,不宜适用《最高人民法院关于适用〈中华人民共和国民法典〉合同编通则若干问题的解释》第42条和第43条的规定。《最高人民法院关于适用〈中华人民共和国民法典〉婚姻家庭编的解释(二)》第3条规定:“……人民法院应当综合考虑夫妻共同财产整体分割及履行情况、子女抚养费负担、离婚过错等因素,依法予以支持。”这一条实际上为判断财产分割是否合理划定了依据。人民法院综合子女抚养、过错因素等模拟分割夫妻共同财产,并与离婚协议中的分割情况进行比较。如果两者相差甚远,法院可能会支持债权人的撤销权请求。在离婚协议情境下,如果债务人按照离婚协议分得财产后,其全部责任财产仍不足以完全履行对债权人的债权,即可视为对债权人债权的侵害。

小朱先生与前妻汪女士协议离婚,并约定家中资产包括股权、房产、车辆等都归前妻所有,且无须任何补偿。如果经法院调查发现,小朱先生在婚姻关系存续期间没有过错,或其过错程度不足以严重到利用“净身出户”的手段将其惩罚,那么法院则会支持陈先生行使撤销权的请求,判令超出合理范围的子女抚养费与离婚损害赔偿、经济补偿的财产变动归于无效,令该部分财产回归至小朱先生的责任财产范围,恢复小朱先生的偿债能力。

专业提示

债权人撤销权系债权保全制度的重要组成部分，旨在维护债权人的合法权益。债的关系成立以后，债务人即以其全部责任财产向其债权人承担债务。如果债务人任意处分其财产，或设置财产负担，将削弱其偿债能力，进而威胁到债权有效实现。因此，各国法律在合同责任和特别担保之外引入了债权人撤销权，允许债权人在债务人为欺诈行为害及债权时，于一定条件下撤销其行为，以恢复债务人的财产，维持其为共同担保的资力。然则，若夫妻一方或双方为了逃避债务，通过离婚协议将财产转移给另一方，债权人则难以追回债务。

债权人撤销权在夫妻离婚协议中的适用，为债权人提供了一种有效的救济途径，以应对债务人通过离婚协议"逃废债"的行为。债权人撤销权的存在具有重要意义，它保护了债权人的合法权益，防止债务人通过离婚协议等手段不当减少责任财产，从而确保了债权的实现。

49. 夫妻一方常年在外欠下大量赌债，这项债务由谁承担？

小朱先生向毛先生借款 20 万元用于赌博，并以个人名义签下借据，约定于同年 10 月 1 日连本带利向毛先生还款，但小朱先生并未还钱。同年 12 月 30 日小朱先生与汪女士离婚。次年，毛先生一纸诉状将小朱先生及汪女士告上法庭，要求二人偿还本金 10 万元及相应利息。这项因赌博而产生的债务，汪女士应当偿还吗？

专业解析

要解答这个问题，我们首先需要了解法律上如何认定夫妻共同债务，其次再针对赌博行为与赌博债务的性质，进行其与夫妻共同债务有关的探讨。

◉ 何种债务是夫妻共同债务

《民法典》第 1064 条规定："夫妻双方共同签名或者夫妻一方事后追认等共同意思表示所负的债务，以及夫妻一方在婚姻关系存续期间以个人名义为家庭日常生活需要所负的债务，属于夫妻共同债务。夫妻一方在婚姻关系存续期间以个人名义超出家庭日常生活需要所负的债务，不属于夫妻共同债务；但是，债权人能够证明该债务用于夫妻共同生活、共同生产经营或者基于夫妻双方共同意思表示的除外。"

夫妻对婚姻关系存续期间所得的财产约定归各自所有，夫或妻一方对外所负的债务，相对人知道该约定的，以夫或妻一方的个人财产清偿。该条文意思是说，只有配偶双方共同签字确认的债务、事后表明共同负担的债务，基于家庭日常生活需要而产生的债务，属于夫妻共同债务，如配偶双方共同签署的房屋买卖合同或借款合同，该笔购房款或借款系夫妻共同债务；夫或妻一方基于家庭日常生活需要的债务，如因医疗保险、子女教育、休闲娱乐等事项支出的合理开支，系夫妻共同债务。而夫或妻一方以自己名义负担的超出家庭日常生活所需的债务，则不属于夫妻共同债务。但是这种以个人名义对外负担的超出家庭日常生活所需的债务，仍然存在一些例外情形，可以被视为是夫妻共同债务，具体包括该笔债务用于夫妻共同生活、该笔债务用于夫妻共同生产经营，如夫或妻一方为了装修婚房向银行贷款、夫或妻一方为了经营餐馆向朋友借款凑足餐厅启动资金、夫或妻一方为了举办婚礼向亲朋好友借款、夫或妻一方共同决定对外提供担保，在以上情形中产生的债务，仍然属于夫妻共同债务。如果小朱先生以维持家庭日常生活需要而对外举债，或者与妻子协商一致出于其他合法目的，如夫妻共同购房、购车等，对外借款，产生的债务，属于夫妻共同债务。但对赌债这样一种既不为法律，也不为世俗所容忍的债务，能否把它强加在非举债方配偶头上，要求其共同承担吗，我们还需要继续往下分析。

◉ 因赌博产生的债务是夫妻共同债务吗？

在我国赌博、吸毒均为违法行为，其中产生的债权债务亦不受法律保护，更不能被认定为夫妻共同债务。

《最高人民法院关于适用〈中华人民共和国民法典〉婚姻家庭编的解释（一）》第 34 条第 2 款规定，因赌博、吸毒等违法犯罪活动产生的债务不属于夫妻共同债务。《最高人民法院关于审理民间借贷案件适用法律若干问题的规定》第 13 条规定，为违法犯罪活动提供的借款合同、违背公序良俗的民间借贷合同无效。

由此可见，在我国无论是《民法典》婚姻家庭编还是民间借贷的有关法律规定，均对赌博等违法行为产生的债务冠以强烈否定的色彩，为他人提供赌资的借款合同无效、因赌博产生的债务应当由债务人个人偿还，法律绝不能将举债人配偶置于不义、不利的困境之中。汪女士当然无须为小朱先生个人的无理要求与违法欲望所造成的债务与后果买单，汪女士有权拒绝负担这笔债务。

◉ 配偶应如何避免因赌博发生的债务危机

当夫或妻一方发现配偶可能因赌博背负巨额债务时，应当及时与其沟通解决，停止其继续负债的行为，必要时寻求双方父母、兄弟姐妹的帮助或报警处理。

在配偶已经赌博或可能赌博时，坚决拒绝在任何借条、欠条及其他借款、欠款凭据上签字。因一方赌博负债严重影响家庭生活且另一方与其多次沟通无果的，另一方可以考虑协商或起诉离婚。

专业提示

赌博在我国是被明确禁止的违法行为，其产生的债权债务关系不仅不受法律保护，反而会受到法律的制裁。因此，赌债作为赌博活动的产物，自然不能得到法律的认可和保护，自然也无法将其视为夫妻共同债务，强加非举债方配偶的经济负担。

从夫妻共同债务的认定角度考虑，夫妻共同债务的成立需要满足一定法律条件，如夫妻双方就举债具有共同意思表示、债务用于家庭日常生活或夫妻共同生活、共同生产经营等。而赌债显然不符合这些条件，因为它既不是基于夫妻双方的共同意愿产生的，也不是基于家庭日常生活或夫妻共同生活、共同生产经营所需产生的。

从保护无辜配偶的原则角度考虑，将赌债认定为夫妻共同债务，无疑会将无辜的配偶置于不利的境地。这不仅违反了公平正义的原则，也违背了法律对婚姻关系中弱势一方的保护精神。

无论是从夫妻共同债务的认定还是从保护无辜配偶的原则出发，我们都应该明确赌债不是夫妻共同债务。当面临赌博引发的债务危机时，应及时采取措施与配偶沟通解决，并坚决拒绝在任何与赌博债务相关的借款凭据上签字。如果情况严重且沟通无果，可以考虑通过法律途径维护自己的合法权益。

50. 离婚后，一方发现另一方在婚姻存续期间有侵害夫妻共同财产的行为，怎么办？

小朱先生与汪女士离婚两年后，有一天汪女士意外发现小朱先生在他们尚未离婚时就有隐瞒银行存款的情况，但此时双方的共同财产已经分割完毕，汪女士想知道，针对这笔被隐瞒的银行存款，还有怎样的救济途径呢？

专业解析

在解答汪女士的疑问之前，首先需要清楚小朱先生在婚内隐瞒银行存款的行为是否属于侵害夫妻共同财产。

◉ 侵害夫妻共同财产的行为认定

当一段婚姻走向尽头时，由于夫妻间的感情已消耗殆尽，双方会更多地考虑如何才能公平合理地分割共有财产，但有的人为了能够多分得一点，在婚姻存续期间或者离婚时就会私自藏匿或处分共有财产。但实际上，这种一方损害夫妻共同财产的行为不仅侵害了另一方的财产权益，还可能因其贪心而导致自己的权益受损。

从性质上看，夫妻共同财产属于共同共有。婚姻关系存续期间，无论彼此的收入多少，夫妻作为共同生活的伴侣，对共同财产享有平等的所有权，任何一方对其均依法享有占有、使用、收益和处分的权利。因此，若夫妻一方违背另一方意志或未经另一方同意就擅自处理共有财产，就是对夫妻共同财产的侵害。《民法典》第1092条对侵害行为进行了一定的列举，该条规定：“夫妻一方隐藏、转移、变卖、毁损、挥霍夫妻共同财产，或者伪造夫妻共同债务企图侵占另一方财产的，在离婚分割夫妻共同财产时，对该方可以少分或者不分。离婚后，另一方发现有上述行为的，可以向人民法院提起诉讼，请求再次分割夫妻共同财产。”其中“隐藏”指秘密地将财产藏匿，使另一方无法探知财产的所在，从而无法对其进行掌控。“转移”是指未经许可，私自将财产迁移到其他地方或账户，避免被另一方掌握。“变卖”指将财产以低于原价的价格出售给他人。“毁损”指通过打碎、拆除等破坏性的手段，使物品丧失其原有的价值。“挥霍”则是指无目的、不合情理地消耗夫妻共同财产，导致其消失或大幅降低其价值。“伪造夫妻共同债务”指以侵占夫妻另一方财产为目的，故意制造虚假的债务凭证等。上述种种，均是侵害夫妻共同财产的客观表现。小朱先生在婚内向汪女士隐瞒银行存款，属于隐藏夫妻共同财产的行为，应当被认定为侵害了夫妻间的共同财产。

◉ 再次分割夫妻共同财产的适用条件

一方面，汪女士可以根据《民法典》第1092条的规定，针对小朱先生的侵害行为向人民法院提起诉讼，请求再次分割夫妻共同财产。另一方面，这笔被隐藏的银行存款也属于尚未处理的夫妻共同财产，根据《最高人民法院关于适用〈中华人民共和国民法典〉婚姻家庭编的解释（一）》第83条的规定，汪女士也有权再次请求分割。该条规定："离婚后，一方以尚有夫妻共同财产未处理为由向人民法院起诉请求分割的，经审查该财产确属离婚时未涉及的夫妻共同财产，人民法院应当依法予以分割。"从该条可知，首先，无论是协议离婚还是诉讼离婚，也无论原夫妻共同财产是通过协议方式分割，还是由人民法院判决分割，均不影响离婚后请求再次分割夫妻共同财产。其次，能够再次分割的财产仅限"离婚时未涉及的夫妻共同财产"。因此，经诉讼离婚后，当事人在主张"尚有夫妻共同财产未处理"而起诉请求分割时，需要符合先前的离婚判决书或者调解书未对其作出过处理的要求。而经协议离婚后，由于该笔财产是否真正尚未处理需要法院进行审查，因此无论其是否反映于夫妻财产分割协议，均不影响当事人提起诉讼，请求再次分割财产。

◉ 诉讼时效

为了督促权利人能够及时主张自己在夫妻共同财产分割问题上的合法权益，避免其"躺在权利上睡觉"，再次分割夫妻共同财产的诉讼请求也具有3年的诉讼时效。《最高人民法院关于适用〈中华人民共和国民法典〉婚姻家庭编的解释（一）》第84条明确规定："当事人依据民法典第一千零九十二条的规定向人民法院提起诉讼，请求再次分割夫妻共同财产的诉讼时效期间为三年，从当事人发现之日起计算。"也就是说，当夫妻中的一方发现另一方有侵害夫妻共同财产的行为时，必须在3年内主动、及时地采取法律行动主张权利。如果超出这一法定时限，即使权利人具有合理诉求，也可能因超过诉讼时效而承担败诉的风险。这不仅避免了让夫妻双方陷入无休止的诉讼中，有利于减少家庭矛盾的持续发酵，促进家庭关系的稳定和谐，同时也节约了司法资源，有利于社会安定和善意第三人的权利保护。因为在财产纠纷拖延多年后，可能已经发生了对第三方权利的影响，如财产转移或买卖。明确的诉讼时效可以避免第三方的合法利益受到不必要的冲击，从而提升交易的安全性，维护市场秩序的稳定。

专业提示

前面提到，能够再次分割的财产仅限“离婚时未涉及的夫妻共同财产”。在实际的诉讼离婚过程中，可能会出现这样的情况：虽然当事人在离婚诉讼中提及了某些夫妻共同财产，但在最终的判决书或者调解书中却未体现这些财产的分割处理。此时，虽然这些财产仍属于离婚时未处理的夫妻共同财产，但根据“一事不再理”原则，当同一案件在法院已经作出最终判决或调解后，当事人不得就同一争议事项再次提起诉讼。因此，夫妻双方如果对这些财产在后续产生争议，只能通过审判监督的方式对判决书、调解书中的错误进行纠正，而非希望以再次诉讼的方式解决该问题。这样不仅能够维护法律的权威性，也能够保障司法程序的公正与效率。

51. 婚后发现有尚未分割的共同财产，能否起诉要求分割？

小朱先生与汪女士婚内曾以汪女士名义购买了某定期理财产品。离婚后的某日，小朱先生得知汪女士账户收到一笔不菲的到期收益，由于协议离婚时双方都忘记了这项财产而未作分割。但小朱先生与汪女士已离婚3年有余，小朱先生还能要回属于自己应得的财产吗？

专业解析

小朱先生能否要回属于自己的财产，我们首先需要了解《民法典》中对此是怎么规定的。

◉ 离婚后还能起诉分割共同财产吗

通常来说，离婚时夫妻双方就应当对共同财产进行彻底的清算，通过双方协商或到人民法院起诉对夫妻共同财产进行全面、公平合理的分割。但事实上，现实生活中往往因各种各样的原因，如分割时夫妻双方遗忘某项财产或夫妻一方故意隐藏、转移、变卖等导致在离婚时未能对共同财产进行全面的分割，在离婚后才发现或恍然大悟。

根据《民法典》第 1087 条第 1 款的规定："离婚时，夫妻的共同财产由双方协议处理；协议不成的，由人民法院根据财产的具体情况，按照照顾子女、女方和无过错方权益的原则判决。"对离婚时尚未分割的共同财产，《最高人民法院关于适用〈中华人民共和国民法典〉婚姻家庭编的解释（一）》第 83 条规定："离婚后，一方以尚有夫妻共同财产未处理为由向人民法院起诉请求分割的，经审查该财产确属离婚时未涉及的夫妻共同财产，人民法院应当依法予以分割。"因此，虽然夫妻二人已离婚，但只要尚存在未分割的共同财产，法律都要求双方必须重新面对甚至"对簿公堂"。

◉ 如何认定存在尚未分割的共同财产

准确认定夫妻共同财产。如果夫妻双方没有就结婚后取得财产的归属进行合法、有效约定的，那么对何为夫妻共同财产就要依据法律规范来认定。具体而言，我国法律规定夫妻在婚姻关系存续期间所得的工资、奖金、劳务报酬，生产、经营、投资的收益，知识产权的收益及未被确定只归一方的继承或者受赠的财产等为夫妻的共同财产，归夫妻共同所有。同时规定，如果是夫妻一方在结婚前所取得的财产，因受到人身损害获得的赔偿或者补偿，遗嘱或者赠与合同中确定只归一方的财产及一方专用的生活用品等都属于个人财产而无须在离婚时进行分割。

若在离婚时确未对财产进行分割，则需要视情况分别讨论。在有协议离婚的情况下，应当以生效的离婚协议为依据，并结合协议内容判断财产归属。若离婚协议中已经明确约定，只是一方未实际履行，或者虽然未明确予以分割，但实际上已为一方所履行的，均不属于未进行分割的情形。此时，只需要要求对方履行离婚协议所载的移转财产所有权义务即可。如果是在法院判决离婚的情况下，应当以生效的法院离婚判决书为依据，确认是否属于在诉讼中为一方当事人所主张或查明的财产范围之外。离婚后，夫妻一方如果请求分割尚未分割的共同财产，那么应当就该财产存在并属于离婚时未涉及的财产负有举证责任。

汪女士账户收到的这笔投资回报，本就属于二人在婚内共同投资所得，则无论以谁的名义购买的理财产品，根据法律规定，投资所得都当然属于夫妻共同财产。在法定夫妻财产制下，即便购买当时小朱先生并不知情，只要是婚姻存续期间一方进行投资的收益都应属于夫妻共同财产。而小朱先生和汪女士的离婚协议中并未涉及该项财产分割，也并未就此进行过协商，因此这笔投资收益就属于尚未进行分割的夫妻共同财产，任何一方都有权就此提起诉讼，要求重新分割。

◉ 离婚后起诉分割财产的诉讼时效问题

根据起诉分割财产的原因不同可分为两种不同情况。

第一，在案例所示的一般情况下，即仅发现确有尚未分割的夫妻共同财产，主张进行分割的，不受诉讼时效的限制。一方面，夫妻共同财产属于共同共有，根据《民法典》第 303 条的规定，共同共有人在共有的基础丧失或者有重大理由需要分割时可以请求分割，因此共有人请求分割的权利是实质上的形成权，不受诉讼时效限制。换句话说，分割夫妻共同财产早已是法律赋予夫妻一方即共有人的权利，无须对方的同意，更不能受到诉讼时效的限制。另一方面，我们国家并不存在时效取得的制度，也就是说不存在因为经过了一段时间而使原本属于夫妻双方的财产自动变为夫妻一方所有。双方身份关系的解除和时间的流逝都不会改变二人共同所有的法律权属，因此也就更不能受到诉讼时效的限制。

第二，离婚后发现夫妻一方侵害夫妻财产的共有权，并依据《民法典》第 1092 条的规定主张再次分割财产的，应当受到 3 年诉讼时效的限制，诉讼时效自发现夫妻一方侵害夫妻财产的共有权之日起计算。《最高人民法院关于适用〈中华人民共和国民法典〉婚姻家庭编的解释（二）》第 6 条明确了“挥霍”夫妻财产的具体情形，即夫妻一方未经另一方同意，在网络直播平台用夫妻共同财产打赏，数额明显超出其家庭一般消费水平，严重损害夫妻共同财产利益的，可以认定为《民法典》第 1092 条所规定的“挥霍”。《民法典》第 1092 条规定：“夫妻一方隐藏、转移、变卖、毁损、挥霍夫妻共同财产，或者伪造夫妻共同债务企图侵占另一方财产的，在离婚分割夫妻共同财产时，对该方可以少分或者不分。离婚后，另一方发现有上述行为的，可以向人民法院提起诉讼，请求再次分割夫妻共同财产。”《最高人民法院关于适用〈中华人民共和国民法典〉婚姻家庭编的解释（一）》第 84 条规定：“当事人依据民法典第一千零九十二条的规定向人民法院提起诉讼，请求再次分割夫妻共同财产的诉讼时效期间为三年，从当事人发现之日起计算。”也就是说，如果夫妻一方因为发现另一方存在前述侵害自己权益的行为，而主张另一方就相关财产“少分或者不分”，那么就应当受到 3 年诉讼时效的限制。因此，法律基于权利保护和督促被侵权人及时行权，同时涉及第三人利益、财产关系稳定性等的考量，要求夫妻一方自发现前述情形起 3 年内行使再次分割共同财产之权利。

专业提示

离婚时对夫妻共同财产进行分割是双方主体的法定权利，应当优先通过协商的方式尽可能全面、公平、合理地分割，若协商不成则可以诉请人民法院依法进行分割。同时，法律规定夫妻一方不能通过隐藏、转移等手段减损夫妻共同财产，造成对方少分而己方多分财产的结果，根据《最高人民法院关于适用〈中华人民共和国民法典〉婚姻家庭编的解释(一)》第 84 条的规定:“当事人依据民法典第一千零九十二条的规定向人民法院提起诉讼,请求再次分割夫妻共同财产的诉讼时效期间为三年,从当事人发现之日起计算。”根据《最高人民法院关于适用〈中华人民共和国民法典〉婚姻家庭编的解释(一)》第 83 条的规定:“离婚后,一方以尚有夫妻共同财产未处理为由向人民法院起诉请求分割的,经审查该财产确属离婚时未涉及的夫妻共同财产,人民法院应当依法予以分割。”该种情况下不受诉讼时效的约束。因此,虽然小朱先生和汪女士已经离婚超过 3 年,但双方在发现离婚时尚未处理的理财产品收益时,均有权向人民法院起诉对该项财产进行分割。

52. 一方在离婚后行权取得的股票期权所得，另一方能主张分割吗？

小朱先生婚前与公司签订股权激励计划,约定未来 5 年只拿 2000 元的基础工资,公司授予小朱先生股票期权,行权期在 5 年之后。在签订协议后 1 年,小朱先生与汪女士结婚。后二人离婚。5 年期满,小朱先生行权获得 1000 万元收益,此时,汪女士能否要求分割该收益?

专业解析

要解答这个问题,我们需要知道股票期权是什么性质的权益,又是否属于夫妻共同财产。

◉ 股票期权是什么?

股票期权是股权激励机制中的一种。股权激励机制是现代公司治理中,公司通过有条件给予激励对象(一般是公司技术人员、高管或员工)经济收益或公司股权的方式,让激励对象的收入与公司长期发展挂钩,使其能够更勤勉地为公司长期服务。

而股票期权，根据《上市公司股权激励管理办法》(2018 年修订)第 28 条的规定，是指“上市公司授予激励对象在未来一定期限内以预先确定的条件购买本公司一定数量股份的权利”。除股票期权外，常见的股权激励机制还有限制性股票。根据《上市公司股权激励管理办法》第 22 条第 1 款的规定，限制性股票是指“激励对象按照股权激励计划规定的条件，获得的转让等部分权利受到限制的本公司股票”。简单来说，股票期权就是激励对象可以在一定期限后按照当下约定的价格购买公司的股份，而限制性股票就是在授予激励对象股票后，允许其在一定期限后，可以转让公司的股份。无论是在被授予股票期权，还是被授予限制性股票后，激励对象往往都需要经过一段时间的等待期。在股票期权行权条件成就时，公司负有按协议价交付、转移约定股份的义务。小朱先生享有的股票期权，正是需要等待 5 年后，才能够行权购买。

但与其他房产、车辆等实物财产不同，因为未来股票价格的不确定性，股票期权在行权前，其价值并不确定。而且，股票期权是公司针对特定个人授予的，往往“一事一议”，在协议中也会约定该权利由激励对象专属，不得转让、质押或通过其他方式出卖。在离婚时，股票期权持有人往往基于这两个原因拒绝离婚配偶分割股票期权所得的要求。但这是否意味着股票期权所得不属于夫妻共同财产呢？

◉ 股票期权是工资、劳务报酬的延伸形式

从前面的分析可以看出，股票期权是夫妻一方因公司的股权激励机制而获得，本质上是一种利益激励。根据《民法典》第 1062 条的规定，“夫妻在婚姻关系存续期间所得的下列财产，为夫妻的共同财产，归夫妻共同所有：(一)工资、奖金、劳务报酬”，股票期权实际上构成了公司对员工劳动付出的特殊报酬。只不过，股票期权、限制性股票等财产性权益不能在当下立即兑现。因而，股票期权所得同样在《民法典》所规定的夫妻共同财产范围之内。

财政部、国家税务总局颁布《关于个人股票期权所得征收个人所得税问题的通知》(财税〔2005〕35 号)也从政策层面印证了股票期权属于工资、劳务报酬所得这一认识。该通知第 2 条第 2 项规定，“员工行权时，其从企业取得股票的实际购买价(施权价)低于购买日公平市场价(指该股票当日的收盘价，下同)的差额，是因员工在企业的表现和业绩情况而取得的与任职、受雇有关的所得，应按‘工资、薪金所得’适用的规定计算缴纳个人所得税”。

不过，股票期权虽然可以作为夫妻共同财产，但这并不意味着问题解决了。因股票期权的取得、行权时点可能横跨婚前、婚内以及离婚后，存在“婚前取得—婚后行权”“婚前取得—离婚后行权”“婚后取得—婚后行权”“婚后取得—离婚后行权”等四种类型。其中，“婚后取得—婚后行权”这一情形在离婚前已经变现，故并不会引起争

议，以下将分析另外三种情况。

◉ 不同时段取得/行使股票期权的处理

对于婚前持有股票期权，婚后行使股票期权，因股票期权属于“工资、劳动报酬”一类，所以，婚姻存续期间行使股票期权取得的收益部分应当被认定为共同财产。当然，如果夫妻约定分别财产制，则按约定属于个人财产。

“婚前取得—离婚后行权”“婚后取得—离婚后行权”两种情形，实务处理最为复杂。可按权利形成与实现的时空关系，将行权收益划分为“婚前收益部分”“婚姻存续期间收益部分”“离婚后至行权期间收益部分”。原则上，只有婚姻存续期间收益部分，属于夫妻共同财产。

回归到小朱先生与汪女士的离婚财产分割中，小朱先生因行使权利而取得了1000万元的股权收益，该收益应当区别为“婚前收益部分”“婚姻存续期间收益部分”“离婚后至行权期间收益部分”三个部分，其中“婚姻存续期间收益部分”是夫妻共同财产，应当分割。

小朱先生应当分割部分股票期权所得给汪女士。不过，这可能会引起读者疑惑，为什么婚前取得的股票期权，在离婚后行使权利，还要给前任一份呢？这看起来像是对小朱先生不公。但仔细一想，汪女士的每一份工资，同样是作为夫妻共同财产在离婚时予以分割。小朱先生在婚姻期间只有2000元的基础工资，这与实践中股权激励机制匹配的低于市场价的基础工资一致，期权收益实为薪酬结构的补偿性安排。我们也可以把小朱先生所行权取得的股票期权所得理解为延迟支付的劳动报酬，本质是其工资组成的一部分，只不过是在未来打包给他。

专业提示

股票期权所得作为“工资、劳动报酬”的延伸形式，即使在离婚后行使权利，也有一部分收益属于共同财产，理应分割。但股票期权“婚姻存续期间收益部分”又应当如何分割呢？首先，应当按照婚姻存续期间与婚前持权期间、离婚持权期间的比值，合理分配股票期权所得的占比。其次，需要考虑股票期权具有较高的人身性，并且股票期权持有人在持有期间也承担价值贬损风险，不能像其他财产那样“对半分”。最后，股票期权即使到了行权期间，出于各种原因，也不一定会被即时出卖。此时，配偶一方不能强行要求持有人行使权利，但可以在其行使权利后，起诉要求分割。

53. 协议离婚后能否向法院提起离婚损害赔偿诉讼？

汪女士和小朱先生协议离婚后，每每想到小朱先生出轨，还有非婚生子小阳便气愤不已，但二人已经协议离婚，她还能因此向法院提起离婚损害赔偿吗？

专业解析

要解决汪女士的疑惑，我们首先需要弄清楚，什么是离婚损害赔偿。

◉ 什么是离婚损害赔偿？

我们一般会认为，离婚是夫妻二人间的事情，谁对谁错无法说得清楚，公权力又如何叫谁赔偿呢？《民法典》倡导的婚姻自由当然包括离婚自由，那么为什么还存在离婚损害赔偿制度呢？

夫妻应互敬互爱、互相尊重、互相忠实，一方严重违反夫妻忠实义务等重大过错行为不仅破坏了一段婚姻、一个家庭，更直接给婚姻中无过错的一方造成严重的精神伤害。离婚损害赔偿作为离婚救济的重要制度之一，意在通过赔偿的方式对离婚中无过错一方进行损害填补、精神抚慰，同时使有过错一方为其实施的损害行为承担不利的法律后果，起到制裁和预防违法的功能。《民法典》第 1091 条规定："有下列情形之一，导致离婚的，无过错方有权请求损害赔偿：（一）重婚；（二）与他人同居；（三）实施家庭暴力；（四）虐待、遗弃家庭成员；（五）有其他重大过错。"也就是说，如果因一方严重违反夫妻忠实义务等且达到了"重大过错"的程度，那么就应当对其过错行为导致的婚姻破裂承担责任，对无过错方进行赔偿。因此，离婚损害赔偿制度是保护无过错方的有力法律武器。

小朱先生婚内与张女士同居并生育子女，这显然已经违反了夫妻忠实义务，属于《民法典》第 1091 条所规定的重大过错情形。小朱先生有违道德和家庭风尚的行为亦应当被法律给予否定性的评价。

◉ 离婚损害赔偿的适用条件是什么？

在适用的主体方面。根据《民法典》第 1091 条及《最高人民法院关于适用〈中华人民共和国民法典〉婚姻家庭编的解释（一）》第 87 条的规定，请求离婚损害赔偿的主体为离婚诉讼当事人中的无过错方，损害赔偿责任的主体为无过错方的配偶。

在适用的情形方面。根据《民法典》第 1091 条的规定，首先要求存在包括重婚，与他人同居，实施家庭暴力，虐待、遗弃家庭成员及其他重大过错的情形，其中根据

《反家庭暴力法》第 2 条的规定，家庭暴力是指家庭成员之间以殴打、捆绑、残害、限制人身自由以及经常性谩骂、恐吓等方式实施的身体、精神等侵害行为。同时《最高人民法院关于适用〈中华人民共和国民法典〉婚姻家庭编的解释（一）》第 1 条、第 2 条规定，持续性、经常性的家庭暴力可以认定为前述 1091 条所规定的“虐待”，该条所规定的“与他人同居”的情形则具体是指有配偶者与婚外异性，不以夫妻名义，持续、稳定地共同居住。此外，离婚系前述情形所导致。《最高人民法院关于适用〈中华人民共和国民法典〉婚姻家庭编的解释（一）》第 87 条第 2 款规定，法院判决不准离婚的案件，对当事人提出的离婚损害赔偿请求不予支持。

在请求赔偿的范围、数额方面。《最高人民法院关于适用〈中华人民共和国民法典〉婚姻家庭编的解释（一）》第 86 条规定，离婚损害赔偿范围包括物质损害赔偿和精神损害赔偿。《最高人民法院关于确定民事侵权精神损害赔偿责任若干问题的解释》第 5 条规定：“精神损害的赔偿数额根据以下因素确定：（一）侵权人的过错程度，但是法律另有规定的除外；（二）侵权行为的目的、方式、场合等具体情节；（三）侵权行为所造成的后果；（四）侵权人的获利情况；（五）侵权人承担责任的经济能力；（六）受理诉讼法院所在地的平均生活水平。”

作为无过错方，汪女士是提起离婚损害赔偿的合法主体。小朱先生婚内出轨的行为，给婚姻中无过错的一方造成了重大的心理创伤和负面影响。汪女士的精神损害应当依法受到弥补和保护。小朱先生婚内出轨的具体情节，如其不仅与他人同居还与他人孕育子女，以及离婚时小朱先生个人分得的财产状况、经济能力等都可以作为汪女士请求赔偿数额的确定依据。

◉ 何时能够提出离婚损害赔偿？

离婚损害赔偿，顾名思义是要在离婚时才能提出。《最高人民法院关于适用〈中华人民共和国民法典〉婚姻家庭编的解释（一）》第 87 条第 3 款明确规定，在婚姻关系存续期间，当事人不起诉离婚而单独提起离婚损害赔偿请求的，人民法院不予受理。《最高人民法院关于适用〈中华人民共和国民法典〉婚姻家庭编的解释（一）》第 88 条规定：“……在适用民法典第一千零九十一条时，应当区分以下不同情况：（一）符合民法典第一千零九十一条规定的无过错方作为原告基于该条规定向人民法院提起损害赔偿请求的，必须在离婚诉讼的同时提出。（二）符合民法典第一千零九十一条规定的无过错方作为被告的离婚诉讼案件，如果被告不同意离婚也不基于该条规定提起损害赔偿请求的，可以就此单独提起诉讼。（三）无过错方作为被告的离婚诉讼案件，一审时被告未基于民法典第一千零九十一条规定提出损害赔偿请求，二审期间提出的，人民法院应当进行调解；调解不成的，告知当事人另行起诉。双方当事人同意由第二审人民法院一并审理的，第二审人民法院可以一并裁判。”因此，离婚损害赔偿原则上应当与离婚诉讼同时提出。

那么协议离婚之后，才发现对方存在过错还能否提起离婚损害赔偿的诉讼呢？无过错方向有过错方主张离婚损害赔偿是《民法典》第 1091 条赋予无过错方的法定权利，无过错方在登记离婚时未能提及或难以处理离婚损害赔偿的问题，并不意味着当事人放弃了这项权利。《最高人民法院关于适用〈中华人民共和国民法典〉婚姻家庭编的解释（一）》第 89 条规定：“当事人在婚姻登记机关办理离婚登记手续后，以民法典第一千零九十一条规定为由向人民法院提出损害赔偿请求的，人民法院应当受理。但当事人在协议离婚时已经明确表示放弃该项请求的，人民法院不予支持。”2003 年《婚姻登记条例》第 11 条第 3 款（2025 年《婚姻登记条例》第 13 条第 3 款）规定：“离婚协议书应当载明双方当事人自愿离婚的意思表示以及对子女抚养、财产及债务处理等事项协商一致的意见。”双方共同签署的离婚协议书，应当被认为是离婚双方对婚姻终结后身份、财产关系处理作出的真实意思表示，对登记离婚来说意义重大，只有当事人在离婚登记时“明确表示放弃”离婚损害赔偿请求权的，或者有其他证据可以充分证明当事人确实已经明确表示过放弃离婚损害赔偿请求权的，法院应对当事人自己处分权利的行为予以尊重。

小朱先生婚内出轨的行为破坏了《民法典》所保护的婚姻家庭的伦理秩序，并给无过错方实际造成了精神损害。因此，作为无过错方的汪女士，仍然可依法对小朱先生提起离婚损害赔偿诉讼。

值得注意的是，离婚损害赔偿属于债权请求权，要受到《民法典》规定的 3 年的诉讼时效的限制。也就是说，原则上离婚损害赔偿的诉讼时效自离婚之日起算，离婚后才发现相关情况的应当自无过错方知道或应当知道权利受损之日起算。因此，汪女士在发现自己权利受损时应当及时起诉维护自身合法权益。

专业提示

《民法典》第 1043 条规定：“家庭应当树立优良家风，弘扬家庭美德，重视家庭文明建设。夫妻应当互相忠实，互相尊重，互相关爱；家庭成员应当敬老爱幼，互相帮助，维护平等、和睦、文明的婚姻家庭关系。”这是《民法典》婚姻家庭编所倡导的重要价值观念。但现实生活中，不乏夫妻一方缺乏家庭责任感甚至道德败坏，在榨干了此段婚姻的“收益”后又毫不留情地“拍屁股走人”，而苦心经营、全情投入的另一方则常常成为受害者，这并非《民法典》所倡导的离婚自由所乐见的结果，严重违背了《民法典》所倡导的社会主义核心价值观，将导致道德失范和社会不公，所以就必须通过公权力的介入来为当事人提供权利保护的最后一道屏障，惩罚严重逃离道德约束的婚姻当事人。

54. 离婚后抚养、教育孩子是否只是父母一方的责任？

小朱先生与汪女士离婚时，孩子的抚养权交给了汪女士。小朱先生认为自己已经把孩子的抚养权交给了汪女士，自己每个月也负担了生活费，应当由汪女士承担起对孩子的抚养、教育责任，自己不承担责任。汪女士却认为，抚养、教育孩子是双方的共同义务。那么，离婚后抚养、教育孩子是否只是父母一方的责任呢？

专业解析

要解答这个问题，我们需要通过《民法典》婚姻家庭编中的规定了解夫妻双方离婚后对孩子需要承担哪些责任，以及抚养、教育责任是继续由双方共同承担还是仅由一方承担。

◉ 抚养的概念

抚养，是指父母抚育子女成长，为他们的生活、学习提供生活费、教育费、医疗费等物质条件。为充分保障未成年人健康成长，抚养义务作为法定义务，基于亲子关系产生，自子女出生之日起，延续至子女成年或能独立生活为止，除当事人死亡外，其他任何情形下都不能免除。抚养义务是父母双方的义务，一方是否和子女共同生活、父母之间是否离婚等，均不应影响该法定义务的承担。父母离婚后，父母和子女间的关系不因此而解除，父母双方对子女仍有抚养的义务。子女由一方直接抚养的，另一方应当负担部分或者全部抚养费。一方不履行抚养义务的，子女有权要求其给付抚养费。对拒不履行抚养义务，恶意遗弃未成年子女已构成犯罪的，应根据我国《刑法》的有关规定追究其刑事责任。

◉ 父母对未成年子女具有抚养、教育和保护的义务

《民法典》第 26 条第 1 款规定："父母对未成年子女负有抚养、教育和保护的义务。"《民法典》第 1068 条规定："父母有教育、保护未成年子女的权利和义务。未成年子女造成他人损害的，父母应当依法承担民事责任。"父母对未成年子女的教育、保护义务，是亲权的主要内容。我国《民法典》中明确规定了统一的监护制度，如第 27 条规定："父母是未成年子女的监护人。未成年人的父母已经死亡或者没有监护能力的，由下列有监护能力的人按顺序担任监护人：……"；第 34 条第 1 款规定："监护人的职责是代理被监护人实施民事法律行为，保护被监护人的人身权利、财产权利以及其他合法权益等。"我国法律通过规定监护制度以及父母对子女的义务，实质上实现了亲权制度的功能。

《民法典》第 1068 条规定父母对未成年子女进行保护和教育，是因为未成年子女是无民事行为能力人或限制民事行为能力人，缺乏对事物的认知能力和处理能力。父母的教育和保护，一方面是为了保障子女的健康和安全；另一方面是为了防止未成年子女损害他人和社会的利益，防止未成年子女从事违反社会公共生活规则和违法犯罪的行为。法律的明确规定，有助于父母双方更好地履行自己的抚养、教育和保护义务。

综上所述，小朱先生和汪女士对未成年子女均有抚养、教育和保护的义务。

◉ 未成年子女的抚养、教育和保护系夫妻共同义务

《民法典》第 1043 条第 2 款规定："夫妻应当互相忠实，互相尊重，互相关爱……"夫妻忠实、忠爱有助于维护良好的家庭氛围，树立良好的家风家教观，从而正向引导孩子，从小养成良好的道德品质和行为习惯，有助于孩子的健康成长。《民法典》第 1058 条规定："夫妻双方平等享有对未成年子女抚养、教育和保护的权利，共同承担对未成年子女抚养、教育和保护的义务。"法律明确规定，夫妻双方都有对未成年人的抚养、教育和保护义务，这是夫妻双方的共同义务，而不是哪一方的义务，任何一方不能以任何理由予以推诿，如男方不能以在外工作为理由，由妻子在家照顾孩子，承担抚养、教育和保护义务，男方却不承担义务。

小朱先生在婚姻关系存续期间，就算忙于工作，也应当承担对两个孩子的抚养、教育和保护义务。

◉ 子女的抚养、教育和保护义务并不因父母双方离婚而改变

《民法典》第 1084 条第 1 款第 1 句规定："父母与子女间的关系，不因父母离婚而消除。"离婚后，父母双方对子女仍有抚养、教育和保护的义务。父母与子女间的关系

不因父母离婚而消灭。夫妻离婚后双方为了孩子的健康成长，应该给予孩子更多的关爱，履行好抚养、教育和保护的义务，不要互相推诿，尽到为人父母的责任，更好地树立良好的家风家教。

小朱先生不能因为夫妻双方离婚，两个孩子的抚养权给了前妻一方，自己由于忙于工作并且给了孩子基本的抚养费用，就不承担对孩子抚养、教育和保护的义务。

专业提示

抚养、教育子女作为父母的一项法定义务，并不随婚姻关系的变化而变化。根据《民法典》的规定，在婚姻关系存续期间夫妻双方共同承担对子女的抚养、教育和保护义务，不能因为任何理由，拒绝承担该项义务。《民法典》第1084条第1款第1句规定："父母与子女间的关系，不因父母离婚而消除。"离婚后，父母双方对子女仍有抚养、教育和保护的义务。法律明确规定对未成年人的抚养、教育和保护义务不因离婚等关系发生变化，任何一方不得以离婚后孩子抚养权不归我为由，拒绝承担该项义务。因此，父母必须履行对未成年人的抚养、教育和保护义务，拒不承担该义务的将会承担法律责任，严重者构成刑事犯罪。

55. 子女在什么情况下可以要求增加抚养费？

小朱先生与汪女士离婚后，小明不幸染上尿毒症，每月在治疗上需大笔开销。小朱先生每月支付的抚养费完全不足以支撑小明的生活、医疗等开销，在此种情形下，汪女士能否要求小朱先生增加抚养费？

专业解析

要回答这个问题，我们需要了解父母对子女应当履行的抚养义务，以及法律规定的增加抚养费情形。

◉ 抚养未成年子女是父母的法定义务

我国《民法典》第 1068 条第 1 句规定："父母有教育、保护未成年子女的权利和义务。"《民法典》第 1084 条第 1 款和第 2 款规定,父母和子女间的关系不因父母离婚而消除,离婚后,父母对子女仍有抚养、教育、保护的权利和义务,这种义务具有人身与经济的双重属性。我国《民法典》第 1085 条规定："离婚后,子女由一方直接抚养的,另一方应当负担部分或者全部抚养费。负担费用的多少和期限的长短,由双方协议;协议不成的,由人民法院判决。前款规定的协议或者判决,不妨碍子女在必要时向父母任何一方提出超过协议或者判决原定数额的合理要求。"小朱先生作为小明的父亲,对小明负有法定的抚养义务,这种义务并不因其与汪女士的婚姻存续关系的变化而受任何影响,是小朱先生无条件对小明应当承担的义务。虽然小朱先生在离婚后,似乎通过协议的形式将抚养权让渡给汪女士,但小朱先生对小明的抚养权利与义务并未被免除,小朱先生仍然通过支付抚养费的方式间接履行对孩子的抚养义务。

◉ 抚养费的变更

抚养费对保障子女健康成长、正常发展具有重要功能。社会经济条件和子女对教育、医疗等需求的变化,都可能导致抚养费发生浮动。因此,在一定条件下,子女对父母享有变更抚养费的请求。

《民法典》第 1085 条第 2 款规定："前款规定的协议或者判决,不妨碍子女在必要时向父母任何一方提出超过协议或者判决原定数额的合理要求。"子女在"必要"时,有向父母请求"合理"数额的超过原协议或判决的抚养费的权利。离婚后子女抚养费的负担方案是基于当时的社会经济水平、父母的负担能力、子女的现实需求等因素综合决定的。但随着社会经济水平的发展、子女个人情况的变化,抚养费数额、给付方式均有可能变化。《最高人民法院关于适用〈中华人民共和国民法典〉婚姻家庭编的解释(一)》第 58 条对"必要"作出了明确限定:(1)原定抚养费数额不足以维持当地实际生活水平的;(2)子女所需抚养费因子女患病、上学、实际需要已超过原定数额的;(3)有其他正当理由应当增加抚养费的。小明不幸患病,每月需要大额的医疗费用支出,原本的抚养费数额已经无法支撑小明的必要需求,属于法条限定的"必要情形"。

◉ 有资格提出变更抚养费请求的主体

因为抚养子女是父母共同的义务,抚养费对子女的成长具有重要的保障功能。不仅子女本人在必要时可以向父母任何一方提出超过协议或者判决原定数额抚养费的合理要求,直接抚养子女的一方同样可以提出此种请求。有权提出变更抚养费请求的主体包括小明与汪女士。汪女士有权提出变更抚养费的请求,系出于对小明的照护与关心的义务使然，代小明提起这项请求，并不会改变小明系抚养费请求的权利主体。同时，抚养子女的一方父或母，对子女正常的成长需求更为了解，由汪女士代为提起抚养费变更的请求，也更利于对小明合法权益的保护。

专业提示

父母对子女的抚养义务是一项法定的、不可推卸的责任，其不因父母间婚姻关系的存续或消灭而发生变化。在父母离婚后，抚养义务的履行方式包括日常对子女的关心、照护，也包括抚养费的支付。抚养费数额由当地经济水平、父母承担能力、子女现实需求等多种因素共同决定，且抚养费数额可能因现实情况的变化而产生浮动。法律对变更抚养费的情形作出明确限定，小明患有尿毒症，每月需要支出大量医疗费用，原定的抚养费数额不足以覆盖每月必须支出，符合变更抚养费数额限定情形之一，"因子女患病、上学、实际需要已超过原定数额"。此时，小明有权请求父亲小朱先生增加抚养费，但限定情形中的"患病"并不包含日常生活中子女患一般性感冒、发烧等常见疾病，因为这些疾病属于可预见性疾病，已在之前的协议或者裁判确定抚养费数额时，被纳入抚养费中。

56. 离婚后，无抚养权的一方不给抚养费怎么办？

小朱先生和汪女士离婚 3 年之后，小朱先生开始不给抚养费。如今，汪女士急需小朱先生支付部分抚养费以渡难关。面对小朱先生的拒绝，汪女士应该怎么办呢？

专业解析

要解答这个问题，我们首先要明白抚养费是什么，在法律上又有什么规定。

◉ 抚养费的初认识

在生活中，我们常将抚养费理解为父母养育儿女所支出的费用。在法律用语中，抚养费，是指父母或者其他对未成年人负有抚养义务的人不能充分履行或者不能履行抚养义务时，为未成年人承担的部分费用。根据《最高人民法院关于适用〈中华人民共和国民法典〉婚姻家庭编的解释（一）》第 42 条规定："民法典第一千零六十七条所称'抚养费'，包括子女生活费、教育费、医疗费等费用。"

抚养费的数额由父母在离婚协议中协商确定，协商不成的由法院根据一定标准进行裁判。《民法典》第 1085 条第 1 款规定："离婚后，子女由一方直接抚养的，另一方应当负担部分或者全部抚养费。负担费用的多少和期限的长短，由双方协议；协议不成的，由人民法院判决。"《最高人民法院关于适用〈中华人民共和国民法典〉婚姻家庭编的解释（一）》第 49 条规定："抚养费的数额，可以根据子女的实际需要、父母双方的负担能力和当地的实际生活水平确定。有固定收入的，抚养费一般可以按其月总收入的百分之二十至三十的比例给付。负担两个以上子女抚养费的，比例可以适当提高，但一般不得超过月总收入的百分之五十。无固定收入的，抚养费的数额可以依据当年总收入或者同行业平均收入，参照上述比例确定。有特殊情况的，可以适当提高或者降低上述比例。"

此外，抚养费应当定期给付，有条件的也可以一次性给付。给付抚养费一般需要持续到子女年满 18 周岁为止，但子女年满 16 周岁不满 18 周岁便能以其劳动收入为主要生活来源并能维持当地一般生活水平的，父母也可以在此时停止支付抚养费。

◉ 抚养费的追索

在协议离婚中，离婚协议书若未明确对抚养费进行约定，父母一方可以向法院提起"抚养费纠纷"的诉讼，要求法院判令对方履行应尽的义务。在诉讼离婚中，法院会对抚养费的支付标准、方式以及期限予以确定，如果一方拒不履行法院有关抚养费的裁判，另一方可以凭借裁判文书直接向法院申请强制执行。如果另一方仍不配合，《最高人民法院关于适用〈中华人民共和国民法典〉婚姻家庭编的解释（一）》第 61 条规定："对拒不履行或者妨害他人履行生效判决、裁定、调解书中有关子女抚养义务的当事人或者其他人，人民法院可依照民事诉讼法第一百一十一条的规定采取强制措施。"为了确保抚养费能够得到追索，《最高人民法院关于适用〈中华人民共和国民法典〉婚姻家庭编的解释（一）》第 51 条还规定："父母一方无经济收入或者下落不明的，可以用其财物折抵抚养费。"此外，《最高人民法院关于适用〈中华人民共和国民法典〉婚姻家庭编的解释（二）》第 17 条规定，离婚后，不直接抚养子女一方未按照离婚协议约定或者以其他方式作出的承诺给付抚养费，此时，如果子女已经成年并能够独立生活，直接抚养子女一方可以通过诉讼请求另一方支付欠付的费用。了解了抚养费的追索途径后，汪女士想知道孩子是否能够自己追索抚养费。

◉ 子女是否有权利索要抚养费？

既然父母有抚养子女的义务，子女当然有要求父母履行抚养义务的权利。《民法典》第 1067 条第 1 款规定："父母不履行抚养义务的，未成年子女或者不能独立生活的成年子女，有要求父母给付抚养费的权利。"何为不能独立生活的成年子女？《最高人民法院关于适用〈中华人民共和国民法典〉婚姻家庭编的解释（一）》第 41 条规定："尚在校接受高中及其以下学历教育，或者丧失、部分丧失劳动能力等非因主观原因而无法维持正常生活的成年子女，可以认定为民法典第一千零六十七条规定的'不能独立生活的成年子女'。"

《最高人民法院关于适用〈中华人民共和国民法典〉婚姻家庭编的解释（一）》第 43 条规定："婚姻关系存续期间，父母双方或者一方拒不履行抚养子女义务，未成年子女或者不能独立生活的成年子女请求支付抚养费的，人民法院应予支持。"《民法典》第 1085 条规定："离婚后，子女由一方直接抚养的，另一方应当负担部分或者全部抚养费。负担费用的多少和期限的长短，由双方协议；协议不成的，由人民法院判决。前款规定的协议或者判决，不妨碍子女在必要时向父母任何一方提出超过协议或者判决原定数额的合理要求。"如果子女为未成年人，其不具备法律规定的诉讼行为能力，如要起诉则需要监护人作为法定代理人代理其向另一方起诉。如果子女为成年人，成年子女可自行向法院起诉。

此外，《民法典》第 196 条规定："下列请求权不适用诉讼时效的规定：（一）请求停止侵害、排除妨碍、消除危险；（二）不动产物权和登记的动产物权的权利人请求返还财产；（三）请求支付抚养费、赡养费或者扶养费……"这意味着，如果未成年子女的监护人没有及时维护子女的权益，未成年人成年后还可通过自己的力量捍卫权利。未成年人请求父母支付抚养费的权利在其成年之前，一直受到法律的保护，不因时间的流逝而使对方有对抗的权利。

因此，小红、小明可以和作为其法定代理人的汪女士一起向法院起诉，要求小朱先生支付抚养费，也可以待自己成年后以自己的名义再向法院起诉。

专业提示

在司法实践中也有父母离婚后，直接抚养子女的一方给子女改变姓氏引起对方不满，导致对方拒绝支付抚养费的情形。对此，《民法典》第 1015 条规定："自然人应当随父姓或者母姓，但是有下列情形之一的，可以在父姓和母姓之外选取姓氏：（一）选取其他直系长辈血亲的姓氏；（二）因由法定扶养人以外的人扶养而选取扶养人姓氏；（三）有不违背公序良俗的其他正当理由。少数民族自然人的姓氏可以遵从本民族的文化传统和风俗习惯。"《最高人民法院关于适用〈中华人民共和国民法典〉婚姻家庭编的解释（一）》第 59 条还规定："父母不得因子女变更姓氏而拒付子女抚养费。父或者母擅自将子女姓氏改为继母或继父姓氏而引起纠纷的，应当责令恢复原姓氏。"因此，擅自让子女随继父或继母姓不属于有不违背公序良俗的正当理由，父母也不得因子女变更姓氏而拒付子女抚养费。

57. 离婚后，可以要求经济富裕的一方支付全部的抚养费吗？

小朱先生与汪女士离婚 4 年后，由于小朱先生自己负债千万元，没有多余的钱财养育孩子，希望能由经济条件已变好的汪女士支付孩子全部的抚养费。他的心愿能达成吗？

专业解析

要解答这个问题，我们首先需要了解离婚后，抚养费是如何负担的。

◉ 抚养费的负担

支付抚养费是不随孩子一起生活的一方家长在离婚后履行对孩子的抚养义务的主要体现之一。《民法典》第 1085 条第 1 款规定："离婚后，子女由一方直接抚养的，另一方应当负担部分或者全部抚养费。负担费用的多少和期限的长短，由双方协议；协议不成的，由人民法院判决。"此外，《最高人民法院关于适用〈中华人民共和国民法典〉婚姻家庭编的解释（一）》第 52 条规定："父母双方可以协议由一方直接抚养子女并由直接抚养方负担子女全部抚养费。但是，直接抚养方的抚养能力明显不能保障子女所需费用，影响子女健康成长的，人民法院不予支持。"

由此可见，抚养费的负担比例主要由父母双方协商约定，在两人都同意的情况下,小朱先生可以和汪女士约定由经济条件更好的汪女士来负担孩子的全部抚养费。对此,小朱先生产生疑问,如果当初他和汪女士约定由自己一人承担孩子的抚养费,现如今自己的经济条件开始恶化,其是否可以要求汪女士支付抚养费呢?

◉ 抚养费的增加

抚养费的数额应当在离婚协议中确定。离婚协议不同于一般的合同,抚养费的约定更是涉及未成年人利益的保护。而且我国《民法典》第7条也规定:"民事主体从事民事活动,应当遵循诚信原则,秉持诚实,恪守承诺。"因此,抚养费的数额不得轻易违背。然而,离婚协议的约定并不排除子女在必要时向不支付抚养费的一方主张权利。《民法典》第1085条规定:"离婚后,子女由一方直接抚养的,另一方应当负担部分或者全部抚养费。负担费用的多少和期限的长短,由双方协议;协议不成的,由人民法院判决。前款规定的协议或者判决,不妨碍子女在必要时向父母任何一方提出超过协议或者判决原定数额的合理要求。"何为该条所称的"必要时"?《最高人民法院关于适用〈中华人民共和国民法典〉婚姻家庭编的解释(二)》第16条第1项规定:"离婚协议中关于一方直接抚养未成年子女或者不能独立生活的成年子女、另一方不负担抚养费的约定,对双方具有法律约束力。但是,离婚后,直接抚养子女一方经济状况发生变化导致原生活水平显著降低或者子女生活、教育、医疗等必要合理费用确有显著增加,未成年子女或者不能独立生活的成年子女请求另一方支付抚养费的,人民法院依法予以支持,并综合考虑离婚协议整体约定、子女实际需要、另一方的负担能力、当地生活水平等因素,确定抚养费的数额。"

何为该条所称的"必要时"?《最高人民法院关于适用〈中华人民共和国民法典〉婚姻家庭编的解释(一)》第58条规定:"具有下列情形之一,子女要求有负担能力的父或者母增加抚养费的,人民法院应予支持:(一)原定抚养费数额不足以维持当地实际生活水平;(二)因子女患病、上学,实际需要已超过原定数额;(三)有其他正当理由应当增加。"因此当子女要求增加抚养费时,法院应当考虑客观的生活水平变化、子女的实际需要、直接抚养方的经济条件以及另一方的经济条件等因素,在合理范围内支持未成年子女要求增加抚养费的主张。

此外,《最高人民法院关于适用〈中华人民共和国民事诉讼法〉的解释》第218条规定:"赡养费、扶养费、抚养费案件,裁判发生法律效力后,因新情况、新理由,一方当事人再行起诉要求增加或者减少费用的,人民法院应作为新案受理。"因此,当父母双方和孩子的情况发生较大的变化时,小朱先生也可以此为新情况,向法院提出新的诉讼请求,要求变更抚养费。

即便汪女士也支出了部分抚养费,但小朱先生仍然面对巨大的经济压力。此时,小朱先生想知道，是否可以减少自己支付给孩子的抚养费？

◉ 抚养费的减少

签订离婚协议时，夫妻双方根据自身条件和实际情况在离婚协议中对子女抚养问题作出了明确约定，应当按离婚协议的约定履行各自的义务。而当夫妻其中一方的经济条件或者健康情况较离婚时发生巨大变化，强行履行抚养义务将导致自身生活困难时，该方向法院提出诉讼请求要求调整抚养费的支付比例是能够被常人理解的。何为巨大变化？对此可参照《民法典》关于情势变更原则的规定。《民法典》第 533 条第 1 款规定："合同成立后，合同的基础条件发生了当事人在订立合同时无法预见的、不属于商业风险的重大变化，继续履行合同对于当事人一方明显不公平的，受不利影响的当事人可以与对方重新协商；在合理期限内协商不成的，当事人可以请求人民法院或者仲裁机构变更或者解除合同。"简单理解就是，发生了夫妻双方在约定抚养费时无法预见的客观因素，导致一方经济收入长期性、明显性地降低，以致难以维持当地正常生活水平。因此，在自身经济状况严重恶化的情况下，小朱先生也可向法院提出新的诉求，要求减少抚养费的支付。

专业提示

抚养子女是父母的天然职责，父母应该照料子女身体发育和健康成长，教育子女以促进子女精神和心灵上的发展。支付抚养费是父母履行抚养义务的主要方式之一。抚养费设置的目的是保障未成年人的成长，抚养费数额的多少直接关乎未成年人的切身利益。司法实践中如果涉及要求增加或者减少抚养费的诉请，法院首先遵循的是未成年人利益最大化原则。虽然法律规定允许父母双方依照意思自治的原则对抚养费的负担作出约定，但父母也应当以孩子的利益为重、综合考虑双方当前以及未来的收入情况和孩子的需求。此外，即便协议约定免除一方对抚养费的负担，也不意味着就免除了其对子女的抚养义务。不用负担抚养费的一方依然有保护子女身体健康和财产安全、教育培养子女以促进其身心发展等抚养职责。

58. 未成年人能根据遗嘱继承遗产吗？

小朱先生未雨绸缪，想在自己去世之后，将全部遗产平均分给小红、小明两个未成年孩子，他想知道未成年人能否根据遗嘱继承遗产呢？

专业解析

要解答这个问题，我们首先需要了解遗嘱继承是什么，在法律上又是怎样规定的。

◉ 遗嘱继承的概念

自古以来，继承都是财富传承的必由之路，人有生老病死，就会有继承存在。法律意义上的继承权，是指自然人按照法律的规定或者被继承人所立的合法有效遗嘱而享有的继承被继承人遗产的权利，或者接受被继承人遗产的资格。《民法典》第1133条第1款和第2款规定：“自然人可以依照本法规定立遗嘱处分个人财产，并可以指定遗嘱执行人。自然人可以立遗嘱将个人财产指定由法定继承人中的一人或者数人继承。”本规定有两层含义：第一，订立遗嘱是遗嘱人生前做出的处分自己的财产及安排与此相关的事务并于其死亡后才发生效力的意思表示。第二，遗嘱继承则是指继承开始后，继承人按照被继承人生前所立的合法有效的遗嘱继承被继承人遗产。

实践中会出现法定继承和遗嘱继承同时存在的情形，《民法典》第1123条明确规定：“继承开始后，按照法定继承办理；有遗嘱的，按照遗嘱继承或者遗赠办理；有遗赠扶养协议的，按照协议办理。”可见，遗嘱继承的效力优先于法定继承。合法有效的遗嘱是遗嘱人真实的意思表示，实现了遗嘱人本人对遗产分配原则、分配方式的意愿，体现了意思自治，故遗嘱继承的效力优先于法定继承。

◉ 遗嘱继承人的范围

遗嘱继承是与法定继承相对应的一种继承方式。法定继承是被继承人的遗产在不存在遗嘱继承的情形下，为了避免被继承人财产处于无人保护的状态，按照法律的直接规定转移给继承人的一种继承方式。而遗嘱继承更加重视被继承人的意思自治，其中继承人的选择、遗产的分配原则、遗产的分配方式等都取决于遗嘱人的个人意愿，故遗嘱继承又可以称为指定继承。

遗嘱继承人可以在法定继承人当中选择一人或者数人，其范围包括《民法典》第1127条规定的被继承人的配偶、子女、父母和被继承人的兄弟姐妹、祖父母、外祖父母。遗嘱继承人不受原法定继承顺序的限制，也不受继承人人数的限制，即被继承人可以选择第一或第二顺位继承人当中的一人或多人作为遗嘱继承人。此外，遗嘱继承人继承遗产后，仍然有权按照法定继承顺序继承遗嘱未加处分的或遗嘱无效部分所涉及的遗产，这也是为了保障遗嘱继承人在法定继承当中的继承利益。若遗嘱继承人先于被继承人死亡的，其继承份额按法定继承方式由遗嘱人的法定继承人继承。

让我们来看一则案例：张大爷生前立下遗嘱，自己所有的房产和存款在自己死后由大儿子张小强继承。依据《民法典》第 1123 条规定，继承开始后，张大爷所有的遗产均由大儿子继承，即便张大爷还有其他继承人，也无权分得遗产。这体现了遗嘱继承与法定继承相比鲜明的优先性。

◉ 未成年人遗嘱继承的保护与实现

遗嘱继承人充分尊重被继承人意思自治，而未成年人又是法律当中需要予以特殊保护的对象，那么当遗嘱继承人为未成年时法律作何规定？《未成年人保护法》第 107 条第 1 款规定："人民法院审理继承案件，应当依法保护未成年人的继承权和受遗赠权。"也就是说，被继承人生前可以通过写遗嘱的形式，明确个人财产由未成年人继承。此外，《民法典》第 1141 条规定："遗嘱应当为缺乏劳动能力又没有生活来源的继承人保留必要的遗产份额。"因此，若未成年人缺乏劳动能力又没有生活来源的，在遗嘱继承当中应当为未成年人保留必要的遗产份额。

未成年人作为限制行为能力人或无行为能力人，其从事民事法律行为一般由法定代理人代为进行，通常情况下由父母作为其法定监护人代为进行。《民法典》第 34 条规定，监护人应当履行监护职责，保护被监护人的人身、财产及其他合法权益。因此在遗产继承中，未成年人不能独立管理继承的财产，其父母或法定监护人将代为管理继承财产。

父母或其他法定监护人代为管理未成年人继承的财产，应当遵循最有利于被监护人的原则。《民法典》第 35 条第 1 款规定："监护人应当按照最有利于被监护人的原则履行监护职责。监护人除为维护被监护人利益外，不得处分被监护人的财产。"因此，未成年人继承的财产应以未成年人的名义存放，并由监护人妥善保管。监护人有义务确保遗产的安全和增值，不得擅自处分这些财产。

小朱先生可以按照自己的意愿，将自己的合法财产留给儿子小明和女儿小红，这受到法律的保护，并且优先于法定继承。

专业提示

遗嘱继承是意思自治原则的体现,赋予被继承人生前通过遗嘱的方式处分自己财产所有权的自由。遗嘱继承的继承主体具有限定性,也就是说被继承人只能在其法定继承人中指定一人或者数人继承其遗产。未成年人的遗嘱继承权也受到法律的平等保护,《未成年人保护法》第107条第1款规定:“人民法院审理继承案件,应当依法保护未成年人的继承权和受遗赠权。”实践中若指定法定继承人之外的人接受财产,则不属于遗嘱继承,而是属于遗赠。受遗赠人可以是法定继承人以外的组织和个人,也可以是国家和集体,但不能是法定继承人范围之内的人,并且应当在知道受遗赠后60日内,作出接受或者放弃受遗赠的表示,到期没有表示的,视为放弃受遗赠。

59. 非婚生子女能继承生父（母）的遗产吗？

张女士想知道,小阳作为非婚生子女,能否继承其父小朱先生的遗产?

专业解析

要解答这个问题,我们首先需要了解非婚生子女是什么,在法律上又是怎样规定的。

◉ 非婚生子女的范围

非婚生子女,是相对于婚生子女而言的。因生育行为存在婚内生育和婚外生育的区分,所生子女也就有了婚生和非婚生之别,出现了婚生子女和非婚生子女的概念。非婚生子女,是指没有婚姻关系的男女所生的子女,实践中主要包括以下几种情况:未婚男女所生子女、已婚男女与第三人所生子女、无效婚姻或可撤销婚姻当事人所生子女等。

从社会属性看,由于非婚生子女的父母没有合法婚姻关系,传统习俗中非婚生子女历来受到歧视。但是从自然属性看,非婚生子女和婚生子女并无区别,都和父母之间存在血缘关系,非婚生子女出现的原因在于父母,不应由子女承担不利法律后果,故在法律地位上非婚生子女不应和婚生子女有所区别。

◉ 非婚生子女的法律地位

《民法典》第 1071 条第 1 款规定："非婚生子女享有与婚生子女同等的权利，任何组织或者个人不得加以危害和歧视。"也就意味着，非婚生子女和婚生子女享有相同的法律地位，有关父母子女关系的规定同样适用于非婚生子女，具体包括：第一，父母对子女有抚养、教育和保护的权利和义务。父母对子女的这种权利义务是基于亲子关系产生的，无论是婚生子女还是非婚生子女，父母都应履行相应义务。相应地，非婚生子女和父母的其他近亲属间亦享有和婚生子女同等的权利义务，如非婚生子女和祖父母、外祖父母之间，和兄弟姐妹之间等。第二，子女成年后对父母有赡养扶助的义务。第三，父母与子女之间有相互继承遗产的权利。

非婚生子女享有与婚生子女同等的权利，任何组织或者个人不得加以危害和歧视。这也就要求社会各界应当认识到非婚生子女是无辜的，应当对当事人的隐私予以尊重和保护，给非婚生子女一个健康的成长环境。

◉ 非婚生子女亲子关系的确认

非婚生子女与婚生子女享有同等权利的前提是确认非婚生子女的亲子关系。一般而言，根据分娩的事实，可以确定非婚生子女的生母，但由于生母和生父之间缺乏合法的婚姻关系，生父的身份往往有待确定。对亲子关系的确认，一些国家规定了准证和认领制度。我国法律没有规定准证和认领制度，但涉及亲子关系的确认制度。《民法典》第 1073 条规定："对亲子关系有异议且有正当理由的，父或者母可以向人民法院提起诉讼，请求确认或者否认亲子关系。对亲子关系有异议且有正当理由的，成年子女可以向人民法院提起诉讼，请求确认亲子关系。"该条款规定，对亲子关系有异议且有正当理由的，父或者母可以起诉请求确认或否认亲子关系；成年子女可以起诉请求确认亲子关系。实践中，亲子关系的确认应当提供亲子鉴定报告等可以证明血缘关系存在的证据。

◉ 非婚生子女继承权的保护与实现

非婚生子女与婚生子女享有同等的权利，包括财产继承权。《民法典》第 1127 条规定："遗产按照下列顺序继承：（一）第一顺序：配偶、子女、父母；（二）第二顺序：兄弟姐妹、祖父母、外祖父母。继承开始后，由第一顺序继承人继承，第二顺序继承人不继承；没有第一顺序继承人继承的，由第二顺序继承人继承。本编所称子女，包括婚生子女、非婚生子女、养子女和有扶养关系的继子女……"因此，非婚生子女与婚生子女都是独立的继承主体，对父母的遗产享有同等的继承权。但是，如果父母立有遗嘱，则应根据实际情况，尊重立遗嘱人对遗产的安排。

非婚生子女想要保障继承权得以实现可以通过以下两种方式：第一，通过生父母订立遗嘱来获得继承权，尊重遗嘱人的意思自治；第二，通过确认非婚生子女继承权的诉讼获得继承权。《民法典》中明确了非婚生子女也是法定的第一顺序继承人。因此，即使在非婚生子女未被承认或者认领时，其依然可以通过确认其继承权的诉讼保护自己的合法权益。

小阳虽是小朱先生的非婚生子女，但与婚生子女小明、小红享有同等的权利。小阳作为小朱先生法定的第一顺位继承人，当然有权继承生父小朱先生的遗产。小阳也可以通过诉讼的方式获得继承权。

专业提示

无论是非婚生子女还是婚生子女，与生父母之间都有着剪不断的血缘关系，我们必须认识到造成非婚生子女出现的根源通常不在孩子本身，而是来自父母的选择和行为。因此，当涉及法律责任与后果时，我们不应让无辜的非婚生子女承受这些不利影响，非婚生子女享有与婚生子女同等的权利，任何组织或者个人不得加以危害和歧视。既然非婚生子女与婚生子女享有的权利相同，那么在实践中继子女也应该拥有相同的权利。若继子女已经继承了继父母的遗产，是否还有继承生父母遗产的权利呢？《最高人民法院关于适用〈中华人民共和国民法典〉继承编的解释（一）》第 11 条规定："继子女继承了继父母遗产的，不影响其继承生父母的遗产。继父母继承了继子女遗产的，不影响其继承生子女的遗产。"

60. 网络虚拟财产可以继承吗？

小朱先生酷爱玩一款名为《魔兽世界》的网络游戏，小红想知道，如果小朱先生今后去世，自己能不能继承小朱先生《魔兽世界》的账号。

专业解析

要解答这个问题，我们首先需要了解网络虚拟财产是什么，在法律上又是怎样规定的。

◉ 网络虚拟财产的含义

随着互联网技术的发展,网络游戏、社交平台等互联网电子服务也日益进入广大网民的生活,网络游戏、社交平台等电子服务创造的各类网络虚拟财产在互联网服务中也纷纷涌现。虚拟财产一般指狭义的数字化、非物质化的财产形式,包括邮件账号、网络账号、金融管理账号、社交账号、网络游戏装备、虚拟物品、虚拟货币、网络电子信息等,这些虚拟财产在一定条件下可以转化为现实中的财产。

◉ 网络虚拟财产的可继承性

虚拟财产能否作为遗产继承,我们首先要知道遗产的范围为何?《民法典》第1122 条规定:"遗产是自然人死亡时遗留的个人合法财产。依照法律规定或者根据其性质不得继承的遗产,不得继承。"我国采用"正面概括加反面排除"模式确立遗产的范围。正面概括遗产的范围是自然人死亡时遗留的个人合法财产。而通过反面排除限定遗产范围:其一,依据法律规定不能继承的财产,包括自然资源利用权、宅基地使用权、生前租用或借用他人的财产、指定了受益人的保险金等。其二,依据性质不能继承的财产权利,主要指与被继承人人身有关的专属性债权。这类财产权利因具有严格的人身专属性和依附性,不能与他人分享,如子女对父母的抚养费请求权、父母对子女的赡养费请求权等。

从被继承人的意愿来看,如果网络虚拟财产是主要体现为财产价值的账号,那么对生活在网络时代的人们来说,各种手机号码、游戏装备、网店账号等,是自己生活中不可或缺的部分,也是自己非常重要的财产,也愿意让自己的继承人进行继承。

从网络虚拟财产的属性来看,若财产合法并且不属于依照法律规定或者根据其性质不得继承的遗产,那么就能够成为遗产的范围。根据《民法典》第 127 条的规定:"法律对数据、网络虚拟财产的保护有规定的,依照其规定。"从财产权利的角度来看,网络虚拟财产是私人财产的一种,应当具有可继承性,其继承人应当享有对应的权利。然而,由于网络虚拟财产的特殊性,《民法典》第 127 条将数据及网络虚拟财产作为权利客体加以保护,但该条文仅为概括性的指引,网络游戏装备等具体类型的虚拟财产的可继承性并未在现有的法律框架下得到明确规定与制度保障。

◉ 网络虚拟财产继承的保护与限制

虚拟财产往往借助网络平台而生成,而平台经营者在与平台使用者签订相关协议时,往往限制网络平台使用者的继承等权利,这涉及如何平衡二者的利益,因此网络虚拟财产能否继承的问题,应区分情况而定,不可一概而论。实践中有不少根据用户与平台间的用户协议而不允许作为个人财产继承的网络账号。例如,腾讯微信公众号、微博账号、游戏账号等，申请前的用户协议都有类似的条款：用户只享有腾讯微信公众号、微博账号、游戏账号的“使用权”，而账号所有权归于微博平台、腾讯公司、游戏运营商或游戏的著作权人。此外，很多账户具有人身属性，交给他人继承，可能会造成一些负面的效果，比如某人发表言论的账号被继承后，继承人如果继续以被继承人的名义发表各类文章、评论、言论，就会给读者造成困扰。

因此，网络虚拟财产能否被继承，需要注意两点：一是要看提供网络服务的平台、供应商是否允许进行继承，如微博在 2020 年发布关于保护“逝者账号”的公告，“如逝者亲属有特殊要求，向微博提供相关证明材料以后，微博会将去世账号交给其亲属，但账号只能登录用于缅怀纪念，不能发布新的内容和更改账号设置”。而腾讯则明确规定了非初始申请注册人不得通过受赠、继承、承租、受让或者其他任何方式使用 QQ 号码。二是要看是否违反相关法律法规的规定。如果不违法、符合行为人内心真实意思，在条件成就时，网络虚拟财产就可以转换为自然人遗留的遗产，由其合法继承人继承。

小红是小朱先生的法定继承人，《魔兽世界》的账号属于小朱先生的合法财产。并且 2017 年《魔兽世界》游戏的开发公司宣布了一项新政策：“当玩家去世后，账号所有权可以继承给他人。账号所有权转移，玩家需要提供的资料有：死者的死亡证明；如果有遗嘱或相关法律文件表明死者希望将账户留给某人，将需要一份该文件的复印件；账户接受者的有效证件，如身份证、护照、驾驶执照。”如果账户接受者的年龄在 18 岁以下，提供出生证明即可。因此，小红能够继承小朱先生《魔兽世界》的账号。

专业提示

互联网的发展，使网络虚拟财产的价值逐渐显现，以社交账号、手机号码、虚拟货币等为代表的“数字遗产”继承问题因涉及“数字遗产”继承与死者隐私权保护、“数字遗产”保护与网络服务商权益保护之间的价值冲突而显得异常复杂。而《民法典》对虚拟财产保护作出规定，但这一原则性规定在解决具体争议时无法作为直接依据。应加快网络虚拟财产保护专门立法，填补法律监管的“真空”地带。

61. 夫妻一方婚前的债务，结婚后会变成夫妻共同债务吗？

小朱先生在与汪女士离婚后，与李女士交往，李女士向小朱先生坦白，自己因出国读书曾经借过一笔 20 万元的外债，如今尚未归还。小朱先生很苦恼，自己并没有那么多财产去帮助李女士还债，想知道，如果他与李女士结婚，夫妻一方婚前的债务，结婚后会变成夫妻共同债务吗？

专业解析

要解答这个问题，我们首先需要了解夫妻婚前债务在法律上是怎样规定的。

◉ 夫妻婚前债务原则上属于夫妻个人债务

夫妻婚前债务，顾名思义为夫妻一方在婚姻登记前负担的个人债务。《最高人民法院关于适用〈中华人民共和国民法典〉婚姻家庭编的解释（一）》第 33 条第 2 句规定的“债权人就一方婚前所负个人债务向债务人的配偶主张权利的，人民法院不予支持”意味着夫妻双方中一方的个人债务原则上不因婚姻关系的产生而发生转移，债权人不得就一方婚前个人债务而向债务人的配偶主张权利。

债作为一种法律关系，是债权人与债务人之间基于明确的法律事实所形成的一种要求特定给付的权利义务关系。在此关系中，债权人享有向特定债务人请求履行给付的权利，且此权利具有相对性，即债权人仅能针对该特定债务人提出给付请求，而不能向债务人以外的任何第三方主张此权利。这一特性，被称为债的相对性原则。

夫妻一方婚前所欠个人债务，是其与债权人之间因特定法律事实而形成的一种债权债务关系，它是夫妻一方在婚姻关系产生之前与债权人这种特定主体之间发生的权利义务关系。根据债的相对性原则，债权人的权利主张应严格限定于特定的债务人，其无权在债务人婚姻缔结后向其配偶提出权利要求。此原则的核心在于，债权的产生必须依据当事人之间的明确约定或法律的具体规定，且此特定法律事实构成债的相对性之基础，不因其他外部因素而发生转移。在夫妻关系中，一方在婚前承担的个人债务，除非其配偶在婚后明确向债权人表示承担该债务，原则上不会在原债务人的配偶与债权人之间形成新的意定债务关系。因此，债权人缺乏法律上的依据和正当理由,向债务人的配偶主张权利。

因此,李女士的个人债务并不会因结婚转化为和小朱先生的夫妻共同债务,即便二人结婚,债权人也仅有权向李女士主张债务,而无权要求小朱先生归还欠款。

◉ 夫妻个人债务转化为夫妻共同债务的例外情况

《最高人民法院关于适用〈中华人民共和国民法典〉婚姻家庭编的解释(一)》第33条第2句规定的“但债权人能够证明所负债务用于婚后家庭共同生活的除外”表明,若一方在婚前所负债务与婚后夫妻共同生活存在直接的关系,具体而言,即婚前债务中的资金或财物已转化为婚后双方共同生活的物质基础,基于权利与义务相统一的法律原则,该债务应由夫妻双方共同承担。

对用于婚后家庭共同生活的判断标准,实践中应结合债务人举债的目的、财物用途以及婚后共同生活的需要等诸多因素综合判断,例如结合借款的时间、结婚的时间以及结婚时购置的大量物品等进行判断,由此可以推定债务人所负债务是否用于婚后共同生活。具体而言,婚前个人债务向婚后共同债务的转化有多种类型,如一方婚前按揭贷款买房,婚后夫妻双方共同居住或共同使用的,可以转化为婚后共同债务;一方婚前举债购置大量结婚用品,婚后为夫妻双方共同生活所需要的,可以转化为婚后共同债务;一方婚前借款装修房屋,该房屋供夫妻双方婚后共同居住或共同使用的;等等。

在这一标准下,判断应结合多种因素,不能将一方婚前的全部债务转移给债务人的配偶,加重夫妻双方中另一方的责任。例如,一方婚前投资经营所负的债务、一方婚前因疾病救治所负的债务、一方婚前为自己个人发展所负的债务、一方婚前因从事违法行为受到国家机关处罚所负的债务等,只要一方婚前债务与夫妻婚后共同生活无关,就不能要求债务人的配偶对该债务承担清偿责任。

李女士举债的原因为个人发展外出求学,并不是以婚后家庭生活为目的,因此,该20万元的债务并不会因婚姻缔结而转化为夫妻共同债务,小朱先生对其不具有负担义务。

◉ 以夫妻共同财产偿还一方婚前个人债务的离婚时补偿

事实上,婚姻中男女双方结成的夫妻关系是这个社会最小单位的共同体,自结婚之后,男女双方便会以“家庭”的角色来面对社会、面对生活。而在这一共同体的关系中,男女双方只有将彼此都视为最重要的合作伙伴,用爱来建设家庭,才能够最大限度地享受婚姻中的幸福感。即便法律对夫妻婚前债务的归属作了规定,男女之间基于“信任”、基于“我爱你”“我愿意”缔结而成的婚姻也并不是一味地“捂紧自己的钱包”“过自己的日子”。现实生活中,婚姻存续期间严格用婚前财产偿还个人债务的在婚姻生活中并不多见，很多夫妻一方为了更好的家庭生活愿意使用夫妻共同财产帮助伴侣偿还债务，这时夫妻共同财产被使用，偿还了夫妻一方的个人财产。而帮助伴侣偿还债务的同时也是维护家庭发展从而维系婚姻生活，创造属于自己的幸福生活。

而当夫妻双方感情破裂，婚姻走到尽头，家庭共同体瓦解时，夫妻双方需要将共同的财产进行“清算”。这时男女双方作为单独的个体都需要为家庭“买单”，也就是“我付出的我得到回报，对方付出的我补偿”。此时，若在婚姻存续期间，双方使用夫妻共同财产偿还了一方的婚前个人债务，则一方应当给予另一方补偿。原因在于，使用夫妻共有财产清偿夫妻一方个人债务，本就侵害了另一方的财产权益，因个人利益而使共同财产减损的一方，当然更应向对方予以补偿。此外《最高人民法院关于适用〈中华人民共和国民法典〉婚姻家庭编的解释（一）》第 78 条规定，婚前一方首付，婚后共同还贷的不动产，离婚时由双方协议处理，不能达成协议的，归不动产登记一方所有，双方婚后共同还贷支付的款项及其对应财产增值部分，由不动产登记一方对另一方进行补偿。这是使用夫妻共同财产偿还夫妻个人债务的现实具体情况，法律如此规定表明应当对夫妻间无债务的一方进行补偿。

因此，若小朱先生与李女士结婚，在婚姻存续期间，小朱先生与李女士使用夫妻共同财产对李女士的个人债务进行清偿，则在双方离婚时，小朱先生可以主张李女士对自己进行经济补偿。

专业提示

区分夫妻婚前个人债务与婚后共同债务，既可以避免因一方婚前所欠个人债务而影响和破坏婚后家庭的正常生活，保护债务人配偶的财产权不因婚姻关系产生而受到侵害；同时，又可以防止债务人借助婚姻关系而逃避债务，保护债权人的合法权利不因婚姻关系产生而受到侵害。如果李女士与小朱先生结婚，李女士的婚前债务并不因婚姻缔结而转化为夫妻共同债务，小朱先生并不对李女士的婚前债务承担清偿责任。但若小朱先生与李女士结婚后，小朱先生在婚姻存续期间使用婚内共同财产对李女士的个人债务进行偿还，则双方离婚时，李女士应当给予小朱先生补偿。若因此诉至法院，在一般情况下，法院认定婚前负债的一方应对另一方支付已还债款的一半作为补偿，或有的法院也可能会认定对另一方予以酌情补偿。

62. 以夫妻名义共同生活，能否继承对方的遗产？

李女士想知道，她与小朱先生虽然没有结婚，但二人自2018年起便以夫妻名义长期同居。如果小朱先生去世，自己能否合法继承小朱先生的遗产。

专业解析

要解答这个问题，我们首先需要了解夫妻关系的认定是什么，在法律上又是怎样规定的。

◉ 夫妻关系的认定

《民法典》第1049条规定："要求结婚的男女双方应当亲自到婚姻登记机关申请结婚登记。符合本法规定的，予以登记，发给结婚证。完成结婚登记，即确立婚姻关系。未办理结婚登记的，应当补办登记。"男女双方基于缔结婚姻的意愿，共同到民政部门进行婚姻登记，即可确立夫妻关系。由此可见，男女双方达成结婚的一致意愿并不足以确立夫妻关系。在男女双方达成合意缔结婚姻关系时，基于彼此之间的权利义务以及对第三人的信赖利益保护，需要公权力机关对形成的夫妻关系进行行政确认以及社会公示。男女双方需要向行政机关提交结婚登记的申请，行政机关对结婚登记申请进行受理审批后，符合结婚登记要求的，向双方当事人发放结婚证，以确立双方的夫妻关系。经过行政机关登记确认的夫妻关系具有公示性和对抗性。

男女双方未经结婚登记而以夫妻关系共同生活，能否视为确立夫妻关系，需要区分情况。《最高人民法院关于适用〈中华人民共和国民法典〉婚姻家庭编的解释（一）》第7条规定："未依据民法典第一千零四十九条规定办理结婚登记而以夫妻名义共同生活的男女，提起诉讼要求离婚的，应当区别对待：（一）1994年2月1日民政部《婚姻登记管理条例》公布实施以前，男女双方已经符合结婚实质要件的，按事实婚姻处理。（二）1994年2月1日民政部《婚姻登记管理条例》公布实施以后，男女双方符合结婚实质要件的，人民法院应当告知其补办结婚登记。未补办结婚登记的，依据本解释第三条规定处理。"以1994年2月1日《婚姻登记管理条例》（已失效）公布实施为界限，在条例实施之前，男女双方符合结婚实质要件的，按照事实婚姻处理，男女双方的权利义务关系可以参照《民法典》有关夫妻的权利义务关系；在条例实施之后，男女双方则构成同居关系。所谓的结婚实质要件，指的是男女双方达到了法定的结婚年龄，自愿缔结婚姻，形成夫妻关系且不存在法律禁止结婚的情形。

小朱先生和李女士没有进行婚姻登记，且于 2018 年后以夫妻名义共同生活。双方不存在法律意义上的夫妻关系，也不构成一种事实婚姻，仅能以同居关系进行认定。

◉ 继承人以外的人享有遗产分配请求权的情形

在没有遗嘱或者遗赠扶养协议的情况下，法定继承人以外的人分得遗产需要满足特定的前提要件。根据《民法典》第 1131 条规定："对继承人以外的依靠被继承人扶养的人，或者继承人以外的对被继承人扶养较多的人，可以分给适当的遗产。"该条属于继承人以外的人享有"酌情分得遗产权"。

一是继承人以外的依靠被继承人扶养的人。此处的"扶养"，应当是指根据法律的明确规定而在特定亲属之间存在的经济供养、生活扶助的权利义务关系。这种扶养关系的主体具有法定性，不允许凭借当事人的意志进行自由选择和变更。

二是继承人以外的对被继承人扶养较多的人，即对被继承人生前进行经济资助、生活扶助的继承人之外的自然人。这种扶养不是法律上必须履行的义务，而是出于道德心，自觉自愿提供的帮助。赋予此类扶养人分得遗产的权利，能够适应社会发展的需要，使那些没有继承名分，但对被继承人的生活给予关心照顾的人，如未履行结婚登记但与被继承人以夫妻名义共同生活的人，能够得到一份应得的遗产。

小朱先生和李女士不构成夫妻关系，李女士在法律上不是小朱先生的配偶，无权以法定继承人的身份继承遗产。李女士若主张对小朱先生的遗产享有继承的权利，则需要举证证明满足《民法典》第 1131 条"对被继承人扶养较多"这一特定要件。

◉ 同居期间共同财产的认定及析产

1994 年 2 月 1 日《婚姻登记管理条例》（已失效）实施之后，男女双方未办理结婚登记但是以夫妻名义共同生活，符合结婚的实质要件，以同居关系进行处理。同居关系存续期间，男女双方不是法律意义上的夫妻关系，双方共同经营所得的共同财产不属于夫妻共同财产，在男女一方去世或者主张解除同居关系时，双方共同的财产不能适用夫妻财产制进行处理，而只能依据一般共有财产进行处理。

一般而言，对同居期间的共同财产，同居双方可以自愿达成"分家协议"，就同居期间的财产进行协议处理，达成的"分家协议"在不违反法律、行政法规以及公序良俗的情况下，属合法有效。在没有协议约定或者约定不明时，在男女双方同居期间，双方共同所得的收入和购置的财产，按一般共有财产处理；同居期间为共同生产生活而形成的债权、债务，按共同债权、债务处理。

小朱先生的女朋友李女士若主张小朱先生的遗产有自己与其共同经营的部分，需要举证证明相关财产属于双方同居期间共同经营所得，以财产共有人的身份对共同财产进行析产。

专业提示

婚姻登记，要求结婚的男女双方必须亲自到婚姻登记机关进行结婚登记，符合法律规定的，予以登记，发给结婚证，取得结婚证，即确立夫妻关系。男女双方享有夫妻间的权利和义务，包括但不限于相互扶持、共同承担家庭责任、享有继承权等。这一过程是婚姻成立的唯一法定形式，体现了国家对婚姻关系的承认和保护。小朱先生和女朋友李女士并未进行婚姻登记，其夫妻关系并未得到民政局的行政确认，即使以夫妻名义共同生活，双方也并不是法律意义上的夫妻，法律对夫妻关系的保护以及权利义务的规范并不能够适用于小朱先生和李女士之间。

63. 如何处理非婚同居关系解除后的析产纠纷？

小朱先生与李女士同居后决定买甲房，支付了 20 多万元的首付款，甲房登记在两人名下。居住一段时间后，两人发生矛盾进而决定分手，因甲房的分割问题产生了纠纷，该纠纷应当如何解决？

专业解析

要解答这个问题，我们首先需要了解同居析产是什么？在法律上又是怎样规定的？

◉ 何为同居以及同居关系的法律性质

同居，是指两个没有婚姻关系的人，基于情感或恋爱关系，选择共同居住在一起的行为。但由于缺乏法律和血缘的基础，它并不属于家庭关系。它是一种非正式的、没有法律约束力的共同居住。虽然同居伴侣可能在日常生活中表现出类似家庭成员的相互支持和依赖，但从法律和社会的角度来看，双方并不构成家庭关系，双方不享受夫妻之间的法定权利与义务，双方之间的同居关系也缺乏社会以及法律上的认可和保护。

同居关系在法律上的性质主要体现为以下几点：

1. 非法定身份关系。同居关系不受《民法典》的保护，法律上不承认同居双方具有“配偶”身份。同居关系解除时，双方不享有《民法典》规定的权利以及义务，如财产分割等请求权。

2. 财产关系的特殊性。同居前各自拥有的财产，或同居期间通过继承、赠与等方式获得的财产，仍归个人所有。同居期间双方共同购置或创造的财产，按《民法典》中的共有财产原则，而非婚姻法中的夫妻共同财产制度处理。主张财产为个人所有的一方需提供证据，否则可能被推定为共同财产。

3. 子女的法律地位。同居期间所生子女属于非婚生子女，但其法律地位与婚生子女相同，享有同等权利。父母对非婚生子女负有抚养、教育的法定义务。解除同居关系时，子女抚养问题参照《民法典》相关规定处理。

4. 继承权的限制。同居双方不享有法定继承权，除非通过遗嘱明确指定。若一方去世且未立遗嘱，另一方无权以“配偶”身份继承其遗产。

5. 法律保护的有限性。同居关系不直接受《民法典》的保护，但某些情况下可依据《民法典》中的共有财产原则或合同原则处理纠纷。例如，同居期间的经济纠纷可通过民事诉讼解决，但需提供相关证据。

因此，小朱先生和李女士在恋爱关系存续期间以夫妻的名义居住，但未办理结婚登记就是同居的法律关系，不受《民法典》婚姻家庭编的保护，但其在共同居住期间的财产可以按照《民法典》的相关规定予以分割。例如，共有部分的分割可以参照《民法典》中共有的规定处理。

◉ 非婚同居析产的处理

《最高人民法院关于适用〈中华人民共和国民法典〉婚姻家庭编的解释（二）》第4条规定：“双方均无配偶的同居关系析产纠纷案件中，对同居期间所得的财产，有约定的，按照约定处理；没有约定且协商不成的，人民法院按照以下情形分别处理：（一）各自所得的工资、奖金、劳务报酬、知识产权收益，各自继承或者受赠的财产以及单独生产、经营、投资的收益等，归各自所有；（二）共同出资购置的财产或者共同生产、经营、投资的收益以及其他无法区分的财产，以各自出资比例为基础，综合考虑共同生活情况、有无共同子女、对财产的贡献大小等因素进行分割。”

根据上述司法解释的规定，解决非婚同居关系中的析产纠纷，主要采取以下原则：第一，约定优先原则。法律尊重当事人的意思自治，双方对同居期间财产的归属有约定的，按约定办理。第二，个人财产原则。若无约定，原则上能明确区分开的财产，仍应当归各自所有。例如，同居期间一方的工资、奖金、继承财产、生产经营收益、自有房产等个人所得，通常视为个人财产，除非双方另有约定或法律另有规定。第三，共同共有原则。如果涉及双方共同出资、共同经营或者财产混同、无法区分的，就要以各自的出资比例为基础，综合考虑共同生活情况、有无共同子女、对财产的贡献大小，比如，贷款的清偿、经营管理等因素来分割。

综上所述，上述案例中小朱先生和李女士的析产处理，应看双方对房产是否有约定。如果有约定，按照约定处理；没有约定，则以各自出资比例为基础，综合考虑共同生活情况、有无共同子女、对财产的贡献大小等因素进行财产分割。

专业提示

同居关系在现实生活中较为常见，但由于法律对此并无明确规定，解除时财产分割容易引发纠纷。《最高人民法院关于适用〈中华人民共和国民法典〉婚姻家庭编的解释（二）》第 4 条对此进行了细化规定。首先，尊重当事人的意思自治，有约定的按约定处理。其次，在没有约定的情况下，个人所得财产归个人所有，符合财产归属的一般原则；共同财产则按出资比例并综合考虑其他因素进行分割，确保公平合理。这一规定为法院处理同居析产案件提供了明确标准，有助于减少纠纷，维护社会和谐稳定。

如何正确理解和适用上述法律条文的规定呢？

第一，明确财产归属。在同居期间，要尽量明确各自财产的归属，避免产生不必要的纠纷。如果有共同出资购置的财产或共同生产、经营的收益等，最好能够签订书面协议，明确双方的权益。

第二，保留证据。在同居期间，要注意保留与财产相关的证据，如出资证明、购买凭证等。这些证据在发生纠纷时可以作为维护自己权益的重要依据。

第三，寻求法律帮助。如果发生同居析产纠纷，双方无法协商一致，可以寻求法律帮助。律师或法院会根据相关法律规定和实际情况，为当事人提供专业的法律帮助。

64. 同居期间的财产该如何分割？

小朱先生与李女士解除同居关系。乙房登记在李女士名下，登记日期为解除同居关系前一年，权属来源说明为“李女士购买”。双方就乙房的归属发生争议。小朱先生想知道，同居期间购买的房屋应该如何分割？

专业解析

要解答这个问题，我们首先需要了解非婚同居关系是什么，其与婚姻关系有何区别。

◉ 非婚同居关系的初认识

随着社会与经济的发展，人们的婚恋观念也发生了一定的变化。出于个人的选择，不少恋爱关系中的男女并不愿意办理婚姻登记手续，而是仅采取同居的形式进行共同生活。结合司法实践来看，同居关系是指当事人双方并未办理婚姻登记手续，而具有较稳定的长期共同生活关系。具体而言，同居关系可以分为非婚同居、婚外同居以及无效或者可撤销的婚姻引起的同居关系。小朱先生与李女士的关系为第一种非婚同居关系，故本篇着重就非婚同居进行展开叙述。

在司法实践中，一般将非婚同居狭义理解为没有配偶的男女双方未办理婚姻登记手续，而具有较稳定的长期共同生活关系。非婚同居并非违法行为，然而法律仍然倡导有共同生活意向的单身男女通过办理婚姻登记手续的形式缔结婚姻关系。那么，非婚同居关系与婚姻关系的区别是什么呢？《民法典》第 1049 条规定：“要求结婚的男女双方应当亲自到婚姻登记机关申请结婚登记。符合本法规定的，予以登记，发给结婚证。完成结婚登记，即确立婚姻关系。未办理结婚登记的，应当补办登记。”婚姻关系的确立以结婚登记的完成作为形式条件。而非婚同居关系双方并未办理结婚登记手续，不具备婚姻关系的成立要件，双方并未建立夫妻关系，并不互相享有日常家事代理权、遗产继承权等权利，也并不互相承担扶养等义务。

◉ 同居期间财产的性质

综上所述，同居关系与婚姻关系不同，由于非婚同居双方并未办理婚姻的登记手续，根据《最高人民法院关于适用〈中华人民共和国民法典〉婚姻家庭编的解释（一）》第 3 条规定：“当事人提起诉讼仅请求解除同居关系的，人民法院不予受理；已经受理的，裁定驳回起诉。当事人因同居期间财产分割或者子女抚养纠纷提起诉讼的，人民法院应当受理。"非婚同居关系双方并不具有法定的身份权益，不享有亦不承担因夫妻关系而产生的权利和义务，人民法院仅能受理同居期间财产分割或者子女抚养纠纷，而对单纯的解除同居关系纠纷不予受理。

那么同居期间的财产具有怎样的性质呢？首先，同居关系双方并不像夫妻关系那样受到法律的保护。在同居期间形成的财产，不能当然认定为共同共有。在同居期间，一方当事人的工资收入、劳务所得、生产经营获得的收益、奖金以及其他途径所得到的合法财产原则上属于当事人个人所有。其次，同居期间双方的共同财产具体可以包括以下几个部分：第一，有证据证明财产为双方同居期间基于共同劳动、共同经营或者共同管理所得的收入；第二，有证据证明财产为双方同居期间共同出资购买的动产或不动产；第三，同居关系双方无法证明财产为各自所有，发生了混同的财产。

◉ 同居期间财产的分割

同居关系不同于婚姻关系的共同财产制，对于有证据证明该财产为双方当事人同居期间共同出资购置的财产或者共同生产、经营、投资的收益以及其他已经混同无法区分的财产，有约定的按照约定处理，没有约定的推定为共同财产，综合考虑双方当事人的出资比例、贡献大小等进行分割，《最高人民法院关于适用〈中华人民共和国民法典〉婚姻家庭编的解释（二）》第 4 条的规定也体现了这样的精神。结合司法实践来看，非婚同居关系双方对同居期间财产的分割，一般按如下顺序进行处理：首先，若双方通过协议对同居生活期间取得财产的分割进行约定，则按照协议约定进行分割。其次，若无协议约定，则由双方对同居生活期间取得的财产如何分割进行协商，在双方达成一致意见的情况下，对同居生活期间取得的财产按照协商情况进行分割处理。最后，若双方既无协议约定，又没有协商达成一致意见，则由人民法院按照不同的情形分别处理：第一，在同居期间各自所得的工资、奖金、劳务报酬、继承或被赠与的财产等以及单独生产、经营、投资的收益归该方个人所有；第二，同居关系双方共同出资购买的财产，共同生产、经营、投资的收益以及双方已经混同无法进行区分的财产，根据双方的出资比例、贡献大小等，考虑财产的具体情况进行分割处理。

房屋登记时间处于小朱先生和李女士同居期间内。由于该房产登记在李女士个人名下，权属来源说明为"李女士购买"，若无其他证据补充，则该房产应被认定为李女士个人所有。若小朱先生能够提供证据证明该房屋为双方共同出资购置或者共同生产、经营、投资的收益，该房屋才可以根据小朱先生与李女士各自的出资比例、共同生活情况、有无共同子女、对财产的贡献大小等进行分割。

专业提示

同居关系不同于婚姻关系，并不具有法律所保护的身份关系。同居关系双方并不互相享有日常家事代理权、遗产继承权等权利，同居期间男女双方的财产关系类似于合伙关系，主要为分别财产制。在非婚同居关系的析产纠纷案件中，一般而言，同居关系双方各自取得的财产为个人所有，只有双方共同购买或者共同创造的才属于共同财产。何先生想要证明同居期间购买的该房产属于双方共同所有，可以通过银行转账记录、购买凭证（如合同等）、证人证言等来进行证明。若无法证明该房屋为双方共同出资或者共同创造的财产，则该房屋为李女士个人所有，小朱先生无权请求进行分割。

65. 继父母子女关系如何认定与处理？

张女士与小朱先生分手后，与吴先生结婚，小阳随二人共同生活，吴先生承担了小阳的生活费、学费，并参与其日常教育。吴先生想知道自己与小阳是否构成继父母子女关系？认定的标准是什么？

专业解析

要解答这个问题，我们需要了解构成继父母子女关系的条件和认定标准是什么，在法律上又是怎样规定的。

◉ 继父母子女关系的概念

继父母是指因生父或生母再婚而形成法律关系的配偶，继子女则是指夫妻一方在上一段婚姻或关系中生育或收养的子女。根据《民法典》第 1072 条的规定，法律明令禁止继父母与继子女之间出现虐待和歧视的情况，若继父母与继子女存在抚养教育的事实，则适用《民法典》关于父母子女关系的规定，即形成法律上的拟制血亲，具有与自然血亲的父母子女相同的权利和义务。

◉ 继父母子女关系的认定

《民法典》第 1072 条第 2 款规定，“继父或者继母和受其抚养教育的继子女间的权利义务关系,适用本法关于父母子女关系的规定”。但在司法实践中认定继子女受继父或者继母抚养教育的事实存在困难,例如,抚养教育的时间长短是否影响抚养教育关系的成立、承担部分抚养费是否能构成抚养教育关系等。根据《最高人民法院关于适用〈中华人民共和国民法典〉婚姻家庭编的解释(二)》第18条的规定,“对民法典第一千零七十二条中继子女受继父或者继母抚养教育的事实,人民法院应当以共同生活时间长短为基础,综合考虑共同生活期间继父母是否实际进行生活照料、是否履行家庭教育职责、是否承担抚养费等因素予以认定”。

根据上述司法解释,认定继父母子女关系,可以参考以下因素:第一,共同生活的时间长短。继父母与继子女需有较长的共同生活时间,以形成稳定的家庭关系,这是判断继父母子女关系的基础。第二,生活照料。继父母需对继子女进行实际的生活照料,如提供饮食、住宿、生活帮助等。第三,家庭教育职责。继父母需履行对继子女的教育职责,如辅导学习、参与家长会等。第四,抚养费承担。继父母需承担继子女的抚养费用,如生活费、教育费等。

◉ 继父母子女关系的保护

继父母子女关系的保护可以根据继父母与继子女的法律关系的不同进行区分:首先,继父母子女未形成抚养教育关系。双方仅基于婚姻纽带构成姻亲关系,表现为亲属称谓上的父母子女身份,但无法律意义上的权利义务关联。其次,继父母子女已形成抚养教育关系。继父母与继子女长期共同生活并实际履行抚养教育职责,则成立拟制血亲关系,其权利义务适用自然血亲父母子女权利义务的规定,具体表现为继父母对继子女有抚养、教育、保护的权利义务,继子女对继父母有赡养扶助的义务,继父母与继子女互相享有继承权等。最后,继父母子女通过收养建立法律关系。经生父母同意,继父母可依法收养继子女,使双方转化为养父母子女关系。此时,原继父母子女关系升格为法定收养关系,适用《民法典》关于收养的规定;被收养子女与未直接抚养的生父或生母的权利义务自动终止,仅保留与收养方的亲属关系。

◉ 继父母子女关系的解除

继父母和继子女关系因生父或生母再婚而形成,那么若继子女的生父与继母或生母与继父的婚姻关系终止是否会导致继父母子女关系解除呢?《最高人民法院关于适用〈中华人民共和国民法典〉婚姻家庭编的解释(二)》第19条规定,“生父与继母或者生母与继父离婚后,当事人主张继父或者继母和曾受其抚养教育的继子女之间的权利义务关系不再适用民法典关于父母子女关系规定的,人民法院应予支持,但继父或者继母与继子女存在依法成立的收养关系或者继子女仍与继父或者继母共同生活的除外。继父母子女关系解除后,缺乏劳动能力又缺乏生活来源的继父或者继母请求曾受其抚养教育的成年继子女给付生活费的，人民法院可以综合考虑抚养教育情况、成年继子女负担能力等因素，依法予以支持，但是继父或者继母曾存在虐待、遗弃继子女等情况的除外”。原则上，继父母子女关系基于姻亲关系形成，若姻亲关系终止，则继父母子女关系不再适用《民法典》关于父母子女关系规定。例外情况包含两种：继父母子女已通过收养建立法律关系，应适用《民法典》关于收养的规定；继子女仍与继父或者继母共同生活，此时继子女仍然与继父母保持稳定生活关系。继父母子女关系解除后，曾受抚养教育的继子女是否应对继父母承担扶养义务，可结合抚养教育情况、成年继子女负担能力等因素，从公平合理的角度予以判定。

吴先生与张女士结婚后，吴先生承担了张女士与小朱先生的孩子小阳的生活费、学费，并参与其日常教育，构成继父和继子的关系。继父母子女关系认定的基本标准为《民法典》及其司法解释，同时应当根据共同生活期间吴先生是否实际对小阳进行生活照料、是否履行家庭教育职责、是否承担抚养费等因素综合认定。

专业提示

继子女属于非婚生子女，是以亲生父或母与他人再婚为桥梁，以继父母和继子女形成抚养教育关系为基础，因此无论是继子女还是亲生子女，与父母的权利义务关系均基于法律或情感纽带而存在。我们必须认识到，继父母子女关系的形成根源通常不是子女，而是生父母再婚的婚姻选择，子女不应因家庭结构变化而承担不利法律后果。既然继子女与形成抚养教育关系的继父母可以适用《民法典》中父母子女关系的规定，那么在实践中继子女也应该拥有相同的权利，包括继承权。需要特别注意的是，继子女与生父母的自然血亲关系不受影响，形成权利义务双重性，即同时享有对生父母和继父母的继承权，并承担双重赡养义务。

66. 危急情况下，口头遗嘱是否有效？

大朱先生在突发心脏病、生命垂危之际，向在场的医护人员及配偶孙女士口头表达了遗产分配意愿，表示希望将所有财产留给孙女士。此时，仅有 2 名医护人员作为见证人。

专业解析

要解答这个问题,我们需要先了解什么是口头遗嘱,以及其在法律上的规定。

◉ 口头遗嘱的含义

当我们看到口头遗嘱四个字时可能会望文生义,认为只要遗嘱人日常生活中以口头表达的方式传达了自己的遗愿就是口头遗嘱,但实际上这样过于简单的形式会使遗嘱的真实性和准确性难以保证,因此法律对其的设立和效力认定有严格规定。

根据《民法典》第 1138 条规定:“遗嘱人在危急情况下,可以立口头遗嘱。口头遗嘱应当有两个以上见证人在场见证。危急情况消除后,遗嘱人能够以书面或者录音录像形式立遗嘱的,所立的口头遗嘱无效。”口头遗嘱,是指遗嘱人在危急情况下,以口头形式设立的遗嘱。其特点在于简便快捷,适用于遗嘱人无法或来不及采取其他形式订立遗嘱的紧急情况。

由此可见,危急情况的认定是判断口头遗嘱是否有效的前提,想要知道大朱先生所立的口头遗嘱是否有效,我们首先要弄清楚怎样才能算作危急情况。

◉ 危急情况的认定

关于危急情况的认定,《民法典》中并没有明确的规定,但有学者在对《民法典》继承编进行解读时认为,危急情况主要指遗嘱人因患病、意外事故或其他不可抗力因素,处于生命垂危或无法以其他形式订立遗嘱的紧急状态。具体而言,危急情况应当同时满足以下几个条件:

第一,紧迫性。紧迫性指的是遗嘱人所面临的危险或困境是紧急的、不容迟缓的。这种紧迫性要求遗嘱人必须立即表达其遗嘱意愿,因为他们的生命安全受到严重威胁,可能随时失去订立遗嘱的能力。在危急情况下,时间的紧迫性使遗嘱人无法等待更合适的时机或采用更复杂的方式(如书面形式的自书或代书遗嘱)来订立遗嘱。

第二,无法以其他形式订立遗嘱。这一条件意味着由于遗嘱人处于危急状态,他们无法以通常的、更为正式和可靠的方式(如书面形式的自书或代书遗嘱、录音录像遗嘱等)来订立遗嘱。这可能是由于遗嘱人身体虚弱、意识模糊、行动不便或周围环境恶劣等原因造成的。因此,口头遗嘱成为在危急情况下唯一可行的选择。

第三,真实存在的生命危险。真实存在的生命危险是危机情况的核心要素。它要求遗嘱人所面临的危险或困境必须是真实且紧迫的,而非虚构或夸大的。这种生命危险可能由疾病、事故、自然灾害等多种原因引起，且对遗嘱人的生命安全构成直接威胁。只有在客观危险下，口头遗嘱的订立才具有合法性和有效性。

大朱先生因突发心脏病导致生命垂危，无法以其他形式（如书面形式的自书或代书遗嘱、录音录像遗嘱等）订立遗嘱。这种情况符合危急情况的紧迫性、无法以其他形式订立遗嘱以及真实存在的生命危险等条件。因此可以认定大朱先生在订立口头遗嘱时处于危机情况。

◉ 见证人应当满足的条件

同时，为了确保口头遗嘱的真实性和可靠性，法律规定在订立口头遗嘱时必须有两个以上与继承人、受遗赠人无利害关系的见证人在场。根据《民法典》第1140条规定："下列人员不能作为遗嘱见证人：（一）无民事行为能力人、限制民事行为能力人以及其他不具有见证能力的人；（二）继承人、受遗赠人；（三）与继承人、受遗赠人有利害关系的人。"可见，见证人必须是完全民事行为能力人且具备见证能力，不能是继承人或者受遗赠人，也不能与继承人、受遗赠人存在利害关系。这些见证人应当具备完全民事行为能力，与继承人和受遗赠人无利害关系，且能够清楚地听到并理解遗嘱人的遗嘱意愿。他们的在场可以作为口头遗嘱的有效证明，防止遗嘱在日后被篡改或产生争议。此外，见证人的数量要求也体现了法律对口头遗嘱谨慎对待的态度。

大朱先生立口头遗嘱时，见证人为2名医护人员。从身份上看，他们具备完全民事行为能力，且与继承人和受遗赠人无利害关系，符合见证人的基本要求。然而，在认定见证人身份是否有效时，还需考虑其是否亲自见证了遗嘱人设立遗嘱的全过程。若2名医护人员能够证明其确实在场并见证了遗嘱人设立口头遗嘱的全过程，则他们的见证人身份将得到确认。

◉ 口头遗嘱自动失效

通过对前两个条件的判断，我们似乎可以认定大朱先生所立的遗嘱符合设立口头遗嘱条件，那么这是否意味着这份口头遗嘱是有效的呢？答案是否定的，这是由于《民法典》第1138条第3句规定："危急情况消除后，遗嘱人能够以书面或者录音录像形式立遗嘱的，所立的口头遗嘱无效。"可见，即使一份口头遗嘱满足了危机情况和见证人的相关条件，其效力也是不确定的。因为口头遗嘱相较于其他形式的遗嘱，其设立和证明都依赖于见证人的记忆和陈述。然而，随着时间的推移和见证人记忆的模糊，见证人可能无法准确回忆遗嘱人的遗嘱意愿，或者可能受到外界因素的影响而改变陈述。此外，口头遗嘱也更容易被篡改或伪造，因为缺乏书面或录音录像等客观证据来支持其真实性。

大朱先生在病情稳定后，即危机情况消除后，本有机会和能力以更正式、更稳定的方式(如书面形式的自书或代书遗嘱、录音录像遗嘱等)来明确和固定自己的遗嘱意愿。如果继续依赖口头遗嘱,那么遗嘱的真实性和稳定性就难以得到保障。因此,根据法律规定即使大朱先生没有另立遗嘱,其先前所立的口头遗嘱也自动失去法律效力。

专业提示

口头遗嘱作为遗嘱的一种特殊形式,虽然在危急情况下具有其必要性,但由于其易逝性和难以查证的特性,其法律效力往往受到质疑。基于维护遗嘱严肃性及保护各方合法权益的考量,各国法律普遍认为口头遗嘱在危急情况消除后应具有一定的时效性限制。为此,我国在《民法典》编纂过程中也曾考虑规定"危急情况解除后,遗嘱人能够用书面或录音录像形式订立遗嘱的,所立的口头遗嘱经三个月后无效",但是基于危急情况消除的起止时间不明确以及督促遗嘱人尽快订立其他形式遗嘱的目的,最终还是取消了这一限制。因此,由于现行法律并未明确规定口头遗嘱在危急情况消除后的具体有效期间,在危急情况消除后,遗嘱人应尽快以书面或录音录像形式重新订立遗嘱,以确保遗产分配的明确性和合法性。

67. 打印遗嘱有什么形式要求?

大朱先生转危为安后,准备立一份遗嘱,他从网上找了一份遗嘱模板,想着把信息填上,打印出来签字,这样也方便。但是,大朱先生又了解到打印遗嘱好像需要见证人签名等流程才能有效。大朱先生想知道,假如他准备打印遗嘱,需要满足什么形式要求呢?

专业解析

要解答这个问题,我们首先需要了解打印遗嘱是什么,在法律上又是怎样规定的。

◉ 打印遗嘱的内涵

任何人均可依据最真实的意愿对身后之事预先作出安排，此乃遗嘱存在之根本。通俗理解，遗嘱就是人在生前或者临死前进行的遗产嘱托。当死亡的话题不再被避讳，以遗嘱进行嘱托的方式就愈加盛行。

《民法典》第 1134~1139 条规定了 6 种遗嘱形式，包括自书遗嘱、代书遗嘱、打印遗嘱、录音录像遗嘱、口头遗嘱、公证遗嘱。每一种遗嘱形式都有自身的特点和特殊的生效要件。打印遗嘱是《民法典》增加的遗嘱形式。所谓打印遗嘱，是指先用电脑将遗嘱内容书写完整，再用打印机将遗嘱打印出来的遗嘱。

作为《民法典》中增加的内容，打印遗嘱顺应了科学技术的发展需要，填补了法律制度上的空白。由于打印遗嘱的内容是通过电脑生成，遗嘱内容无法通过笔迹鉴定、公证证明等方式确认内容的真实性，因此，《民法典》在承认打印遗嘱这种立遗嘱方式外，还对打印遗嘱附加了形式要件的要求，打印遗嘱的内容不仅需要基于立遗嘱人的真实意愿产生，通过打印方式形成的遗嘱还需要满足相应的程序要求。也就是说，当大朱先生从网上找一份遗嘱模板，按照自己的意愿把遗嘱信息填写完毕打印出来签上自己的名字后，一旦发生遗嘱真实性的纠纷，此遗嘱也并不能得到法律的认可。这也正是大朱先生所疑惑的地方：打印遗嘱究竟需要满足什么形式要件？

◉ 打印遗嘱形式要件的认定

打印遗嘱需要满足一定的形式要件。《民法典》第 1136 条规定："打印遗嘱应当有两个以上见证人在场见证。遗嘱人和见证人应当在遗嘱每一页签名，注明年、月、日。"由此可知，打印遗嘱需要满足两个要件。

一是立遗嘱现场需要两个以上的见证人在场见证，此目的是让见证人之间进行互相证实、印证、约束和监督，佐证遗嘱的真实性。打印遗嘱的见证人数量至少要满足两位，只可多不可少。《民法典》第 1140 条以反面否定的方式对见证人的资格进行限制性规定，即"下列人员不能作为遗嘱见证人：（一）无民事行为能力人、限制民事行为能力人以及其他不具有见证能力的人；（二）继承人、受遗赠人；（三）与继承人、受遗赠人有利害关系的人"。受制于打印遗嘱需要见证以保证其真实性，见证人首先需要具备独立的民事行为能力，能够独立见证遗嘱设立。由于遗产分配存在继承人、被继承人以及受赠人之间的利益牵连，见证人不能是遗嘱内容的一方当事人或者与被继承人、受赠人具有利害关系的人，这是防止对立遗嘱人的自由意志造成干扰或不当影响，致使遗嘱不能成为遗嘱人的真实意愿反映。此外，见证人需要"在场见证"，表明见证人应全程参与遗嘱的订立过程。订立打印遗嘱时应符合遗嘱人、打印人、见证人见证的时空一致性，即时间上的同步性及空间地点上的同一性。

二是打印出来的遗嘱，在遗嘱人确认内容真实无误之后，需要遗嘱人和见证人在遗嘱每一页上签名，同时注明年、月、日。此为打印遗嘱形式的特殊要求。与传统的书面形式遗嘱不同，打印遗嘱难以通过笔迹鉴定方式被确定真伪，不易确定对遗嘱内容事后是否进行了修改更换。打印遗嘱的内容具有高度可替换性，为了防止遗嘱内容被随意修改，《民法典》规定在遗嘱的每一页上都需要立遗嘱人和见证人签名，同时注明年、月、日。假如打印遗嘱中立遗嘱人或者见证人仅在部分页面上签名并注明年、月、日。此时，也应按照遗嘱形式法定的原则来确认遗嘱的效力。从保障遗嘱人及其继承人合法权益的角度考虑，应当从严把握遗嘱的效力问题。在这种情况下，并非遗嘱的全部无效，而是没有签名的页面内容无效。当然，假如没有签名的部分和签名的部分内容是一个不可分割的整体，认定没有签名的部分无效后，无法确定有签名部分的具体内容时，此时遗嘱应当以全部无效认定为宜。

因此，大朱先生若要通过打印遗嘱的方式提前分配遗产，他至少需要寻找两位与继承遗产无利害关系的见证人，在两位见证人的全程见证下，准确填写遗嘱的内容，仔细检查打印形成的遗嘱，并且与两位见证人在遗嘱的每一页上签名并且注明年、月、日。

◉ 打印遗嘱法律行为的转化

遗嘱人的内心真意和遗嘱的要式性之间的平衡，是打印遗嘱目前面临的难题之一。遗嘱若有形式瑕疵，不符合法定形式要件的遗嘱不宜认定为有效。实践中，由于立遗嘱人所立遗嘱的遗嘱形式的缺失，遗嘱被认定为无效，但是遗嘱内容确实表示立遗嘱人的真实意愿，此时，遗嘱形式虽然不符合表意人原本想表示的民事法律行为，但是符合另一民事法律行为的要件，仍然可以认定另一民事法律行为成立有效。如大朱先生本意是通过打印遗嘱的方式分配遗产，后不慎发现分配遗产的关键一页缺乏一个见证人的签名，此时，不符合打印遗嘱的形式要求，遗嘱应当被认定为无效。但是，在当初立遗嘱时，为了安全起见，大朱先生将立遗嘱的全过程录制存档，录像视频中完整呈现大朱先生和见证人立遗嘱的完整过程，录像视频也自带注明年、月、日的功能，此时遗嘱完全符合录音录像遗嘱的形式，遗嘱应当被认定为有效。

专业提示

随着时代的发展和科技的进步，打印遗嘱作为一种新的遗嘱形式，弥补了立法空白，满足人们立遗嘱的需求。在实践中，打印遗嘱有时会因为形式上的瑕疵导致可能被认定无效。在打印遗嘱存在形式瑕疵时，如存在漏写日期或者见证人没有见证整个过程，如果对方提出打印遗嘱有瑕疵且效力存疑的情况下，提出打印遗嘱有效的一方就需要继续举证，申请见证人出庭、提供其他录像等方式予以佐证，否则可能要承担不利的法律后果。因此在打印遗嘱中，要尽可能细致地做到要件齐备，并最好辅助以录音、录像等其他形式形成完整证据链。

68. 未成年人有接受遗赠的权利吗？

小红从小聪明伶俐、尊敬长辈，深得爷爷大朱先生的喜爱。大朱先生想将部分遗产留给自己的孙女，他想知道未成年人是否有接受遗赠的权利呢？

专业解析

要解答这个问题，我们首先需要了解遗赠行为是什么，在法律上又是怎样规定的。

◉ 遗赠行为的法律内涵

在生活中，生老病死是自然规律，自然人死亡后对原有的社会关系尤其是财产关系带来重要影响，也关系到家族财富传承问题，故继承制度在民事法律制度中占有重要位置。继承制度可分为法定继承、遗嘱继承、遗赠继承，根据《民法典》第 1123 条规定："继承开始后，按照法定继承办理；有遗嘱的，按照遗嘱继承或者遗赠办理；有遗赠扶养协议的，按照协议办理。"遗赠继承因为体现当事人意思自治，因此效力位阶优先于法定继承。

从法律层面来看，遗赠行为属于单方法律行为，仅凭遗赠人一方的意思表示便可成立，并于遗赠人死亡时当然地发生法律效力。受遗赠人基于遗赠人所立有效遗嘱，取得受遗赠权。遗赠虽是遗赠人单方的意思表示，但也需要具备法律行为的生效要件才能发生效力：第一，遗赠人须有遗赠能力。无遗赠能力的无民事行为能力人、限制民事行为能力人不能做遗赠行为。第二，遗赠人须为缺乏劳动能力又没有生活来源的继承人保留必要的遗产份额，这是为了平衡遗嘱自由和法定继承人的期待利益，以求最大限度地保护缺乏劳动能力又没有生活来源的继承人的生存权利。第三，遗赠人所立的遗嘱符合法律规定的形式要件。第四，遗赠人须为法定继承人范围以外的人且在遗赠人的遗嘱生效时活着的人。

◉ 接受或放弃遗赠的时间限制

当自然人以遗嘱的形式将其个人的财产赠给国家、集体或者法定继承人以外的人，一旦该自然人死亡，受遗赠人知道被继承人遗赠的行为，即存在接受遗赠或放弃遗赠的问题。接受遗赠或放弃遗赠，从性质上看，均属单方民事法律行为，也即只要受遗赠人单方表示即可发生法律效力，产生接受遗产或放弃遗产的后果。《民法典》第 1124 条第 2 款规定："受遗赠人应当在知道受遗赠后六十日内，作出接受或者放弃受遗赠的表示；到期没有表示的，视为放弃受遗赠。"依照该规定，遗赠的接受必须以明示的方式作出，单纯的沉默视为放弃受遗赠，且遗赠的接受必须在知道受遗赠后的 60 日内作出。

◉ 未成年人受遗赠权的保护与实现

在实践当中，未成年人的受遗赠权如何保护与实现呢？根据《未成年人保护法》第 107 条第 1 款规定："人民法院审理继承案件，应当依法保护未成年人的继承权和受遗赠权。"因此，未成年人的遗赠继承权受到法律的保护。未成年人属于法律上规定的无民事行为能力人和限制民事行为能力人，根据《民法典》第 19 条规定："八周岁以上的未成年人为限制民事行为能力人，实施民事法律行为由其法定代理人代理或者经其法定代理人同意、追认；但是，可以独立实施纯获利益的民事法律行为或者与其年龄、智力相适应的民事法律行为。"另根据《民法典》第 23 条规定："无民事行为能力人、限制民事行为能力人的监护人是其法定代理人。"也就是说，一般情况下，8 周岁以上的未成年子女仅可独立实施纯获利益的民事法律行为或者与其年龄、智力相适应的民事法律行为，如可以独立表示接受书本、玩具等财产的赠与。但如果是接受房产、股权等重大财产的赠与，因此行为与其年龄、智力不相适应，则需依照法律由其监护人代为接受赠与及办理相关手续等。

监护人代为管理未成年人通过遗赠继承的财产，也要遵循最有利于被监护人的原则，根据《民法典》第 35 条第 1 款规定："监护人应当按照最有利于被监护人的原则履行监护职责。监护人除为维护被监护人利益外，不得处分被监护人的财产。"同时，根据《未成年人保护法》第 16 条规定："未成年人的父母或者其他监护人应当履行下列监护职责：……（七）妥善管理和保护未成年人的财产……"第 17 条规定："未成年人的父母或者其他监护人不得实施下列行为：……（十）违法处分、侵吞未成年人的财产或者利用未成年人牟取不正当利益；（十一）其他侵犯未成年人身心健康、财产权益或者不依法履行未成年人保护义务的行为。”因此，未成年人作为被监护人拥有独立的财产权，且其财产与监护人的财产相区别，其财产权利监护人亦要予以保护。非为维护被监护人利益，监护人不得处分其财产。

除此之外，根据《民法典》第1124条规定，继承人放弃继承或者受遗赠的，应当在遗产处理前，以书面形式作出放弃的表示，但法定代理人一般不能代理无民事行为能力人或限制民事行为能力人作出放弃继承或者受遗赠的意思表示，除非不放弃对未成年人有利益损害。

大朱先生与小红是爷孙关系，大朱先生想要把自己的一部分遗产留给小红可以通过遗赠继承的方式，并且小红的遗赠继承权受到《民法典》《未成年人保护法》等法律的保护。

专业提示

遗赠是用遗嘱的方式将个人财产的部分或全部于死后赠给国家、集体或法定继承人以外的人的一种法律制度，体现自然人处分财产的意思自治。而接受或放弃遗赠行为都属于单方法律行为，受遗赠人必须在法定时间内作出接受或者放弃遗赠的意思表示。若未在法律规定的时间内做出表示，则视为放弃受遗赠。实践中会出现受赠人愿意接受遗赠，却在遗产分割前死亡的情形，根据《最高人民法院关于适用〈中华人民共和国民法典〉继承编的解释（一）》第38条规定：“继承开始后，受遗赠人表示接受遗赠，并于遗产分割前死亡的，其接受遗赠的权利转移给他的继承人。”因此，在受遗赠人对遗赠财产表示接受的情况下，其继承人享有接受遗赠财产的权利；而如果受遗赠人生前放弃受遗赠或者对遗赠没有表示的，则因受遗赠人不享有权利，受遗赠人的继承人也不再享有接受遗赠财产的权利。

69. 遗嘱人指定赡养人，其他子女是否免除赡养义务？

大朱先生为了确保自己的晚年生活得到妥善安排，他又想立下一份遗嘱明确指定小朱先生为主要赡养人，负责他的日常生活照料、医疗费用支付及身后事宜处理，并决定将大部分财产留给小朱先生。同时，遗嘱并未明确提及小朱女士具体的赡养义务。小朱先生想知道，小朱女士是否需要承担赡养义务？

专业解析

要解答这个问题，我们需要了解遗嘱义务和法定义务，以及其在法律上的规定。

◉ 遗嘱义务的概念性质

遗嘱义务，顾名思义，是指遗嘱人在遗嘱中为其继承人或受遗赠人设定的特定义务。这些义务可能涉及财产的管理、使用、分配，也可能包括赡养、照顾等家庭责任。《民法典》第1144条规定："遗嘱继承或者遗赠附有义务的，继承人或者受遗赠人应当履行义务。没有正当理由不履行义务的，经利害关系人或者有关组织请求，人民法院可以取消其接受附义务部分遗产的权利。"这一条款明确规定了遗嘱义务的法律效力和后果。

遗嘱是遗嘱人单方面的意思表示，遗嘱义务的设定也是基于遗嘱人的自由意志。因此，遗嘱义务具有单方性，即遗嘱人可以自由决定为继承人或受遗赠人设定哪些义务，而无须征得对方的同意。一旦遗嘱被认定为有效，遗嘱中所设定的义务即对继承人或受遗赠人产生法律约束力。继承人或受遗赠人必须按照遗嘱的规定履行相应的义务，否则可能会面临法律制裁或丧失继承权的风险。

遗嘱在遗嘱人死亡后才发生效力。这是因为遗嘱是遗嘱人生前对其死后财产和其他事务的安排，只有在遗嘱人死亡后，遗嘱中的各项内容才能得以实现和执行。

◉ 法定义务的不可免除性

相比之下，法定义务则是由国家法律明确规定的，具有强制性的法律责任。它不同于道德义务或约定义务，不能由当事人通过协议或其他方式予以免除或变更。在家庭成员之间，法定义务主要表现为赡养、扶养和抚养等责任，即《民法典》第26条第2款规定"成年子女对父母负有赡养、扶助和保护的义务"以及第1067条第2款明确规定"成年子女不履行赡养义务的，缺乏劳动能力或者生活困难的父母，有要求成年子女给付赡养费的权利"。后一条款直接规定了成年子女对父母的赡养义务，并指出该义务是不可免除的。

除此之外，《老年人权益保障法》第14条第1款也规定："赡养人应当履行对老年人经济上供养、生活上照料和精神上慰藉的义务，照顾老年人的特殊需要。"这一条款进一步细化了赡养义务的具体内容，包括经济供养、生活照料和精神慰藉3个方面，强调了赡养义务的全方位性。

这些规定明确了赡养义务的法定性,即无论子女是否通过遗嘱继承财产,都应当承担对父母的赡养责任。这种责任包括提供经济上的供养、生活上的照料以及精神上的慰藉等。这一义务是基于家庭关系和法律规定而产生的,不因遗嘱的分配而改变。因此,无论遗嘱中如何分配财产和责任,成年子女都应当履行对父母的法定赡养义务。由此可见,法定义务具有不可免除性,其目的在于保障老年人的基本生活权益。

除了法律规定外,赡养父母也是中华民族的传统美德和伦理要求。子女赡养父母不仅是法律义务,更是道德和伦理的体现。因此,从社会道德和伦理的角度来看,法定赡养义务也是不可免除的。

综上所述,法定义务基于相关法律法规的明确规定和老年人基本生活权益的保障,具有不可免除性。尽管小朱先生的父亲大朱先生在遗嘱中为小朱先生设定了主要的赡养责任,但这并不意味着小朱女士就此免除了对父母的法定赡养义务。根据《民法典》第 26 条规定,小朱女士作为成年子女,仍然应当履行对父母的赡养、扶助和保护义务。这些义务包括但不限于提供经济供养、生活照料、精神慰藉等。因此,即使大朱先生在遗嘱中有所偏爱或特定安排,小朱女士也不能因此逃避自己的法定义务。

◉ 遗嘱义务与法定义务的关系平衡

了解两种义务的概念和各自特点后,我们应当如何平衡两者之间的关系呢？首先,遗嘱义务与法定义务是可以并存的。遗嘱人可以在遗嘱中为继承人或受遗赠人设定特定的义务,同时这些继承人或受遗赠人仍然需要履行法定的赡养义务。其次,遗嘱义务和法定义务彼此相对独立,前者是由遗嘱人自由设定的,它不受法定赡养义务的影响,也不构成法定赡养义务的替代或减免。而后者则是基于法律规定而产生的,它不受遗嘱中设定的任何义务的影响,也不因遗嘱中的约定而减免。

然而,如果遗嘱中的义务并不违反法定义务,且是遗嘱人真实意愿的表达,那么继承人或受遗赠人仍然需要同时履行遗嘱中的义务和法定义务。大朱先生在遗嘱中并未明确要求其他子女承担具体的赡养责任,但是从法律角度来看,无论遗嘱中是否有相关表述,都不影响其他子女法定赡养义务的存在。他们仍需按照法律规定履行自己的赡养责任。

在处理类似案件时,法院通常会综合考虑遗嘱内容、家庭实际情况以及法律规定等多方面因素。如果遗嘱义务与法定义务发生冲突,一般情况下,遗嘱义务具有优先性,而法定义务则起到兜底补充的作用。只有在遗嘱继承人无力承担赡养义务的前提下，其他法定继承人才需要承担赡养义务。所以法院可能会认可大朱先生对小朱先生的赡养安排，由小朱先生优先承担大朱先生的赡养义务，但同时也会强调小朱女士作为成年子女所应承担的法定义务，她仍需根据自己的实际情况和能力，为父母提供必要的关心和帮助。平衡遗嘱义务与法定义务之间的关系，旨在维护家庭和谐与社会公正，确保每位家庭成员都能得到应有的关爱与尊重。

专业提示

我国《民法典》第 1144 条肯定了遗嘱义务的法律地位，允许立遗嘱人在处分财产时附加特定的义务，以确保其遗产能够按其期望的方式分配或使用，从而更好地实现立遗嘱人的意愿，保护其对自有财产的支配权。而赡养义务则是基于家庭关系和法律规定而产生的法定义务，父母在遗嘱中指定由哪个儿女履行赡养义务是父母的自由，但是这并不免除其他儿女的赡养义务。通过小朱先生和小朱女士之间产生的遗嘱继承纠纷我们可以知道，遗嘱义务和法定义务虽有关联，但性质截然不同。因此，这也提醒着遗嘱人，在立遗嘱时应当明确区分遗嘱义务和法定义务，避免产生不必要的误解和纠纷。

70. 立遗嘱之后还能撤回、变更吗？

大朱先生生前曾委托律师制作遗嘱，由律师作为见证人和代书人为其书写遗嘱，其中提到将其名下房产由其女儿小朱女士继承。大朱先生去世后，小朱先生拿出一份将房产继承人改为了小朱先生的遗嘱，并提出其要继承房产，经法院鉴定遗嘱内容的改动由大朱先生做出。小朱先生想要知道，经过大朱先生改动后的遗嘱是否有效呢？

专业解析

要解答这个问题，我们需要先了解什么是遗嘱撤回、变更权，以及其在法律上的规定。

◉ 遗嘱撤回、变更权

遗嘱是遗嘱人生前遗愿的表达，体现的是其生前对自己过世后合法财产处分的意愿，但随着客观事实的改变，遗嘱人想法可能会发生转变，在此情况下遗嘱人是否能够撤回和变更自己先前立下的遗嘱呢？法律上赋予了遗嘱人一粒“后悔药”，那就是遗嘱撤回权。

遗嘱撤回权，是指遗嘱人在遗嘱生效前，依法享有的撤销或废止自己所立遗嘱的全部或部分内容的权利。根据《民法典》第 1142 条第 1 款规定：“遗嘱人可以撤回、变更自己所立的遗嘱。”这一条款明确赋予了遗嘱人撤回或变更遗嘱的权利，体现了法律对遗嘱人意愿的尊重和保护。

既然遗嘱人享有对遗嘱的撤回和变更的权利，那么其应该如何行使这一权利呢？这涉及遗嘱撤回、变更的方式。

◉ 遗嘱撤回、变更的方式

遗嘱撤回、变更的方式主要指的是遗嘱人在原遗嘱生效后，对其内容进行修改或废止的方式。具体而言，遗嘱撤回、变更的方式可以归纳如下：

第一，明示方式。

明示方式是指遗嘱人以明确的意思表示直接对遗嘱内容进行撤回、变更。使用这种方式时，遗嘱人应当遵循法律规定的设立遗嘱的几种法定方式，具体包括以下几种：

制作新遗嘱。遗嘱人可以制作一份新的遗嘱，用以改变原遗嘱的内容。

提出变更原遗嘱的声明。遗嘱人也可以以声明的形式提出对原遗嘱的变更，但这种声明同样需要按照原设立遗嘱的方式和程序进行。例如，如果原遗嘱是自书遗嘱，那么变更声明也应当以自书形式作出，并注明变更的具体内容和理由。

第二，推定方式。

推定方式是指遗嘱人虽然没有以明示方式直接撤回、变更遗嘱，但根据其行为或其他事实可以推断出遗嘱人已经对遗嘱内容进行了撤回或变更。推定方式主要包括以下几种情形：

首先，如果遗嘱人立有数份遗嘱，且这些遗嘱在内容上存在相互抵触的情况，那么根据《民法典》第 1142 条第 3 款规定“立有数份遗嘱，内容相抵触的，以最后的遗嘱为准”，即推定后立的遗嘱变更或撤回了前面所立的遗嘱。

其次，《民法典》第 1142 条第 2 款规定：“立遗嘱后，遗嘱人实施与遗嘱内容相反的民事法律行为的，视为对遗嘱相关内容的撤回。”如果遗嘱人生前的行为与遗嘱中的意思表示相反，导致遗嘱处分的财产在继承开始前部分或全部灭失或所有权发生全部或部分转移，那么可以推定遗嘱被撤销或被部分撤销。如果大朱先生将遗嘱中的房产出售给他人并已办理转移登记等手续，那么就可以推定大朱先生以默示形式撤回了自己遗嘱中对该房产处分的内容。

最后，如果遗嘱人故意销毁了自己所立的遗嘱，且没有提供其他有效的遗嘱来替代，那么可以推定遗嘱人撤回了原来所立的遗嘱。但是，如果遗嘱人订立的是公证遗嘱，遗嘱人仅是故意破坏了自己遗嘱的原本，这并不能产生撤回公证遗嘱的效果，若想撤回遗嘱，则还是需要到公证机关办理撤回遗嘱的相关手续。

◉ 遗嘱撤回、变更有效的要件

遗嘱的变更需满足以下条件：1. 遗嘱人必须具有完全民事行为能力；2. 变更遗嘱的意思表示必须真实、合法；3. 遗嘱的变更须由遗嘱人亲自依法定的方式和程序办理；4. 变更的遗嘱内容必须合法。这些条件共同构成了遗嘱变更的有效要件。

第一，遗嘱人必须具有完全民事行为能力。

遗嘱能力是指遗嘱人能够正确认识其遗产的范围、性质以及遗嘱的法律效果，并具备独立作出遗嘱意思表示的能力。在案例中，大朱先生在修改原遗嘱时为完全民事行为能力人，具备遗嘱能力。这是遗嘱变更的首要条件，确保遗嘱的变更行为是遗嘱人真实意愿的体现。

第二，变更遗嘱的意思表示必须真实、合法。

遗嘱的变更必须是遗嘱人基于自己的真实意愿而作出的，不能受到欺诈、胁迫等外部因素的影响。大朱先生修改原遗嘱时，其意思表示是真实的，不存在受欺诈、胁迫等情形。这保证了遗嘱变更的合法性和有效性。

第三，遗嘱的变更须由遗嘱人亲自依法定的方式和程序办理。

遗嘱的变更必须由遗嘱人本人亲自办理，不能由他人代理。同时，遗嘱的变更必须遵循法律规定的方式和程序。虽然大朱先生原来的遗嘱采用的是代书遗嘱的形式，但是变更该遗嘱并不需要由原代书人进行，只要大朱先生在改动处以按手印或亲笔签名等方式，使该改动能够代表其本人真实意思表示即可。

第四，变更的遗嘱内容必须合法。

遗嘱变更的每一事项都必须符合国家法律的要求，不能违反法律的强制性规定或公序良俗。大朱先生变更遗嘱的内容是将原本留给小朱女士的房产改为留给小朱先生，这一变更并未违反任何法律规定或公序良俗，因此是合法有效的。

专业提示

遗嘱撤回、变更权的存在允许遗嘱人在生前根据家庭状况、个人情感变化等因素随时调整遗嘱内容，从而确保遗嘱最终反映其真实意愿。然而，有一些继承人将遗嘱与合同之类的双方法律行为类比，认为既然自己有权继承遗产，撤回遗嘱会涉及其权利的变动，所以理应经过自己的同意才能进行。但实际上遗嘱在法律上属于典型的单方法律行为，也就是当一方做出意思表示即可发生法律效力的行为，无须相对方的同意。这意味着遗嘱人对自己的遗嘱享有相当高的自由度，对自己的遗嘱享有撤回、变更的权利，不需要经过继承人的同意或许可，所以大朱先生变更自己的遗嘱不需要告知小朱女士，由其自行决定即可。

71. 又有遗嘱又有遗赠扶养协议，该怎么处理？

大朱先生曾与小朱先生的表哥小孙先生签订遗赠扶养协议，约定大朱先生的生养死葬由小孙先生负责，作为回报，大朱先生的一套房屋由小孙先生继承。大朱先生去世后，小朱先生拿出遗嘱，写着该房归小朱先生所有。同时，小孙先生也主张遗产应该归其所有。小朱先生想知道，大朱先生的遗产归谁所有呢？

专业解析

要解答这个问题，我们首先需要了解遗嘱和遗赠扶养协议是什么，在法律上又是怎样规定的。

◉ 遗嘱继承和遗赠扶养协议的内涵

遗嘱继承，是指继承人按照被继承人生前所立的合法有效的遗嘱进行继承。立遗嘱人所立的遗嘱，不仅需要满足遗嘱人真实意思表示这一实质要件，还要满足法律规定的形式要件。《民法典》规定了自书遗嘱、代书遗嘱、打印遗嘱、录音录像遗嘱、口头遗嘱以及公证遗嘱 6 种遗嘱形式。关于遗嘱继承人的人选，依据《民法典》第 1133 条第 2 款规定："自然人可以立遗嘱将个人财产指定由法定继承人中的一人或者数人继承。”也就是说，遗嘱继承人只能在法定继承人之中选择，并且当遗嘱继承人为数人时，数个继承人的继承顺序不再受到法定继承人的影响。此外，遗嘱不满足实质或者形式要件，遗嘱无效。在无其他遗嘱继承的意思表示下，自然人的遗产会按照法定继承进行分配。遗嘱方式打破了法定继承的限制，体现了对立遗嘱人意思自由和权利处分的尊重。

遗赠扶养协议，是指遗赠人生前与扶养人订立的关于扶养人承担对遗赠人生养死葬义务，并于遗赠人死亡后享有按约取得其遗产权利的协议。《民法典》第 1158 条规定：“自然人可以与继承人以外的组织或者个人签订遗赠扶养协议。按照协议，该组织或者个人承担该自然人生养死葬的义务，享有受遗赠的权利。”据此，遗赠扶养协议的内容包括扶养和遗赠两个方面的内容：一是按照遗赠扶养协议，扶养人对受扶养人负有扶养的义务。该义务自遗赠扶养协议生效时起即产生，且是继续性的。二是按照遗赠扶养协议，受扶养人负有将其财产遗赠给扶养人的义务。受扶养人对在遗赠扶养协议中指定遗赠给扶养人的财产，不得擅自处分。遗赠扶养协议是在我国农村“五保”制度基础上形成和发展起来的。根据《农村五保供养工作条例》(2006 年)的相关规定，“五保”制度是指对老年、残疾或者未满 16 周岁的村民，无劳动能力、无生活来源又无法定赡养、抚养、扶养义务人，或者其法定赡养、抚养、扶养义务人无赡养、抚养、扶养能力的，在吃、穿、住、医、葬方面给予生活照顾和物质帮助的制度。遗赠扶养协议作为自然人生前对其死亡后遗产的一种处置方式，是我国继承立法上一项有特色的制度，其尊重当事人的真实意愿，是一种独具特色的遗产转移方式，是对我国民间长期存在的遗赠扶养协议实践经验的总结和肯定，有利于对老人的照顾和扶养。

在大朱先生去世后，小朱先生是基于大朱先生生前所立的遗嘱主张大朱先生的房产应该归其所有，而小孙先生则是和大朱先生签订了附义务内容的遗赠扶养协议主张房产归其所有。

◉ 遗赠扶养协议的扶养义务的认定

遗赠扶养协议是一种民事合同，区别于一般的民事合同，遗赠扶养协议兼具人身性和财产性，合同约定当事人的相互的权利、义务。遗赠扶养协议中的扶养义务不能简单地理解为物质供养，精神支持或者陪伴等都可以作为扶养人履行遗赠扶养协议中扶养义务的方式，关键是看双方的协议如何约定。如何才能视为尽到扶养义务，需以遗赠人和受遗赠人的约定以及义务的履行状况而定。当遗嘱和遗赠扶养协议发生冲突时，法定继承人不能简单以扶养人未尽到物质供养否认遗赠扶养协议的受赠人未尽到扶养义务而主张合同无效或解除。此外，遗赠扶养协议在遗赠人生前经签订即发生法律效力，扶养人必须按照协议的约定履行扶养遗赠人的义务，但是扶养人的权利只能在遗赠人死亡时才能实现。

◉ 遗嘱和遗赠扶养协议并存的处理

《民法典》第 1123 条规定："继承开始后，按照法定继承办理；有遗嘱的，按照遗嘱继承或者遗赠办理；有遗赠扶养协议的，按照协议办理。"相较于法定继承、遗嘱继承和遗赠等方式，遗赠扶养协议效力最高，这是由遗赠扶养协议的性质决定的。但是遗赠抚养协议的优先效力仅能在被继承人分别通过遗嘱和遗赠扶养协议处分同一份遗产时才能适用。《最高人民法院关于适用〈中华人民共和国民法典〉继承编的解释（一）》第 3 条规定："被继承人生前与他人订有遗赠扶养协议，同时又立有遗嘱的，继承开始后，如果遗赠扶养协议与遗嘱没有抵触，遗产分别按协议和遗嘱处理；如果有抵触，按协议处理，与协议抵触的遗嘱全部或者部分无效。"该条明确了遗嘱和遗赠扶养协议的效力性：一是如果遗赠扶养协议和遗嘱并存，且两者相互之间没有抵触，则此时应探讨遗嘱和遗赠扶养协议涉及被继承人对自己不同的遗产作出相应的处分，无须探讨效力的高低问题，遗产分别按照遗赠扶养协议和遗嘱处理。二是如果遗赠扶养协议和遗嘱并存，且两者相互抵触，则遗赠扶养协议的效力有限，即优先按照遗赠扶养协议处理，与协议相抵触的遗嘱全部或部分无效。

大朱先生在遗嘱中将其个人财产中的一处房屋指定由其儿子小朱先生继承。同时，大朱先生又和扶养人小孙先生另有遗赠扶养协议，约定小孙先生对大朱先生尽生养死葬义务，大朱先生死亡后就将房屋赠给小孙先生。如果大朱先生的遗嘱和遗赠扶养协议均有效，二者对同一房屋的处分相互矛盾，由于遗赠扶养协议的效力优先于遗嘱，所以无论遗赠扶养协议与遗嘱成立时间孰先孰后，该房屋均由侄子小孙先生取得，小朱先生无权主张继承该房屋。

专业提示

实际生活中，通过与法定继承人之外的个人和组织签订遗赠扶养协议，可以使那些无人赡养的孤寡老人晚年生活得到保障，具有稳定社会的功能。为避免多种遗嘱方式产生争议，作为被继承人，首先应清晰地表达自己的遗产分配意愿，并在遗嘱中明确说明，减少遗赠与遗嘱之间的冲突。其次应合理安排财产的分配，确保遗嘱和遗赠的分配方式不产生冲突。作为遗赠扶养协议中的受遗赠人，应当全面、善意地履行协议约定的义务，保存好与被继承人签订的遗赠扶养协议等各方面的证据，以防备遗产分配的各种冲突。《民法典》第 1159 条规定遗产分割的必留份，目的是维护亲属身份的伦理价值，维护家庭的稳定,实现家庭养老育幼的功能。如果遗赠扶养协议中约定将全部的遗产都交给扶养人,仍需要为缺乏劳动能力又没有生活来源的继承人保留必要的份额。

72. 附义务的遗赠，受遗赠人不履行义务怎么办？

大朱先生生前要求小孙先生负责其生养死葬责任,但大朱先生去世,小孙先生因嫌弃大朱先生脏臭等不履行相应义务。小朱先生想知道,小孙先生没有履行义务,他可以怎样维护大朱先生和自己的权益呢?

专业解析

要解答这个问题,我们首先需要了解附义务的遗赠是什么,在法律上又是怎样规定的。

◉ 初识附义务的遗赠

遗嘱人在立遗嘱时,遗嘱内容并非仅涉及其过身后个人的财产的处分,遗嘱人一般还会安排一些非财产性的事务。所谓附义务的遗赠,是指遗嘱中明确将财产指定赠送给法定继承人之外的其他人,并且写明该受赠人需要完成某一项任务或者履行相应的义务。受遗赠人不仅享有获得遗产的权利,同时还必须承担相应的义务,如遗嘱人在遗嘱中载明遗产赠送给受赠人,但是受赠人需要料理遗嘱人丧葬等事务。

《民法典》第 1144 条规定:“遗嘱继承或者遗赠附有义务的,继承人或者受遗赠人应当履行义务。没有正当理由不履行义务的,经利害关系人或者有关组织请求,人民法院可以取消其接受附义务部分遗产的权利。”为了更加准确地表述遗产赠与与义务履行以及不履行的法律后果的关系,司法解释进一步进行规范。根据《最高人民法院关于适用〈中华人民共和国民法典〉继承编的解释(一)》第 29 条规定:“附义务的遗嘱继承或者遗赠,如义务能够履行,而继承人、受遗赠人无正当理由不履行,经受益人或者其他继承人请求,人民法院可以取消其接受附义务部分遗产的权利,由提出请求的继承人或者受益人负责按遗嘱人的意愿履行义务,接受遗产。”由此可知,附义务的遗赠,在所附义务能够履行且没有阻却履行的正当理由下,受遗赠人必须履行义务才能接受相应的遗赠,否则受益人或者其他继承人可以向人民法院主张受赠人所附义务部分的遗嘱无效,并且代为履行义务和接受遗产。大朱先生所立的遗赠是一份附义务的遗赠,小孙先生需要在大朱先生去世后安排其丧葬事宜,大朱先生遗产中提到的房屋才能归小孙先生所有。在小孙先生不履行义务下,遗产是否仍归其所有,这也是小朱先生疑惑的地方。

◉ "继承人、受遗赠人无正当理由不履行"的认定

遗嘱人基于各种现实考虑,经常会在遗嘱中对接受其遗产的继承人或受遗赠人附加各种义务。所附义务既可能是不作为义务,也可能是作为义务。如何认定受遗赠人具有正当理由拒绝履行义务,是实践中处理相关附义务遗赠案件纠纷的关键。一般而言,遗嘱人在遗嘱中所设定的义务主要表现为:遗嘱人过身后的丧葬事宜安排、医疗费用负担或者住房费用负担等。遗嘱人所附的义务应当为既存义务、可行义务,即遗嘱中所附的义务既不能是法定义务,也不能是违背现实、违反法律或者客观规律的义务。

是否构成"正当理由"应当基于社会一般的正常的理性在个案中具体判断。通常而言,这种正当理由包括:遗嘱人设定的义务违反了我国法律、行政法规的强制性规定;遗嘱人设定的义务违背了公序良俗;遗嘱人设定的义务在客观上无法实现;遗嘱继承人或受遗赠人遭受了不可抗力等。此外,对是否构成"正当理由",还应当结合日常的生活经验、相关案件的具体事实等在个案中综合判断,如因不可抗力、身体缺陷等原因导致的受遗赠人客观上不能履行义务,就不宜认定为"继承人、受遗赠人无正当理由不履行"。

在大朱先生的附义务遗赠中,小孙先生可以受赠大朱先生的房产,但是小孙先生必须履行大朱先生去世后的丧葬事宜。管理照料大朱先生的丧葬事宜,既不违反法律法规,也不违背公序良俗。小孙先生不履行相应义务的理由仅是嫌弃大朱先生脏臭,不符合"具有正当理由不履行义务"的要件。

◉ 受益人或者其他继承人的请求权和义务履行

第一,受益人或者其他继承人的请求权。在义务能够履行,而继承人、受遗赠人无正当理由不履行的情形下,遗嘱继承人或受遗赠人继续享有接受附义务部分遗产的权利明显与遗嘱人遗愿不符。较之《民法典》第1144条规定,《最高人民法院关于适用〈中华人民共和国民法典〉继承编的解释(一)》第29条在受遗赠人不履行遗赠所附义务时,对能够向人民法院主张取消受遗赠人接受遗产的请求权主体进行限制。之所以将请求权主体限制在受益人和继承人的范围,是因为"与遗产有关的利害关系

人"范围太过宽泛，且附义务的遗赠中所附义务未必具有公开性，对请求权的主体不进行合理限制，将无形中放大滥用诉讼权利的可能和增加诉讼的复杂性。

第二，受益人或者其他继承人的义务履行。通过司法程序取消受遗赠人接受所附义务对应的部分遗产后，该部分的遗产需要被重新安排。依据对遗嘱人立遗嘱时心理意图的推测，义务的履行是遗嘱人对该部分遗产处分所欲达到的主要目的，变更履行该义务的主体，并不会根本上违反遗嘱人的意愿。因此，法律安排提出请求的受益人或其他继承人履行所附义务，接受遗产，并不会违背遗嘱人的意愿，有利于遗产的合理分配。

小孙先生无正当理由不履行遗赠中所附的义务时，小朱先生可以请求人民法院取消小孙先生接受附义务部分遗产的权利。就大朱先生所立的遗嘱而言，小朱先生可以照料大朱先生去世后的丧葬事宜，并且合法继承大朱先生的房产。

专业提示

附义务的遗嘱继承或遗赠是一种特殊的遗嘱形式，要求遗嘱继承人或受遗赠人在享有遗产权利的同时承担相应的义务。这种遗嘱形式既体现了遗嘱人的个人意愿，也符合法律的公正原则。在遗嘱继承人或受遗赠人不履行遗嘱规定的义务时，该遗嘱并非当然地失去效力，即遗嘱受赠人或者继承人丧失接受相应义务部分遗嘱的权利，利害关系人需要向人民法院申请，由人民法院进行裁判。另外，遗嘱受赠人或者继承人丧失的仅是接受附义务部分遗产的权利，其他遗赠或者遗嘱不涉及附义务的，仍然应当认定为有效。

73. 遗嘱存在歧义时如何解释？

小朱先生的父亲大朱先生在遗嘱中表明："我过身后，由我的儿子继承我的房产，我的女儿享有居住权，房屋不能出租或出卖，如需变动须经二人签名同意。"但大朱先生去世后，其女儿小朱女士认为小朱先生不具备房屋的完全的所有权，所以她也可以继承该房产一部分的产权。小朱先生想要知道，应当如何理解大朱先生的遗嘱呢？

专业解析

要解答这个问题，我们需要对大朱先生的遗嘱进行解释，那么究竟什么是遗嘱解释，以及在解释过程中应当遵循怎样的法律原则和方法呢？

◉ 遗嘱解释的含义

在遗产继承的法律实践中，遗嘱作为遗嘱人对其财产的最终处分意志体现，其内容的明确性和可执行性对维护家庭和谐及继承人权益至关重要。然而，由于遗嘱制定人的个体差异、语言表达的模糊性等因素，理解遗嘱时往往会出现歧义，导致继承人在执行过程中产生争议，所以对遗嘱进行解释的必要性不言而喻。

遗嘱解释，是指对遗嘱中不明确、有歧义或相互矛盾的条款进行阐释和说明，以揭示遗嘱人的真实意图和期望。遗嘱解释不仅是对遗嘱文字的直接解读，更是对遗嘱人整体意愿的把握和还原。在大朱先生的遗嘱中，虽然明确指定小朱先生继承房屋产权，但后文又对该房屋的处分权能作出限制，即未经小朱女士同意不得出租或出卖该房屋，所以，小朱先生才会产生疑惑，此时就需要通过解释来明确其真实含义。

◉ 遗嘱解释的原则

遗嘱是典型的要式行为、死因行为、无相对人的单方法律行为，与合同等双方法律行为存在本质区别，故遗嘱解释不同于一般的合同解释，而且遗嘱是遗嘱人对自己财产的最终处置，反映了其生前的意志和愿望，所以《民法典》第 1143 条第 2 款规定："遗嘱必须表示遗嘱人的真实意思，受欺诈、胁迫所立的遗嘱无效。"

所以在对遗嘱进行解释时，首先，要遵循的原则便是探求并尊重遗嘱人真意原则。在解释遗嘱时，应尽可能地还原遗嘱人的真实意图，避免因其表述不清或错误而否定其效力。在小朱先生父亲的遗嘱中，尽管未直接说明房产的所有权归属，但通过"由我的儿子继承我的房产"这一表述，可以推断出小朱先生是房产的继承人。

其次，遗嘱解释应当符合拯救遗嘱效力的原则。按照常理，没有一个遗嘱人希望自己所立的遗嘱被判无效，所以为了符合尊重遗嘱人意愿原则，应当肯定遗嘱的效力，不能仅仅因为其存在歧义或不影响其真意表达的错误就随意否定其效力。在小朱先生父亲的遗嘱中虽然明确规定将房屋留给小朱先生，但是对该房屋所有权进行了限制，导致小朱女士认为小朱先生不享有单独的处分权，所以不能取得对该房屋完全的所有权，则该条款无效。然而根据拯救遗嘱效力原则，当遗嘱解释存在两种以上解释时应当优先采纳使遗嘱生效的解释，小朱女士的主张或许不会被采纳。

最后，遗嘱解释还应遵循保护继承人、受遗赠人合法权益的原则。遗嘱人立遗嘱时通常会考虑家庭成员和近亲属的赡养义务及感情投入程度，并据此确定相关主体的权益。在解释遗嘱时，应确保这些权益得到充分的保护。应通过解释遗嘱内容，确保小朱先生作为继承人的权益得到保障，同时小朱女士的居住权也应得到尊重。

◉ 遗嘱解释的方法

当我们知道了遗嘱解释的原则后，具体应当运用何种方法对一份有歧义的遗嘱进行解释呢？目前无论是已经废止的《继承法》还是《民法典》继承编中都没有明确的遗嘱解释规则，但是《民法典》总则编第 142 条第 2 款规定："无相对人的意思表示的解释，不能完全拘泥于所使用的词句，而应当结合相关条款、行为的性质和目的、习惯以及诚信原则，确定行为人的真实意思。"遗嘱作为典型的无相对人的意思表示也应当遵循该条规定，具体而言可以通过以下方法进行解释。

首先，采用文义解释的方法。文义解释是指按照遗嘱字面意义进行解释。在解释遗嘱时，应首先关注遗嘱中的具体语句和文字所表达的含义。然而，由于语言文字的多样性和复杂性，文义解释可能存在一定的局限性。在大朱先生的遗嘱中，"由我的儿子继承我的房产"这一表述直接明确了小朱先生的继承人身份；而"我的女儿享有居住权"则表明小朱女士对房产享有居住权而非所有权。

其次，采用目的解释的方法来进一步解释遗嘱。目的解释要求我们结合遗嘱的目的和背景进行解释。我们需要考虑大朱先生订立遗嘱时的真实意图和期望。大朱先生在遗嘱中将房屋留给小朱先生的意愿是明确的，而后文对处分权的限制应当理解为是给小朱先生附加的义务而不是对所有权的否定，才能更好地满足遗嘱人意愿，符合遗嘱人的真实想法。

再次，为了更全面地解释遗嘱中的歧义条款，我们可以采用体系解释的方法。体系解释要求我们将遗嘱视为一个有机整体进行解释，考虑各条款之间的相互关系和整体逻辑。我们可以将大朱先生遗嘱中关于该房产的处理与整个遗嘱的分配原则相结合对遗嘱进行解释。如果遗嘱中其他条款均体现了对小朱先生的偏爱或特殊安排（如将大部分财产留给小朱先生），那么我们可以推断大朱先生在处理房产时也可能倾向于小朱先生。

最后，如果遗嘱内容仍然存在歧义且无法通过以上方法解决争议，我们可以考虑引入附加证据来辅助解释。如果存在与遗嘱相关的通信记录、遗嘱制定时的讨论记录或遗嘱执行人的证言等附加证据，那么这些证据可能有助于揭示大朱先生的真实意图并解决争议。例如，如果遗嘱制定时大朱先生曾明确表示房产应归小朱先生所有或根据其意愿进行处理，则这一证据将有力地支持小朱先生的主张。但这一方法的适用应当受到一定的限制。被用于辅助解释的证据应当符合一系列标准和特点，如此类证据应当是在遗嘱人生前既有的，而非在死亡后产生的证据，并且原则上最好是书面证据而非言词证据。这些限制都是为了维护遗嘱的形式需求，避免造成过度解释，使遗嘱条款沦为一纸空文。

专业提示

理解遗嘱存在歧义时应当如何解释是一个复杂而敏感的问题。遗憾的是，目前无论是已经废止的《继承法》还是《民法典》继承编中都没有明确的遗嘱解释规则，然而无论立法中是否予以明确，遗嘱解释中最重要的原则是尽可能地忠实于遗嘱人的意愿，这一点不会改变。根据《民法典》第1144条规定："遗嘱继承或者遗赠附有义务的，继承人或者受遗赠人应当履行义务。没有正当理由不履行义务的，经利害关系人或者有关组织请求，人民法院可以取消其接受附义务部分遗产的权利。"小朱先生继承涉案房屋的所有权时，需尊重遗嘱人大朱先生生前遗愿，履行遗嘱中所确定的小朱女士有居住权及未经小朱女士同意不得对涉案房屋出租或出售之义务，否则小朱女士可以根据该规定提起诉讼，要求人民法院撤销小朱先生继承该房产的权利。

74. 如何认定伪造遗嘱情节严重？

大朱先生的女儿小朱女士与儿子小朱先生（当时生活已拮据）就遗产分割发生争议，小朱女士提交了一份声称由大朱先生所立的遗嘱，要求将遗嘱中的房产过户在自己名下，小朱先生不服诉至法院。经司法鉴定该遗嘱系小朱女士伪造。请问，小朱女士伪造遗嘱的行为是否属于《民法典》第1125条规定中的"情节严重"？

专业解析

要解答这个问题，我们需要先了解法律上关于伪造遗嘱的相关规定。

◉ 伪造遗嘱的含义

伪造遗嘱，顾名思义，是指继承人或其他利益相关者为了达到不正当目的，假冒被继承人的名义,通过篡改内容、假冒签名、伪造日期等非法手段制作虚假的遗嘱文件。这种行为不仅违背了被继承人的真实意愿,也破坏了遗嘱的法律效力和遗产分配的公平性,根据《民法典》第 1125 条规定:“继承人有下列行为之一的,丧失继承权:……(四)伪造、篡改、隐匿或者销毁遗嘱,情节严重……”继承人在满足特定条件时甚至还有可能造成其丧失继承权。具体而言,造成继承人丧失继承权应当满足以下条件:

首先,从伪造的对象来看,继承人伪造的遗嘱应当是立遗嘱人真实有效的遗嘱。如果小朱女士伪造的遗嘱是大朱先生已经撤回或无效的遗嘱,那么也不会造成其继承权的丧失。

其次,从主观上来看,继承人必须出于故意并且具有达成不正当目的的心理,如果小朱女士伪造遗嘱并非恶意,而是为了他人或社会公共利益,则不符合伪造遗嘱丧失继承权的主观条件。

最后,从客观上来看,继承人的伪造行为必须对遗嘱的效力产生影响。如果大朱先生在立遗嘱时由于笔误或文化水平有限写错了字(如最高人民法院发布的指导性案例——简某甲诉简某乙等 4 人遗嘱继承纠纷案[①]中的立遗嘱人将“愿意”错写为“原意”)小朱女士发现后将其错别字改正,这种行为虽然也改变了大朱先生的遗嘱内容,但并不影响大朱先生遗愿的表达和遗嘱的效力,不构成伪造遗嘱。

然而,仅符合了上述条件是不够的,因为丧失继承权对继承人来说是极其严厉的惩罚,所以法律规定只有伪造遗嘱达到“情节严重”时才能适用,那么应当通过哪些标准来判断是否构成“情节严重”呢?

◉ 伪造遗嘱“情节严重”的认定

伪造遗嘱“情节严重”的认定是一个综合考量多个因素的过程,主要涉及伪造行为对遗产分配的影响、所使用的手段和恶劣程度以及造成的后果等方面。

从伪造行为对遗产分配的影响来看,如果伪造遗嘱的行为导致遗产分配严重不公,使其他合法继承人无法获得应得的遗产份额,那么这种行为就可能被视为“情节严重”。例如,通过伪造遗嘱,使自己或者特定人获得了远超过其应得的遗产份额,而剥夺了其他继承人的合法权益。

从所使用的手段和恶劣程度来看,如果行为人多次伪造遗嘱或者伪造多份遗嘱,以图混淆视听,达到非法占有遗产的目的,这种行为也可能被视为“情节严重”。因为这种行为不仅具有巨大的主观恶性,而且可能对遗产分配造成巨大的混乱和争议。

---

① 最高人民法院(2015)穗中法民一终字第 2958 号民事判决书。

在伪造遗嘱的过程中，如果行为人使用了暴力、威胁、欺诈等恶劣手段，这也表明其主观恶性较大，容易被视为"情节严重"。

从伪造遗嘱造成的后果来看，《最高人民法院关于适用〈中华人民共和国民法典〉继承编的解释（一）》第 9 条规定："继承人伪造、篡改、隐匿或者销毁遗嘱，侵害了缺乏劳动能力又无生活来源的继承人的利益，并造成其生活困难的，应当认定为民法典第一千一百二十五条第一款第四项规定的'情节严重'。"

小朱女士的伪造行为（她试图独占房产）不仅导致遗产分配严重不公，还严重侵害了小朱先生的利益。她通过伪造遗嘱的方式试图将该房产全部占为己有，直接导致小朱先生无法获得应有的继承份额。同时，由于小朱先生当时生活拮据，小朱女士的行为无疑加深了他的生活困境。因此，小朱女士的伪造行为完全符合司法解释中关于"情节严重"的认定标准。

◉ 伪造遗嘱情节严重的法律后果

伪造遗嘱最直接的后果就是继承人将丧失继承权。这意味着如果继承人被证实伪造了遗嘱，他们将无法按照原遗嘱人的意愿继承任何遗产。根据《最高人民法院关于适用〈中华人民共和国民法典〉继承编的解释（一）》第 5 条规定："在遗产继承中，继承人之间因是否丧失继承权发生纠纷，向人民法院提起诉讼的，由人民法院依据民法典第一千一百二十五条的规定，判决确认其是否丧失继承权。"小朱先生可以根据该条规定向法院请求确认小朱女士丧失继承权，这种确认具有法律效力。

此外，根据《民法典》第 1143 条第 3 款与第 4 款规定，伪造的遗嘱无效，遗嘱被篡改的内容无效。如果小朱女士伪造的遗嘱被认定无效，那么原本应由小朱女士继承的部分遗产将按照法定继承的规则进行分配。这通常意味着遗产将由血亲（儿子小朱先生）或其他法定继承人（配偶孙女士）平均分配。

最后，伪造遗嘱的行为不仅会导致伪造者丧失继承权和伪造的遗嘱无效，有时伪造者还可能需要承担相应的民事责任，这包括对因伪造遗嘱而受到损害的其他继承人进行赔偿等。在某些情况下，伪造遗嘱甚至可能构成犯罪，尤其是当伪造行为涉及较大金额或有其他违法行为时。根据相关法律，伪造遗嘱可能会被判处 3 年以下有期徒刑，并可能伴随罚金处罚。具体的刑事责任将根据伪造行为的情节、后果以及法律规定来判定。

专业提示

虽然继承权是法定权利，但伪造遗嘱侵害被继承人或他人权益者，其继承权不应保留，以免违背家庭伦理。《民法典》既赋权又追责，故设继承权丧失制度，以法律手段否定不当继承。此制度旨在规范继承行为，维护家庭伦理、道德人伦及遗产继承秩序，彰显《民法典》对家庭文明、优良家风的重视，体现新时代德法并重的治理理念。然而，伪造遗嘱并非绝对丧失继承权，《民法典》的继承编中也增加了针对继承人的“宽恕条款”。若继承人展现出真诚的悔过表现，并获得被继承人的明确宽恕，或是在后续遗嘱中被重新指定为继承人，那么其继承权将得以保留。此举显著增强了遗产继承过程中对被继承人个人意愿的尊重与实现，也给这位犯错的继承人开启了一扇改过自新的大门，鼓励其积极履行义务，这有利于稳定家庭关系，促进家庭和谐发展。

75. 被继承人生前所欠的税款和债务，应如何清偿？

大朱先生生前留下遗嘱中表明，其部分遗产由其孙子小明继承。小朱先生表示愿意继承并处理遗产，而孙女士明确表示放弃继承权。现在小朱先生想要知道大朱先生生前所欠税款和债务应当如何清偿？

专业解析

要解答这个问题，我们需要先明确遗产债务的范围，以及其在法律上的规定。

◉ 遗产债务的范围

遗产债务，是指在被继承人死亡时，其遗留的个人财产（遗产）所负担的、依法应当由遗产清偿的各种债务。这些债务基于被继承人生前的法律行为或法律规定而产生，并在其死后用遗产清偿。

并非所有被继承人生前所欠债务都属于遗产债务的范围，以下几种债务不在此列：（1）被继承人个人非法债务：如赌债、高利贷等违反法律法规或公序良俗的债务，不属于遗产债务范围，继承人无须承担清偿责任。（2）超过诉讼时效的债务：若遗产债务已超过法律规定的诉讼时效期间，且债权人未依法主张权利，则该债务被视为自然消灭，不属于遗产债务范围。(3) 被继承人个人特定债务：某些债务可能基于被继承人的个人身份、地位或特定关系而产生，如个人担保债务（但需注意区分一般保证与连带责任保证的区别）、个人职务行为产生的债务等。若这些债务未直接涉及遗产或未依法转移至遗产之上，则不属于遗产债务范围。但需要注意，若被继承人在生前已明确表示愿意以个人财产承担该债务的除外。(4) 夫妻共同债务：根据《民法典》第 1064 条规定："夫妻双方共同签名或者夫妻一方事后追认等共同意思表示所负的债务，以及夫妻一方在婚姻关系存续期间以个人名义为家庭日常生活需要所负的债务，属于夫妻共同债务。夫妻一方在婚姻关系存续期间以个人名义超出家庭日常生活需要所负的债务，不属于夫妻共同债务；但是，债权人能够证明该债务用于夫妻共同生活、共同生产经营或者基于夫妻双方共同意思表示的除外。"也就是说，在大朱先生生前和孙女士所负的夫妻共同债务中只有属于大朱先生个人债务的部分才是遗产债务清偿的范围，否则其他债务不能用遗产清偿，应当使用夫妻共同财产清偿。在确定哪些债务需要被清偿后，我们在进行清偿时应当遵循哪些原则和顺序呢？

◉ 限定继承原则

自古以来，便有"父债子偿"这一说法流传于民间。这种古老的道德观念认为父亲欠下的债务应当由子女承担偿还。然而，在现代法律体系下，特别是《民法典》实施后，这一传统观念已经得到了新的审视和认定。

限定继承原则，是指继承人在继承遗产时，仅需在所得遗产的财产权利范围内承担被继承人生前所欠的债务。《民法典》第 1161 条规定："继承人以所得遗产实际价值为限清偿被继承人依法应当缴纳的税款和债务。超过遗产实际价值部分，继承人自愿偿还的不在此限。继承人放弃继承的，对被继承人依法应当缴纳的税款和债务可以不负清偿责任。"根据本条款，法定继承人小朱先生仅在其所继承的遗产范围内承担债务清偿责任，即以遗产的实际价值为限清偿被继承人依法应当缴纳的税款和债务。对超过遗产实际价值部分，小朱先生无须承担清偿责任，除非其自愿偿还。此外，由于大朱先生的配偶孙女士放弃了继承权，根据本条最后一款规定，孙女士可以免于承担清偿责任。

这一原则的核心在于保护继承人的合法权益，避免其因继承而承担超出其承受能力范围的债务，这体现了法律对传统观念的改良和对优良家风的弘扬。

◉ 法定继承人优先承担清偿责任原则

根据《民法典》第 1163 条规定："既有法定继承又有遗嘱继承、遗赠的，由法定继承人清偿被继承人依法应当缴纳的税款和债务；超过法定继承遗产实际价值部分，由遗嘱继承人和受遗赠人按比例以所得遗产清偿。”首先，想要弄明白这个法条的含义，我们需要知道什么是“法定继承”“遗嘱继承”“遗赠”。

法定继承，是指在被继承人没有对其遗产的处理立有遗嘱或遗嘱无效的情况下，由法律直接规定继承人的范围、继承顺序、遗产分配原则的一种继承方式。遗嘱继承是指按照被继承人生前所立的合法有效的遗嘱来确定遗产的继承人及其继承份额的一种继承方式。遗赠是指被继承人生前通过遗嘱的方式将其遗产的一部分或全部赠与国家、集体组织、社会团体或法定继承人以外的个人的一种法律行为。

那么大朱先生留给孙子小明遗产属于何种继承方式呢？《民法典》第 1127 条以列举的形式规定了法定继承人的范围，即“遗产按照下列顺序继承：（一）第一顺序：配偶、子女、父母；（二）第二顺序：兄弟姐妹、祖父母、外祖父母……”。可见小明并不属于法定继承人，因此大朱先生在遗嘱中将部分遗产留给其孙子小明的行为，属于典型的遗赠行为。因此在清偿大朱先生生前债务时，根据《民法典》第 1163 条规定，应当优先从法定继承人小朱先生和孙女士所继承的遗产份额中清偿，剩余不足的部分才能由小明继承的遗产清偿。

可以说这一规则充分体现了《民法典》对被继承人意思自由的尊重，正是为了最大限度地保障其遗愿的实现，所以法律在分配遗产时才会选择优先保护遗嘱继承人和受遗赠人的权益。相比之下，法定继承人仅是基于与被继承人具有一定的身份关系而获得遗产，并非基于被继承人的意思表示，根据权责一致原则，其相应地应当优先承担起清偿被继承人债务和税款的责任。

◉ 根据债务种类决定清偿顺序

在确定了遗产债务的范围和清偿责任的分配后，由于大朱先生所负债务分为各种类别，所以应当根据其优先级来决定清偿顺序。对清偿债务的种类，虽然《民法典》中没有明确规定，但是根据法理和司法实践中的做法，一般而言，为了保障国家税收，被继承人遗产应当优先用于清偿税款，其次清偿担保债权等优先债权，最后才轮到清偿普通债权。

所谓优先债权，是指债权人在遗产上有抵押权、质权、留置权等情形的债权，如大朱先生将自己的房产抵押给银行，在其去世前尚未清偿债务取回该房，则银行作为享有这种特别担保的优先债权人应当先于普通债权人而得到清偿。但是，如果提供担保之物或权利不足以清偿其债务时，则其不足的部分仍然应当与普通债权处于同一清偿顺序而受清偿。

而普通债权是相对于优先债权而言的，即没有上述优先权的债权。所有只有在优先债权清偿完毕以后，再清偿普通债权。对普通债权的清偿应以继承人已经知道的债权(包括债权人已经表明的债权)为限。如果被继承人的遗产在清偿了优先债权以后,不够清偿继承人已知的普通债权,则应当根据公平原则,对各项普通债权按其数额的比例计算,分别予以偿还。

专业提示

遗产债务清偿这一命题中包含了多种利益和价值的冲突与碰撞,这也是《民法典》作为市民生活的百科全书在继承领域的鲜明体现。所以为了平衡和协调各矛盾,《民法典》在原则之外还设置了许多例外,以维护遗产债权人和继承人群体之间的微妙关系。例如,为了维护社会秩序和实现公平正义的需要,在必要情况下意思自治原则应当让位于保护债权人利益原则。根据《民法典》第 1162 条规定:“执行遗赠不得妨碍清偿遗赠人依法应当缴纳的税款和债务。”大朱先生的遗产应当优先用于债务清偿,剩余遗产才能按照其遗嘱的要求作为遗赠财产交由其孙子小明继承,如果没有剩余,则不再执行遗赠。这一规定体现《民法典》保障债权人的合法权益,防止被继承人通过遗嘱、遗赠等方式转移财产、逃避债务。

76. 继承开始后，该如何选任遗产管理人？

小朱先生想要知道,应当由谁以及如何处理大朱先生的遗产呢?

专业解析

要解答这个问题,我们需要先了解什么是遗产管理人,以及其在法律上的规定。

◉ 初识遗产管理人

遗产管理人制度作为《民法典》继承编中的新亮点,旨在应对继承开始后可能遭遇的多种复杂情况。依据法律规定,继承的启动以被继承人离世为标志。然而,在实际操作中,诸如遗产范围界定不明、继承人身份争议、受遗赠人尚未表态是否接受馈赠、遗产面临无人继承困境,或是被继承人生前债务亟待清偿等因素,常导致遗产无法立即进行有序分割,进而陷入管理缺失或混乱的局面。

正是在此背景下,遗产管理人的概念应运而生,它是指在继承开始后至遗产分割前,负责管理遗产、处理与遗产相关事务的特定主体。遗产管理人的设立,旨在确保遗产得到妥善保存、管理和分配,保护继承人和债权人的合法权益。其核心价值在于通过第三方介入,确保在继承过渡期内,被继承人的遗产能够得到妥善保存与有效管理,从而推动遗产分配的合法化、合理化进程,并有力保障继承人及债权人的合法权益得以公平、迅速的实现。那么,既然遗产管理人具有如此重大的作用,我们应当怎样选出一位合格的遗产管理人呢?

◉ 遗嘱管理人的选任

根据《民法典》第 1145 条规定:"继承开始后,遗嘱执行人为遗产管理人;没有遗嘱执行人的,继承人应当及时推选遗产管理人;继承人未推选的,由继承人共同担任遗产管理人;没有继承人或者继承人均放弃继承的,由被继承人生前住所地的民政部门或者村民委员会担任遗产管理人。"遗产管理人的选任应遵循以下顺序:

第一,在遗嘱中指定。《民法典》第 1133 条第 1 款明确规定:"自然人可以依照本法规定立遗嘱处分个人财产,并可以指定遗嘱执行人。"如果被继承人在遗嘱中明确指定了遗嘱执行人,则该遗嘱执行人即为遗产管理人。

第二,由继承人推选。在没有遗嘱执行人的情况下,应由继承人及时推选遗产管理人。孙女士和小朱先生作为大朱先生的法定继承人,可以共同推选一名他们信任的遗产管理人。如果双方无法达成一致,《民法典》第 1146 条规定:"对遗产管理人的确定有争议的,利害关系人可以向人民法院申请指定遗产管理人。"利害关系人可以向人民法院申请指定遗产管理人。目前虽然法律中并未有明确规定选定遗产管理人的程序,但通常认为指定遗产管理人案件应通过特别程序处理,即非讼程序。

第三,全体继承人共同担任。如果继承人未能在合理期限内推选出遗产管理人,则应由全体继承人共同担任遗产管理人。若孙女士和小朱先生无法推选出合适的遗产管理人,且双方均愿意参与遗产管理,则他们可以共同担任遗产管理人。

第四,由民政部门或村民委员会担任。在没有继承人或者继承人均放弃继承的情况下,由被继承人生前住所地的民政部门或者村民委员会担任遗产管理人。如果小朱先生和孙女士最终都选择放弃继承权,则将由当地民政部门或者村民委员会担任遗产管理人。

◉ "利害关系人"请求法院指定遗产管理人

通过上述方式选任出遗产管理人后,如果有人对选任结果不满意,是否可以申请重新选任呢？答案是肯定的，但不是谁都可以申请。根据《民法典》第1146条规定，对遗产管理人的确定有争议的，利害关系人可以向人民法院申请指定遗产管理人。在涉及遗产管理和利害关系人的法律事务中，我们首先需要明确利害关系人的定义及其在法律框架下的地位。《民法典》中并未明确指出何为利害关系人，但是司法实践中一般认为利害关系人主要是指与遗产处理有直接或间接法律关系的主体。这些主体可能因继承、受遗赠、债权或其他法定职责而与遗产产生法律上的联系。具体包括：

第一，继承人和受遗赠人。他们因遗嘱或者法定继承的规定，对遗产享有直接的财产权益，因此是显而易见的利害关系人。

第二，遗产债权人。虽然他们不直接享有遗产的所有权，但遗产的处理将直接影响其债权的实现，因此也被视为利害关系人。

第三，法律赋予管理职责的单位组织，如民政部门或者村民委员会。在特定情况下（如无继承人或继承人均放弃继承），这些单位将担任遗产管理人，负责遗产的管理和分配。

此外，在特定案例中，如在江苏省太仓市人民法院作出的（2022）苏0585民特32号民事判决书中，虽然顾某甲、顾某乙、顾某丙并非传统意义上的继承人或债权人，但他们因为对被继承人生前进行了事实上的扶养，可以分得适当的遗产，即《民法典》第1131条规定的“对继承人以外的依靠被继承人扶养的人，或者继承人以外的对被继承人扶养较多的人，可以分给适当的遗产”。因此，他们也被视为对遗产享有直接财产权益的主体，可以作为利害关系人向法院申请指定遗产管理人。

这一案例不仅为“利害关系人”申请指定遗产管理人提供了有力的法律依据，让“利害关系人”的概念更加丰富多彩，更在无形中推动了遗产管理人制度的完善和发展，彰显了法律对人性的关怀。同时，它也向全社会传递了一个积极的信息：在法律的框架内，每一个对他人付出真心和关爱的人都有可能得到应有的回报和尊重。

专业提示

遗产管理制度为债权人在遗产无人继承或所有继承人均明示放弃继承的特殊情境下提供了一个明确的法律途径，有效避免了因缺乏合适诉讼主体而导致的法律程序停滞不前，确保了法律正义的及时伸张。但实际上，担任遗产管理人的往往不是专业组织，如果其在履行职责过程中造成有关人员的利益损害应当如何处理呢？在此情况下，根据《民法典》第1148条规定："遗产管理人应当依法履行职责，因故意或者重大过失造成继承人、受遗赠人、债权人损害的，应当承担民事责任。"受侵害人可以请求管理人承担侵权责任，情节严重时还可以根据《民事诉讼法》第197条规定的"遗产管理人违反遗产管理职责，严重侵害继承人、受遗赠人或者债权人合法权益的，人民法院可以根据利害关系人的申请，撤销其遗产管理人资格，并依法指定新的遗产管理人"请求法院撤销其管理人资格并重新选任。

77. 口头放弃继承有效吗？

在遗产处理过程中，孙女士曾口头向小朱先生表示放弃对大朱先生遗产的继承权。然而，在遗产分配时，孙女士又提出要求继承部分遗产，请问，孙女士之前口头表示放弃继承的行为是否具有法律效力呢？

专业解析

要解答这个问题，我们需要了解法律上对放弃继承有哪些规定。

◉ 放弃继承需要满足的条件

继承权作为法律赋予继承人的一项权利，其享有与否是可以由当事人自行决定的，然而，在法律的天平上，每一项决定都有其精准的度量衡。《民法典》第1124条明确规定："继承开始后，继承人放弃继承的，应当在遗产处理前，以书面形式作出放弃继承的表示；没有表示的，视为接受继承。受遗赠人应当在知道受遗赠后六十日内，作出接受或者放弃受遗赠的表示；到期没有表示的，视为放弃受遗赠。"由此可见，继承人虽然可以选择放弃自己的继承权，但是放弃继承涉及各方面的利益冲突和复杂的法律关系，具有重大意义，因此法律对其规定了明确的条件和要求。

从形式上来看，继承人应以书面形式明确地表达。书面形式能够清晰、明确地表达继承人的意愿，避免口头承诺可能带来的模糊性和不确定性。通过书面形式，继承人可以准确无误地表明自己放弃继承权的决定,减少因表达不清或理解偏差而产生的争议。此外,在法律程序中,书面形式通常具有更高的证据效力。一旦继承人以书面形式放弃继承权,这份文件将成为法律认可的有效证据,有助于在后续可能出现的继承纠纷中保护继承人的权益。这一规定充分体现了法律对继承人个人意愿的尊重和保护,避免其受到他人的干扰或强迫。

从放弃继承权的时间点来看,根据《最高人民法院关于适用〈中华人民共和国民法典〉继承编的解释(一)》第 35 条规定:“继承人放弃继承的意思表示,应当在继承开始后、遗产分割前作出。遗产分割后表示放弃的不再是继承权,而是所有权。”这意味着,如果在继承开始前,继承人无论采取了口头还是书面形式放弃继承权都是无效的,这是因为在被继承人在世时继承权还没有产生,又何谈放弃呢?

从表示的对象来看,放弃继承作为一种相对人的意思表示,法律对其表示的对象也作出了明确规定。《最高人民法院关于适用〈中华人民共和国民法典〉继承编的解释(一)》第 33 条规定:“继承人放弃继承应当以书面形式向遗产管理人或者其他继承人表示。”此外,继承人在关于遗产继承的诉讼中向法院表示放弃继承也是合法有效的。

从法定义务的限制来看,放弃继承不得影响继承人法定义务的履行。这主要体现在《最高人民法院关于适用〈中华人民共和国民法典〉继承编的解释(一)》第 32 条规定中,即“继承人因放弃继承权,致其不能履行法定义务的,放弃继承权的行为无效”;以及《最高人民法院关于适用〈中华人民共和国民法典〉婚姻家庭编的解释(二)》第 11 条的规定中,即“夫妻一方以另一方可继承的财产为夫妻共同财产、放弃继承侵害夫妻共同财产利益为由主张另一方放弃继承无效的,人民法院不予支持,但有证据证明放弃继承导致放弃一方不能履行法定扶养义务的除外”。这是为了防止继承人通过放弃继承权来逃避其应尽的法定义务,如夫妻之间的扶养义务、父母对子女的抚养义务、子女对父母的赡养义务以及清偿被继承人生前债务等。如果放弃继承权将导致这些法定义务无法履行,那么该放弃行为将被视为无效。

孙女士选择了口头方式向小朱先生表示放弃继承,虽然这一行为满足了其他的条件,但在法律面前,形式往往比内容更为关键。因此,根据《民法典》的规定,孙女士的口头放弃继承不具备法律效力,应视为其未放弃继承权。

◉ 口头放弃继承的特殊情况

然而,有原则就有例外,虽然《民法典》要求放弃继承应以书面形式进行,但在某些特殊情况下,口头放弃也可能被认定有效。

根据《最高人民法院关于适用〈中华人民共和国民法典〉继承编的解释(一)》第

34 条规定："在诉讼中，继承人向人民法院以口头方式表示放弃继承的，要制作笔录，由放弃继承的人签名。"笔录作为人民法院不可或缺的诉讼文书，是审理案件的关键材料。它不仅详细记录了案件的审理与诉讼过程，还真实反映了当事人的意愿与诉求，对明确各方权利义务至关重要。法庭笔录通过准确、清晰、全面的方式，忠实记录了案件事实、证据及庭审活动，为法院裁决提供了坚实的文字依据。

放弃继承的当事人需在笔录上亲笔签名，这一行为不仅是其真实意愿的体现，也是防止伪造、确保法律效力的关键步骤，这也意味着放弃继承权的行为不能由他人代为做出。签名需使用正式姓名，以体现法律的严肃性。因此，如果孙女士因为身体状况无法以书面形式进行意思表示，那么她可以选择在诉讼中向人民法院表达放弃继承权的意愿，当该意愿被法院在庭审过程中制作为笔录并由孙女士亲笔签名后，实际上口头形式已经转化为了书面形式，其真实性和严谨性都有所保证，法律自然会认可该行为的效力。

这里所说的"诉讼"并不仅限于由遗产继承纠纷引起的诉讼，继承人在其他类型的诉讼中所作出的意思表示，只要满足相关要求就是有效的。

专业提示

虽然原则上放弃继承是一项要式的法律行为，但是为了满足民众的司法需求和应对实践中的具体难题，在特殊情况下口头放弃继承也是有效的。此外，根据《最高人民法院关于适用〈中华人民共和国民法典〉继承编的解释（一）》第 36 条规定："遗产处理前或者在诉讼进行中，继承人对放弃继承反悔的，由人民法院根据其提出的具体理由，决定是否承认。遗产处理后，继承人对放弃继承反悔的，不予承认。"这意味着虽然继承人成功放弃继承权，但如果有特定的理由，甚至还能够反悔，如继承人放弃继承后遭遇了突发事件导致其经济状况无法维持其正常生活，基于此继承人可以向人民法院申请撤销放弃继承权行为。然而，由于孙女士口头放弃继承权的行为是无效的，所以也就不存在撤销一说。由此可见，法律并非总是一成不变，在许多原则之外也有例外，这为实际运用保留了变通的余地，充分体现了民法的人文关怀。

78. 丈夫放弃继承，妻子能否主张放弃继承无效？

大朱先生的遗嘱中载明其给小朱先生留有 20 万元的现金。小朱先生准备表示放弃这 20 万元的继承权。因小朱先生投资失败，目前一家人生活十分拮据，如果小朱先生放弃这笔现金的继承权，将会影响到小红、小明的健康成长，与小朱先生尚在婚姻存续期的汪女士能否主张小朱先生放弃继承权的行为无效？

专业解析

要回答这个问题，我们首先要了解法律对放弃继承是如何规定的，再进一步探索法律对配偶放弃继承权的规定。

◉ 放弃继承的初认识

所谓放弃继承，即继承开始后继承人不接受被继承人遗产。继承人放弃继承后，不再享有其放弃的遗产继承权。

放弃继承的意思表示通常在继承开始后，遗产处理前作出。并且放弃继承的意思表示必须以明确表示的形式作出，以书面形式为原则，且这种表示需要传达给其他继承人。另外，根据《最高人民法院关于适用〈中华人民共和国民法典〉继承编的解释（一）》第 34 条规定："在诉讼中，继承人向人民法院以口头方式表示放弃继承的，要制作笔录，由放弃继承的人签名。"放弃继承的意思表示应当由具有民事行为能力的继承人亲自作出。法定代理人一般不能代理无民事行为能力人或限制民事行为能力人作出放弃继承的意思表示，除非不放弃继承对继承人有利益损害。而且放弃继承的意思表示必须是真实的意思表示。如果继承人因受欺骗、胁迫等，违背真实意思而作出放弃继承的意思表示，则放弃继承的行为无效。

放弃继承一般会产生两方面的效力：一是不履行法定义务的效力。《民法典》第 1161 条第 2 款规定："继承人放弃继承的，对被继承人依法应当缴纳的税款和债务可以不负清偿责任。"二是时间方面的效力。放弃继承的效力，可追溯到继承开始的时间。

◉ 配偶是否有权主张放弃继承的行为无效

为限制放弃继承对继承人法定义务的影响，《最高人民法院关于适用〈中华人民共和国民法典〉继承编的解释（一）》第 32 条规定："继承人因放弃继承权，致其不能履行法定义务的，放弃继承权的行为无效。"如继承人不能以拒绝支付丧葬费为由而放弃继承。

该条款所指的"法定义务"应首先被认定为是继承人对被继承人履行的法定义务。那么,该法定义务能否被扩大解释为或涵盖继承人对与被继承人无血缘关系的继承人的配偶履行的法定义务呢？即夫妻一方放弃继承权,配偶一方能否主张放弃继承权无效呢？

根据《最高人民法院关于适用〈中华人民共和国民法典〉婚姻家庭编的解释(二)》第 11 条的规定:"夫妻一方以另一方可继承的财产为夫妻共同财产、放弃继承侵害夫妻共同财产利益为由主张另一方放弃继承无效的,人民法院不予支持,但有证据证明放弃继承导致放弃一方不能履行法定扶养义务的除外",通过继承获取财产后,可能增加夫妻共同财产,而继承人放弃继承客观上可能会导致夫妻共同财产并不增加。但是,这并不代表另一方可以因共同财产利益受损主张放弃继承无效。因为放弃继承是每一个人的自由,任何人都享有接受遗产或不接受遗产的自由,财产利益的未增加并不属于"不能履行法定义务"的范畴。

继承权被视为享有继承权的一方的个人权利,另一方并不享有继承权。因此,享有继承权的一方有权单方面作出放弃继承的决定,而另一方无权干涉。如果享有继承权的一方放弃继承会导致其无法履行法定义务,那么这种放弃继承的行为将被视为无效。本来小朱先生就有无力负担对孩子的抚养义务的迹象,如果放弃遗产的继承权,将导致家庭生活陷入严重困难的境地,难以保障孩子的成长需求,在有证据证明的前提下,汪女士有权主张这种放弃行为无效。

专业提示

在《最高人民法院关于适用〈中华人民共和国民法典〉继承编的解释(一)》中规定了继承人不能履行对被继承人的法定义务时,放弃继承的行为会无效,但是此种法定义务能否扩大到对他人的法定义务呢？当时的法律并未给出一个明确的回复。《最高人民法院关于适用〈中华人民共和国民法典〉婚姻家庭编的解释(二)》第 11 条在此基础上,更进一步明确阐述了夫妻一方放弃继承的效力问题。在夫妻一方亲属去世的情况下,有时会出现一方放弃继承的情况,而另一方可能对此持有异议,甚至通过法律途径主张放弃继承无效。这种情况在实践中并不罕见。

继承权通常被视为享有继承权的一方的个人权利,另一方并不享有继承权。因此,享有继承权的一方有权单方面作出放弃继承的决定,夫妻另一方是无权干涉的。《最高人民法院关于适用〈中华人民共和国民法典〉婚姻家庭编的解释(二)》第 11 条对这一观点进行了明确确认。

然而,《最高人民法院关于适用〈中华人民共和国民法典〉婚姻家庭编的解释(二)》第 11 条也规定了一个例外情形。如果享有继承权的一方放弃继承会导致其无法履行法定扶养义务,那么这种放弃继承的行为将被视为无效。尽管这种情况在实践中相对少见,但这一例外情形的规定为处理此类问题提供了灵活性,仍然是非常必要的。按照《最高人民法院关于适用〈中华人民共和国民法典〉婚姻家庭编的解释(二)》第 11 条的规范指引,如果小朱先生放弃遗产的继承权,将导致家庭生活陷入严重困难的境地,难以保障小红、小明的成长需求,在有证据证明的前提下,汪女士有权主张这种放弃行为无效。

79. 非农村户口是否有权继承农村宅基地及其地上房屋?

大朱先生在遗嘱中确认宅基地及其地上附属房屋归儿子小朱先生所有。小朱女士对这一宅基地的继承提出异议,她认为小朱先生并非农村户口,无权继承农村宅基地。小朱先生想要知道,他是否有权继承该处宅基地及其地上房屋?

专业解析

要解答这个问题,我们需要了解宅基地是什么及其在法律上的规定。

◉ 农村宅基地的法律属性

首先,我们需要明确宅基地的法律属性。根据《土地管理法》第 9 条第 2 款规定:“……宅基地和自留地、自留山,属于农民集体所有。”《宪法》第 10 条第 1 款和第 2 款规定:“城市的土地属于国家所有。农村和城市郊区的土地,除由法律规定属于国家所有的以外，属于集体所有；宅基地和自留地、自留山，也属于集体所有。”可见，宅基地本身并不是村民的私有财产，而是农村集体经济组织分配给成员用于建造住宅及其附属设施的集体建设用地，其所有权归村集体所有。

其次，根据《民法典》第362条规定：“宅基地使用权人依法对集体所有的土地享有占有和使用的权利，有权依法利用该土地建造住宅及其附属设施。”村民能够享有宅基地的使用权。然而，为了保护农村土地资源的合理利用和农民基本居住权利，法律对这种使用权设置了一定的限制：

从主体上看，宅基地使用权具有严格的人身依附性，其取得、交换和流转通常只能在本村集体经济组织的成员之间进行，非农村集体经济组织无权参与。

从权利性质上看，宅基地使用权具有福利性和社会保障性，即村民使用宅基地往往是无偿的，不需要支付任何费用。

从分配原则上看，根据《土地管理法》第62条第1款规定：“农村村民一户只能拥有一处宅基地，其宅基地的面积不得超过省、自治区、直辖市规定的标准。”宅基地分配遵循“一户一地”原则，即宅基地以户为单位进行分配和管理，户内的成员均享有建造、使用宅基地及其地上房屋以及获得相应收益的权利。但是，如果户主将该处宅基地的使用权向村集体内部其他人（没有分配到宅基地的成员）转让后，将不得再次申请宅基地。

◉ 宅基地使用权及其地上房屋权利归属认定

那么村民享有的宅基地使用权是否能够被继承呢，答案是否定的。这是因为《民法典》第1122条明确规定，遗产是自然人死亡时遗留的个人合法财产。宅基地作为集体所有的土地，其使用权并不属于个人遗产的范畴，因此不能直接通过继承的方式转移给非集体经济组织的成员。这意味着，即使大朱先生在遗嘱中明确表示将宅基地及其地上房屋归小朱先生所有，由于小朱先生为非农村户口，他也并不具备直接继承宅基地使用权的资格。这样看来，小朱女士的主张似乎有一定的道理，然而事实上，宅基地使用权和宅基地上建造的房屋并不相同，接下来让我们继续分析该房屋的权利归属问题。

与宅基地使用权不同，宅基地上建造的房屋属于公民的个人合法财产。因为根据《民法典》第231条规定：“因合法建造、拆除房屋等事实行为设立或者消灭物权的，自事实行为成就时发生效力。”这意味着，自房屋建造完成时，大朱先生就取得了对该房屋的所有权。

接下来，根据《民法典》第1123条规定，继承开始后，按照法定继承办理；有遗嘱的，按照遗嘱继承或者遗赠办理。大朱先生生前就已经明确订立遗嘱，对名下宅基地和房屋作出处分,只要小朱先生具备继承人的资格就完全可以继承该房屋的所有权。并且在 2020 年自然资源部发布的《对十三届全国人大三次会议第 3226 号建议的答复》第 6 条关于农村宅基地使用权登记问题中也曾明确:“农民的宅基地使用权可以依法由城镇户籍的子女继承并办理不动产登记……”因此,小朱先生按照遗嘱继承宅基地房屋所有权是合法合理的。

◉ 宅基地使用权的处理——“房地一体，地随房走”原则

综上所述,这样似乎出现了一个矛盾,那就是小朱先生虽然享有房屋所有权却因其是非农村户口而不得享有宅基地使用权,宅基地本身和宅基地房屋客观上是一个整体,如果将两者分别对待显然是不合理的,为了解决这一矛盾,实践中确立了“房地一体,地随房走”原则。

“房地一体,地随房走”原则是房地产交易的一般原则,即房屋所有权转让时,该房屋占用范围内的土地使用权亦同时被转让。这一原则最初是根据《民法典》中对建设用地使用权的相关规定衍生而来的,即《民法典》第 357 条规定“建筑物、构筑物及其附属设施转让、互换、出资或者赠与的,该建筑物、构筑物及其附属设施占用范围内的建设用地使用权一并处分”和第 397 条规定“以建筑物抵押的,该建筑物占用范围内的建设用地使用权一并抵押。以建设用地使用权抵押的,该土地上的建筑物一并抵押。抵押人未依据前款规定一并抵押的,未抵押的财产视为一并抵押”。虽然《民法典》对宅基地使用权没有明确的规定,但是由于宅基地使用权与建设用地使用权一样具有房地一体的不可分割性,司法实务中往往也参照该原则处理两者之间的关系。这样能够有效避免土地权利和房屋权利的冲突,保障交易的完整性和稳定性。

虽然小朱先生不能直接继承宅基地使用权,但基于“房地一体,地随房走”原则,他可以基于房屋所有权而继续使用宅基地。这意味着,小朱先生在继承房屋的同时,也间接地获得了宅基地的临时使用权。此外,原则上来说宅基地使用权只能在村集体内部流转,小朱先生作为城镇户口享有宅基地使用权是法律所规定的特殊情况,所以这种使用权仍然受到村集体管理规定的限制。如小朱先生不得擅自改变宅基地的用途或进行违法建设,以及当宅基地上的房屋倒塌或被拆除后小朱先生将不再享有该处宅基地的使用权,这也是“房地一体,地随房走”原则在权利消灭时的体现。

专业提示

随着城镇化进程的加快和农村土地制度的改革深化,宅基地及其房屋的继承问题可能会面临更多的挑战和变化。在处理宅基地房屋的继承问题时,应充分考虑宅基地与房屋的法律属性差异。我们应当认识到,宅基地使用权本身不能作为遗产继承,但宅基地上建造的房屋属于个人合法财产,可以依法被继承。至于非农村户口继承人无法直接继承宅基地使用权的问题,小朱先生可以考虑采用以下方案解决:一是小朱先生可以继续居住使用房屋直至其不再适合居住为止;二是小朱先生将房屋出售给符合条件的本村村民;三是小朱先生可以通过村集体组织进行宅基地使用权的调整或收回。以上解决方案不仅能够保障小朱先生的继承权益,还可以确保宅基地资源的合理利用和村民的基本居住权益,最大限度地使各方利益得到平衡。

80. 承包人死亡时还没有取得承包收益，能否由发包单位对其生前对承包投入的资金作价，将此作为遗产？

大朱先生去世时,没有对其在村里承包的 10 亩黄桃园留下遗嘱。小朱先生想把黄桃园转包给别人,被村干部阻止,说由于小朱先生户口已经迁出,不属于本集体村民,没有权利进行土地流转。小朱先生进一步说继承大朱先生种黄桃的收益。村干部以土地承包经营权不能继承为由再次拒绝。小朱先生想知道,大朱先生的承包收益能否作为遗产?

专业解析

要解答这个问题,我们首先需要了解土地承包经营权和承包收益是什么,在法律上又是怎样规定的。

◉ 土地承包经营权和承包收益的初次认识

土地承包经营是我国特有制度,土地承包经营权是我国农村土地法律制度中特有的概念。土地承包经营权，指的是土地承包经营权人为从事种植业、林业、畜牧业，对其承包的集体所有或者国家所有由农民集体使用的土地所享有的占有、使用和收益的权利。我国农村土地承包方式包括“家庭承包”和“招标、拍卖、公开协商等其他方式的承包”两种方式。大朱先生就是通过家庭承包的方式承包了村集体所有的耕地。这种承包方式具有身份性的特征，即只有本集体经济组织的成员才能承包本集体经济组织所有或者国家所有由农民集体使用的耕地。

一般认为，土地承包经营权为用益物权，且这种用益物权以享有农村集体经济组织成员身份为前提，具有一定的人身专属性。对土地承包经营权能否继承，争议较大，《农村土地承包法》《民法典》均未明确土地承包经营权是否能够继承。从我国的实际情况出发，为缓解人地矛盾，体现社会公平，对因承包人死亡，承包经营的家庭消亡的，其承包地不允许继承，应当由集体经济组织收回，并严格用于解决人地矛盾。实务上，目前多以“强调土地承包经营权取得上的集体成员身份性及其所具有的福利性和承担的社会保障功能”为由否认土地承包经营权具有继承性。

承包收益，是指承包者按照承包合同的约定，开展承包经营活动所获得的利益。收取承包收益是承包者的最基本权利。《农村土地承包法》第32条规定：“承包人应得的承包收益，依照继承法的规定继承。林地承包的承包人死亡，其继承人可以在承包期内继续承包。”基于林地种植的特殊性和社会性，在承包期间内承包人死亡，其继承人可以继续承包。当然，承包人应得的承包收益，如已收获的粮食、未收割的农作物等，作为承包人的个人财产，则应当依照继承法的规定继承。因此，小朱先生才疑惑，大朱先生承包土地种植黄桃的承包收益，是否能够被合法继承呢？

◉ 发包单位或者接续承包的人合理折价、补偿

《最高人民法院关于适用〈中华人民共和国民法典〉继承编的解释（一）》第2条规定：“承包人死亡时尚未取得承包收益的，可以将死者生前对承包所投入的资金和所付出的劳动及其增值和孳息，由发包单位或者接续承包合同的人合理折价、补偿。其价额作为遗产。”对承包人死亡时尚未取得的承包利益，本条规定可以由发包单位或者接续承包的人合理折价、补偿。发包单位或者接续承包的人可以评估承包人生前对承包所投入的资金和所付出的劳动及其增值和孳息，进行合理的折价和补偿。但这并不意味着发包单位或者接续承包的人对承包人都必然负有相应的义务或者二者应当对折价、补偿承担连带责任。由发包单位还是接续承包的人进行折价、补偿需要看具体情况。在没有其他人接续承包的情况下，承包人生前所投入的资金及其孳息、物化在承包标的物中的劳务以及承包标的物的增值实际都由发包单位所取得，发包单位获得利益且缺乏法律根据，此时发包单位构成不当得利，因此发包单位应当予

以合理折价、补偿。在有其他人接续承包的情况下，如果发包单位与接续承包的人约定由接续承包的人折价、补偿，则接续承包的人亦负有相应义务；如果发包单位与接续承包的人对此无明确约定，由于承包人生前所投入的资金和所付出的劳动及其增值和利息由接续承包的人实际享有，由接续承包的人折价、补偿也具有合理性。

◉ 承包收益的遗产继承

在承包经营中，从承包人投入资金、付出劳动到取得承包收益往往需要经过一段时间，特别是林地承包、“四荒地”承包经营中，承包人投入的资金、精力往往需要几十年才能有所回报。在被继承人尚未取得承包收益就已身故的情况下，被继承人生前对承包投入的资金和所付出的劳动及其增值和孳息并不涉及人身专属性的问题，《民法典》第124条规定：“自然人依法享有继承权。自然人合法的私有财产，可以依法继承。”承包收益当然属于被继承人死亡时遗留的合法财产，继承人可以依法继承。

大朱先生承包土地种黄桃，由于土地承包经营权具有身份性，土地承包经营权不能继承，且小朱先生的户口已经迁往外地，其并不属于本集体经济组织成员，故小朱先生无法取得土地承包经营权。但大朱先生在生前承包土地种植黄桃的承包收益，是大朱先生合法的遗产，小朱先生作为继承人，当然可以继承该笔遗产，村干部以土地承包经营权不能继承为由拒绝小朱先生的请求，是不正确的，小朱先生可以据此主张继承承包收益以维护自身的合法权益。

专业提示

农村土地承包经营制度是中国在经济改革初期为了调动农民积极性，推动农村经济发展而出台的一项重要政策，是中国农村经济改革的关键环节。这一制度为农民提供了可持续发展的土地资源，激发了农村经济的活力。目前，土地承包问题是中国农村经济面临的关键问题。如果被继承人系作为家庭全体成员的代表承包的，那么对被继承人生前对承包所投入的资金和所付出的劳动及其增值和孳息所取得的折价、补偿，是属于家庭共有财产，在分割该折价、补偿时，应当先进行家庭析产，属于被继承人的那一部分财产，才属于被继承人的遗产。

81. 附义务的遗嘱，继承人不履行义务怎么办？

大朱先生手里有一个祖传的古董花瓶，遗嘱中对古董花瓶作出了如下安排："古董花瓶归姐姐所有，但姐姐要在遗嘱生效时，支付给弟弟古董花瓶市价的一半金额。"小朱先生想知道若姐姐不履行该遗嘱所附义务该怎么办呢？

专业解析

要解答这个问题，我们首先需要了解附义务的遗嘱是什么，在法律上又是怎样规定的。

◉ 附义务的遗嘱的概念

遗嘱是遗嘱人自由处分其财产的单方法律行为，遗嘱人可以在遗嘱中自由表达其意愿。遗嘱人可以在处分财产时不附加任何的义务，也可以在遗嘱中要求遗嘱受益人必须按照其指示为或不为一定的行为。如果遗嘱人在遗嘱中明确表示遗嘱继承人或者受遗赠人在接受遗产的同时必须实施一定的行为，这种遗嘱即为附义务的遗嘱。相对纯受益性的遗嘱而言，附义务遗嘱也称为负担遗嘱。简单来讲就是，自然人订立遗嘱、处分自己的财产，有权要求遗嘱继承人承担一定的义务，当然继承人也可以选择是否负担义务，若负担义务便能够享受遗嘱继承权；若不负担义务，就要放弃相应的遗嘱继承权。

附义务的遗嘱不同于附条件的遗嘱。附义务的遗嘱所附的义务是遗嘱继承人或受遗赠人必须实行的某种行为，具有确定性。而附条件的遗嘱中所附的条件是否能够成就则是处于不确定的状态，该条件可能成就，也可能不成就。在附义务的遗嘱中，取得遗产的权利和履行某种义务是一一对应、密切联系的。遗嘱人可以在遗嘱中为遗嘱继承人或者受遗赠人设定一定的义务，继承人或受遗赠人如果想要取得遗产，就必须履行相应的义务，这种义务的履行具有一定的强制性。当然，遗嘱继承人或受遗赠人也可以通过放弃取得遗产的方式不履行该义务。

例如，张大爷有 3 个孩子，大儿子是张大明、小儿子是张小明、女儿是张小花，张大爷在市区内有一套 80 平方米的房产，张大爷立下遗嘱："房子归张小明所有，但张小明需要支付给张大明和张小花每人各 20 万元。"这就是一个典型附义务的遗嘱行为，张小明获得房屋的所有权，所附义务是张小明需要分别支付给张大明和张小花 20 万元。

◉ 所附义务的可履行性

义务的履行和权利的享有是相辅相成、相伴而生的。《民法典》第 1144 条第 1 句规定："遗嘱继承或者遗赠附有义务的，继承人或者受遗赠人应当履行义务。"附义务的继承，继承人要履行义务，那么首要条件就是所附义务具备可履行性。鉴于现实生活的复杂性，不排除遗嘱人在遗嘱中所附的义务属于不法义务、客观不能义务、内容已履行义务等情形。所谓不法义务是指以违法或者违背公序良俗的事项为履行内容的义务，例如，要求在继承遗产后应当履行与特定人结婚或者离婚的义务，这种不法义务侵犯了公民的婚姻自由权，对应的部分内容应当被认定为无效。所谓客观不能义务是指以客观上不能完成的事项作为履行内容的义务。所谓内容已履行义务是指客观上已经履行的义务不具备再履行性或再次履行没有意义。若所附义务不具有可履行性，那么附有该义务就失去了意义。

◉ 附义务的遗嘱的实现与保护

附义务的遗嘱的生效与否并不取决于遗嘱继承人或者受遗赠人是否履行了遗嘱规定的义务。换言之，履行义务并不是遗嘱生效的前提，无论遗嘱继承人或受遗赠人是否履行了相应义务，该遗嘱都可以生效。那么附义务的遗嘱应该如何实现和保护呢？《最高人民法院关于适用〈中华人民共和国民法典〉继承编的解释（一）》第 29 条规定："附义务的遗嘱继承或者遗赠，如义务能够履行，而继承人、受遗赠人无正当理由不履行，经受益人或者其他继承人请求，人民法院可以取消其接受附义务部分遗产的权利，由提出请求的继承人或者受益人负责按遗嘱人的意愿履行义务，接受遗产。"尽管受益人、其他继承人都是有权提出取消继承人、受遗赠人接受附义务部分遗产的权利的主体，但不能理解为他们有负责履行遗嘱所附义务的义务。对受益人、其他继承人而言，如果他们选择不履行遗嘱所附义务，不接受该部分遗产，这也是他们的自由。但如果提出请求的继承人或者受益人愿意负责按照遗嘱人的意愿履行义务，那么此时该部分遗产不能按照法定继承处理，从遗嘱自由角度出发，该部分遗产应当由提出请求并履行遗嘱所附义务的继承人或者受益人取得。

因此，当出现遗嘱继承人不承担所附义务的情形时，相关权利人可以向人民法院提出请求，请求的事项包括两方面的内容：第一，请求人民法院取消继承人、受遗赠人接受附义务部分遗产的权利。第二，请求由自己代替被取消权利的继承人或受遗赠人的地位，在代替后，由提出请求的有关主体接受相应的遗产并履行对应的义务。也就是在取消继承人或受遗赠人的这项权利时，必须经过法定的程序，由人民法院依法进行审查。经审查确定其确属无正当理由不履行义务的，依法取消其该权利，否则即应当依法对其进行保护。

大朱先生立下遗嘱，让小朱女士拥有古董花瓶的所有权，但有支付给小朱先生一半市价的义务，若小朱女士不履行该义务，那么小朱先生便可以向人民法院请求取消小朱女士对古董花瓶继承的权利，并申请由自己向小朱女士履行支付一半市价的义务，获取古董花瓶的继承权。

专业提示

附义务的遗嘱是法律赋予自由处分其财产的遗嘱人的一项权利，遗嘱继承人有接受和拒绝的权利。但是法律并未规定遗嘱继承人或受遗赠人是应先履行义务还是先接受遗产。按照民事法律领域的法无禁止即可为的原则，遗嘱继承人或受遗赠人既可以先接受遗产，也可以先履行义务。如果其先履行了义务，但在未将义务全部履行完毕时，无正当理由不再履行，利害关系人仍可以请求人民法院取消其接受附义务部分遗产的权利，但不应全部取消，需给其分得一定的份额。

82. 符合结婚实质要件但未办理结婚登记的，婚姻关系是否有效？

大汪先生与林女士于 1982 年举办婚礼，自 1982 年年底开始以夫妻名义共同生活，然而二人一直以来并未办理婚姻登记手续。后来双方因琐事发生矛盾，开始分居生活。林女士想要与大汪先生离婚，大汪先生说二人并未办理结婚登记，分开无须离婚。林女士想知道，未办理结婚登记二人就不存在婚姻关系吗？

专业解析

要解答这个问题，我们首先需要了解婚姻关系是什么，在法律上又是怎样规定的。

◉ 婚姻关系的初认识

婚姻是一项重要的社会制度，其构成了家庭关系的重要基础，在促进社会和谐、传承社会文化等方面具有重要作用。一般看来，婚姻是指男女双方基于平等与独立的基础根据法律规定结成夫妻的关系。婚姻形成的基础为伴侣关系，同时婚姻关系也是建立家庭的基础，在情感支撑、经济合作等物质与精神方面均发挥着重要作用。结合司法实践来看，婚姻是指男女双方以缔结婚姻关系的意思表示，根据法律规定的条件和程序以夫妻名义共同生活的结合。具体而言，需要注意以下几点。首先，婚姻是男女两性的结合，即缔结婚姻关系的双方必须为异性。其次，婚姻关系中的男女双方应当是以夫妻的名义进行共同生活，这是婚姻关系区别于其他非婚同居关系的重要特点。最后，婚姻关系的男女双方以夫妻名义进行共同生活必须具有公示性，即男女双方以夫妻名义进行共同生活的事实应当为周围人所知晓。

在大汪先生看来，二人并未办理结婚登记手续，不符合法律规定，应当并未形成婚姻关系。而在林女士看来，二人一直以来以夫妻的名义进行共同生活，虽然并未进行婚姻登记，但具有夫妻之实，应当具有婚姻关系。

◉ 结婚的实质要件与形式要件

大汪先生、林女士的看法并不相同，那么在法律上是如何规定结婚条件的呢？将《民法典》规定的结婚要件按照意义进行划分，可以分为实质要件与形式要件。

具体而言，实质要件包括以下几点：第一，男女双方在自愿平等的基础上形成缔结婚姻的合意。《民法典》第 1046 条规定："结婚应当男女双方完全自愿，禁止任何一方对另一方加以强迫，禁止任何组织或者个人加以干涉。"第二，男女双方的年龄应当达到法定婚龄。《民法典》第 1047 条规定："结婚年龄，男不得早于二十二周岁，女不得早于二十周岁。"第三，男女双方间应无禁止结婚的亲属关系。《民法典》第 1048 条规定："直系血亲或者三代以内的旁系血亲禁止结婚。"

形式要件是指男女双方缔结婚姻关系应当按照法律规定的法定程序及方式进行。《民法典》第 1049 条规定："要求结婚的男女双方应当亲自到婚姻登记机关申请结婚登记。符合本法规定的，予以登记，发给结婚证。完成结婚登记，即确立婚姻关系。未办理结婚登记的，应当补办登记。"我国采取登记制，即男女双方欲缔结婚姻关系，应当根据法律规定办理婚姻登记手续。

由此可以看出，大汪先生与林女士满足结婚的实质要件，然而未办理婚姻登记，并不满足结婚的形式要件。

◉ 未办理结婚登记的关系界定

在实践生活中，像大汪先生与林女士这样满足结婚的实质要件，但并未办理婚姻登记手续的现象并不少见。在我国某些仍然保留着传统习俗的地区，男女双方以夫妻名义进行共同生活，满足结婚的实质要件但并未办理结婚登记手续的仍然存在。在这种情况下，二人的婚姻关系是否有效呢？

《最高人民法院关于适用〈中华人民共和国民法典〉婚姻家庭编的解释(一)》第 7 条规定："未依据民法典第一千零四十九条规定办理结婚登记而以夫妻名义共同生活的男女，提起诉讼要求离婚的，应当区别对待：(一) 1994 年 2 月 1 日民政部《婚姻登记管理条例》公布实施以前，男女双方已经符合结婚实质要件的，按事实婚姻处理。(二) 1994 年 2 月 1 日民政部《婚姻登记管理条例》公布实施以后，男女双方符合结婚实质要件的，人民法院应当告知其补办结婚登记。未补办结婚登记的，依据本解释第三条规定处理。"根据该条规定可知，目前司法实践中采取区分时间、区别对待的态度，以 1994 年 2 月 1 日为时间界点，对未按规定办理结婚登记而以夫妻名义共同生活的男女进行区别认定。

第一，在 1994 年 2 月 1 日民政部《婚姻登记管理条例》公布实施以前，若男女双方满足婚姻缔结的实质要件，以夫妻名义进行共同生活，但未办理婚姻登记手续，由于当时的法律认可此时男女双方形成事实婚姻，即使双方未办理结婚登记，双方之间仍然存在合法有效的婚姻关系。第二，在 1994 年 2 月 1 日民政部《婚姻登记管理条例》公布实施以后，若男女双方满足婚姻缔结的实质要件，以夫妻名义进行共同生活，但未办理婚姻登记手续，由于《婚姻登记管理条例》明确规定这种情形下婚姻无效，若双方不补办结婚登记，双方之间就不存在合法有效的婚姻关系。

小朱先生的岳父大汪先生与岳母林女士于 1982 年举办婚礼，在 1994 年 2 月 1 日民政部《婚姻登记管理条例》公布实施以前的 1982 年年底开始以夫妻名义共同生活。故虽然二人一直以来并未办理婚姻登记手续，但双方之间仍然存在合法有效的婚姻关系。

专业提示

男女双方亲自到婚姻登记机构办理婚姻登记手续，是缔结婚姻关系的必备条件之一。但需要注意的是，目前我国对事实婚姻采取的是在一定时期、一定范围内承认的态度。在 1994 年 2 月 1 日以前，若男女双方满足婚姻缔结的实质要件，即使双方未办理结婚登记，双方之间仍然存在合法有效的婚姻关系。在 1994 年 2 月 1 日以后，双方未办理结婚登记的婚姻不再被认定为事实婚姻，此时男女双方起诉离婚，人民法院告知男女双方需补办结婚登记仍未补办的，则应根据男女双方的请求，根据《最高人民法院关于适用〈中华人民共和国民法典〉婚姻家庭编的解释(一)》第 3 条"当事人提起诉讼仅请求解除同居关系的，人民法院不予受理；已经受理的，裁定驳回起诉。当事人因同居期间财产分割或者子女抚养纠纷提起诉讼的，人民法院应当受理"的规定，按照同居关系进行处理。

83. 知识产权收益何时属于夫妻共同财产，何时属于夫妻个人婚前财产？

小朱先生的岳父大汪先生是一位作家，他在与妻子林女士结婚前写就了一部名为《春江花夜》的小说，但于婚后才取得稿费。婚后，大汪先生在妻子林女士的帮助之下写就了其续作《寒江秋夜》，并取得了稿费。林女士想要知道她对这两笔稿费是否享有权利？

专业解析

要解答这个问题，我们需要了解法律上规定的夫妻共同财产与夫妻个人财产的区别，以及婚前财产的实质范围。

◉ 夫妻共同财产与夫妻个人财产的区别

夫妻财产制度是婚姻法中的一个重点内容，根据《民法典》第 1062 条和第 1065 条的规定，存在法定财产制和约定财产制的区别，法定财产制是婚后所得共同财产制，约定财产制则以夫妻具体约定为准。那么下面从法定财产制来区别夫妻共同财产和夫妻个人财产。

根据《民法典》第 1062 条规定："夫妻在婚姻关系存续期间所得的下列财产，为夫妻的共同财产，归夫妻共同所有：(一)工资、奖金、劳务报酬；(二)生产、经营、投资的收益；(三)知识产权的收益；(四)继承或者受赠的财产，但是本法第一千零六十三条第三项规定的除外；(五)其他应当归共同所有的财产。夫妻对共同财产，有平等的处理权。"根据《民法典》第 1063 条规定："下列财产为夫妻一方的个人财产：(一)一方的婚前财产；(二)一方因受到人身损害获得的赔偿或者补偿；(三)遗嘱或者赠与合同中确定只归一方的财产；(四)一方专用的生活用品；(五)其他应当归一方的财产。"

从这两条规定来看，形式上夫妻共同财产和夫妻个人财产相区别的时间点在于结婚时间的前后，即结婚前为夫妻个人财产，结婚后为夫妻共同财产。但是结合条文背后的立法目的，我们发现二者的实质区别在于：对该财产的获得夫妻双方是否赋予了共同劳动或者贡献，若存在共同劳动或者贡献的事实则属于夫妻共同财产，若不存在则属于夫妻个人财产。因为，根据《民法典》第 1062 条第 1 款第 4 项的规定，除共同继承和受赠财产中并无夫妻共同劳动或者贡献的因素之外，其他收益都是在夫妻相互扶持、共同劳动的情况下所得到的财产；而根据第 1063 条的规定，夫妻一方的财产则都是因个人原因而非夫妻共同劳动或者贡献得到的。

◉ 婚前财产的实质范围

有了上述夫妻共同财产和夫妻个人财产实质区别的认识，我们就可以对婚前财产的实质范围有一个具体的认识，即除了以结婚时间先后来认识婚前财产的范围之外，我们还需要根据夫妻婚后是否付出了共同劳动或者贡献来认定婚前财产的范围。具体而言，对个人劳动是在夫妻一方婚前付出和贡献的，而其收益是在婚后所得的，根据夫妻共同财产的背后立法目的，该笔收益属于夫妻一方的婚前财产而非夫妻共同财产。

另外，夫妻婚前财产尽管属于夫妻个人财产，但是若此婚前财产的继续增值或者收益与婚后夫妻共同劳动和贡献有关系，那么此增值或者收益部分就属于夫妻共同财产。但根据《最高人民法院关于适用〈中华人民共和国民法典〉婚姻家庭编的解释（一）》第 26 条规定，夫妻一方的婚前财产在婚后产生的孳息和自然增值因不存在婚后夫妻共同劳动和贡献的因素而不算夫妻共同财产。

◉ 知识产权收益都属于夫妻共同财产吗？

根据夫妻共同财产与夫妻个人财产的区别的条文，我们发现在婚姻关系存续期间所得的“知识产权收益”属于夫妻共同财产，接着结合《最高人民法院关于适用〈中华人民共和国民法典〉婚姻家庭编的解释（一）》第 24 条规定的“民法典第一千零六十二条第一款第三项规定的‘知识产权的收益’，是指婚姻关系存续期间，实际取得或者已经明确可以取得的财产性收益”，我们似乎可以得出结论，一切在婚姻关系存续期间一方得到的知识产权收益都属于夫妻共同财产。由此，似乎林女士对大汪先生两部著作的稿费都具有所有权，毕竟两部作品的稿费都是婚后实际取得的。

但是，实际上我们并不能当然地通过结婚时间来认定知识产权收益的法律归属。我们还需要根据对前文第二部分夫妻个人财产实质范围的认识来认定知识产权收益是属于夫妻共同财产还是夫妻个人财产。

具体而言，如果是夫妻一方在婚前已经完成的知识作品，那么由于另一方并未为该作品的产出作出贡献而不能主张权利。尽管该知识产权收益是婚后所得的，但其依旧属于夫妻个人财产而不归入夫妻共同财产之中。但是对夫妻一方在婚后完成的知识作品而言，由于存在另一方贡献的情况，故而另一方当然对该作品的收益享有权利。由此可知，林女士仅对大汪先生婚后所著续作的稿费享有合法权利，而对婚前大汪先生所著作品的稿费没有合法权利。

专业提示

某笔收益是属于夫妻共同财产还是属于夫妻个人财产，不能仅仅以结婚时间前后为认定标准，还需要结合夫妻共同财产和夫妻个人财产的实质区别来认识，即需要结合该笔收益中是否存在夫妻共同劳动或者贡献的事实来判断，尤其是就“知识产权的收益”认定而言更需如此。大汪先生的首部作品《春江花夜》是其婚前个人完成的，并未得到林女士的任何帮助，所以，尽管大汪先生于婚后才取得稿费，但该稿费依旧属于大汪先生的个人财产。然而，对大汪先生的续作《寒江秋夜》而言，由于其是婚后劳动所得，且此书的创作有林女士的帮助，所以其收益自然属于夫妻共同财产。

84. 夫妻一方死亡，共有房屋如何分割？

大汪先生意外去世，关于大汪先生和林女士在婚后共同购买的一套房产的分割问题引发了家庭内部的争议，这套房产应当如何分割？

专业解析

要解答这个问题，我们需要先了解什么是夫妻共同财产，以及其相关内容在法律上的规定。

◉ 夫妻共同财产的法律含义

婚姻，是一种社会制度。两个人成为夫妻后，双方就在法律和道德多种意义上紧密地联系在一起，这也就意味着他们结合为了一个新的整体——家庭。为了共同经营和维护自己的小家庭，夫妻二人的财产也会自然而然地发生混同，成为这个小家庭的经济基础，也就是夫妻共同财产。

根据夫妻共同财产的字面意思，生活中我们通常会将其等同于夫妻各自名下的所有财产。但在法律中，对夫妻共同财产这一概念具有明确的界定，《民法典》第1062条第1款规定：“夫妻在婚姻关系存续期间所得的下列财产，为夫妻的共同财产，归夫妻共同所有：（一）工资、奖金、劳务报酬；（二）生产、经营、投资的收益；（三）知识产权的收益；（四）继承或者受赠的财产，但是本法第一千零六十三条第三项规定的除外；（五）其他应当归共同所有的财产。”由此可见，在法律上夫妻共同财产是指在夫妻关系存续期间夫妻所共同拥有的财产。所谓夫妻关系存续期间，是指夫妻结婚后到一方死亡或者离婚之前这段时间。这期间夫妻所得的财产，除约定的外，均属于夫妻共同财产。大汪先生与林女士婚后共同购买的房产，明确登记在双方名下，属于典型的夫妻共同财产。

◉ 遗产分割的步骤

当我们知道了什么是夫妻共同财产后，接下来的问题就是如何分割大汪先生和林女士共同拥有的这套房产。根据《民法典》第 1153 条规定：“夫妻共同所有的财产，除有约定的外，遗产分割时，应当先将共同所有的财产的一半分出为配偶所有，其余的为被继承人的遗产。遗产在家庭共有财产之中的，遗产分割时，应当先分出他人的财产。”所以在夫妻二人没有约定财产份额的情况下，大汪先生去世后，该房产的一半产权应归林女士所有，另一半则作为大汪先生的遗产进行分割。

接着，我们继续对大汪先生的这部分个人遗产进行分割。根据《民法典》第 1123 条规定：“继承开始后，按照法定继承办理；有遗嘱的，按照遗嘱继承或者遗赠办理；有遗赠扶养协议的，按照协议办理。”《民法典》第 1156 条规定：“遗产分割应当有利于生产和生活需要，不损害遗产的效用。不宜分割的遗产，可以采取折价、适当补偿或者共有等方法处理。”可见，对大汪先生的个人遗产进行继承的方法是：（1）有遗嘱的按照遗嘱内容办理，没有遗嘱的按照法定继承办理。（2）不宜分割的遗产，可以采取折价、适当补偿或者共有等方法处理。

由于大汪先生生前没有留下遗嘱，所以这套房产只能根据法定继承的规则处理。《民法典》第 1127 条第 1 款、第 2 款规定：“遗产按照下列顺序继承：（一）第一顺序：配偶、子女、父母；（二）第二顺序：兄弟姐妹、祖父母、外祖父母。继承开始后，由第一顺序继承人继承，第二顺序继承人不继承；没有第一顺序继承人继承的，由第二顺序继承人继承。”大汪先生的第一顺序继承人为其配偶林女士、女儿汪女士、父亲老汪先生、母亲王女士。因此，大汪先生的遗产应由这几位继承人共同继承。

◉ 遗产分割的份额

根据《民法典》第 1130 条规定：“同一顺序继承人继承遗产的份额，一般应当均等。对生活有特殊困难又缺乏劳动能力的继承人，分配遗产时，应当予以照顾。对被继承人尽了主要扶养义务或者与被继承人共同生活的继承人，分配遗产时，可以多分。有扶养能力和有扶养条件的继承人，不尽扶养义务的，分配遗产时，应当不分或者少分。继承人协商同意的,也可以不均等。”

若林女士和汪女士、老汪先生、王女士均不存在特殊情况,则他们应均等继承大汪先生的遗产份额,即各自继承该房产遗产部分 1/8 的产权(因为遗产占房产的 1/2,由 4 人均分)。然而,如上述继承人中其中一方存在生活困难且缺乏劳动能力的情况,根据该条规定,法院在分配遗产时应予以特别考虑。这可能意味着在分配大汪先生的遗产时,会给予生活困难或缺乏劳动能力的继承人更多的份额,以保障其基本生活需求。或者上述继承人中的一方在大汪先生生前对其尽了更多的扶养义务,如长期照顾生病的配偶或父母等,这也将成为法院在分配遗产时考虑的重要因素。根据法律规定,对被继承人尽了主要扶养义务的继承人,在分配遗产时可以多分。

专业提示

逝者已矣,生者如斯。遗产分割是家庭内部的重要事务,处理不当往往会导致家庭成员之间的矛盾和纷争,这也是逝者所不愿的。在进行遗产分割时应当严格遵守相关法律法规,坚持互谅互爱的原则,维护家庭成员之间的和谐关系,避免因遗产问题而破坏家庭亲情。此外,需要注意的是,根据《民法典》第 299 条规定:“共同共有人对共有的不动产或者动产共同享有所有权。”《民法典》第 301 条规定:“处分共有的不动产或者动产以及对共有的不动产或者动产作重大修缮、变更性质或者用途的,应当经占份额三分之二以上的按份共有人或者全体共同共有人同意,但是共有人之间另有约定的除外。”当房产是夫妻共同共有的时候,其中一方离世后,其继承人继承的是该房屋的共同所有权,一般情况下不能要求分割房产,毕竟一旦分割就是分割共同共有房产的一部分,所以分割前必须经过其他共有人一致同意。

85. 丈夫死亡后，妻子是否需要继续清偿夫妻共同债务？

大汪先生去世后,大汪先生和林女士夫妻双方欠下的共同债务还未还清。债权人要求林女士偿还在他们婚姻关系存续期间双方欠下的共同债务。林女士不知道这样的情况下，法律是否规定应当偿还夫妻共同债务呢？

专业解析

妻子在丈夫去世后是否需要偿还在夫妻关系存续期间夫妻双方欠下的债务。要解答这个问题就需要了解法律对夫妻共同债务的偿还是怎样规定的。

◉ 怎样认定夫妻共同债务

首先，夫妻共同债务是指以夫妻共同财产作为一般财产担保，在夫妻共有财产的基础上设定的债务。

其次，《民法典》第 1064 条规定："夫妻双方共同签名或者夫妻一方事后追认等共同意思表示所负的债务，以及夫妻一方在婚姻关系存续期间以个人名义为家庭日常生活需要所负的债务，属于夫妻共同债务。夫妻一方在婚姻关系存续期间以个人名义超出家庭日常生活需要所负的债务，不属于夫妻共同债务；但是，债权人能够证明该债务用于夫妻共同生活、共同生产经营或者基于夫妻双方共同意思表示的除外。"所以夫妻共同债务有如下几种：第一，基于夫妻共同意思表示所负的债务，即"共债共签"制度，既可表现为夫妻双方共同签名，如借款合同、欠条上有夫妻双方签字，也可以是一方签字，事后另一方追认。第二，为日常家庭生活需要所负的债务。其用途一般包括正常的吃穿用度、子女抚养教育、老人赡养、家庭成员的医疗等，数额可结合举债方的家庭收入、消费水平、生活习惯等综合因素考量。第三，债权人能够证明债务用于夫妻共同生活、共同生产经营或债务有夫妻合意。法律明确规定超出家庭日常生活需要所负的债务原则上不属于夫妻共同债务，由债权人能够证明该债务用于夫妻共同生活、共同生产经营或者基于夫妻双方共同意思表示的属于夫妻共同债务。

◉ 夫妻共同债务应当共同偿还

《民法典》第 1089 条规定："离婚时，夫妻共同债务应当共同偿还。共同财产不足清偿或者财产归各自所有的，由双方协议清偿；协议不成的，由人民法院判决。"《民法典》既然规定夫妻共同生活所负的债务，应当由夫妻双方共同偿还，也就表明夫妻双方的任何一方都负有清偿全部债务的义务。夫妻离婚时对夫妻共同债务各自负担的数额，无论是双方约定还是由法院判定，仅仅是离婚时夫妻内部对共同债务的处理，而不能以此为由主张债务由另一方清偿。

夫妻一方死亡，生存一方应当对婚姻关系存续期间的夫妻共同债务承担清偿责任。《民法典》第 1089 条第 1 句规定："离婚时,夫妻共同债务应当共同偿还。"法律既然规定夫妻共同生活所负的债务,应当由夫妻双方共同偿还,也就包含了夫妻双方中的任何一方都负有清偿全部债务的义务。对此,《最高人民法院关于适用〈中华人民共和国民法典〉婚姻家庭编的解释(一)》第 36 条规定:"夫或者妻一方死亡的,生存一方应当对婚姻关系存续期间的夫妻共同债务承担清偿责任。"法律明确规定,夫妻一方死亡的,生存一方只对夫妻共同债务承担清偿责任,而对夫妻一方生前欠下的个人债务,不承担清偿的义务。

综上,如果夫妻一方生前的债务被认为是夫妻共同债务,则生存一方有偿还夫妻双方共同债务的义务。反之,夫妻一方生前的债务被认为是个人债务的,则生存一方没有偿还债务的义务。大汪先生去世前欠下的债务是夫妻双方的共同债务,所以,林女士有偿还债务的义务。

◉ 夫妻一方承担清偿责任后享有追偿权

在特殊情况下,夫妻一方死亡后,另一方已经对夫妻共同负债履行清偿责任的,另一方可以行使追偿权。第一,夫妻对婚姻关系存续期间所得的财产约定归各自所有,但债权人不知道该约定,夫妻一方死亡,另一方履行了清偿责任的,另一方可以在夫妻约定财产归各自所有的范围内行使追偿权。第二,夫妻双方在一方死亡前已达成离婚协议,但离婚协议未提及该笔夫妻共同债务,或者未就该共同债务的分担达成协议,夫妻一方在达成离婚协议后死亡,另一方又实际履行了清偿责任的,另一方应当按照均等份额的原则行使追偿权。第三,夫妻双方在一方死亡前已达成离婚协议,并对夫妻共同债务的分担形成一致的意思表示,夫妻一方死亡后,另一方已实际履行了清偿责任的,另一方可以在离婚协议约定的份额和范围内行使追偿权。第四,夫妻双方在一方死亡前,人民法院已经判决离婚,但未涉及某一笔夫妻共同债务,债权人在夫妻一方死亡后又主张由另一方承担清偿责任的,另一方在履行了清偿责任后,可以根据人民法院判决中对共同财产划分的原则和标准行使追偿权。第五,夫妻双方在一方死亡前,人民法院已经判决离婚,并对夫妻共同债务的分担已作明确判决,债权人在夫妻一方死亡后又主张由另一方承担清偿责任的,另一方履行清偿责任之后,可以根据人民法院判决中确定的份额行使追偿权。

专业提示

根据《最高人民法院关于适用〈中华人民共和国民法典〉婚姻家庭编的解释(一)》第36条规定,夫或妻一方死亡的,生存一方对夫妻的共同债务是需要偿还的。而对共同债务,根据《民法典》的规定,大致有以下三种:一是基于夫妻共同意思表示所负的债务;二是为家庭日常生活需要所负的债务;三是债权人有证据证明该债务用于夫妻共同生活、共同生产经营或者基于夫妻双方共同意思表示所负。被认定为夫妻共同债务的,生存一方有偿还义务,这是为了整个社会的公平、公正,为了最大限度地保护债权人的利益。夫妻共同债务的连带清偿责任是无条件的,不以死亡一方有无遗产或夫妻双方婚后有无共同财产为条件,只要债务被认定为夫妻共同债务,生存一方就有义务承担清偿责任。

86. 子女都已经去世，老人应当由谁来赡养呢?

大汪先生是家中独子,身故后,大汪先生的妻子林女士与女儿汪女士明确表示拒绝赡养大汪先生的父亲老汪先生及母亲王女士。老王先生和王女士想请问,要求林女士与汪女士承担对二老的赡养义务是否有法律依据?

专业解析

要解答这个问题,我们需要了解赡养的概念、承担赡养义务的对象,以及法律对无子女老人赡养的相关规定。

◉ 赡养的概念与法定赡养义务人

赡养,通常指的是对老年人、丧失劳动能力或生活困难的人进行经济上的供养、生活上的照料和精神上的慰藉。

父母抚养孩子直至成年,而成年后的孩子也应当尽到赡养父母的义务,为老年人提供经济保障,保证老年人基本的生活条件,即《民法典》第26条规定“父母对未成年子女负有抚养、教育和保护的义务。成年子女对父母负有赡养、扶助和保护的义务”。

另外,有负担能力的孙子女、外孙子女也应该对老年人尽到赡养义务,即《民法典》第1074条规定,“有负担能力的祖父母、外祖父母,对于父母已经死亡或者父母无力抚养的未成年孙子女、外孙子女,有抚养的义务。有负担能力的孙子女、外孙子女,对于子女已经死亡或者子女无力赡养的祖父母、外祖父母,有赡养的义务”。

从法条中我们可以明确,并非所有孙子女、外孙子女都必须承担祖父母、外祖父母的赡养义务,其中孙子女、外孙子女承担祖父母、外祖父母的赡养义务需要满足以下3个条件:第一,祖父母、外祖父母有被赡养的需求。这一条件是指祖父母、外祖父母缺乏保障自身生活的基本条件、缺乏劳动能力或者生活存在其他困难,无法以工作谋生、无法以现有的财产满足生活所需。在此情况下,祖父母、外祖父母需要请求孙子女、外孙子女承担赡养义务。第二,祖父母、外祖父母的子女死亡或无力赡养。此处所指的子女包括祖父母、外祖父母的所有子女,在其所有子女均死亡或无力赡养的情况下,才能要求孙子女、外孙子女承担赡养义务。第三,孙子女和外孙子女有额外的负担能力。“额外”是指孙子女、外孙子女需要首先满足自己及配偶、子女等的基本生活所需,在满足自身基础所需后仍有富余,则称为“具有额外的负担能力”。在这种情况下,孙子女、外孙子女需要根据实际经济状况承担赡养义务。

老汪先生和王女士的独生子大汪先生去世后,两位老人年迈且需要专人照料,汪女士作为老汪先生和王女士的孙女,若有足额的稳定工作收入与空余时间,理应承担赡养义务。

◉ 子女的配偶是否需要承担赡养义务

《民法典》没有在法律意义上将子女配偶作为赡养义务人。根据《老年人权益保障法》第14条规定:“赡养人应当履行对老年人经济上供养、生活上照料和精神上慰藉的义务,照顾老年人的特殊需要。赡养人是指老年人的子女以及其他依法负有赡养义务的人。赡养人的配偶应当协助赡养人履行赡养义务。”该协助义务与赡养义务有所不同,且只存在于婚姻存续期间,赡养人死亡,其与配偶的婚姻关系自动解除,配偶的协助赡养义务也随之消失。

虽然子女配偶在法律上对另一方的父母并无赡养义务,但在道德层面上,国家鼓励子女配偶在一方去世后担当起赡养老年人的义务。为了鼓励子女配偶主动承担老年人的赡养义务,《民法典》第1129条规定“丧偶儿媳对公婆,丧偶女婿对岳父母,尽了主要赡养义务的,作为第一顺序继承人”。此外,儿媳也可以与公婆签订遗赠扶养协议,明确赡养义务和继承权,以保障双方的权益。

因此,子女离世后,子女配偶在法律上没有赡养公婆的强制性义务,但出于道德和情感考虑,可以选择对其提供帮助和支持。同时,如果子女配偶实际上承担了赡养责任，也可能获得法律认可和遗产继承权。

◉ 其他法律救济途径

若孙子女、外孙子女、子女配偶都无法或不愿承担赡养义务，则仍需要以其他途径保障老年人的基本生活。

老年人在有养老金或其余收入来源的情况下，可通过签订遗赠扶养协议保障自身生活。这是一种遗赠人与扶养人之间的协议，遗赠人承诺扶养人在承担遗赠人生养死葬的义务后，享有受遗赠的权利。这可以作为老人赡养的一种补充方式。《老年人权益保障法》第 36 条规定："老年人可以与集体经济组织、基层群众性自治组织、养老机构等组织或者个人签订遗赠扶养协议或者其他扶助协议。负有扶养义务的组织或者个人按照遗赠扶养协议，承担该老年人生养死葬的义务，享有受遗赠的权利。"

若存在无赡养义务人、生活无法维系的情况，也可向国家寻求帮助，即《老年人权益保障法》第 31 条规定"国家对经济困难的老年人给予基本生活、医疗、居住或者其他救助。老年人无劳动能力、无生活来源、无赡养人和扶养人，或者其赡养人和扶养人确无赡养能力或者扶养能力的，由地方各级人民政府依照有关规定给予供养或者救助。对流浪乞讨、遭受遗弃等生活无着的老年人，由地方各级人民政府依照有关规定给予救助"。

专业提示

《民法典》第 1074 条第 2 款规定："有负担能力的孙子女、外孙子女，对于子女已经死亡或者子女无力赡养的祖父母、外祖父母，有赡养的义务。"文意可见，除了"子女已经死亡"的情形，还有"子女无力赡养"这一情形也需要由孙子女、外孙子女承担赡养的义务。在实践中，"子女无力赡养"分为两种情形：一是子女的收入不足以支撑他们自己的正常生活水平，即人均月收入低于最低生活保障线；二是子女因残疾、疾病等健康问题导致其生活无法自理。这两种情形下，孙子女、外孙子女需要承担赡养的义务。另外，针对赡养义务的承担，我们不能仅局限于经济上的支持，还应当关注生活上的照料和精神上的慰藉。这意味着赡养人需要在老年人的日常生活中提供必要的帮助和支持，同时关注老年人的情感需求，确保他们在精神上得到关怀和安慰。

87. 重婚效力能补正吗？

小朱女士在与王先生结婚前曾与戴先生有过一段婚姻，但双方登记结婚后，戴先生失踪了，小朱女士及家人已报案。小朱女士未提起离婚诉讼，便与王先生缔结了婚姻。

专业解析

要解答这个问题，我们首先需要了解重婚的效力在法律上是怎样规定的。

◉ 重婚的效力

重婚，即一个人在尚未与原配偶离婚或配偶死亡的情况下，又与他人结婚。法律意义上的重婚，是指婚姻存续期间内，一方与第三人又进行了结婚登记而形成了婚姻关系。也就是后一段婚姻是经婚姻登记部门办理过结婚登记的。我国实行婚姻自由、一夫一妻制，因此法律对重婚一直持否定性评价。

我国《民法典》第 1042 条第 2 款规定："禁止重婚。禁止有配偶者与他人同居。"第 1051 条规定："有下列情形之一的，婚姻无效：（一）重婚……"第 1054 条第 1 款第 1 句规定："无效的或者被撤销的婚姻自始没有法律约束力，当事人不具有夫妻的权利和义务。"由此可知，重婚行为是违反法律规定的不道德行为，这种婚姻关系是无效的。小朱女士与戴先生缔结的婚姻就属于这种情况，即便小朱女士在与戴先生婚姻存续期间因特殊原因（如失踪）而与王先生再婚，这一行为依然构成了法律上的重婚。尽管戴先生的失踪给小朱女士的生活带来了不确定性，但这并不能成为她重婚的合理理由或借口。因此，小朱女士与王先生的婚姻从法律上讲是无效的，始终不具备法律效力。

重婚不仅导致婚姻无效，还可能给原配偶及家庭成员带来伤害，同时也会对社会道德风尚造成不良影响。我国《刑法》第 258 条也规定："有配偶而重婚的，或者明知他人有配偶而与之结婚的，处二年以下有期徒刑或者拘役。"

因此，在婚姻关系内应当遵守法律规定，珍惜婚姻家庭关系，不得实施重婚行为，否则不仅会导致婚姻无效，还会承担刑事责任。

◉ 重婚效力原则上不可补正

重婚属于无效婚姻，是否在任何情况下都无效？根据《最高人民法院关于适用〈中华人民共和国民法典〉婚姻家庭编的解释（二）》的规定，在请求确认重婚无效的诉讼中,如果提起诉讼时有效婚姻的当事人已经离婚或者配偶一方已经死亡,重婚的效力能否因此补正,应当区分重婚另一方是否善意而确立不同的规则。

《最高人民法院关于适用〈中华人民共和国民法典〉婚姻家庭编的解释(二)》第 1 条规定:“当事人依据民法典第一千零五十一条第一项规定请求确认重婚的婚姻无效,提起诉讼时合法婚姻当事人已经离婚或者配偶已经死亡,被告以此为由抗辩后一婚姻自以上情形发生时转为有效的,人民法院不予支持。”也就是如果另一方明确知道或者有充分的理由应当知道他人已经有配偶,却仍然与之进行结婚登记,这种行为不仅违背社会公序良俗,也有悖于我国法律的规定,属于被法律明确禁止的违法行为。因此,这种行为应当被视为绝对无效,其法律效力不存在任何可以对抗或者阻却的事由。也就是说,这种违法行为不可能因为某些提起诉讼时有效婚姻的当事人已经离婚或者配偶一方已经死亡的特殊理由而转变为合法行为,其违法性质是不容改变的。这一规定旨在强调法律的严肃性与婚姻制度的神圣性,防止通过任何形式对非法婚姻关系的合法化进行尝试。这表明了法律对一夫一妻制度的绝对维护,对重婚行为的否定性评价。

因此,若王先生在与小朱女士进行婚姻登记前明知小朱女士已经和戴先生缔结了婚姻,则小朱女士与王先生的婚姻绝对无效,且不具有补正途径,不会在双方提起确认婚姻无效诉讼时因为戴先生已经被宣告失踪、已经死亡或已经与小朱女士离婚等理由而具备效力。

重婚效力无补正的例外情况表明重婚的效力在原则上绝对无效,法律也不允许对重婚效力进行补证。《最高人民法院关于适用〈中华人民共和国民法典〉婚姻家庭编的解释(二)》将征求解释稿中的但书删去,表明立法者最终选择了明确否定重婚的效力“补正”,即使提起诉讼时重婚的情形已经消失,后一段婚姻也仍然无效。原因在于,重婚行为违反一夫一妻制,有悖于社会的公序良俗,是我国法律明令禁止的严重的婚姻违法行为,从性质上不应当存在阻却事由,产生从违法到合法转化的问题。因此无论申请确认婚姻无效时,重婚者是存在两个婚姻关系,还是只存余一个婚姻关系,都应确认构成重婚的婚姻无效。即使前婚已合法终止,后一婚姻关系仍为无效。这样的选择,是为了更坚决地维护一夫一妻制原则,维护婚姻关系的严肃性,同时也是为了防止有人利用重婚的“漏洞”来规避法律,为重婚行为留有“死灰复燃”的可能性,即使原婚已经解除,后婚也必须维持无效的状态。

因此,王先生与小朱女士的婚姻属于无效婚姻,若王先生对其并不知情,作为重婚中善意的一方,可以根据《民法典》第 1054 条规定,请求有过错的一方赔偿损害。

专业提示

重婚不仅违反一夫一妻的婚姻制度，而且侵犯了无过错方的人身权利，还属于社会危害行为，法律对此一贯持有禁止性评价。法律并非冰冷的条文，它饱含着社会价值观和对正义的追求。《最高人民法院关于适用〈中华人民共和国民法典〉婚姻家庭编的解释（二）》第1条看似是对重婚行为的严厉打击，但实际上也是对合法婚姻关系的有力保护，是对一夫一妻制原则的有力维护，是对千千万万家庭幸福的有力保障。王先生与小朱女士这一重婚行为是绝对无效的，小朱女士或许还需要承担一定的刑事责任。同时，在人民法院确认婚姻无效的诉讼中，王先生作为被告无法选择诉讼时在小朱女士与戴先生离婚，或者戴先生宣告死亡等法定无效婚姻情形已经消失的情况下，请求其与小朱女士的婚姻自此转为有效的，只能选择不提出上述抗辩，确认其与小朱女士的婚姻无效。

88. 夫妻一方重婚，另一方能够要求赔偿吗？

小朱女士和王先生缔结婚姻后半年，戴先生又回到了家。戴先生能够要求小朱女士给予自己赔偿吗？

专业解析

要解答这个问题，我们首先需要了解离婚损害赔偿在法律上是怎样规定的。

◉ 何为离婚损害赔偿

离婚损害赔偿，系针对夫妻关系中因一方重大过错导致婚姻破裂的情形，要求过错方对无过错方所遭受的损失进行法律上的赔偿。根据《民法典》第1043条第2款规定："夫妻应当互相忠实，互相尊重，互相关爱；家庭成员应当敬老爱幼，互相帮助，维护平等、和睦、文明的婚姻家庭关系。"此条款明确了夫妻双方在人身与财产方面所享有的权利与应承担的义务，双方均应恪守此等权利义务，保持忠诚与关爱，既享受权利亦依法履行义务。在婚姻关系存续期间，任何一方若违背上述义务，即构成对配偶权的侵犯，进而给另一方带来物质与精神层面的双重损害。鉴于此，对过错方实施损害行为进行法律制裁，并对无过错方提供相应法律救济，显得尤为必要。这彰显了《民法典》的公平原则和保护弱者理念，不仅能够补偿无过错方的损害，也具有一定程度的惩罚功能。小朱女士与王先生缔结婚姻的行为，既违反了忠诚义务，又侵犯了戴先生的配偶权，给戴先生带来了物质与精神损害。因此，小朱女士应当承担离婚损害赔偿。

◉ 重婚是否能够主张离婚损害赔偿

在婚姻关系中，若其中一方因主观过错，实施了诸如重婚、与他人同居、家庭暴力、虐待或遗弃家庭成员等严重违反婚姻家庭关系法律的行为，对无过错方造成了实际损害，并直接导致了离婚的结果，则无过错方依法享有请求损害赔偿的权利。根据《民法典》第 1091 条规定："有下列情形之一，导致离婚的，无过错方有权请求损害赔偿：（一）重婚；（二）与他人同居；（三）实施家庭暴力；（四）虐待、遗弃家庭成员；（五）有其他重大过错。"具体而言，夫妻一方提出离婚损害赔偿的请求，须符合以下法定要件：第一，一方对离婚存在过错；第二，过错方的行为构成对婚姻家庭关系的法律侵害；第三，另一方在此过程中无过错行为；第四，过错方的违法行为已造成明确的损害后果；第五，过错行为与损害结果之间存在明确的因果关系。

其中，重婚属于法定可以要求过错方承担离婚损害赔偿的事由。而针对重婚的认定，并非必须前后两段婚姻都办理了结婚登记，具体来说，重婚有两种表现形式，一是法律上的重婚，有配偶又与他人登记结婚；二是事实上的重婚，有配偶与他人未登记结婚，但以夫妻名义共同生活形成事实上的婚姻。事实上的重婚是实践中最常见的，此处的事实婚是指男女双方没有经过法定登记程序，但是办理了婚宴或者双方以夫妻名义持续、稳定地同居生活，并且周围人也将男女双方认定为夫妻的一种婚姻关系。

小朱女士在与戴先生婚姻存续的期间，和王先生缔结婚姻，办理了结婚登记，属于法律上的重婚，属于小朱女士在婚姻存续期间的重大过错，对婚姻关系与家庭和睦都造成了极大的影响，对戴先生造成了极大的伤害。因此，戴先生可以因小朱女士的重婚行为要求其承担离婚损害赔偿。

◉ 谁可以主张离婚损害赔偿

离婚损害赔偿请求权只能是夫妻双方中的无过错一方向自己的合法配偶即过错方提出。这意味着，提出离婚损害赔偿的一方必须在婚姻关系存续期间不存在《民法典》第 1091 条中列举的重大过错。离婚损害赔偿是对无过错方的弥补与保护，是对过错方的惩戒。因此，若另一方在婚姻关系中同样存在重大过错，法律并不对其进行保护与补偿。

同时,这里还排除了与过错方有重婚、同居、通奸等行为的第三人作为离婚损害赔偿制度中的赔偿义务主体,无过错方不能在离婚诉讼中向“第三者”索赔,仅能对婚姻中的过错方提出损害赔偿。

戴先生在没有实施重婚、与他人同居、家庭暴力、虐待或遗弃家庭成员等危害婚姻家庭关系的过错行为的情况下才有权提出离婚损害赔偿,若戴先生同样存在上述过错,则无权提出离婚损害赔偿。

◉ 离婚损害赔偿的内容

离婚损害赔偿主要以金钱形式进行,具体涵盖物质损害赔偿与精神损害赔偿两大类。鉴于每起离婚案件中,过错行为导致的损害具有独特性,因此赔偿金的数额亦各不相同。此数额可由夫妻双方通过协商确定;若协商未果,则由法院根据婚姻中的具体情况酌情裁决。从全国司法实践来看,离婚损害赔偿金的数额范围大致在数千元至数万元,鲜有超过 10 万元之例。

因此,戴先生要求小朱女士给予的赔偿,应基于其因小朱女士的重婚行为所遭受的实际损害来具体确定。物质损害赔偿方面,可以包括因小朱女士的过错行为直接导致的财产损失,如为维系婚姻而支出的不合理费用、因处理离婚事宜而产生的额外开销等。而精神损害赔偿,则是对戴先生因小朱女士的背叛行为所承受的精神痛苦和心理创伤的补偿,这部分赔偿的确定较为主观,需综合考虑过错行为的严重性、持续时间、社会影响以及无过错方的个人情况等因素。

专业提示

在婚姻关系中,若一方存在重大过错,无过错方可要求其进行损害赔偿,这是法律保护婚姻中的无过错方、维护实质正义的结果。同时需要注意的是,行使离婚损害赔偿权须以离婚为前提,不能不提出离婚,仅以请求离婚损害赔偿起诉,这种情况下法院不予以受理。如果双方协议离婚,已经在婚姻登记机关办理完毕离婚登记手续,仍可向法院提出离婚损害赔偿请求,但在协议离婚时已经明确表示放弃该项请求的,人民法院不予支持。如果戴先生不决定与小朱女士离婚,反而请求人民法院确认小朱女士与王先生的婚姻无效,则不能要求小朱女士承担离婚损害赔偿。如果戴先生决定与小朱女士离婚,在诉讼离婚的情况下可以向人民法院请求离婚损害赔偿,在协议离婚的情况下可以与小朱女士协商进行赔偿,也可以协议离婚后单独向法院提出离婚损害赔偿请求。

89. 如何才能确立收养关系？

小朱先生的表哥小孙先生一直未婚独居，小朱先生看表哥年龄越来越大，担心他晚年无人照顾，提议他去福利院收养一个孩子共同生活。小孙先生虽然有这个意愿，但对收养的步骤以及收养的方式不懂。对此情形，小孙先生想要知道怎样才能确立合法的收养关系？

专业解析

想知道如何确立收养关系，就必须了解什么是收养关系以及收养关系的确立在法律上是如何规定的。

◉ 收养关系的定义

收养关系是基于法律行为即收养而发生的关系。收养，是指通过一定法律程序，将他人的子女作为自己的子女加以抚养，使原来没有直系血亲关系的人们产生了法律拟制的父母和子女关系的法律行为。

◉ 收养人资格

《民法典》第 1098 条规定："收养人应当同时具备下列条件：(一) 无子女或者只有一名子女；(二) 有抚养、教育和保护被收养人的能力；(三) 未患有在医学上认为不应当收养子女的疾病；(四) 无不利于被收养人健康成长的违法犯罪记录；(五) 年满三十周岁。"

根据《民法典》的规定，收养人应当具备的条件如下：无子女或者只有一名子女，这是为了确保收养人能够有足够的精力和资源来抚养被收养人；有抚养、教育和保护被收养人的能力，收养人需要具备经济、身体和心理上的能力，以确保被收养人能够得到良好的抚养和教育；未患有在医学上认为不应当收养子女的疾病，这是为了保障被收养人的身心健康，避免疾病通过收养关系传播；无不利于被收养人健康成长的违法犯罪记录，收养人需要具备良好的道德品质和社会责任感，以确保被收养人能够在健康的环境中成长；年满 30 周岁，这是为了确保收养人具备足够的成熟度和稳定性来承担抚养子女的责任。此外，对有配偶者收养子女，应当夫妻共同收养。无配偶者收养异性子女的，收养人与被收养人的年龄应当相差 40 周岁。

小孙先生如果符合《民法典》关于收养人的规定就可以进行收养。

◉ 哪些未成年人可被收养以及送养人的资格

《民法典》第 1093 条规定："下列未成年人，可以被收养：(一)丧失父母的孤儿；(二)查找不到生父母的未成年人；(三)生父母有特殊困难无力抚养的子女。"《民法典》第 1094 条规定："下列个人、组织可以作送养人：(一)孤儿的监护人；(二)儿童福利机构；(三)有特殊困难无力抚养子女的生父母。"我国对被收养的未成年人和送养人有着明确的法律规定，必须予以遵守，法律没有规定的不具有被收养和送养人的资格。

◉ 收养的具体程序

《民法典》第 1105 条规定："收养应当向县级以上人民政府民政部门登记。收养关系自登记之日起成立。收养查找不到生父母的未成年人的，办理登记的民政部门应当在登记前予以公告。收养关系当事人愿意签订收养协议的，可以签订收养协议。收养关系当事人各方或者一方要求办理收养公证的，应当办理收养公证。县级以上人民政府民政部门应当依法进行收养评估。"

《中国公民收养子女登记办法》第 5 条第 1 款规定："收养关系当事人应当亲自到收养登记机关办理成立收养关系的登记手续。"第 6 条规定："收养人应当向收养登记机关提交收养申请书和下列证件、证明材料：(一)收养人的居民户口簿和居民身份证；(二)由收养人所在单位或者村民委员会、居民委员会出具的本人婚姻状况和抚养教育被收养人的能力等情况的证明，以及收养人出具的子女情况声明；(三)县级以上医疗机构出具的未患有在医学上认为不应当收养子女的疾病的身体健康检查证明。收养查找不到生父母的弃婴、儿童的，并应当提交收养人经常居住地卫生健康主管部门出具的收养人生育情况证明；其中收养非社会福利机构抚养的查找不到生父母的弃婴、儿童的，收养人应当提交下列证明材料：(一)收养人经常居住地卫生健康主管部门出具的收养人生育情况证明；(二)公安机关出具的捡拾弃婴、儿童报案的证明。收养继子女的，可以只提交居民户口簿、居民身份证和收养人与被收养人生父或者生母结婚的证明。对收养人出具的子女情况声明，登记机关可以进行调查核实。"第 8 条规定："收养登记机关收到收养登记申请书及有关材料后，应当自次日起 30 日内进行审查。对符合民法典规定条件的，为当事人办理收养登记，发给收养登记证，收养关系自登记之日起成立；对不符合民法典规定条件的，不予登记，并对当事人说明理由。收养查找不到生父母的弃婴、儿童的，收养登记机关应当在登记前公告查找其生父母；自公告之日起满 60 日，弃婴、儿童的生父母或者其他监护人未认领的，视为查找不到生父母的弃婴、儿童。公告期间不计算在登记办理期限内。"

小孙先生如果符合收养人资格，可以向《民法典》规定的有送养人资格的地方申请收养可被收养的未成年人，形成收养关系。具体应当向县级以上人民政府民政部门登记，收养关系自登记之日起成立。对是否签订收养协议以及收养公证的，由双方当事人协商，一方要求办理收养公证的，应当办理收养公证。

◉ 收养协议

根据我国《民法典》第 1105 条第 3 款规定，收养关系当事人可以自愿订立收养协议，以明确收养各方的权利义务，最大限度地保障被收养人的权益。但订立书面协议并非成立收养关系的必要条件。

◉ 收养公证

收养公证，是指公证机关依法对收养人领养他人子女行为的真实性、合法性给予证明。根据《民法典》第 1105 条第 4 款规定："收养关系当事人各方或者一方要求办理收养公证的，应当办理收养公证。"收养公证非建立收养关系的必经法律程序，但仍具有现实意义，办理收养公证是收养关系得到法律认可的最好方式，其目的是确保收养关系的有效性，使各方当事人正确地享有权利和履行义务，这有利于家庭和睦团结和社会的安定，从而保护儿童的合法权益，预防纠纷，减少诉讼。

专业提示

收养关系成立后，法律为收养人、被收养人以及送养人提供了全面的权益保障。这些保障措施旨在确保收养关系的合法性、稳定性和被收养人的健康成长。第一，收养人与被收养人之间的权益保障。拟制血亲关系自收养关系成立之日起建立，养父母与养子女间的权利义务关系，适用法律关于父母子女关系的规定。这表明，在法律上，养父母与养子女之间的关系等同于亲生父母与子女之间的关系。第二，监护权的转移。形成收养关系后，收养人成为被收养人的监护人，对被收养人享有监护权，负责其抚养、教育和保护。第三，继承权。在没有遗嘱或其他法律文件规定的情况下，养子女有权继承养父母的遗产；反之亦然。这体现了收养关系在法律上的平等性和继承权的保障。

90. 被收养的未成年人需要满足哪些条件？

小孙先生在继承家族血脉的传统观念影响下，决定领养一名孩子。他很喜欢小朱先生的女儿小红，不知道能不能收养小红作为自己的孩子？

专业解析

要解答这个问题，我们需要了解何为被收养人、收养人和送养人，以及在法律上是如何规定相关条件的。

◉ 被收养人、收养人、送养人

被收养人是指符合一定条件，可以被他人收养的未成年人，即《民法典》第 1093 条规定“下列未成年人，可以被收养：(一)丧失父母的孤儿；(二)查找不到生父母的未成年人；(三)生父母有特殊困难无力抚养的子女”。

收养人是指依法领养他人子女作为自己的子女的公民，他们需要满足一定的条件才能进行收养，即《民法典》第 1098 条规定“收养人应当同时具备下列条件：(一)无子女或者只有一名子女；(二)有抚养、教育和保护被收养人的能力；(三)未患有在医学上认为不应当收养子女的疾病；(四)无不利于被收养人健康成长的违法犯罪记录；(五)年满三十周岁”。这一规定罗列了 5 项条件，只有 5 项条件均符合才能收养子女。其中“年满三十周岁”是《民法典》的一项重要的修改。1992 年施行的《收养法》(已失效)规定收养人应当年满 35 周岁，其目的在于将收养人限定在不适合生育子女的人，但也出现了一些社会难题，如无法生育的夫妻在结婚 10 年之后才有资格收养子女，《民法典》对此便作出了回应，将收养人年龄限制下调至 30 周岁。

送养人是指在收养关系中，将未成年人送交他人收养的个人或组织，即《民法典》第 1094 条规定“下列个人、组织可以作送养人：(一)孤儿的监护人；(二)儿童福利机构；(三)有特殊困难无力抚养子女的生父母”。

◉ 被收养人的条件

关于被收养人的年龄限制，《民法典》相比于《收养法》作了相应的更新。《民政部关于在办理收养登记中严格区分孤儿与查找不到生父母的弃婴的通知》第 1 条规定：“我国《收养法》中所称的孤儿是指其父母死亡或人民法院宣告其父母死亡的不满十四周岁的未成年人。”这一规定严格将孤儿的年龄限制在 14 周岁以下，而《民法典》对此做了修改，删去了“不满十四周岁”的字样，放宽被收养人的年龄限制，使 14

周岁以上 18 周岁以下的未成年人也可以得到收养。

关于被收养人的身份条件。首先，丧失父母的孤儿在实务中通常是指生父母已经死亡或被宣告死亡的未满 18 周岁的未成年人。丧失生父母包括生父母死亡和被宣告死亡两种情形。宣告死亡与自然死亡具有相同的法律效果，属于法律拟制、推定的死亡。这一制度旨在保护未成年人，由于无法联系到孩子的生父母，即使其未实际死亡，但长期下落不明的状态导致其事实上无法履行对未成年人的抚养照顾义务和监护职责，这种时候需要通过宣告死亡的方式来使未成年人满足被收养人的条件。

其次，查找不到生父母的未成年人指弃婴以及被拐获救的未成年人，或是生父母被宣告死亡的未成年人。弃婴是指被生父母遗弃的婴儿，即生父母主观上具有遗弃婴儿的意愿，客观上实施了遗弃婴儿的行为。另外，对被拐获救的未成年人，即非因生父母意愿脱离监护的未成年人，实务上也主张其属于“查找不到生父母的未成年人”。

再次，生父母有特殊困难无力抚养的子女指生父母因身体健康原因、经济原因无力抚养的子女，包括以下 3 种：第一，生父母双方均生存，但均因重病、重残或经济原因无力抚养的子女；第二，生父母一方死亡或被宣告死亡，另一方因重病、重残或经济原因无力抚养的子女；第三，非婚生子女，对非婚生子女的收养不以生父母重病、重残或存在经济困难为条件。《民政部婚姻司对〈收养法〉的解答》第 5 条规定：“有特殊困难无力抚养的子女，是指有生父母或生父母一方死亡，但其生父母或生父、生母有特殊困难不能抚养教育的未满 14 周岁的子女。如生父母重病、重残，无力抚养教育的子女或由于自然灾害等原因造成其生父母无力抚养的子女，以及非婚生子女等。”

最后，收养三代以内旁系同辈血亲的子女，可以不受上述 3 种情形的限制。在三代之内的近亲属之间，由于亲缘关系较为密切，较容易形成收养关系，并且这种做法与民间传统的过继习俗相契合。因此，《民法典》对三代以内旁系同辈血亲之间的收养条件给予了一定程度的放宽。根据《民法典》第 1099 条规定，不论生父母是否面临无法抚养子女的实际困难，收养人都可以进行子女的收养。这样的法律安排旨在降低收养的门槛，同时尊重和适应民间的传统习俗。《民法典》第 1099 条第 1 款规定：“收养三代以内旁系同辈血亲的子女，可以不受本法第一千零九十三条第三项、第一千零九十四条第三项和第一千一百零二条规定的限制。”

专业提示

《民法典》第 1093 条规定："下列未成年人，可以被收养：(一)丧失父母的孤儿；(二)查找不到生父母的未成年人；(三)生父母有特殊困难无力抚养的子女。"其中第 1 项规定的"丧失父母的孤儿"在实务中的理解是指生父母已经死亡或被宣告死亡的未满 18 周岁的未成年人，但并不包括生父母被宣告失踪的情形。宣告死亡制度的作用在于结束下落不明的自然人与他人之间的人身关系和财产关系，确保社会秩序和经济活动的稳定性及连续性。宣告失踪是法律为了保护和代为管理失踪人财产而形成的制度，侧重于保护失踪人的利益，所以失踪人的身份关系并不在法律的调整范围内，其身份关系也不因宣告失踪而发生变化。因此，被宣告失踪之人的子女不应被视为丧失父母的孤儿，也就不符合被收养人的相关条件。

91. 收养儿童的法律要求和非婚生子女的法律权利

小朱先生与其情人张女士生有一私生子小阳。小阳出生后一直由其生母张女士抚养，后来张女士在海外与他人相识并结婚，进而将小阳交给小朱先生抚养。小朱先生与其父母商议后，在不顾 10 周岁小阳的意愿之下坚决将他送养给了自己的表哥小孙先生。

专业解析

要解答这个问题，我们需要了解法律规定的收养制度，尤其是送养时需要遵守的相关规定，以及有关非婚生子女的法律权利。

◉ 收养制度的简单认识

所谓收养是指将他人子女收为自己的子女，通过拟制血亲的方式在被送养子女和收养父母之间通过拟制父母子女关系进而构建家庭。我国古代将养子称为"螟蛉"，而且一直有着收养的传统，所以我国民间存在大量的收养情况。然而，这种收养不存在法律的专门规制，而是以旧有的传统封建习俗等规范进行送养和收养，所以出现了大量的道德风险问题，而且有违现代文明的要求。

所以，我国于 1991 年通过了《收养法》，以国家法律的形式规范了收养行为，建立了收养法律制度。《民法典》制定后，《收养法》建立的收养制度被整合在了婚姻家庭编中。具体而言，在《民法典》婚姻家庭编的"收养"一章中，以"收养关系的成立""收养的效力""收养关系的解除"三节分别规定了送养、收养的条件和收养程序，收养后的法律效力以及收养关系解除三部分内容，以此构成完整的收养制度。

◉ 收养儿童的具体要求

首先，《民法典》第 1093 条规定了被收养儿童的要求，即规定"下列未成年人，可以被收养：(一)丧失父母的孤儿；(二)查找不到生父母的未成年人；(三)生父母有特殊困难无力抚养的子女。"此后第 1095 条又补充了一种可被送养的儿童，即"未成年人的父母均不具备完全民事行为能力且可能严重危害该未成年人的，该未成年人的监护人可以将其送养"。根据这两个条文，我们得知共有 4 种未成年人可被送养、收养，其中两种属于孤儿，另两种虽不属于孤儿但是其父母存在特殊困难或者行为能力不足。对后两种未成年人的送养，根据《民法典》第 1097 条规定："生父母送养子女，应当双方共同送养。生父母一方不明或者查找不到的，可以单方送养。"而后第 1099 条又对前述要求作了缓和规定，即收养三代以内旁系同辈血亲的子女可以不要求送养人存在特殊困难，以及不要求无配偶收养人与异性收养子女间年龄相差 40 周岁。

其次，我们来简单看看对收养人的法律要求。《民法典》第 1098 条规定："收养人应当同时具备下列条件：(一)无子女或者只有一名子女；(二)有抚养、教育和保护被收养人的能力；(三)未患有在医学上认为不应当收养子女的疾病；(四)无不利于被收养人健康成长的违法犯罪记录；(五)年满三十周岁。"

最后，我们还需要了解一个重要的制度要求，即尊重儿童意愿原则的具体落实。《民法典》第 1104 条第 2 句规定："收养八周岁以上未成年人的，应当征得被收养人的同意。"

根据前述条文的认识，我们发现小朱先生对小阳的送养行为首先因未征得其生母同意而不符合送养条件，其次在小阳已经满 10 周岁的情况下小朱先生违背小阳意愿将其送养，更不符合送养条件。

◉ 不符合送养条件而送养的法律后果

既然小朱先生对小阳的送养行为不符合送养的具体法律要求，那么小阳和其所谓的养父小孙先生之间就不存在父母子女的法律关系。具体理由如下：

首先，根据《民法典》第 1111 条规定："自收养关系成立之日起，养父母与养子女间的权利义务关系，适用本法关于父母子女关系的规定；养子女与养父母的近亲属间的权利义务关系,适用本法关于子女与父母的近亲属关系的规定。养子女与生父母以及其他近亲属间的权利义务关系,因收养关系的成立而消除。”

其次,从该条文的反面来作解释,我们就可以知道小孙先生和小阳之间并未建立父母子女关系,而小阳与其生父小朱先生和生母张女士之间的权利义务关系也并未消除。那么,小阳依然可以请求其生父生母履行对其的监护责任和抚养义务。而小阳和小孙先生之间即使建立了事实抚养关系,该关系也不受法律保护。但是,小孙先生为抚养小阳而产生的财产支出可以根据不当得利的法律依据请求小阳的生父母予以赔偿。

◉ 非婚生子女的法律权利

根据前述介绍,我们知道小阳与小孙先生之间并未建立法律上认可的父母子女关系,而且小阳与其生父生母之间依旧存在权利义务关系。那么,作为非婚生子女的小阳是否能够同婚生子女一样享有同等的法律权利呢?对此,《民法典》第1071条明确规定了非婚生子女与婚生子女的同等性,以及相关的权利请求问题,即“非婚生子女享有与婚生子女同等的权利,任何组织或者个人不得加以危害和歧视。不直接抚养非婚生子女的生父或者生母,应当负担未成年子女或者不能独立生活的成年子女的抚养费”。如此而言,小阳对在被送养之前直接抚养他的父亲小朱先生有着同其他兄弟姐妹一样的权利请求,对不直接抚养他的母亲张女士有着抚养费的请求权。

专业提示

收养不仅能够给被收养人带来完整幸福的家庭生活,而且也能为收养人带来人伦之乐,是一种“双赢”的社会传统和法律制度。尽管如此,我们也要在法治背景下规范送养和收养行为,即需要依照《民法典》婚姻家庭编有关收养制度的规定进行送养或者收养。小朱先生送养小阳属于典型不符合送养条件的情况:首先,小朱先生在送养小阳时未依法征得小阳生母张女士的同意;其次,他们在送养小阳时严重有违小阳本人意愿,而法律要求需要征求满8周岁儿童的意愿才能送养。所以,综合这两个违法情况,小朱先生对小阳的送养行为不符合送养成立的条件,小孙先生和小阳之间依法不存在拟制的父母子女关系。小阳可以请求其生父生母履行对其的监护职责和抚养义务。即便小阳属于小朱先生的非婚生子女,也不能因为其出身问题而影响其任何法律权利。

92. 养子女的姓氏必须随养父母作出更改吗？

小孙先生通过领养程序领养了一孩子，与被领养的孩子之间性格契合，但在姓氏上产生了争议。孩子想要保留原来的姓氏，然而小孙先生却希望孩子能够随自己的姓。小孙先生想知道能否强制要求孩子跟着自己姓孙？

专业解析

要解答这个问题，我们需要了解何为姓名权，以及姓名权在法律上是如何规定的。

◉ 姓名权

姓名由两部分组成：姓氏和名字。在现代社会，姓氏是一个人姓名中的重要组成部分，相应来说，姓氏的选择权是其姓名权的重要组成部分。姓氏作为一个家族血缘关系的符号，传统上是由父母传递给孩子，它不仅反映了孩子与父母的血缘关系，还象征着个人的身份认同。名字则作为个体特征的标识，现代父母在为子女命名时，常常融入了对孩子未来的美好愿景和希望。

姓名权，是指自然人依法决定、使用和变更自己姓名并要求他人尊重自己姓名的权利，属于人格权中的一种，即《民法典》第 1012 规定“自然人享有姓名权，有权依法决定、使用、变更或者许可他人使用自己的姓名，但是不得违背公序良俗”。

被收养的孩子的姓氏问题涉及了两个关键的法律权利：一是被收养者对自己姓名的自主选择权，即姓名决定权；二是被收养者对自己姓名进行更改的权利，即姓名改动权。首先，姓名决定权赋予了个人选择自己姓名的自由。这包括了选择跟随父亲或母亲的姓氏，或者选择其他姓氏的权利。其次，姓名改动权，也被称作姓名变更权，它指的是依据法律规定，自然人有权对自身姓名进行修改。这一权利是姓名决定权的延伸，意味着个人有权在法律规定的框架内自由地更改自己的姓名。这是个人的一种基本权利，行使此权利只要不违反关于公民姓名的相关法律规定，且不违反社会公德和公序良俗，都应当被允许，不应受到他人的强迫或干涉。

◉ 姓氏选择的原则与限制

依照法律的规定，个人拥有决定和更改自己姓名的权利，包括姓氏和名字。然而，基于道德伦常和传统习俗，个人在姓氏的选择上也存在一定的传统约束。姓氏作为家族血脉的象征，在中国文化中具有深远的意义。自父系社会形成以来，子女通常继承父亲的姓氏，这一习俗已成为传统。然而，随着近现代社会男女平等观念的普及，家庭在姓氏选择上变得更加灵活。如今，子女不仅可以继承母亲的姓氏，而且在法律允许的情况下，还可以选择非父母姓氏的其他姓氏。

《民法典》第 1015 条规定："自然人应当随父姓或者母姓，但是有下列情形之一的，可以在父姓和母姓之外选取姓氏：（一）选取其他直系长辈血亲的姓氏；（二）因由法定扶养人以外的人扶养而选取扶养人姓氏；（三）有不违背公序良俗的其他正当理由。少数民族自然人的姓氏可以遵从本民族的文化传统和风俗习惯。"该条规定了自然人姓氏原则上应当随父姓或母姓，但在有正当理由的情况下可以选择父姓或母姓之外的姓氏。

◉ 养子女的姓氏选择

收养关系达成后，收养人与被收养人之间成立父母子女关系。被收养人因为收养关系的达成而获得与亲生子女相同的法律地位，并因此享有相应的权利和承担相应的义务。在确定被收养人的姓氏时，也应遵循确定婚生子女姓氏的规则，原则上应采用养父或养母的姓氏。选择让被收养儿童承袭养父或养母的姓氏，这一做法不仅象征着儿童在身份与法律地位上的转变，同时也促进了家庭结构的清晰定义和家庭成员间更紧密的联系，有利于被收养儿童更迅速和顺畅地适应他们新的家庭生活，与养父母建立和谐的关系。但这一原则并非强制性的规定。

《民法典》第 1112 条明确规定："养子女可以随养父或者养母的姓氏，经当事人协商一致，也可以保留原姓氏。"因自然人享有姓名决定权，《民法典》赋予自然人在正当理由情况下可以选择父姓或母姓之外的其他姓氏的权利。本条中直接规定当事人可在协商一致的基础上，保留养子女的原姓氏。如收养时养子女已达到一定年龄，知晓其身份，并且使用原姓氏多年，在其生活的社交范围内，人们已普遍接受养子女的原姓氏，贸然改变养子女的姓氏可能对养子女不利，因此，在各方协商一致的情况下，养子女可以保留原姓氏。

即使养子女更改了姓氏，这也并不影响他们与生父母之间的血缘关系，也不影响他们对生父母的法定权利和义务。同时，养子女在成年后，如果希望恢复原来的姓氏，也可以依法申请变更。

小孙先生主张孩子随自己姓是有正当理由的，但站在孩子的角度，孩子保留原姓氏也无可厚非。法律不仅讲法理，更讲情理。站在法律的角度，孩子保留生父母的姓氏而不更改为小孙先生的姓氏是完全可以的，若小孙先生仍然坚持孩子随自己的姓氏则需要同孩子做好协商，不得强制要求孩子随自己的姓。

专业提示

《民法典》第 1112 条明确规定："养子女可以随养父或者养母的姓氏，经当事人协商一致，也可以保留原姓氏。"本条款可以从两个层面进行理解：首先，关于保留原姓氏的问题，需要通过各方的协商来决定，涉及的当事人包括收养方、被收养的子女以及送养方。如果被收养的子女年龄过小，无法表达自己的意愿，可以由其养父母作为法定代理人代表其表达意见。其次，如果经过协商，各方未能达成共识，如送养方希望子女保留其原姓氏，而收养方希望子女随自己姓氏的情况下，若不符合本条允许保留原姓氏的条件，那么子女应遵循随养父母姓氏的规定。这体现了对养父母亲权的尊重，以及权利与义务相一致的原则。

93. 养子女是否有赡养养父母的义务？

小孙先生的养子小锋同意随小孙先生姓。小孙先生年长后由于生病，生活不能自理，生活起居均由邻居帮助，生活费、医药费均没有来源。其养子小锋未尽赡养义务，小孙先生遂向法院提起诉讼，要求养子小锋履行赡养义务。

专业解析

法律是如何规定养子女对养父母的赡养义务呢？首先，我们需要了解养子女和亲生子女与父母的法律关系有何区别，以及《民法典》规定的关于养子女成年后对养父母的义务有哪些。

◉ 养父母与养子女的法律关系

《民法典》第 1111 条规定："自收养关系成立之日起，养父母与养子女间的权利义务关系，适用本法关于父母子女关系的规定；养子女与养父母的近亲属间的权利义务关系，适用本法关于子女与父母的近亲属关系的规定。养子女与生父母以及其他近亲属间的权利义务关系，因收养关系的成立而消除。"《民法典》明确规定了收养关系成立后，养父母与养子女之间即形成法律上的父母子女关系，相互间产生法定的权利和义务,同时这种关系成立后,养子女与养父母近亲属之间也产生法定的权利义务关系。而养子女与生父母及其他近亲属间的权利义务关系则因收养关系的成立而消除。

◉ 养子女对养父母的义务

根据《民法典》第 1111 条的规定,养子女与养父母的近亲属间的权利义务关系,适用本法关于子女与父母的近亲属关系的规定。《民法典》第 1067 条规定:“父母不履行抚养义务的,未成年子女或者不能独立生活的成年子女,有要求父母给付抚养费的权利。成年子女不履行赡养义务的,缺乏劳动能力或者生活困难的父母,有要求成年子女给付赡养费的权利。”该条文第 2 款规定同样适用于养父母与养子女之间的关系,这表明养子女对养父母也有赡养的法定义务。

小孙先生把小锋抚养成人后,成年的小锋有赡养小孙先生的义务,如果小锋不履行该义务,小孙先生可以向人民法院提起诉讼,请求小锋履行义务。

◉ 养子女不履行赡养义务需要承担的法律责任

第一,民事责任。支付赡养费,成年养子女若具备赡养能力却拒绝履行赡养义务,养父母有权通过司法手段要求子女支付赡养费。这通常涉及对双方财产状况的评估与重新分配,以确保养父母的基本生活需求得到满足。财产重新分配,在诉讼过程中,法院可能会对双方的财产进行评估,并根据实际情况进行必要的重新分配,以确保养父母的经济权益不受损害。

第二,刑事责任。如果养子女不履行赡养义务的行为恶劣,构成遗弃罪,那么养子女将面临刑事责任的追究。《刑法》第 261 条规定:“对于年老、年幼、患病或者其他没有独立生活能力的人,负有扶养义务而拒绝扶养,情节恶劣的,处五年以下有期徒刑、拘役或者管制。”这意味着,在严重情况下,不履行赡养义务的养子女可能会受到刑事处罚。

◉ 养父母对养子女不履行赡养义务的救济方式

《民法典》《老年人权益保障法》《妇女权益保障法》等相关法律法规也对老年人的权益保障、家庭赡养义务等方面作出了具体规定,为养父母维护自身权益提供了更全面的法律支持。当养子女不履行赡养义务时,养父母可以通过以下方式进行救济。第一,调解与协商,养父母可以首先尝试与养子女进行协商,寻求家庭内部的和解。如果协商无果,可以寻求社区、村委会、居委会等基层组织的帮助,进行调解。这些组织通常具备调解家庭纠纷的职能,可以通过说服教育等方式,促使养子女履行赡养义务。第二,提起民事诉讼,如果调解未能解决问题,养父母可以依法向人民法院提起民事诉讼,要求养子女履行赡养义务并支付赡养费。在诉讼过程中,养父母需要提供证据证明养子女具备赡养能力且未履行赡养义务。法院将依据事实和法律作出判决，并强制执行生效的法律文书。

小锋不履行赡养义务，小孙先生首先可以与养子小锋协商解决赡养事宜。协商解决不了，小孙先生可以通过提起民事诉讼的方式，要求养子小锋履行赡养义务。

专业提示

无论是亲生子女，还是收养子女，都要履行法律规定的义务。父母的养育之恩大于天，当父母因年老、疾病等原因导致生活困难，而成年子女又拒不履行赡养义务，父母有要求成年子女履行赡养义务的权利。我国《老年人权益保障法》明确规定：赡养人应当使患病的老年人及时得到治疗和护理；对经济困难的老年人，应当提供医疗费用。对生活不能自理的老年人，赡养人应当承担照料责任；不能亲自照料的，可以按照老年人的意愿委托他人或者养老机构等照料。同时，赡养人不得以放弃继承权或者其他理由，拒绝履行赡养义务。孝老敬亲是中华民族传统美德。不履行赡养义务不仅会受到道德的谴责，还会受到法律的惩罚。希望大家能在遵守法律规定，做到赡养老人的同时，发扬中华民族传统美德，及时行孝，多陪伴父母，做到让父母老有所依、老有所安、老有所乐。

94. 如何才能解除收养关系？

小锋整日待在家里，不愿出去工作，在家啃老。平时小锋对小孙先生不管不顾，且经常和小孙先生吵架。小孙先生对小锋已经心灰意懒，小孙先生不知道该如何才能与小锋断绝关系？

专业解析

要解答这个问题，我们首先需要了解《民法典》对收养关系的解除规定了哪些明确的条件以及解除的方式。

◉ 收养关系解除的条件

《民法典》第 1114 条规定："收养人在被收养人成年以前，不得解除收养关系，但是收养人、送养人双方协议解除的除外。养子女八周岁以上的，应当征得本人同意。收养人不履行抚养义务，有虐待、遗弃等侵害未成年养子女合法权益行为的，送养人有权要求解除养父母与养子女间的收养关系。送养人、收养人不能达成解除收养关系协议的，可以向人民法院提起诉讼。"首先，收养人和送养人可以协议解除收养关系。协议解除是指收养人和送养人双方共同协商解除收养关系。这是通过协商签订合同的方式解除。协议解除收养关系时，如果养子女已年满 8 周岁，应当征得本人同意，如果养子女不同意解除收养关系，则不能协议解除收养关系。当然，如果养子女还不满 8 周岁，则无须征得养子女的同意。其次，送养人可以行使解除权解除收养关系。如果收养人不履行抚养义务，有虐待、遗弃等侵害未成年养子女合法权益行为，送养人有权要求解除养父母与养子女间的收养关系。这种情况下解除收养关系，送养人可以先与收养人协议解除收养关系，如果不能达成解除收养关系协议，送养人可以向人民法院起诉要求解除收养关系，但送养人需要证明收养人不履行抚养义务，有虐待、遗弃等侵害养子女的行为，如果证明不了，收养人又不承认，则很可能无法解除收养关系。

《民法典》第 1115 条规定："养父母与成年养子女关系恶化、无法共同生活的，可以协议解除收养关系。不能达成协议的，可以向人民法院提起诉讼。"针对成年养子女，养父母可以和成年养子女协商或者单方行使解除权解除收养关系。养子女成年之后，如果养父母与成年养子女关系恶化、无法共同生活，双方可以协议解除收养关系。双方不能达成解除收养关系协议，一方坚持要求解除收养关系的，可以向人民法院起诉，能否解除将由法院审查后作出判决。

小孙先生收养的养子小锋已经成年，并且二人关系恶化，无法共同生活。小孙先生首先可以与小锋协议解除收养关系，如果无法达成解除收养关系协议，小孙先生坚持要求解除收养关系的，可以向人民法院提起诉讼。

◉ 解除收养关系登记

《民法典》第 1116 条规定："当事人协议解除收养关系的，应当到民政部门办理解除收养关系登记。"收养关系是经公证证明的，解除收养关系应当到公证处办理解除收养关系的公证证明。协议解除收养关系的，同收养关系成立一样，体现的也是双方的共同合意，只有双方同时到民政部门办理解除收养关系登记，才便于民政部门准确查明双方合意，正确办理登记。

如果小孙先生与小锋双方协商同意解除收养关系，应当到当地县级以上民政部门办理解除收养关系登记。如果他们的收养关系经过公证证明，应当到公证处办理解除收养关系证明。民政部门查明双方的协议解除符合有关规定的，依法办理登记，收养关系自登记之日起解除。

◉ 解除收养关系的法律效果

《民法典》第 1117 条规定："收养关系解除后，养子女与养父母以及其他近亲属间的权利义务关系即行消除，与生父母以及其他近亲属间的权利义务关系自行恢复。但是，成年养子女与生父母以及其他近亲属间的权利义务关系是否恢复，可以协商确定。"本条规定了在收养关系解除后，养子女与养父母以及其他近亲属间的权利义务关系即行消除，而与生父母以及其他近亲属间的权利义务关系自行恢复，无须办理任何手续。同时，也不区分协议解除还是诉讼解除，均产生此种法律后果。

《民法典》第 1118 条规定："收养关系解除后，经养父母抚养的成年养子女，对缺乏劳动能力又缺乏生活来源的养父母，应当给付生活费。因养子女成年后虐待、遗弃养父母而解除收养关系的，养父母可以要求养子女补偿收养期间支出的抚养费。生父母要求解除收养关系的，养父母可以要求生父母适当补偿收养期间支出的抚养费；但是，因养父母虐待、遗弃养子女而解除收养关系的除外。"

收养关系存续期间，收养人除了要付出时间和精力尽心照顾未成年养子女之外，还要为养子女的健康成长支出生活费、教育费、医疗费等各方面费用。在收养关系一直维持的情况下，收养人在精神和物质方面的付出可以通过将来养子女成年后履行赡养、扶助义务得到回报和补偿。但是，在收养关系解除后，收养人在收养关系存续期间所付出的各项费用便无法通过被收养人将来履行赡养、扶助义务的方式得到补偿。此时，从权利义务相对等的角度出发，立法需要对双方进行利益上的平衡。

专业提示

收养关系的解除必须遵循法律程序，确保合法性。无论是协议解除还是诉讼解除，都需要符合《民法典》等相关法律法规的规定。法律在解除收养关系时，力求保护各方当事人的合法权益。例如，在解除收养关系后，对缺乏劳动能力又缺乏生活来源的养父母，养子女有给付生活费的义务。这体现了法律的公平和正义。解除收养关系需要遵循一定的程序，包括协议解除的登记程序、诉讼解除的司法程序等。这些程序确保了解除过程的规范性和严肃性。

收养关系的解除是一个需要谨慎对待的问题。在解除过程中，需要遵循法律程序、考虑伦理因素、关注社会稳定和人文关怀；同时，也需要尊重当事人的意愿和感受，确保解除过程的合法性和公正性。只有这样，才能确保收养关系的解除不会对各方当事人造成过大的伤害和负面影响。

95. 被收养人对生父母扶养较多，能分得生父母的遗产吗？

小锋虽被小孙先生收养，但二人关系不好，小锋准备去找他的生父母，他想知道，如果他跟随生父母共同生活，照顾生父母，对生父母尽到扶养义务，在生父母去世后，是否能够继承生父母的遗产？

专业解析

要解答这个问题，我们首先需要了解被收养人和生父母之间的关系，及其相关问题在法律上又是怎样规定的。

◉ 初识收养效力

基于绵延后代的个人需求和家庭传承的社会功能，法律设置一整套收养制度，以规范收养程序，满足社会需求。从法律术语上解释，收养制度是指自然人依照法律规定的条件和程序，领养他人的子女为自己的子女，使之发生父母子女权利义务关系的民事法律行为。“收养”意味着超越血缘关系，进行家庭的重新建构，展示了家庭的社会功能。

《民法典》第 1111 条规定：“自收养关系成立之日起，养父母与养子女间的权利义务关系，适用本法关于父母子女关系的规定；养子女与养父母的近亲属间的权利义务关系，适用本法关于子女与父母的近亲属关系的规定。养子女与生父母以及其他近亲属间的权利义务关系，因收养关系的成立而消除。”收养关系的成立会导致法律关系的变动：一是养子女与养父母及其近亲属之间产生法律拟制血亲关系；二是养子女与其生父母及其近亲属之间的权利义务关系消除。

小孙先生在满足收养的相关条件，并且履行完收养小锋的相关手续后，在法律意义上，小锋与生父母以及其近亲属之间的权利义务关系消除。当然，小锋原本享有的继承权也会相应消灭。

◉ 酌情分得遗产权

收养关系确立后，被收养人与生父母及其近亲属之间的权利义务关系消灭，相应的继承权也会消灭。因此，小锋在法律上已经与生父母解除了父母子女的关系，在生父母去世后，小锋并不能够以《民法典》第1127条为依据，以生父母的法定继承人的身份继承生父母的遗产。但是，这并非意味着小锋绝对不可能继承生父母的遗产。

《最高人民法院关于适用〈中华人民共和国民法典〉继承编的解释（一）》第10条规定："被收养人对养父母尽了赡养义务，同时又对生父母扶养较多的，除可以依照民法典第一千一百二十七条的规定继承养父母的遗产外，还可以依照民法典第一千一百三十一条的规定分得生父母适当的遗产。"根据这一司法解释，被收养人如果对养父母尽到赡养义务，可以依据《民法典》第1127条作为法定继承人继承养父母的遗产，如果同时对生父母扶养较多，还可以依据《民法典》第1131条分得生父母适当的遗产。《民法典》第1131条规定："对继承人以外的依靠被继承人扶养的人，或者继承人以外的对被继承人扶养较多的人，可以分给适当的遗产。"依靠被继承人扶养的人之所以可以分给适当的遗产是基于保护弱势群体相关权益，促进家庭的稳定和社会和谐的考量。对被继承人扶养较多的人是指在除继承人外其他的在被继承人生前对其在经济上资助、生活上扶助较多，尽到了事实上的扶养义务的自然人。这种扶养义务并不是法律上必须履行的义务，而是出于一种道德感而自愿提供的帮助。《民法典》第1131条赋予此类人分得遗产的权利，这能够适应社会养老的需求，也体现对扶残济困等中华传统美德的肯定和鼓励。

小锋不能主张自己是生父母血缘上的儿子而要求分得生父母的遗产。但是，考虑到在生父母生前，小锋照料生父母，尽到了扶养义务，在生父母没有事先立遗嘱的情况下，小锋可以依据《民法典》第1131条要求分得生父母适当的遗产。

◉ "对生父母扶养较多"的认定

如何理解"对生父母扶养较多"将是解决小锋能否继承生父母遗产的关键。小锋如若可以适当分得生父母的遗产，应当首先满足"对生父母扶养较多"这一条件。各地法院对该条件的把控标准并不完全一致，且法律也未明确规定。"对生父母扶养较多"认定的重点在于"较多"，这里是否应当理解为与其他继承人相比，对被继承人的扶养较多？笔者不赞同这一理解，“较多”应当理解为多于一般子女对父母应尽扶养义务的程度。“对生父母扶养较多”应当从以下两个方面进行把握：一是根据社会一般观念，被收养人与生父母有较为密切的共同生活；二是被收养人在一定程度上对生父母给予生活上的照料、经济上的支持、精神上的慰藉等。生活上的照料如对被继承人的衣、食、住、行进行照顾，协助被继承人就医，对被继承人进行陪护或者护理等；经济上的支持如定期或者不定期给予被继承人赡养、扶养费用，承担被继承人生活的费用；精神上的慰藉包括定期或者不定期地探望被继承人，给予被继承人心灵上的关怀。

专业提示

“收养”意味着超越血缘的人性的爱和伟大无私的父母爱，展示了家庭的社会功能，是一个以动机来促成、以爱心来维系、以知识和技能来保障的家庭建构过程。法律肯定收养的行为，也赋予收养行为法律效果。一般而言，收养行为成立，养子女与生父母以及其近亲属之间的权利义务关系消灭。与此同时，养子女与养父母及其近亲属之间的权利义务关系产生。养子女对生父母享有的继承权利，是一种法律的例外规定，背后体现的是对养老育幼行为的支持和肯定以及对中华优秀传统美德的传承。若养子女对其生父母尽了主要扶养义务，可以依据《民法典》第 1131 条和《最高人民法院关于适用〈中华人民共和国民法典〉继承编的解释（一）》第 10 条规定，适当分得其生父母的遗产，但是，这种获得遗产的行为并不影响其作为法定继承人对养父母遗产的第一顺序的法定继承权。

96. 立遗嘱后出车祸成为植物人，所立遗嘱是否有效？

大孙先生曾立下一份遗嘱。遗嘱列明大孙先生名下的一套房子给小孙先生，一辆车给小孙女士。后来，大孙先生突遇车祸，成为植物人。小孙女士认为大孙先生已经是植物人了，前几年所立的遗嘱并不能代表现在的意愿，遗嘱应当无效，并提出房子应当是其和小孙先生均分。小孙先生想知道，大孙先生所立的遗嘱是否有效呢？

专业解析

要解答这个问题，我们首先需要了解遗嘱人立遗嘱的民事行为能力与遗嘱效力关系是什么，在法律上又是怎样规定的。

◉ 民事行为能力和遗嘱效力的关系

民事行为能力，指的是民事主体以其行为参与民事法律关系，取得民事权利，履行民事义务和承担民事责任的资格。民事行为能力以意思能力为基础，意思能力是一个人判断自己行为的能力。《民法典》将民事行为能力划分为完全民事行为能力、限制民事行为能力以及无民事行为能力，不同状态的民事行为能力人所作的民事法律活动产生的法律效力不同。通俗点讲，民事行为能力决定民事主体进行民事活动时能否独立地承担民事责任，得到法律的认可。

遗嘱效力，是指法律对民事主体所立遗嘱的法律评价。遗嘱满足立遗嘱人真实的意思表示的实质要件和法律规定的形式要件，遗嘱合法有效，能够发生遗嘱人预期的法律效果，可以对遗嘱人的遗产按照遗嘱内容进行分配；反之，遗嘱无效，在无其他遗嘱分配的协议情况下，民事主体的遗产按照法定继承方式进行分配。

大孙先生立遗嘱时具备相应的民事行为能力，出车祸后成为植物人丧失相应的民事行为能力，是否会影响遗嘱效力？这也正是小孙先生所疑惑的地方。

◉ 遗嘱有效要件之一：立遗嘱人具备完全民事行为能力

《民法典》第143条规定："具备下列条件的民事法律行为有效：（一）行为人具有相应的民事行为能力；（二）意思表示真实；（三）不违反法律、行政法规的强制性规定，不违背公序良俗。""相应的民事行为能力"需要在考虑民事活动的复杂性基础上，结合行为人的辨认程度以及是否存在法律、行政法规等的特殊规定而区别要求。

就遗嘱人立遗嘱时的民事行为能力与遗嘱效力之间的关系而言，《民法典》第1143条第1款规定，无民事行为能力人或者限制民事行为能力人所立遗嘱无效。遗嘱人立遗嘱的行为属于单方民事法律行为，意思表示一经作出，在遗嘱人死亡时就生效。在遗嘱人死亡后，遗嘱内容是否为立遗嘱人真实意思表达，已经无从考究。因此，法律要求遗嘱人在立遗嘱时对立遗嘱行为应当有更加深入的辨别能力。严格限制遗嘱效力的民事行为能力状态，一方面是因为立遗嘱的行为涉及遗嘱人对私有权益的重大处分，这关乎遗嘱人的真实意思表示，需要遗嘱人明确自己行为即将产生何种法律效果；另一方面也有利于促使社会公众更谨慎地对待立遗嘱行为，减少因遗嘱效力引发的纠纷，维护家庭的稳定。大孙先生应当具备完全民事行为能力，能够完全辨认自己的行为才能实施立遗嘱这一民事法律行为。

◉ 立遗嘱时遗嘱人的民事行为能力状态是认定遗嘱效力关键

民事主体的民事行为能力并不是一成不变的。对遗嘱的效力，立遗嘱人在立遗嘱时的民事行为能力状态才是认定遗嘱效力的关键。《最高人民法院关于适用〈中华人民共和国民法典〉继承编的解释(一)》第 28 条规定："遗嘱人立遗嘱时必须具有完全民事行为能力。无民事行为能力人或者限制民事行为能力人所立的遗嘱，即使其本人后来具有完全民事行为能力，仍属无效遗嘱。遗嘱人立遗嘱时具有完全民事行为能力，后来成为无民事行为能力人或者限制民事行为能力人的，不影响遗嘱的效力。"

第一，立遗嘱人在立遗嘱时没有完全民事行为能力，而后恢复完全民事行为能力，所立遗嘱无效。立遗嘱人在不具备完全民事行为能力时所作的遗嘱，可能非基于其真实意思表示或者其不能明确辨认自己的行为，遗嘱不宜认定为有效。

第二，立遗嘱人在立遗嘱时具备完全民事行为能力，而后成为无民事行为能力人或者限制民事行为能力人，所立遗嘱有效。遗嘱是在遗嘱人具有完全民事行为能力的情形下制作，说明遗嘱人明确自己行为所产生的法律效果，至少体现了立遗嘱时的真实意愿。在遗嘱人立遗嘱后到其成为无民事行为能力人或者限制民事行为能力人之前，遗嘱人若认为遗嘱内容并不能表达其真实意愿，完全可以根据《民法典》第 141 条、第 1142 条主张撤回或者变更遗嘱内容。遗嘱人成为无民事行为能力人或者限制民事行为能力人，所作的撤回或者变更遗嘱内容的行为，已经无法被证实是否为真实意愿。此时，只能推定此前所立的遗嘱真实有效，不宜轻易否认遗嘱的效力。

大孙先生在立遗嘱时具备完全民事行为能力，遗嘱表明大孙先生名下的一套房子给小孙先生，一辆车给小孙女士，这是大孙先生真实的意思表示，即使大孙先生而后成为植物人，仍然不影响遗嘱的效力。小孙女士的请求是毫无法律根据的。

专业提示

由于现实生活的复杂性，民事主体的民事行为能力时刻处于变动之中，而民事行为能力的状态会直接影响遗嘱人的遗嘱效力。无论民事主体的民事行为能力状态如何变动，遗嘱的效力判断的关键就在于立遗嘱时遗嘱人所处的民事行为能力状态。如果立遗嘱时遗嘱人为完全民事行为能力人，遗嘱在满足法律要求的其他形式要件时，一般被认定为真实有效；反之，则遗嘱为无效。此外，值得注意的是，在遗嘱继承纠纷中，遗嘱人的民事行为能力状态是否从完全民事行为能力变成无民事行为能力或限制民事行为能力，或者从无民事行为能力或限制民事行为能力转变为完全民事行为能力，只能通过人民法院按照法定的程序进行认定。为避免遗嘱效力产生纠纷，当事人应当及时向法院申请司法认定。

97. 夫妻双方补办结婚登记，婚姻效力起始时间如何计算？

何先生与于女士从 1998 年 4 月 25 日开始未办理结婚登记便以夫妻名义同居生活，并生育一女小何。2005 年 5 月 18 日，于女士向法院提起诉讼离婚，请问双方之间的婚姻效力从何时开始计算？

专业解析

要解答这个问题，我们首先需要了解婚姻登记及婚姻效力在法律上是怎样规定的。

◉ 未办理结婚登记的婚姻双方起诉离婚时，法院会如何认定？

结婚登记是确立婚姻关系的重要法律程序，它不仅是夫妻身份关系的证明，也是婚姻关系得到法律承认和保护的基石。在未办理结婚登记的情况下，即使双方以夫妻名义同居生活并育有子女，其婚姻关系在法律上并未正式成立，即处于“同居关系”而非“婚姻关系”状态，二者在法律上对共同财产的认定截然不同。因此，若双方在没有办理结婚登记的情况下向法院起诉离婚，进行财产分割，《最高人民法院关于适用〈中华人民共和国民法典〉婚姻家庭编的解释（一）》第 3 条第 2 款规定：“当事人因同居期间财产分割或者子女抚养纠纷提起诉讼的，人民法院应当受理。”第 7 条规定：

“未依据民法典第一千零四十九条规定办理结婚登记而以夫妻名义共同生活的男女，提起诉讼要求离婚的，应当区别对待：（一）1994年2月1日民政部《婚姻登记管理条例》公布实施以前，男女双方已经符合结婚实质要件的，按事实婚姻处理。（二）1994年2月1日民政部《婚姻登记管理条例》公布实施以后，男女双方符合结婚实质要件的，人民法院应当告知其补办结婚登记。未补办结婚登记的，依据本解释第三条规定处理。”

何先生与于女士在1998年4月25日开始以夫妻名义同居生活并生育子女，并未办理结婚登记，在此情况下提起离婚诉讼，人民法院应当首先告知其补办结婚登记。若双方仍未补办结婚登记，那么法院将不会对其按照离婚案件来处理，而是会根据同居关系的性质和相关法律规定来处理双方之间的财产分割、子女抚养等问题。

因此，对何先生与于女士而言，如果他们希望其婚姻关系得到法律上的承认和保护，并希望婚姻效力能够追溯至同居生活之初，那么及时补办结婚登记手续是至关重要的。同时，这也提醒了所有准备结婚的男女双方，在享受爱情和婚姻带来的幸福时，也要注重法律程序的履行，以确保自己的婚姻关系得到法律的有效保障。

◉ 补办结婚登记，婚姻效力从何起始？

综上可知，未办理结婚登记的双方在起诉离婚时，应当首先补办结婚登记，才能以婚姻关系为基础对财产进行分割。而针对这一情况下的婚姻效力起始时间，《最高人民法院关于适用〈中华人民共和国民法典〉婚姻家庭编的解释（一）》第6条规定：“男女双方依据民法典第一千零四十九条规定补办结婚登记的，婚姻关系的效力从双方均符合民法典所规定的结婚的实质要件时起算。”补办结婚登记后，婚姻起始时间并非从补办的时间进行计算，而是可以溯及至符合婚姻缔结的实质要件时开始计算。考虑到规定补办结婚登记制度只是出于我国实践中存在大量符合结婚的实质要件的男女双方欠缺办理结婚登记这一形式的现状，因此这是为了更好地从法律角度保护双方当事人以及儿童的合法权益而作出的一种补救性规定。

因此，何先生和于女士补办结婚登记后，他们的婚姻起始时间可以从满足结婚的实质要件时起计算，从而实现离婚财产分割。

◉ 如何判断是否满足结婚的实质要件

一段婚姻的成立必须满足法定要件，其中办理婚姻登记仅仅是结婚的形式要件，婚姻的成立还需要满足一定的实质要件。结婚的实质要件，指的是申请结婚的双方必须符合的法定要件，实践中将其区分为积极要件与禁止要件。

（1）积极要件

首先，根据《民法典》第 1046 条规定，申请结婚的双方当事人必须同时满足的首要条件是，结婚必须建立在男女双方完全自愿的基础之上，严禁任何形式的强迫行为，同时，任何组织或个人均不得进行干涉。这一规定与《宪法》第 49 条第 4 款所倡导的“禁止破坏婚姻自由”原则高度契合，彰显了婚姻自由作为我国公民基本权利的重要地位。

其次，根据《民法典》第 1047 条规定，关于结婚年龄，男性不得早于 22 周岁，女性不得早于 20 周岁。这一规定是综合考虑了婚姻的自然属性与社会属性而制定的。从自然属性出发，它关注到人的身体发育与智力成熟程度；同时，也兼顾了社会属性，如政治、经济及人口发展的现状。对结婚年龄的合理限制，旨在确保男女双方在生理与心理上均达到成熟状态，从而能够更好地承担起婚姻家庭所赋予其的责任与义务。

（2）禁止要件

根据《民法典》第 1048 条规定，申请结婚的双方当事人之间，不得存在直系血亲关系或三代以内的旁系血亲关系。此禁令的设立，主要基于优生优育的考量以及维护传统伦理道德与亲属秩序的必要性。首先，从遗传学角度出发，父母会将遗传信息传递给子女。血缘关系过近的亲属间，由于基因缺陷和遗传病的相似性较高，其结婚所生育的子女遗传病的发生率会显著高于非近亲结婚所生的子女。这不仅威胁到子女的身心健康，还可能导致婚姻家庭承受不必要的负担。其次，在中华民族的传统观念中，长幼有序、尊亲序列被视为重要的伦理原则。直系血亲之间的婚姻将严重扰乱亲属关系的正常秩序，且难以被社会公众所接受。

综上所述，何先生与于女士补办结婚登记后，双方婚姻应当自 1998 年 4 月 25 日起产生效力，双方在此期间以夫妻名义共同生活取得的财产应为夫妻共同财产，双方可依据此进行离婚财产分割。

专业提示

结婚登记可以补办，并不意味着结婚登记并无必要，尽管法律为那些因各种原因未能及时办理结婚登记的夫妻提供了补办结婚登记的途径，但这并不意味着可以轻视或忽视结婚登记。我国并不承认事实婚姻，同时，我国自 1950 年《婚姻法》实施以来，历次《婚姻法》修改都规定了办理结婚登记是结婚的形式要件，补办结婚登记的规定并不能推翻结婚登记制度。此外，结婚登记对保障夫妻双方的合法权益具有重要意义。一旦完成登记，夫妻之间的财产关系、继承关系、扶养关系等均将受到法律的保护和约束。在面临离婚、财产分割、子女抚养等纠纷时，已登记的婚姻关系将成为法院审理案件的重要依据，有助于维护双方的合法权益，减少不必要的法律争议。因此，何先生和于女士未进行结婚登记即以夫妻名义生活的行为不可取。

98. 已经有子女的夫妻可以再收养小孩吗？

何先生与于女士婚后育有一女小何。夫妻二人由于工作性质特殊，经常被外调到不同地方工作，导致搬家不断。由于这个原因，女儿小何难以寻找到同龄的固定玩伴，何先生夫妻为此十分苦恼。何先生想能否通过收养的形式给家中再添一子从而解决这个难题。

专业解析

要解答这个问题，我们首先需要了解收养的概念、条件，以及法律上对已经有子女的夫妻能否再收养小孩是怎样规定的。

◉ 收养的初认识

收养是指自然人依照法定的条件和程序，领养他人子女为自己的子女，发生父母子女间权利义务关系的民事法律行为。收养不同于寄养、类家庭，是一种通过法律确认的亲属关系，收养人相应地获得被收养人的监护权，成立父母子女关系。夫妻双方结婚、离婚时均需要到民政部门进行登记，收养也是如此，需要得到政府部门的确认。《民法典》第 1105 条第 1 款规定："收养应当向县级以上人民政府民政部门登记。收养关系自登记之日起成立。"

◉ 收养人应当具备的条件

《民法典》第 1098 条列举了收养人收养子女需要同时符合的 5 项条件：

第 1 项条件是无子女或者只有一名子女。该项内容即表明收养人需要膝下无子女或者只有一名子女,若有多名子女则不适合我国的收养制度。不过这一条款并非硬性要求,存在例外情形,即“华侨收养三代以内旁系同辈血亲的子女”或“收养孤儿、残疾未成年人或者儿童福利机构抚养的查找不到生父母的未成年人”。

第 2 项条件是有抚养、教育和保护被收养人的能力。收养关系成立后,养父母将承担对养子女的抚养、教育和保护义务,故法律法规明确要求养父母必须具有抚养、教育和保护养子女的能力,具体包括以下几方面:第一,养父母必须具有稳定的住所和收入来源,能够负担起养育子女所需支付的各项费用;第二,养父母应具有高尚的道德情操;第三,养父母应从情感上能够给予养子女关心与爱护。

第 3 项、第 4 项条件旨在保护收养人,提出收养人必须“未患有在医学上认为不应当收养子女的疾病”且“无不利于被收养人健康成长的违法犯罪记录”。其中要求收养人不存在不利于被收养人健康成长的违法犯罪记录系《民法典》增加的款项,原《收养法》中缺少对收养人道德修养、法律意识等方面的素质要求。出于保护被收养人的目的,虽无法将收养人的道德修养、法律意识等方面的素质进行量化衡量,但无不利于被收养人健康成长的违法犯罪记录已然是对收养人适格的最基本要求。

第 5 项条件是年满 30 周岁。若夫妻共同收养,则双方均应年满 30 周岁,假若一方年满 30 周岁而另一方不满 30 周岁,则不符合收养子女的条件而无法收养。也就是说,如果何先生夫妻想要收养小孩,那么夫妻双方都应年满 30 周岁才符合收养条件。

另外,《民法典》第 1101 条还规定“有配偶者收养子女,应当夫妻共同收养”。因此,若何先生想要收养小孩,则需要夫妻双方共同收养,不得出现一方单独收养的情形。

◉ 已经有子女的夫妻能否再收养小孩

收养人需要具备的条件有“无子女或者只有一名子女”,根据子女数量的不同,对应可以收养的小孩数量也不同。《民法典》第 1100 条第 1 款规定:“无子女的收养人可以收养两名子女;有子女的收养人只能收养一名子女。”何先生夫妻已育有一名女儿小何,属于“有子女”的情形,依照法律规定只能收养一名子女,但存在 3 种例外情形。

第一,华侨收养三代以内旁系同辈血亲的子女。根据《民法典》第 1099 条第 2 款规定:“华侨收养三代以内旁系同辈血亲的子女,还可以不受本法第一千零九十八条第一项规定的限制。”第二,收养孤儿、残疾未成年人或者儿童福利机构抚养的查找不到生父母的未成年人。《民法典》第 1100 条第 2 款规定:“收养孤儿、残疾未成年人或者儿童福利机构抚养的查找不到生父母的未成年人,可以不受前款和本法第一千零九十八条第一项规定的限制。”第三，继父母收养继子女。《民法典》第 1103 条规定：“继父或者继母经继子女的生父母同意，可以收养继子女，并可以不受本法第一千零九十三条第三项、第一千零九十四条第三项、第一千零九十八条和第一千一百条第一款规定的限制。”

暂不考虑继父母收养继子女的情况，若何先生夫妻符合“华侨收养三代以内旁系同辈血亲的子女”，或者夫妻收养的小孩属于“孤儿、残疾未成年人或者儿童福利机构抚养的查找不到生父母的未成年人”，那么夫妻想要收养孩子超出数量限制是没有关系的。

专业提示

何先生夫妻因频繁外调，本就无法给予子女足够的情感需求，也势必无法对被收养人进行很好的照料，无法使其体验亲情、感受温暖。若令何先生夫妻顺利收养孩子来作为女儿小何的玩伴，就失去了收养制度的意义。收养制度不仅为想要抚养孩子却基于现实原因无法达成的家庭填补空缺，更是为孤儿、查找不到生父母的未成年人及生父母有特殊困难无力抚养的子女提供了社会保障。

收养数量的限制，实际上是《民法典》关注并回应了儿童心理上对父母情感的需求。父母在事业之余的时间精力是有限的，而孩子对父母的情感需求是固定的，如果膝下子女众多势必给父母带来负担，也会造成个别孩子得不到关注和照料的情况。出于未成年人利益最大化的目的，收养数量的限制旨在为父母和孩子之间健康、良性沟通留出空间。

99. 夫妻处分登记在未成年子女名下的房产后又主张房屋买卖合同无效，该如何处理？

何先生和于女士婚后购买了一套房产，为了给孩子提供更好的生活，他们将房产登记在了当时还是未成年的小何名下。之后，由于经济问题，夫妻俩决定出售这套房产，并以小何的法定代理人身份签订了房屋买卖合同。然而，房屋出售后，何先生又想要主张合同无效。那么，在这种情况下，何先生的主张是否能得到法律支持？

专业解析

要解答这个问题，我们首先需要探讨对未成年子女名下房产的处分行为，以及相关法律条文对这类情况的规定。

◉ 未成年子女名下房产的法律保护

在日常生活中，许多父母为了给孩子留下财产，会将自己购买的房产登记在未成年子女的名下。这或许是出于对孩子未来的考虑，也可能是出于其他财务安排的原因。但无论出于何种原因，一旦将财产登记在未成年子女的名下，就需要接受法律对未成年人名下财产的严格保护。

《民法典》第 35 条第 1 款和第 2 款明确指出："监护人应当按照最有利于被监护人的原则履行监护职责。监护人除为维护被监护人利益外，不得处分被监护人的财产。未成年人的监护人履行监护职责，在作出与被监护人利益有关的决定时，应当根据被监护人的年龄和智力状况，尊重被监护人的真实意愿。"即父母作为监护人，必须围绕着"最有利于被监护人"的原则来管理和处理孩子的财产。这意味着父母在处理孩子名下的房产时，并不能随意决定，而必须能够证明是出于为了孩子的利益之目的，如夫妻俩卖掉孩子名下的房子是为了换一套更好的学区房，这种行为是符合孩子利益的，法律上是被允许的，这样的决定可能会为孩子提供更好的教育机会，从而符合"最有利于被监护人"的原则。

然而，如果父母出售孩子名下的房子是为了偿还自己的债务或者满足自己的消费需求，这显然就不符合法律的要求了。因为这种行为实际上是在牺牲孩子的利益来满足父母自己的需要，并不符合法律上保护未成年人利益的初衷。这样的处置行为不仅无法保障孩子的财产权益，还可能损害孩子的未来利益，因此在法律上是被严格限制的。

◉ 探究父母处分未成年子女不动产的反悔权限制

假设何先生和于女士在卖掉孩子名下的房产后，突然意识到这一行为可能对孩子不利，想要撤销合同。那么，这种情况下合同到底能不能撤销呢？

在法律实践中，这个问题一直存在争议。有人认为，父母作为孩子的法定代理人，依法享有对孩子名下财产的处分权，只要交易的价格合理，买方没有恶意，当然可以处分孩子的财产，并不存在合同效力的问题。当然也有人认为，《民法典》第 35 条已经明确规定了父母处理未成年人的财产时，必须维护其利益，这不仅仅是一项法律责任,更是一种道德义务。如果买家在交易时没有确认该交易是否真的符合孩子的利益,而交易确实损害了孩子的权益,那么这个合同应当无效。毕竟,法律的初衷是要保护未成年人的利益,而不是让父母在错误的决定后继续对孩子的利益造成损害。此外,买受人在交易过程中也应当尽到更高的审查义务,确保交易符合未成年人的最佳利益。否则,这种交易就不应当得到法律的支持。

为了解决这一争议,最高人民法院在司法解释中明确了合同的效力。《最高人民法院关于适用〈中华人民共和国民法典〉婚姻家庭编的解释(二)》第 15 条规定:“父母双方以法定代理人身份处分用夫妻共同财产购买并登记在未成年子女名下的房屋后,又以违反民法典第三十五条规定损害未成年子女利益为由向相对人主张该民事法律行为无效的,人民法院不予支持。”这一司法解释的目的,实际上是平衡合同的效力和未成年人的利益保护。通过保护合同效力,避免了因父母的反悔导致交易秩序的混乱。这对维护市场交易的稳定性和安全性至关重要。如果允许父母随意撤销合同,那么市场将面临大量的法律纠纷,甚至会影响整个房产交易市场的正常运转。这意味着法律更加倾向于保护合同的稳定性和交易的安全性,而不是允许父母在事情已经发生后再进行反悔。

但是,这并不意味着人民法院完全忽视了未成年人的利益。在确定合同效力的前提下,其强调了两个关键点:一是房产必须是由夫妻共同财产购买的;二是父母不能反悔、主张合同无效。这实际上是对父母作为法定代理人的行为设定了更高的责任标准,同时也保证了交易的公平性和合法性。

◉ 家庭财产处理中的法律风险与责任

虽然父母不能随意反悔处分登记在未成年子女名下房产的行为,但这并不意味着买家在交易中可以完全放松警惕。对买家而言,在购买未成年人名下的房产时,仍然需要尽到必要的审查义务,如核实资金来源、了解房屋出售的真正目的等。如果买家忽略了这些细节,可能会在未来遭遇法律风险。因此,买受人在签订合同时,应该对房产的来源、交易目的等进行充分了解和审查,确保交易符合法律规定和未成年人的利益。

对父母而言,在处理未成年子女名下的财产时,父母不仅要考虑当前的经济需求,还要预见将来可能面临的法律风险。这要求父母在做出任何与未成年子女财产相关的决策时,必须慎重考虑,确保其行为不仅合法,而且符合未成年子女的长远利益。

所以父母在处理未成年孩子名下财产时,必须严格遵守法律规定,确保其行为符合“最有利于被监护人”的原则。而买受人在涉及未成年人财产的交易中,也应提高警惕，避免因为忽视法律责任而导致不必要的法律纠纷。对孩子而言，法律虽然尽力保护他们的利益，但最终的保障还是要依靠父母的责任心。因此，父母在做出任何涉及未成年孩子财产的决定前，必须充分考虑到这种行为的长远影响，并尽可能确保自己的决定是为了孩子的利益。

专业提示

从法律的角度来看，父母作为未成年子女的法定监护人，在处置孩子名下的财产时负有严格的信义义务。《民法典》第 35 条的核心在于“最有利于被监护人”的原则，这不仅是一项法律要求，更是监护人履行职责的道德底线。监护人在处理子女名下财产时，必须深刻理解这一原则的内涵，任何违反该原则的行为都可能被视为不履行监护职责的表现，并有可能引发法律责任。因此，为了保护市场交易秩序，基于合同自由与诚实信用原则，买卖双方在涉及未成年人财产的交易中，都应当谨慎行事，充分考虑可能发生的法律风险，以确保交易的合法性与有效性。

100. 未成年人能向尚未离婚的父母要求支付抚养费吗？

在小何小的时候，何先生将小何留在家乡给爷爷奶奶照看，从未给小何寄过一分钱。小何刚好到了上学的年纪，爷爷奶奶交不起学费，想向何先生讨要些费用。这种情况下，小何和爷爷奶奶的希望能实现吗？

专业解析

要解答这个问题，我们需要理解抚养费的内涵，以及父母对子女的抚养义务。

◉ 抚养费的初认识

许多人可能对抚养费存在一些误解，认为抚养费仅在离婚时由不直接抚养子女的一方支付给子女，甚至误以为只有在离婚的情况下，子女才能要求父母支付抚养费。最直观的反映便是误解者常常借用的《民法典》第 1085 条第 1 款第 1 句规定，即“离婚后，子女由一方直接抚养的，另一方应当负担部分或者全部抚养费”。实际上，抚养费的概念并不局限于离婚的情况。

抚养，是指父母抚育子女成长，为他们的生活、学习提供物质条件及精神条件。无论父母是否离婚，抚养费都是父母对未成年子女或不能独立生活的成年子女提供经济支持的一种责任。因此，抚养费的核心在于保障子女的基本生活和成长需要，而不是仅仅作为离婚后的一种经济补偿。

根据《最高人民法院关于适用〈中华人民共和国民法典〉婚姻家庭编的解释（一）》第 42 条规定，抚养费不仅包括子女的基本生活费用，还涵盖了教育费、医疗费等，这表明抚养费的定义是开放性的，它以列举和概括相结合的方式，为抚养费的内容提供了灵活的界定。这种规定允许对抚养费的范围根据实际情况进行适当的调整和补充。在确定抚养费的具体数额时，应以保护未成年人的利益为出发点。抚养费的确定需要综合考虑子女的实际需求，包括他们的生活、教育和健康等方面的需求；同时，也要考虑父母的经济能力，确保抚养费的数额既能够满足子女的合理需求，又不至于给支付方带来过重的负担。此外，当地的实际生活水平也是抚养费的数额确定的一个重要的考量因素，以确保抚养费的数额与当地的经济状况和生活成本相匹配。通过这种综合考量，可以确保抚养费的数额既公平又合理，真正服务于子女的切身利益。

◉ 父母对子女的抚养义务

对个人而言，婚姻和家庭构成了其最基本的社会联系，而在这些关系中，父母与子女的联系无疑是最为关键的一种身份纽带。在传统民法中，父母对子女的这种联系通常通过“亲权”这一术语来描述。亲权代表了父母对未成年子女的人身和财产方面所具有的管教与保护的专有权利和责任。虽然我国现行法律体系中并未直接采用“亲权”这一术语，但相关的法律条文已经明确了父母对子女的抚养责任。例如，《宪法》第 49 条第 3 款强调了父母对子女负有的抚养义务。《民法典》对父母对未成年子女的责任作出了明确规定，其第 26 条清晰指出父母有责任对未成年子女进行抚养、教育和保护。这一规定体现了父母在子女成长过程中所扮演的重要角色，以及他们对子女的福祉所承担的法律责任，确立了父母在子女成长过程中的基本法律义务，确保了未成年子女能够在一个受到关爱和支持的环境中成长。

抚养义务是一项法律规定的职责，它要求父母为子女的成长提供必要的支持和条件，包括但不限于生活费、教育费、医疗费等物质需求。这项义务旨在确保未成年人能够在一个健康和有利于发展的环境中成长。抚养义务源于父母与子女之间的亲子关系，从子女出生的那一刻起就开始生效，并持续到子女成年或具备独立生活能力为止。除非父母一方去世，否则这一义务在任何情况下都是不可免除的。抚养义务是父母共同承担的责任，不论父母是否与子女同住，或者父母之间是否经历了离婚，都不应影响他们履行这一法定义务。这意味着无论家庭结构如何变化，父母都有责任确保子女的基本需求得到满足。

依据《民法典》第 1067 条第 1 款规定，如果父母未尽到抚养义务，未成年的子女或无法独立生活的成年子女有权要求父母支付抚养费。这一法律条款的目的是确保未成年人的健康成长。未成年子女要求抚养费的权利并不取决于父母是否离婚。父母对小何都有抚养、教育和保护的责任，小何也有权要求父母给予她应有的抚养费。

此外，如果父母拒绝履行抚养义务，并且恶意遗弃未成年子女，这种行为可能构成犯罪。在这种情况下，根据我国《刑法》的相关规定，应当追究其刑事责任。这强调了法律对未成年人权益保护的严肃性和强制性。

专业提示

法律对家庭成员间的相互责任作出了明确规定，包括父母对未成年子女的抚养责任，以及成年子女对父母的赡养义务，即《民法典》第 26 条所规定的“父母对未成年子女负有抚养、教育和保护的义务。成年子女对父母负有赡养、扶助和保护的义务”。这一规定旨在维护家庭成员间的相互支持和照顾，确保家庭关系的和谐与稳定。

随着社会的快速发展，许多农村劳动力转移到城市，这导致了留守儿童和空巢老人的出现。在这种抚养和教育模式发生显著变化的背景下，父母在为子女提供生活、教育和医疗等物质条件的同时，也应当重视精神层面的抚养。父母应确保在孩子成长的过程中给予其适当的陪伴和情感支持，这同样是履行抚养义务不可或缺的一部分。

101. 亲子关系存疑，谁可以确认或否认亲子关系？

何先生留下一封书信便离家出走不知所踪，何先生的姐姐何女士申请将何先生宣告死亡，何先生名下房产暂无归属。何先生在所留书信中，质疑与小何的亲子关系。后何女士向法院提起诉讼，要求确认小何与何先生之间不存在亲子关系。何女士是否有权利代何先生提起亲子关系异议之诉？

专业解析

要解答这个问题，我们需要了解亲子关系的概念以及法律上对亲子关系异议之诉是如何规定的。

◉ 亲子关系与亲子关系异议之诉

亲子关系是指法律上的父母子女关系，其不同于事实上的血缘联系，属于基础性亲属关系的重要内容，由此架构起父母、子女以及其他近亲属之间的扶养、继承等权利义务。亲子关系的存在或不存在，对维系亲子关系、婚姻家庭安定具有重要作用。亲子关系存在争议时，有关亲属可能会诉诸亲子关系异议之诉，达到确认血脉、定分止争的目的。对此，我国《民法典》第 1073 条规定："对亲子关系有异议且有正当理由的，父或者母可以向人民法院提起诉讼，请求确认或者否认亲子关系。对亲子关系有异议且有正当理由的，成年子女可以向人民法院提起诉讼，请求确认亲子关系。"

由此可以看出，法律对亲子关系异议之诉的提起予以非常严格的限制条件，这一做法主要目的在于维系家庭关系的和谐与稳定。若人人都可以对他人的亲子关系进行怀疑与指点甚至向法院起诉，那么对家庭、社会、司法资源而言无疑都是一场巨大的战争。

◉ 哪些是有资格提起亲子关系异议诉讼的主体

有权提起亲子关系确认之诉的，是子女的父亲或者母亲，成年子女本人也有权起诉确认亲子关系。之所以限制权利人的范围，是考虑到亲子关系的确认与否认将会对父母子女双方以及其他亲属的权利义务产生重要的影响。

有权提起否认之诉的只能是子女的父亲或母亲，成年子女不能起诉请求否认亲子关系。之所以限制否认权利人的范围，一是考虑到亲子关系的否认将对亲子身份以及其他近亲属关系产生重大影响；二是担心被父母抚养成年的子女，借否认亲子关系而拒绝承担赡养义务。何女士并非小何的母亲，无权提起亲子关系否认之诉。

◉ 提起亲子关系确认之诉或否认之诉的条件

《最高人民法院关于适用〈中华人民共和国民法典〉婚姻家庭编的解释(一)》第39条第1款规定："父或者母向人民法院起诉请求否认亲子关系，并已提供必要证据予以证明，另一方没有相反证据又拒绝做亲子鉴定的，人民法院可以认定否认亲子关系一方的主张成立。"这里的"必要证据"是指能够形成合理的证据链条证明当事人之间可能存在亲子关系的证据。证据与证据之间环环相扣，形成闭环，所有证据组合在一起能直接地、高度可能地指向亲子关系存在的事实，如以"父或母"的身份对子女的教育或居住负担费用的证据便能证明当事人之间可能存在亲子关系。亲子关系经法院判决确认之后，将会在双方之间建立起父母子女的身份关系。

亲子关系的否认是指对已经确认的亲子关系提出异议并否认亲子关系的存在。基于妊娠与分娩的客观事实，母亲的身份通常不会存疑，亲子关系的否认主要存在于父与子之间。提起亲子关系否认之诉同样需要"正当理由"。人民法院将据正当理由判断亲子关系否认之诉的正当性、合理性，以维护家庭关系的稳定并保护未成年人的合法权益。根据《最高人民法院关于适用〈中华人民共和国民法典〉婚姻家庭编的解释(一)》第39条第1款规定亲子关系经法院判决否认之后，将消灭双方的父母子女的身份关系，婚生子女被否认身份的，即为《民法典》第1071条所称的"非婚生子女"。

专业提示

亲子关系之真实性与稳定性，不仅关涉血缘关系的客观实在，更与未成年人权益保障、家庭之和谐安宁紧密相连。在对亲子关系进行确认或否认时，需综合权衡上述因素，特别着重对未成年人予以特殊保护。为维护亲子关系与家庭生活的稳定状态，应当对提起亲子关系异议之诉的适格主体范围加以限定。根据我国《民法典》的规定，有权提出确认之诉的，是子女的父亲或者母亲，成年子女本人也有权起诉确认亲子关系；有权提出亲子关系否认之诉的，只能是子女的父亲或母亲，成年子女不能起诉请求否认亲子关系。同时，提起亲子关系确认或否认之诉还应当提供必要的证据与正当理由。何女士并非小何的母亲，因此无权提起亲子关系否认之诉。

102. 妻子怀孕期间，丈夫能提出离婚吗？

何女士怀上身孕，然而何女士的丈夫毛先生一算妻子怀孕的日子，便认为孩子并非自己亲生，夜不能寐，准备向法院起诉离婚。对此，法院会支持毛先生的请求吗？

专业解析

要解答这个问题，我们首先需要了解离婚诉讼中，法律是否对怀孕中的妇女有特殊的规定保护。

◉ 离婚诉讼中对女性的特殊保护

保护妇女权益是我国《民法典》婚姻家庭编的基本原则。根据《民法典》第 1041 条第 3 款规定："保护妇女、未成年人、老年人、残疾人的合法权益。"而女性在怀孕期、分娩后或者终止妊娠后的一定时期都因女性处于特殊的生理状态而应当得到特别的关心和权益保障。对处于该期间的女性的权益进行保障也是保护妇女和未成年人合法权益在离婚制度中的直接体现。根据我国《民法典》第 1082 条规定："女方在怀孕期间、分娩后一年内或者终止妊娠后六个月内，男方不得提出离婚；但是，女方提出离婚或者人民法院认为确有必要受理男方离婚请求的除外。"

"怀孕期间"是指女方在受孕至分娩（或者终止妊娠）的一段时期，这里的受孕包括自然受孕和人工受孕，终止妊娠包括自然终止妊娠和人工终止妊娠。"分娩"通俗来说就是产子，是指胎儿脱离母体作为独自存在的个体的过程。"分娩后一年"是指女方诞下孩子后 1 年以内，无论是顺产还是剖宫产，无论孩子生下来是死是活，该期间都是从女方诞下孩子这一事实发生之时起算。"终止妊娠"通俗来讲就是流产，是指母体承受胎儿在其体内发育成长的过程终止，包括自然终止妊娠和人工终止妊娠。终止妊娠对女性的身心打击巨大，其也应当受到特别保护。

我国法律保护在离婚制度中对处于以上特殊期间妇女的保护方式是限制男方起诉离婚的权利，即推迟男方行使起诉离婚权利的日期。限制不等于剥夺，在规定期间结束后，男方依旧有权向法院提出离婚诉求。

因此，在何女士怀孕期间，毛先生不能向法院起诉离婚，除非其满足《民法典》第 1082 条规定的除外情形。那么《民法典》第 1082 条所述的除外情形又是什么呢？

◉ 离婚诉讼中对女性特殊保护的例外

既然《民法典》第 1082 条的制定目的是保护妇女权益，那么当情况不利于保护妇女权益时即为离婚诉讼中女性特殊保护的例外。

关于“女方提出离婚”。在《民法典》第 1082 条规定的特殊期间内,女性都处于需要特别照顾的特殊生理阶段,基于一个理性的成年人会懂得如何照顾自己的理念,此时的女性如提出离婚诉求应当视为离婚对其权益保护更为有利。因此该条规定不限制女性提出离婚的权利。

关于“人民法院认为确有必要受理男方离婚请求的”。在审判实践中,人民法院受理男方的离婚请求应当根据案件具体情况和法律规定的条件来处理。人民法院认为确有必要受理的情形一般是因为女方存在过错,严重损害夫妻关系,导致夫妻感情破裂。若不准予离婚,夫妻矛盾激化发生严重后果的情形,一般包括:第一,男方有充分证据证明女方因与婚外第三人发生两性关系而怀孕、分娩或者终止妊娠,且男方坚决要求离婚;第二,夫妻双方矛盾非常尖锐,发生激烈冲突,如不及时受理男方请求,男方可能危及女方、婴儿的生命安全;第三,女方对男方有虐待或者家庭暴力的行为,威胁男方的生命或者严重侵害男方的其他合法权益导致男方不堪忍受,不能与之继续共同生活;第四,女方对幼儿未尽抚养义务,对幼儿有虐待或者遗弃行为,不利于保护儿童的身心健康。以上情形发生时,人民法院受理该离婚请求不仅符合婚姻自由的原则,也有利于保护夫妻双方的权益,有助于保护未成年人的身心健康。

因此,如果毛先生有充分证据证明何女士的孩子非自己亲生并坚持要求离婚,人民法院视情况可能会支持他的离婚诉求;反之则不支持。在明白离婚诉讼对妇女权益的保护规定之后,毛先生想知道如果与何女士协议离婚是否就不受该条规定的限制?

◉ 妻子怀孕期间，丈夫是否可以和其协议离婚?

协议离婚意味着双方自愿解除婚姻关系并对其子女、财产等问题达成了一致的协议,也即女方也有离婚的意愿并提出了离婚,可被认为是《民法典》第 1082 条的除外情形之一,即夫妻双方一致同意协议离婚的不受第 1082 条规定的限制。丈夫不能单方面在女方怀孕期间提请离婚协议,只能在妻子有此意愿时与其协商。因此,毛先生在何女士有离婚意愿的前提下,与怀孕中的何女士协商一致、决定离婚,结婚登记机构应当依照法定的程序对其进行审查和登记。

专业提示

为了保护妇女权益，在女方怀孕期间、分娩后1年或者终止妊娠后6个月内，法律对男方提出离婚的权利进行了限制。在此期间，女方可以自由提出离婚诉求，而男方只有在人民法院认为确有必要时才会受理男方的离婚请求。法律针对的是合法的婚姻关系，因此解除同居关系并不适用这些规定。当事人选择同居而非结婚，表明其无意愿寻求法律保护。根据《最高人民法院关于适用〈中华人民共和国民法典〉婚姻家庭编的解释（一）》第3条第1款规定："当事人提起诉讼仅请求解除同居关系的，人民法院不予受理；已经受理的，裁定驳回起诉。"因此，如果毛先生和何女士是同居关系，毛先生在何女士怀孕期间要求离开何女士并不受法律的制约。因此，广大妇女在与他人同居时应当时刻谨慎，保卫好自己的权益。

103. 父母可以包办婚姻吗？

小朱女士想要安排儿子小刘与朋友何先生的女儿小何结婚，奈何小刘并不喜欢小何，小朱女士劝说小刘："婚姻大事自古便是'父母之命，媒妁之言'。"小刘想知道，自己的婚事可以由父母包办吗？

专业解析

在解答这个问题之前，我们先来了解一下包办婚姻的历史发展，并探析其如今在法律上是如何规定的。

◉ 包办婚姻的初认识

在古代，包办婚姻的现象并不少见。"父母之命，媒妁之言"一语出自《孟子》，其展现了在中国古代的婚姻制度中，父母对子女婚姻的态度具有举足轻重的地位，甚至成为婚姻正当性的基础。这种婚姻观念根植于传统社会结构中，对社会文化产生了深刻影响。任何一种制度都有其独特的社会背景，古代婚姻制度存在于当时，具有一定的合理性。然而，该婚姻制度置当事人的意愿于不顾，而由父母或媒人来把控全局,难免出现“乱点鸳鸯谱”的爱情悲剧。

时代在变迁,社会在进步。那么,将包办婚姻置于现代法律规定的语境中看,其为何意呢？包办婚姻,是指婚姻当事人以外的第三人(包括父母),在违背当事人一方或者双方的意愿的前提下,强制其缔结的婚姻。由此看来,包办婚姻的缔结并非当事人真实意思表示的结果,而是他人意志的体现。具体而言,中国常见的包办婚姻的形式主要有换亲、转亲、娃娃亲等。这些包办婚姻形式都是父母为了维护家庭利益而做的决定,未曾考虑子女的真实意愿。

从当事人的角度来看,婚姻的缔结决定了未来共同生活的主体,关系着未来生活的幸福与否。若并非自愿决定,婚姻的缔结还能够为当事人带来幸福吗？可以说在大多数情况下,答案应该是否定的。由此看来,他人一手操办的婚姻,对当事人来说并不具有正当性。小刘也正有这样的疑惑,自己的婚事可以由父母包办吗？

◉ 包办婚姻的违法性

“父母之命,媒妁之言”构成了古代婚姻制度的重要基础。然而在现代社会中,受“父母之命”的婚姻是否仍然合法呢？

首先,在我国“婚姻自由”是《宪法》赋予公民的一项基本权利。我国《宪法》第 49 条规定:“婚姻、家庭、母亲和儿童受国家的保护。夫妻双方有实行计划生育的义务。父母有抚养教育未成年子女的义务,成年子女有赡养扶助父母的义务。禁止破坏婚姻自由,禁止虐待老人、妇女和儿童。”国家以根本大法的形式明确了婚姻自由,禁止被任何人破坏,每个人都可以自主决定自己的婚姻,而不受他人的干涉。

其次,“婚姻自由”被写进《民法典》中,成为婚姻家庭编的首项原则,当事人有权依法自主决定自己的婚姻。《民法典》第 1041 条规定:“婚姻家庭受国家保护。实行婚姻自由、一夫一妻、男女平等的婚姻制度。保护妇女、未成年人、老年人、残疾人的合法权益。”具体而言,婚姻自由包括结婚自由和离婚自由两个方面。不论是结婚与否,还是结婚的对象,抑或变更与解除婚姻关系,均由当事人的自主意志决定。同时,《妇女权益保障法》第 61 条规定:“国家保护妇女的婚姻自主权。禁止干涉妇女的结婚、离婚自由。”这强调了妇女的“婚姻自主权”受到国家保护。

最后,为了保障“婚姻自由”这项重要原则,《民法典》第 1042 条规定:“禁止包办、买卖婚姻和其他干涉婚姻自由的行为。禁止借婚姻索取财物。禁止重婚。禁止有配偶者与他人同居。禁止家庭暴力。禁止家庭成员间的虐待和遗弃。”《民法典》明确了包办婚姻、买卖婚姻等违背当事人自主意思表示,干涉其婚姻自由的行为是为法律所禁止的。婚姻的缔结与婚姻关系的解除仅能依照当事人的自主意思,不受任何人的强制与干涉。因此,包办婚姻的各种形式,包括换亲、转亲、娃娃亲、童养媳等,均违反法律规定、不具有法律效力。

因此，若小刘并不具有真实自愿的意思表示与小何缔结婚姻，小朱女士包办儿子小刘婚姻的行为则是违法的。

◉ 违反当事人意愿的认定

根据《民法典》第 1047 条规定："结婚年龄，男不得早于二十二周岁，女不得早于二十周岁。"我国的法定婚龄高于 18 周岁成年人的年龄，此时婚姻双方当事人已经是完全民事行为能力人，有能力决定自己婚姻关系的缔结与婚姻关系的解除等事项。故《民法典》《妇女权益保障法》等法律规定，婚姻关系的缔结及其解除等事项仅能依照当事人的自主意思决定，而不受其他任何人的强制与干涉，即缔结婚姻的同意权只能由当事人亲自行使。

由此看来，违法的包办婚姻与合法的自主婚姻，其界限便在于"是否违反当事人的意愿"，这也是问题解决的关键。那么在父母安排婚姻的情况下，是否均构成包办婚姻呢？结合司法实践来看，并非所有父母代为安排的婚姻均被认定为包办婚姻。若虽为父母安排婚姻，但双方当事人经过深入了解之后，建立了感情基础，愿意一起步入婚姻的殿堂，这应被认定为自主婚姻，而非包办婚姻。若父母安排婚姻，双方当事人并没有建立感情，或者相互了解后仍然不愿意同对方缔结婚姻，却被强迫缔结婚姻的，则应被认定为包办婚姻。

因此，若小刘没有与小何建立感情，在双方并非均具有与对方缔结婚姻的意愿时，父母并不能强迫双方缔结婚姻。

专业提示

婚姻自由，是我国公民享有的一项重要权利，每个人均可以自主决定自己的婚姻，而不受他人的强迫和干涉。我国《民法典》明确禁止包办婚姻、买卖婚姻等干涉婚姻自由的违法行为，即使是父母，也不能决定子女的婚姻大事。若小刘并不愿意与小何缔结婚姻，而小朱女士仍然强迫小刘与小何结婚，应对小朱女士进行严肃的批评教育。同时，对以暴力干涉他人婚姻自由的，根据《刑法》第 257 条规定"以暴力干涉他人婚姻自由的，处二年以下有期徒刑或者拘役。犯前款罪，致使被害人死亡的，处二年以上七年以下有期徒刑。第一款罪，告诉的才处理"可能会被追究刑事责任。

104. 未办理结婚登记可否要求返还彩礼？

小刘与小何在两家的撮合下，尝试交往了一段时间，两人建立了一定的感情，均觉得两人脾性相投，欲缔结婚姻关系。双方家长及媒人见面后，小朱女士为小何准备了 20 万元的彩礼，她想知道，如果小刘和小何今后感情发生变化，给出去的 20 万元彩礼还能够要回来吗？

专业解析

要解答这个问题，我们先来了解一下彩礼是什么，在法律上又是怎样规定的。

◉ 彩礼的初认识

彩礼是我国婚嫁的一项传统习俗，又被称为“聘礼”“聘财”等，是指男女双方欲缔结婚姻时，男方当事人向女方当事人赠送礼金的习俗。往前追溯至西周，确立并一直为其后历朝历代所沿袭的“六礼”制度，是彩礼这一习俗的来源。彩礼作为我国的传统习俗，有着较为深厚的社会文化基础，对我国婚姻缔结的形式产生了深刻影响，成了一种约定俗成的习惯，盛行于我国的大部分地区尤其是农村。然而，随着社会与经济的发展，人民群众的生活水平不断提高，彩礼的数额也随之增长，更有甚者出现互相攀比的现象，违反了缔结婚姻关系的初衷，不利于社会的和谐与稳定。因此，目前来看，遏制住高价彩礼的不良风气是整个社会的共同期盼。

从法律规定上来看，无论是以前的《婚姻法》还是现行的《民法典》均未在法律条文中对“彩礼”进行规定，然而，彩礼引发的婚约财产纠纷一直是我国家事审判的热点。根据《最高人民法院关于审理涉彩礼纠纷案件适用法律若干问题的规定》第 1 条规定“以婚姻为目的依据习俗给付彩礼后，因要求返还产生的纠纷，适用本规定”可知，婚前财产给付构成彩礼的条件有二：第一，“以婚姻为目的”；第二，“依据习俗给付”。从学理上看，通常认为彩礼是指以缔结长期稳定的婚姻关系为目的，根据习俗由男方当事人或者男方当事人的家庭自愿给予女方当事人及家庭的财物。

从男方当事人及家庭的角度看，彩礼是为了让男女双方当事人顺利缔结婚姻而给付女方当事人及家庭的，在婚姻不能顺利缔结的情况下，目的已无法实现，难道不能要求对方返还彩礼吗？这也是小朱女士疑惑的地方，小何已经不愿意和小刘结婚了，给出去的彩礼还能够要回来吗？

◉ 给付彩礼的行为性质

《民法典》第 158 条规定："民事法律行为可以附条件，但是根据其性质不得附条件的除外。附生效条件的民事法律行为，自条件成就时生效。附解除条件的民事法律行为，自条件成就时失效。"具体到附义务的赠与行为，《民法典》第 661 条规定："赠与可以附义务。赠与附义务的，受赠人应当按照约定履行义务。"受赠人在接受赠与之后，如果不履行应当履行的义务，赠与人有权请求其履行该义务。从彩礼的定义来看，给付彩礼的最终目的是履行婚约，即给付彩礼的行为与一般赠与相区别，与上述法条中规定的附条件的民事法律行为极为相似。

然而，可否直接将彩礼理解为附义务的赠与行为呢？答案是否定的。婚姻关系的缔结具有高度的人身属性，不能强迫一方履行婚姻关系的缔结行为。结合司法实践来看，给付彩礼的行为为目的性赠与。换言之，给付彩礼的行为是以婚姻关系的缔结为最终目的的赠与。若最终目的缔结婚姻关系没有实现，给付彩礼的行为依然有效，则可能出现彩礼纠纷的问题。

◉ 彩礼的范围及返还条件

如何确定彩礼的范围以及彩礼返还的条件将是解决小朱女士疑问的关键。

首先，在认定彩礼的范围时，可根据《最高人民法院关于审理涉彩礼纠纷案件适用法律若干问题的规定》第 3 条规定"人民法院在审理涉彩礼纠纷案件中，可以根据一方给付财物的目的，综合考虑双方当地习俗、给付的时间和方式、财物价值、给付人及接收人等事实，认定彩礼范围。下列情形给付的财物，不属于彩礼：(一)一方在节日、生日等有特殊纪念意义时点给付的价值不大的礼物、礼金；(二)一方为表达或者增进感情的日常消费性支出；(三)其他价值不大的财物"进行认定。小朱女士给付小何的 20 万元彩礼发生在双方谈婚论嫁的特殊时间段，给付人为男方母亲，接收人为女方当事人，且财物价值较高，应属彩礼范围之内。

其次，对彩礼返还的条件，应根据《最高人民法院关于适用〈中华人民共和国民法典〉婚姻家庭编的解释(一)》第 5 条规定"当事人请求返还按照习俗给付的彩礼的，如果查明属于以下情形，人民法院应当予以支持：(一)双方未办理结婚登记手续；(二)双方办理结婚登记手续但确未共同生活；(三)婚前给付并导致给付人生活困难。适用前款第二项、第三项的规定，应当以双方离婚为条件"来判断。如果小刘与小何并没有办理结婚登记手续，满足第 1 款第 1 项规定的彩礼返还条件，小朱女士可以请求小何返还其给付的 20 万元彩礼。

专业提示

彩礼作为我国传统的婚嫁习俗，对整个社会的婚嫁观念产生了深刻的影响。如今在我国大部分地区，仍然保留着婚前给付彩礼的习俗。彩礼虽然不被提倡，但亦未被法律明文禁止，故给付彩礼并不具有违法性。然而，若最终男女双方无法缔结婚姻，则会产生彩礼返还等复杂的问题。结合《最高人民法院关于适用〈中华人民共和国民法典〉婚姻家庭编的解释（一）》第 5 条的规定来看，若男女双方并未共同生活，无论双方是否办理结婚登记手续缔结婚姻关系，原则上均应当返还彩礼；而根据《最高人民法院关于审理涉彩礼纠纷案件适用法律若干问题的规定》第 5 条的规定，如果共同生活时间较短且彩礼数额过高的，人民法院可以根据彩礼实际使用及嫁妆情况，综合考虑彩礼数额、共同生活及孕育情况、双方过错等事实，结合当地习俗，确定是否返还以及返还的具体比例。此外，若彩礼数额过高，应当予以返还彩礼。

105. 分手之后交往期间产生的大额转账汇款可否要求返还？

小刘和小何已到谈婚论嫁阶段，小刘向小何转账 5 万元。然而，在后期相处中，小何发觉二人三观不合，小刘痛心之余，也对这 5 万元的归属产生了疑惑，分手后大额转账可以请求对方返还吗？

专业解析

要解答这个问题，我们首先需要了解一下恋爱期间转账的法律性质。

◉ 恋爱期间转账的初认识

男女双方在恋爱交往期间，为增进双方感情，表达自己对对方的爱意，常常进行发红包、转账等行为。然而，当感情破碎，两个人分开之后，在神伤与惋惜之余，有一些恋爱双方当事人会对自己曾经的转账或者汇款感到疑惑：我们已经分开了，曾经恋爱期间送的礼物、发的红包我可以收回来吗？

需要明确的是，恋爱关系不是法律关系，法律并没有规定恋爱关系中的权利和义务，双方的恋人身份关系并不受到法律的调整和保护，即在恋爱关系中，双方并不存在像法律在夫妻关系中规定的忠实义务、扶养义务等，双方的财产也并不像夫妻关系的财产那样受到法律的专门调整。结合司法实践来看，在恋爱期间的转账汇款及礼物赠送原则上被视为一般赠与行为。然而在恋爱期间，若双方进入谈婚论嫁的阶段，常常基于当地的风俗习惯由男方或其家庭给予女方或其家庭一定的礼金，这样的礼金属于一般赠与还是构成彩礼是一个需要仔细考虑的问题。

◉ 彩礼与恋爱期间一般赠与的区别

根据《民法典》第 657 条规定："赠与合同是赠与人将自己的财产无偿给予受赠人，受赠人表示接受赠与的合同。"恋爱期间双方为了增进感情，一方自愿无偿向对方进行赠与的属于恋爱期间一般赠与。同时，根据《最高人民法院关于审理涉彩礼纠纷案件适用法律若干问题的规定》第 1 条规定："以婚姻为目的依据习俗给付彩礼后，因要求返还产生的纠纷，适用本规定。"从实践中看，在恋爱关系中，难免存在基于当地的风俗习惯而给予对方以缔结婚姻关系为目的的赠与，实践中通常将这种赠与叫作彩礼。缔结婚姻关系具有极强的人身属性，彩礼不可以像附义务的赠与一样强制对方履行。还需要注意到的是，彩礼应当与恋爱期间的一般赠与处理方式有所不同。

若双方进入谈婚论嫁的阶段，此时进行的赠与应属于一般赠与还是彩礼通常较难进行区分。结合司法实践来看，恋爱期间的一般赠与和彩礼大致存在以下区别：首先，二者存在的时间不同。恋爱期间的一般赠与可以发生在恋爱的任何阶段，而彩礼一般发生在双方为缔结婚姻关系筹备期间。其次，二者的目的不同。恋爱期间的一般赠与并不附带任何特定的目的，进行赠与通常是为了沟通双方的感情，而彩礼是以双方成功缔结婚姻关系为目的而赠与的。最后，二者的主动性不同。恋爱期间的一般赠与通常是一方主动无偿给予对方的，具有较强的主动性，而彩礼一般是迫于当地的风俗习惯和熟人社会的舆论压力而给予对方的，通常具有一定的被动性。

《最高人民法院关于审理涉彩礼纠纷案件适用法律若干问题的规定》第 3 条规定："人民法院在审理涉彩礼纠纷案件中，可以根据一方给付财物的目的，综合考虑双方当地习俗、给付的时间和方式、财物价值、给付人及接收人等事实，认定彩礼范围。下列情形给付的财物，不属于彩礼：（一）一方在节日、生日等有特殊纪念意义时点给付的价值不大的礼物、礼金；（二）一方为表达或者增进感情的日常消费性支出；（三）其他价值不大的财物。"根据这条规定，可以对一些不属于彩礼的一般赠与进行界定。首先，在对方生日、情人节、七夕等特殊节日以及恋爱纪念日等特殊意义时间点给付的“520”元、“1314”元等金额，应属于恋爱期间的一般赠与。其次，为对方购买的点心、奶茶、咖啡等外卖、衣物、药品以及其他日常消费性支出，应当被认定为恋爱期间的一般赠与。最后，综合考虑双方当地经济情况及给付人和接收人的经济实力，其他一些价值不大的财物赠与，应当被认定为恋爱期间的一般赠与。

小刘对小何 5 万元的转账并不属于在特殊意义时点的转账，也并非日常消费性支出，同时属于价值较大的转账。5 万元的转账发生于小刘和小何谈婚论嫁的阶段，于 2023 年 8 月 10 日双方家长及媒人见面后的凌晨进行，与双方缔结婚姻的目的具有高度的关联性，应当被认定为彩礼。

◉ 恋爱期间大额转账汇款的处理

结合司法实践来看，恋爱期间的大额转账若属于一般赠与，则一般不予返还。若该大额转账已经构成男方给予女方的彩礼，则应当根据《最高人民法院关于适用〈中华人民共和国民法典〉婚姻家庭编的解释（一）》第 5 条规定等司法解释，判断其是否能够请求返还。可以明确的是小刘对小何的 5 万元转账应当属于彩礼。那么，在二人分手之后，给付彩礼的目的——缔结婚姻关系已无法实现，小刘能否请求小何返还这 5 万元呢？

根据《最高人民法院关于适用〈中华人民共和国民法典〉婚姻家庭编的解释（一）》第 5 条规定：“当事人请求返还按照习俗给付的彩礼的，如果查明属于以下情形，人民法院应当予以支持：（一）双方未办理结婚登记手续；（二）双方办理结婚登记手续但确未共同生活；（三）婚前给付并导致给付人生活困难。适用前款第二项、第三项的规定，应当以双方离婚为条件。”小刘与小何并未办理结婚登记手续，符合该条规定的条件，故小刘可以请求小何返还该 5 万元。

专业提示

以缔结婚姻关系为目的的彩礼与恋爱期间的一般赠与较难区分，在实践中常结合行为的时间、目的及主动性等来判断转账是否属于彩礼。若属于彩礼，并且符合《最高人民法院关于适用〈中华人民共和国民法典〉婚姻家庭编的解释（一）》第 5 条规定的情形，则可以要求对方返还。需要注意的是，结合审判实践来看，诸如特殊意义时间点的转账，吃饭、出行、医疗等日常消费性支出及其他小额礼物等恋爱中的一般赠与，属于自愿无偿给予，目的是增进双方感情，一般不予返还。为了避免在分手之后双方产生经济纠纷，需要提醒大家的是，转账汇款等财物赠与并非恋爱期间表达爱意的唯一方式，在恋爱期间保持理智的恋爱观才是值得提倡的。

106. 办理结婚登记后不久便离婚了可否要求返还彩礼？

小刘和小何办订婚宴当天，小刘向小何汇款 12 万元。而后不久二人办理结婚登记手续。然而好景不长，小何在婚后更加清醒地认识到二人三观不合，无法共同生活，遂与小刘协议离婚。小刘想知道，结婚登记不久后协议离婚可以要求返还 12 万元的大额转账吗？

专业解析

要解答这个问题，我们需要首先明确该大额转账的性质是什么。

◉ 大额转账的性质

结合司法实践来看，恋爱期间一方对对方的赠与大致可以分为两种情况。第一，一般赠与。根据《民法典》第 657 条规定："赠与合同是赠与人将自己的财产无偿给予受赠人，受赠人表示接受赠与的合同。"恋爱期间的一般赠与一般为二人联络感情之用，为当事人自愿无偿给予，通常不予返还。第二，彩礼。根据《最高人民法院关于审理涉彩礼纠纷案件适用法律若干问题的规定》第 1 条规定："以婚姻为目的依据习俗给付彩礼后，因要求返还产生的纠纷，适用本规定。"彩礼是指以缔结长期稳定的婚姻关系为目的，根据习俗由男方当事人或者男方当事人的家庭自愿给予女方当事人及家庭的财物。彩礼的给予大多是根据当地的习俗而产生，在大多数情况下当事人并不具有给付彩礼的意愿，而是迫于长时间形成的习俗以及熟人社会的舆论压力进行给付，其通常具有一定的被动性及软强制性。在实践中，根据不同的实际情况，在分手或者离婚后可以酌情返还彩礼。

小刘向小何汇款 12 万元，发生在二人办订婚宴当天。首先，从时间上来看，二人举行订婚宴表明双方已经进入谈婚论嫁的阶段。其次，从目的上来看，订婚是结婚前的预备程序，表明二人有缔结婚姻关系的目的。12 万元的转账发生在当天，其目的与双方缔结婚姻关系具有高度的相关性。最后，从主体上来看，12 万元的转账为男方当事人小刘给予女方当事人小何的。综合来看，该 12 万元的大额转账符合彩礼的性质与特征，应当被认定为彩礼。

◉ 离婚后彩礼返还的法定情形

双方已经办理了结婚登记手续，但在不久后便离婚了，给付彩礼的目的——缔结婚姻关系究竟是否达成了呢？这也是小刘疑惑的地方，双方虽然缔结了婚姻关系，但是该婚姻关系并不稳定，结婚登记不久后两人便再次分开了，这样的情况下彩礼给付的目的算实现了吗？还能够要回彩礼吗？

根据《最高人民法院关于适用〈中华人民共和国民法典〉婚姻家庭编的解释（一）》第5条规定："当事人请求返还按照习俗给付的彩礼的，如果查明属于以下情形，人民法院应当予以支持：（一）双方未办理结婚登记手续；（二）双方办理结婚登记手续但确未共同生活；（三）婚前给付并导致给付人生活困难。适用前款第二项、第三项的规定，应当以双方离婚为条件。"若小刘与小何二人满足该条司法解释中第1款第2项、第3项的条件，小刘即可请求小何返还12万元的转账。

首先，若满足该条司法解释第1款第2项的条件，小刘和小何在办理结婚登记手续之后，并未进行共同生活，则小刘可以请求小何返还彩礼。然而需要注意的是，若小何为了购买共同生活用品、筹办婚礼等进行了必要的支出，虽然双方并未进行共同生活，但是也需要根据小刘已给付小何的彩礼的实际使用情况，扣除相关费用后返还。

其次，该条司法解释中第1款第3项的条件"导致给付人生活困难"应当如何认定呢？结合司法实践来看，应当根据当地的经济水平，给付人家庭收入情况及彩礼给付数额等综合考虑给付人在给付彩礼后，是否出现难以维持个人生活，或者个人生活陷入困难的情况。若小刘在给付小何12万元后，的确构成生活困难，则根据实际情况可以予以适当返还彩礼。

然而，在实际生活中，更多的情况是二人办理结婚登记后进行了共同生活。若小刘和小何在办理结婚登记后进行了短暂的共同生活，不符合前述两种情形，12万元的彩礼便不能请求返还了吗？根据《最高人民法院关于审理涉彩礼纠纷案件适用法律若干问题的规定》第5条第1款规定："双方已办理结婚登记且共同生活，离婚时一方请求返还按照习俗给付的彩礼的，人民法院一般不予支持。但是，如果共同生活时间较短且彩礼数额过高的，人民法院可以根据彩礼实际使用及嫁妆情况，综合考虑彩礼数额、共同生活及孕育情况、双方过错等事实，结合当地习俗，确定是否返还以及返还的具体比例。"即使小刘和小何婚后进行了共同生活，由于12万元的彩礼数额较高，若二人共同生活时间较短，仍可以在扣除共同生活的必要费用后，综合双方共同生活及孕育情况、双方过错等情况由小何适当返还彩礼。

◉ 共同生活的判定

由前述可知，婚后双方是否进行共同生活是离婚后彩礼返还重要的考量因素之一。那么，应当如何判定双方婚后是否进行了共同生活呢？

根据《最高人民法院关于适用〈中华人民共和国民法典〉婚姻家庭编的解释

(一)》第 2 条规定“民法典第一千零四十二条、第一千零七十九条、第一千零九十一条规定的‘与他人同居’的情形,是指有配偶者与婚外异性,不以夫妻名义,持续、稳定地共同居住”可以推知,夫妻之间进行共同生活是指夫妻关系双方当事人以夫妻名义,持续、稳定地进行共同居住。结合司法实践来看,认定双方是否进行共同生活,主要是看当事人双方有无共同居住,有无共同承担照顾子女、赡养老人等义务。若小刘与小何二人在协议离婚之前共同居住,并且共同赡养双方父母小朱女士及何先生,则一般认定小刘与小何进行了共同生活。若小刘与小何二人在结婚至协议离婚这一期间各自分开居住,也并未协商处理家庭事务,没有形成相互扶持、相互履行义务的家庭共同体,则一般会认定小刘与小何并未共同生活。

专业提示

彩礼,作为我国的一项传统习俗,自古以来在维护婚姻家庭稳定等方面起到了重要作用。然而,随着社会发展,高额彩礼为步入婚姻的当事人加上了沉重的负担,不利于社会的进步以及婚姻关系的健康发展。当前社会,双方当事人感情破裂后,因为彩礼返还而发生的纠纷不计其数。面对彩礼返还的问题时,首先应当明确该赠与属于一般赠与还是彩礼。若属于彩礼,则根据《最高人民法院关于适用〈中华人民共和国民法典〉婚姻家庭编的解释(一)》第 5 条判断是否应当返还。然而,需要注意的是,若给付的彩礼已为了举办婚礼、购买共同生活用品等进行了必要的支出,则应将这些必要支出的费用扣除后再予返还。

107. 无效婚姻情形消失后，是否仍可以请求确认婚姻无效？

小刘与小何分手后,遇见了小丁。二人一见钟情,不久之后便办理了婚姻登记手续。当年 6 月 1 日,小丁举办 20 周岁的生日聚会,小朱先生这才知道二人结婚时小丁并未满 20 岁。小朱先生想知道,小丁如今已满 20 周岁了,小刘与小丁的婚姻是否仍然为无效?

专业解析

要解答这个问题,我们首先需要了解无效婚姻是什么,在法律上又是怎样规定的。

◉ 无效婚姻的初认识

结婚,不仅是男女双方情意相合的结果,更是一项神圣的法律程序,需要满足一定的条件。从涉及利益的角度对结婚的实质条件进行划分,结婚的条件可以分为公益条件和私益条件。而当结婚的任一公益条件或者私益条件未达成时,婚姻则会出现不同程度的效力瑕疵,成为无效或者可撤销的婚姻。

无效婚姻是指男女双方的婚姻并不满足结婚的公益要件,男女双方的结合自始不具有婚姻效力,自始不享有和承担夫妻之间的权利与义务。根据《民法典》第 1051 条规定:“有下列情形之一的,婚姻无效:(一)重婚;(二)有禁止结婚的亲属关系;(三)未到法定婚龄。”具体而言,无效婚姻包括三种情形。第一,重婚。《民法典》第 1042 条规定:“禁止包办、买卖婚姻和其他干涉婚姻自由的行为。禁止借婚姻索取财物。禁止重婚。禁止有配偶者与他人同居。禁止家庭暴力。禁止家庭成员间的虐待和遗弃。”婚姻当事人一方在婚姻持续期间缔结第二段婚姻,违反了《民法典》所规定的一夫一妻制,缔结的第二段婚姻自始不具有婚姻效力。第二,男女一方或者双方未达法定婚龄。根据《民法典》第 1047 条规定:“结婚年龄,男不得早于二十二周岁,女不得早于二十周岁。”我国规定的法定婚龄,男方为 22 周岁,女方为 20 周岁。第三,男女双方之间有禁止结婚的亲属关系。根据《民法典》第 1048 条规定:“直系血亲或者三代以内的旁系血亲禁止结婚。”

小刘和小丁办理了婚姻登记手续。然而,当年 6 月 1 日,小丁才满 20 周岁,即二人结婚时女方小丁尚未达法定婚龄,根据法律规定,二人的婚姻应属无效。

◉ 未到法定婚龄的婚姻无效的正当性

《民法典》第 1041 条规定,“婚姻家庭受国家保护。实行婚姻自由、一夫一妻、男女平等的婚姻制度。保护妇女、未成年人、老年人、残疾人的合法权益”。既然法律明确了婚姻自由的重要原则,那么对结婚条件的限制是否是对婚姻自由的违背呢?未达法定婚龄的婚姻无效的正当性何在呢?事实上,对结婚条件的限制不仅不是对婚姻自由的违背,更是对婚姻自由的保护。任何的自由都不是绝对的,只有符合法律规定的婚姻,才能够得到法律的认可和保护。

法定婚龄,是法律规定的男女双方缔结婚姻的最低年龄。婚姻关系不仅具有自然属性,同时也具有社会属性,其是构成家庭的基础,而家庭又是整个社会的基础。

明确男女结婚的最低年龄,其目的在于确保当事人能够在对婚姻有足够的认知力与判断力的情况下,选择是否缔结婚姻。明确法定婚龄,有利于结婚双方当事人的身体与心理健康,对社会责任的承担及社会整体的发展也具有积极作用。

然而,我国人口众多,幅员辽阔,在某些地区仍然存在审查办理结婚手续不规范、隐瞒实际年龄进行结婚登记等不规范现象。若登记结婚的男女双方当事人或者一方当事人并未达到法定婚龄,就形成了无效婚姻。如小刘与小丁在小丁尚未达到法定婚龄的情况下便办理结婚登记,此婚姻应属于无效婚姻。然而,小丁已满 20 周岁后,无效婚姻的情形已经消失,二人的婚姻仍然为无效婚姻吗?

◉ 已到法定婚龄后婚姻的效力

根据《最高人民法院关于适用〈中华人民共和国民法典〉婚姻家庭编的解释(一)》第 10 条规定:“当事人依据民法典第一千零五十一条规定向人民法院请求确认婚姻无效,法定的无效婚姻情形在提起诉讼时已经消失的,人民法院不予支持。”也就是说,在请求确认婚姻关系无效的诉讼中,对未达法定婚龄这一情形,人民法院仅审查办理案件时男女双方当事人是否已达法定婚龄,而不论男女双方在办理结婚登记手续时是否已达法定婚龄。随着时间经过,当未达法定婚龄这一法定婚姻无效事由消失后,双方均有能力对自己缔结婚姻的行为负责,并且男女双方已经符合法律所规定的结婚条件,故无须再将其确认为无效婚姻。

虽然办理结婚登记手续时小丁尚未满 20 周岁,未达法定婚龄,小刘与小丁的婚姻应属无效,但是,随着时间的经过,小丁已满 20 周岁,达到了女方结婚的最低年龄,这导致婚姻无效的事由消失,小丁与小刘的婚姻满足法律所规定的结婚条件,故现存婚姻为有效婚姻。

专业提示

婚姻是男女双方的两性结合,无论是对个人还是社会均有其独特的价值。我国明确了婚姻自由的基本原则,然而这种自由并不是绝对的自由,男女双方需在满足法律规定的条件下缔结婚姻才能受到法律的认可和保护。若缔结婚姻时存在无效婚姻情形,而后无效婚姻情形消失,这段本属于无效的婚姻应当被认定为有效婚姻。结合司法实践来看,无效婚姻情形消失后,有效婚姻的效力起算点应当从男女双方均符合结婚的实质要件时起计算。小丁自年满 20 周岁,小刘和小丁这时才满足结婚的全部实质要件,故小丁满 20 周岁以前二人的婚姻为无效婚姻,自小丁年满 20 周岁后,二人婚姻方为合法有效的婚姻。

108. 婚内给予另一方的财产归谁所有？

小刘与小丁感情破裂，小丁起诉离婚并要求确认甲房归属。甲房为小刘婚前全款购买房屋，并登记于其个人名下。婚后半年，小刘与小丁约定将甲房转移登记至小丁个人名下，但未完成过户。双方无子女，小丁婚后未承担家庭开支。小刘想知道，甲房究竟归谁所有？

专业解析

在解答这个问题之前，我们先来了解一下婚内给予行为的性质，其是否跟一般赠与一样，在财产过户前，赠与人可以随时撤销赠与。

◉ 婚内给予与一般赠与的区别

答案是否定的。《最高人民法院关于适用〈中华人民共和国民法典〉婚姻家庭编的解释（二）》第 5 条规定，"婚前或者婚姻关系存续期间，当事人约定将一方所有的房屋转移登记至另一方或者双方名下，离婚诉讼时房屋所有权尚未转移登记，双方对房屋归属或者分割有争议且协商不成的，人民法院可以根据当事人诉讼请求，结合给予目的，综合考虑婚姻关系存续时间、共同生活及孕育共同子女情况、离婚过错、对家庭的贡献大小以及离婚时房屋市场价格等因素，判决房屋归其中一方所有，并确定是否由获得房屋一方对另一方予以补偿以及补偿的具体数额……给予方有证据证明另一方存在欺诈、胁迫、严重侵害给予方或者其近亲属合法权益、对给予方有扶养义务而不履行等情形，请求撤销前两款规定的民事法律行为的，人民法院依法予以支持"。婚内给予兼具财产属性与身份属性，与一般赠与在法律性质、财产处理规则等方面存在显著差异。

首先，在法律性质上，婚内给予具有较强的人身属性，其目的通常是巩固婚姻关系，抑或修复两人感情，具有人身属性，受到《民法典》婚姻家庭编与合同编的双重调整，并且需要优先适用婚姻家庭编的特殊规则。一般赠与不具有人身属性，仅依据《民法典》合同编进行调整。

其次，在撤销权的行使上，婚内给予无任意撤销权。婚内给予的法定撤销仅限于给予方有证据证明另一方存在欺诈、胁迫，严重侵害给予方或者其近亲属合法权益，对给予方有扶养义务而不履行等情形。在给予财产尚未转移的情况下，给予方不能以未交付为由主张撤销。然而，一般赠与的赠与人享有任意撤销权和法定撤销权。

一方面，在财产权利转移前，赠与人可以随时撤销赠与；另一方面，在受赠人严重侵害赠与人或其近亲属的合法权益、不履行赠与所附义务等法定情形下，赠与人可撤销赠与。

最后，在财产处理规则上，婚内给予将区分是否过户区别处理，且需综合考虑婚姻关系存续时间、共同生活及孕育共同子女情况、离婚过错、对家庭的贡献大小以及离婚时房屋市场价格等因素进行判断，具有较大的灵活性，且获得房屋一方通常要对另一方进行补偿。而在一般赠与合同中，仅需依据合同进行判断，亦无补偿义务。

婚内给予兼具人身属性和财产属性，在小刘与小丁婚姻关系存续期间，甲房屋已经被约定由小刘赠与小丁，但并未过户，离婚后甲房究竟归谁所有呢？

◉ 未过户的婚内给予财产处理规则

《最高人民法院关于适用〈中华人民共和国民法典〉婚姻家庭编的解释（二）》第 5 条第 1 款规定，“婚前或者婚姻关系存续期间，当事人约定将一方所有的房屋转移登记至另一方或者双方名下，离婚诉讼时房屋所有权尚未转移登记，双方对房屋归属或者分割有争议且协商不成的，人民法院可以根据当事人诉讼请求，结合给予目的，综合考虑婚姻关系存续时间、共同生活及孕育共同子女情况、离婚过错、对家庭的贡献大小以及离婚时房屋市场价格等因素，判决房屋归其中一方所有，并确定是否由获得房屋一方对另一方予以补偿以及补偿的具体数额”。甲房的归属应结合小刘和小丁的婚姻关系存续时间、共同生活及孕育共同子女情况、离婚过错、对家庭的贡献大小等因素进行判断。

首先，小刘和小丁婚姻关系存续时间为 1 年，婚姻存续期间较短，且房屋并未过户，应倾向于保护原权利人。其次，小刘和小丁二人并无孕育共同子女。再次，小丁未承担家庭开支，亦无证据证明其对甲房屋的管理、装修等有贡献，难以认定其对家庭具有实质贡献。最后，无其他证据证明给予方小刘具有重大过错，故综合来看房屋甲应属给予方小刘所有。

房屋归属于小刘，那小丁是否可以获得补偿呢？根据《最高人民法院关于适用〈中华人民共和国民法典〉婚姻家庭编的解释（二）》第 5 条第 1 款规定，在确定房屋归属于小刘后，获得房屋的小刘仍有可能需要对另一方小丁进行补偿。在司法实践中，一般需综合考虑家庭贡献、双方有无过错、房屋使用情况，同时结合房屋的增值情况，确定获得房屋一方对另一方的补偿金额。需综合小刘和小丁婚姻存续 1 年，小丁无家庭贡献，双方均无过错的基础事实确定小刘对小丁的补偿金额。

因此，甲房屋应属于给予方小刘所有，且需综合考虑家庭贡献、双方过错情况等因素酌定小刘给予小丁一定的补偿。

◉ 已过户的婚内给予财产处理规则

因为甲房屋尚未过户，综合案情来看应属给予方小刘所有。然而，若甲房屋已经过户给小丁，此时甲房屋的归属是否有变呢？

《最高人民法院关于适用〈中华人民共和国民法典〉婚姻家庭编的解释(二)》第5条第2款规定，“婚前或者婚姻关系存续期间，一方将其所有的房屋转移登记至另一方或者双方名下，离婚诉讼中，双方对房屋归属或者分割有争议且协商不成的，如果婚姻关系存续时间较短且给予方无重大过错，人民法院可以根据当事人诉讼请求，判决该房屋归给予方所有，并结合给予目的，综合考虑共同生活及孕育共同子女情况、离婚过错、对家庭的贡献大小以及离婚时房屋市场价格等因素，确定是否由获得房屋一方对另一方予以补偿以及补偿的具体数额”。在房屋已经过户的情况下，若满足婚姻关系存续时间较短且给予方无重大过错的条件，房屋仍属于给予方。

结合改变条件后的情况来看，即便房屋已经过户给小丁，但是在离婚后发生争议，甲房屋仍应属于小刘所有。首先，小刘和小丁的婚姻仅存续了1年，婚姻关系存续时间较短。其次，给予方小刘并无重大过错，故在已过户的情况下，该房屋仍然应归给予方小刘所有。此外，综合考虑小刘和小丁并无子女，且小丁婚后未承担家庭开支，并未对家庭有实质贡献，双方均无过错的情况酌定获得房屋一方小刘对另一方小丁予以小额补偿。

因此，即便甲房屋已经过户，仍应属于小刘所有，小刘需对小丁予以小额补偿。

专业提示

婚内给予行为兼具财产属性和人身属性，不同于一般赠与行为仅具有财产属性。若小刘赠与小丁甲房的行为是因为小丁虚构共同投资，则可认定小丁的行为构成欺诈。《最高人民法院关于适用〈中华人民共和国民法典〉婚姻家庭编的解释(二)》第5条第3款规定，“给予方有证据证明另一方存在欺诈、胁迫、严重侵害给予方或者其近亲属合法权益、对给予方有扶养义务而不履行等情形，请求撤销前两款规定的民事法律行为的，人民法院依法予以支持”。因此，在这种情况下小刘可撤销给予小丁甲房屋的行为，小刘亦无须给予小丁任何补偿。

109. 婚内一方隐瞒、转移财产，离婚时另一方可以请求分割全部共同财产吗？

小刘与小丁在离婚过程中，小丁发现小刘在婚内隐瞒、转移财产，将属于夫妻双方共同的财产转移至别人的名下。请问，婚内小刘隐瞒、转移财产，离婚时小丁可以请求分割全部共同财产吗？

专业解析

要解答这个问题我们需要了解哪些行为是隐藏、转移、变卖夫妻共同财产的行为，以及《民法典》中规定的关于隐藏、转移夫妻共同财产会导致怎样的法律后果。

◉ 常见的隐藏、转移、变卖夫妻共同财产的行为

第一，隐而不报或暗中转移。对一方名下的银行存款、不动产、公积金、股票、基金、债券等，如果配偶在生活中不曾留意，不知道有这些财产，离婚时一方往往采取隐瞒的方式，拒不告知配偶自己的详细财产信息，也不向法院进行申报，致使配偶无法分割到应有的夫妻共同财产。第二，代持资产。一旦夫妻一方有了离婚的想法，那么他可能从想法产生的那一刻起便逐步地将自己的财产放在别人名下，如婚内借用他人名字购买不动产，或者委托他人持股，或借用父母的卡收款等，日后一旦发生离婚纠纷，就与财产持有人串通不承认代持事实，而配偶一方又没有证据，最终无法分割到应有的财产。第三，制造、伪造债务。以串通伪造债务的方式减少共同财产或让配偶共同承担偿还责任，以达到侵占、多分夫妻共同财产的目的，在实践中也比较普遍。

◉ 隐藏、转移共同财产的法律后果是什么？

《民法典》第 1092 规定："夫妻一方隐藏、转移、变卖、毁损、挥霍夫妻共同财产，或者伪造夫妻共同债务企图侵占另一方财产的，在离婚分割夫妻共同财产时，对该方可以少分或者不分。离婚后，另一方发现有上述行为的，可以向人民法院提起诉讼，请求再次分割夫妻共同财产。"需要注意的是，离婚后发现对方隐藏夫妻共同财产的，再次请求分割夫妻共同财产的期限，受诉讼时效约束。依据《最高人民法院关于适用〈中华人民共和国民法典〉婚姻家庭编的解释（一）》第 84 条规定："当事人依据民法典第一千零九十二条的规定向人民法院提起诉讼，请求再次分割夫妻共同财产的诉

讼时效期间为三年,从当事人发现之日起计算。”因此,夫妻一方应在知道自身权益受损害后,3 年内向对方主张或向法院提起诉讼,请求再次分割夫妻共同财产。

对此,如果在婚姻关系存续期间财产权利被侵害一方可以再次请求分割夫妻共同财产。由于隐藏、转移、变卖等行为具有一定的隐蔽性,在夫妻一方刻意隐瞒的情况下,另一方很难及时发现。若在离婚后,发现对方通过隐藏、转移、变卖、毁损、挥霍等方式侵犯夫妻共同财产,则另一方可再次向人民法院起诉请求分割夫妻共同财产。同时,对实施了侵权行为的一方,还需要承担少分或不分夫妻共同财产的法律后果。

综上,小丁在离婚时发现小刘在婚姻关系存续期间隐匿、转移双方的共同财产,可以向法院提起诉讼请求分割被小刘隐匿、转移的夫妻共同财产。

◉ 离婚时发现对方隐藏夫妻共同财产怎么办?

在离婚案件中,夫妻双方关系破裂,常常会有夫妻一方将夫妻共同财产隐藏、转移、变卖,甚至将自己名下的财产全部转移,导致就算另一方胜诉,其名下也无可供执行的财产,将对方胜诉判决变成一纸空文的情况。为防止出现这种情况,夫妻一方在发现对方有隐藏、转移、变卖夫妻共同财产的行为时,可以立即向人民法院申请诉前财产保全或诉中财产保全。

当小丁发现小刘有转移自己名下属于夫妻共同财产的行为时,可以立即向起诉的法院申请诉前财产保全或者诉中财产保全。

◉ 离婚时隐藏夫妻共同财产的法律后果?

根据《妇女权益保障法》第 67 条第 2 款规定:“离婚诉讼期间,夫妻双方均有向人民法院申报全部夫妻共同财产的义务。一方隐藏、转移、变卖、损毁、挥霍夫妻共同财产,或者伪造夫妻共同债务企图侵占另一方财产的,在离婚分割夫妻共同财产时,对该方可以少分或者不分财产。”因此,离婚诉讼中,夫妻双方均应在人民法院规定的时间内如实申报全部夫妻共同财产;如果夫妻一方掌握对方持有的某项财产线索,但对方不认可或拒不提供相关财产信息,可申请人民法院调查取证。隐藏夫妻共同财产的一方,侵犯了对方的财产权益,须承担相应的法律后果。

在诉讼离婚时,小丁和小刘就应该如实向人民法院申报全部夫妻共同财产。如果小丁掌握小刘持有的某项财产线索,但丈夫小刘不认可或拒不提供相关财产信息,小丁可申请人民法院调查取证。

专业提示

夫妻共同财产是家庭资产的重要组成部分，夫妻双方离婚诉讼时均应本着诚信的原则，这既是对彼此财产权利的尊重，也是家庭关系和谐稳定的基础。夫妻双方应相互信任、相互协商，家庭日常生活支出夫妻双方任何一方都可自行决定，但对数额较大的财产处置，则需要双方协商同意。如果一方损害了夫妻共同财产利益，那么另一方可以主张分割共同财产。《民法典》第1092条规定了一方侵害夫妻共同财产的法律后果，指出在离婚分割共同财产时，对侵害者可以少分或不分，主要是为了防止夫妻一方以隐藏财产、伪造债务等方式损害另一方利益的现象。

110. 遗产分割时，如何保护胎儿的权益？

汪女士的朋友小沈先生意外去世时，他的妻子傅女士怀上身孕。小沈先生生前未立遗嘱，遗产包括房产、公司股份及存款等。在遗产分割过程中，傅女士坚持为腹中胎儿小小沈保留继承份额，但小沈先生的父母认为胎儿尚未出生，不应享有继承权，双方因此产生纠纷。

专业解析

要解决双方的纠纷，我们需要先了解法律上对胎儿的地位是如何界定的以及胎儿是否具有民事权利能力。

◉ 胎儿的法律地位与民事权利能力

一般而言，根据《民法典》第13条规定："自然人从出生时起到死亡时止，具有民事权利能力，依法享有民事权利，承担民事义务。"自然人的民事权利能力始于出生，终于死亡，然而胎儿作为生命体，虽然在物理形态上尚未脱离母体，但在法律上享有一定的特殊地位。

根据《民法典》第16条规定："涉及遗产继承、接受赠与等胎儿利益保护的，胎儿视为具有民事权利能力。但是，胎儿娩出时为死体的，其民事权利能力自始不存在。"

通过该条文中“视为”二字，可见《民法典》并未将胎儿直接等同于自然人，但在涉及特定利益保护时，如遗产继承、接受赠与等，赋予了胎儿类似自然人的法律地位。这种特殊地位体现了法律对胎儿潜在生命和未来生存发展的重视与保护。这意味着在这些特定情况下，胎儿能够享有与其生存和发展相关的民事权利，如继承权、受赠权等。然而，这种民事权利能力的存在是有条件和限制的，即胎儿娩出时必须为活体，若娩出时为死体，则其民事权利能力自始不存在。那么具体而言，胎儿享有继承权还有哪些法律依据呢？

◉ 胎儿享有继承权的法律依据

从享有继承权的主体资格来看，根据《民法典》第 1127 条规定：“遗产按照下列顺序继承：（一）第一顺序：配偶、子女、父母；（二）第二顺序：兄弟姐妹、祖父母、外祖父母。继承开始后，由第一顺序继承人继承，第二顺序继承人不继承；没有第一顺序继承人继承的，由第二顺序继承人继承。本编所称子女，包括婚生子女、非婚生子女、养子女和有扶养关系的继子女。本编所称父母，包括生父母、养父母和有扶养关系的继父母。本编所称兄弟姐妹，包括同父母的兄弟姐妹、同父异母或者同母异父的兄弟姐妹、养兄弟姐妹、有扶养关系的继兄弟姐妹。”由于小小沈是小沈先生与傅女士的婚生子女（尽管尚未出生），其依法享有对小沈先生的继承权。

从保留遗产份额来看，《民法典》第 1155 条规定：“遗产分割时，应当保留胎儿的继承份额。胎儿娩出时是死体的，保留的份额按照法定继承办理。”这就是胎儿预留份制度，这意味着在计算参与遗产分割的人数时，应将胎儿视为一个独立的继承主体，为其预留出其应得的遗产份额。这里的遗产份额，既包括法定继承时的遗产份额，也包括遗嘱继承时的遗产份额。如果傅女士腹中胎儿出生后存活，则该遗产份额归其所有；若胎儿娩出时为死体，则该遗产份额将按照法定继承顺序由其他继承人继承。

◉ 胎儿继承权的实现与保护

由于胎儿尚未出生，无法自行行使权利，因此需要由其法定代理人代为行使。在小小沈出生前，其母亲傅女士作为其法定代理人，有权代表小小沈主张、监管和保护其继承权。傅女士可以参与遗产分割的协商、诉讼等活动，确保小小沈的合法权益不受侵害。此外，如果胎儿娩出后存活，其作为独立的民事主体，有权依法继承并管理自己的财产，然而囿于实际情况，小小沈无法行使自己的合法权利，根据《民法典》第 26 条第 1 款规定：“父母对未成年子女负有抚养、教育和保护的义务。”在涉及未成年子女法律地位的问题上，父母自然承担起监护人的角色。鉴于胎儿目前无法自行管理财产，其母亲傅女士作为法定监护人，有责任也有权利代为管理这份预留给胎儿的遗产，以确保其未来权益得到妥善保障。

在司法实践中，法院通常会尊重并保护胎儿的继承权。例如，在遗产分割案件中，如果小沈先生的父母没有为傅女士腹中胎儿保留遗产份额而强行分割遗产，则根据《最高人民法院关于适用〈中华人民共和国民法典〉继承编的解释（一）》第31条规定："应当为胎儿保留的遗产份额没有保留的，应从继承人所继承的遗产中扣回。为胎儿保留的遗产份额，如胎儿出生后死亡的，由其继承人继承；如胎儿娩出时是死体的，由被继承人的继承人继承。"傅女士可以向法院起诉，要求从已分割的遗产中扣回相应份额，以确保胎儿的权益得到保障，即使胎儿在出生后就死亡也不影响其享有继承权，为胎儿保留的遗产份额由胎儿的法定继承人——傅女士继承。但如果胎儿娩出时即为死体，则其民事权利能力自始不存在，其受法律保护的利益也自始不享有，此时保留的遗产份额仍然属于被继承人（小沈先生）的遗产，只能将该部分遗产按照原份额继承。

专业提示

《民法典》中对胎儿的特殊规定对保护其潜在生命和未来权益具有重要意义。在遗产分割时，法律要求为胎儿保留继承份额，这确保了胎儿在遗产继承中的合法权益不受侵害，有助于保障胎儿出生后的生活和发展需求。此外，作为胎儿的法定代理人（傅女士）可以管理为胎儿保留的遗产份额，但是这并不意味着她可以随意处置为胎儿保留的遗产份额。依据《民法典》第35条第1款规定："监护人应当按照最有利于被监护人的原则履行监护职责。监护人除为维护被监护人利益外，不得处分被监护人的财产。"因此，傅女士在保管预留遗产份额时应积极履行代理职责并维护胎儿的权益，不得自由处分该遗产份额，否则相关处分行为可能因为违反该条规定而无效。

111. 生活有特殊困难缺乏劳动能力的子女可以多分遗产吗？

小沈先生与傅女士的孩子小东正在上初一年级。小沈先生突然死亡，傅女士两年前因工伤导致腿部残疾，傅女士想知道小东能否以生活困难又缺乏劳动能力为由主张多分小沈先生的遗产？

专业解析

要解答这个问题，我们首先需要了解认定生活困难又缺乏劳动能力的标准是什么，在法律上又是怎样规定的。

◉ 生活困难又缺乏劳动能力的定义

一般情况下，同一顺序的各个法定继承人，在生活状况、劳动能力和对被继承人所尽的赡养义务等方面条件基本相同或相近时，继承份额均等。根据《民法典》第 1130 条第 1 款和第 2 款规定："同一顺序继承人继承遗产的份额，一般应当均等。对生活有特殊困难又缺乏劳动能力的继承人，分配遗产时，应当予以照顾。"这就意味着在均等原则的基础上，若被继承人有特殊困难又缺乏劳动能力，则法律予以其特殊的保护。

这样的立法本意是在保障继承人能公平继承遗产的同时，充分保障生活困难又缺乏劳动能力的继承人的基本生存权利。属于这种特殊情况的继承人，必须同时具备"生活有特殊困难"和"缺乏劳动能力"两个条件。继承人生活虽有特殊困难但其有劳动能力，或者虽缺乏劳动能力但生活并无特殊困难都不在照顾之列。

◉ 生活有特殊困难又缺乏劳动能力的认定

"生活有特殊困难"，是指继承人没有独立生活来源或其经济收入难以维持最基本的生活水平。"缺乏劳动能力"，是指继承人尚无劳动能力或因年迈、病残等原因，丧失或部分丧失劳动能力的情况。从"能力"这一词语的含义分析，其表述的是一种可能性，即是否可以进行劳动、有无通过劳动获得收入的可能。一般情况下，如果一个完全民事行为能力人，本身没有足以阻碍其从事劳动的生理缺陷，则应当认定其具有劳动能力。对这种继承人，一旦具备上述两个条件，根据《民法典》第 1130 条的规定就应当予以照顾，在取得的遗产份额上应多于其他继承人。

那么如何认定被继承人生活有困难又缺乏劳动能力呢？对此，《民法典》没有具体规定，可以参照民政部颁布的《特困人员认定办法》第 5 条规定"符合下列情形之一的，应当认定为本办法所称的无劳动能力：（一）60 周岁以上的老年人；（二）未满 16 周岁的未成年人；（三）残疾等级为一、二、三级的智力、精神残疾人，残疾等级为一、二级的肢体残疾人，残疾等级为一级的视力残疾人；（四）省、自治区、直辖市人民政府规定的其他情形"和第 6 条第 1 款规定"收入低于当地最低生活保障标准，且财产符合当地特困人员财产状况规定的，应当认定为本办法所称的无生活来源"。

◉ 生活有特殊困难又缺乏劳动能力的举证责任与保护

继承人主张因其生活有特殊困难又缺乏劳动能力而要求在分配遗产时对其予以

照顾的，应当提供相应的证据。在判断其主张是否成立时，应当以继承开始时继承人的状态为依据。

照顾的界限和具体的份额应根据其生活特殊困难和缺乏劳动能力的程度来决定。法院通常会根据举证情况，综合考虑继承人的年龄、健康情况、是否存在扶养人、是否有其他收入来源（包括退休金、养老金、赔偿金）等情况，最终认定继承人是否确实存在“生活有特殊困难”的事实。需要注意的是，继承人是否生活有特殊困难，是否缺乏劳动能力，应以遗产分割时的情况为判断标准。

傅女士、小东属于第一顺序继承人，在小沈先生死亡时，小东正在初中就读。小东情况是否属于生活有特殊困难又缺乏劳动能力呢？第一，小东是否属于生活有特殊困难。根据《民法典》第 1067 条第 1 款规定：“父母不履行抚养义务的，未成年子女或者不能独立生活的成年子女，有要求父母给付抚养费的权利。”“不能独立生活的成年子女”是指尚在校接受高中及以下学历教育，或者丧失或未完全丧失劳动能力等非因主观原因而无法维持正常生活的成年子女。就读初中的小东有从其父亲的遗产中获取一定的遗产份额来维持正常生活的权利。此外，小东的母亲傅女士因为工伤导致腿部残疾，独自抚养女儿，经济压力较大，小东属于生活有特殊困难的子女。第二，小东是否缺乏劳动能力。对在初中就读的学生而言，不能仅从生理角度对其劳动能力进行判断，在繁重的学习任务之下，不能强求其在学习之余再从事劳动获取收入以维持生存，这既是保护公民的受教育权的过程，也是基于受教育权是实现公民生存发展权的客观需要的现实。因此，应当认为就读初中的小东没有通过从事劳动获取生活收入的可能，即没有法律规定的劳动能力。

专业提示

一般情况下，同一顺序的法定继承人的继承份额应该是均等的。但出于对生活有特殊困难又缺乏劳动能力的继承人的保护，根据《民法典》第 1130 条规定，在分配遗产时，应当予以照顾。在具体适用时需要注意，继承人必须同时具备“生活有特殊困难”和“缺乏劳动能力”两个条件，如果缺乏其中任意一个条件，则不应被适用。此外，继承人是否有特殊困难，是否缺乏劳动能力，应以遗产分割时的情况为判断标准，考虑继承人的年龄、健康情况、是否存在扶养人、是否有其他收入来源（包括退休金、养老金、赔偿金）等情况，进行综合认定。

112. 父亲死亡，子女能继承祖父的遗产吗？

小沈先生不幸意外离世后，小沈先生和傅女士的孩子小东便跟随着祖父老沈先生长大。在老沈先生去世后，因其生前未留有遗嘱，就祖父死后遗产如何处置的问题，大人们争得不可开交。一直被忽略的小东在一旁说道："祖父最疼我了，难道我不能继承祖父的遗产吗？"

专业解析

要解答这个问题，我们首先需要了解代位继承是什么，在法律上又是怎样规定的。

◉ 代位继承的含义

继承是随着私有财产的出现而产生的人类社会共同现象。按照通俗理解，继承是自然人将自己的财产在身死之后传递给与其具有一定血缘关系或者婚姻关系之人，符合社会伦理常识，也合乎财产所有人的意愿。《民法典》第 1127 条第 1 款规定："遗产按照下列顺序继承：（一）第一顺序：配偶、子女、父母；（二）第二顺序：兄弟姐妹、祖父母、外祖父母。"此规定明确了只有上述范围内的亲属才能够继承自然人的合法遗产。长者先于晚辈离世，是人类这个群体经历自然死亡时通常的顺序。但事有例外，若子女先于父母而死亡，当父母死亡时本应当继承给子女的那一份遗产又该何去何从？此时，代位继承制度便应运而生。

代位继承是指被继承人的子女先于被继承人死亡时，被继承人子女的直系晚辈血亲代替被继承人子女的继承顺序，继承被继承人子女应继承的遗产份额的制度。在代位继承中，死亡的继承人是被代位继承人，代替被代位继承人行使继承权的是代位继承人。代位继承人代替被代位继承人继承被继承人遗产的权利，称为代位继承权。子女先于父母离世后，离世的子女已经没有办法继承父母的遗产，但是，代位继承制度规定该离世子女的直系晚辈血亲可以代替其继承遗产，实现遗产的家族传承。因此，小东才会疑惑其能不能继承祖父的遗产。

◉ 代位继承人的认定和继承范围

代位继承人突破了法定继承人的范围，因此，法律对代位继承人的资格和继承的范围也进行了限定。《民法典》第 1128 条规定："被继承人的子女先于被继承人死亡的，由被继承人的子女的直系晚辈血亲代位继承。被继承人的兄弟姐妹先于被继承人死亡的，由被继承人的兄弟姐妹的子女代位继承。代位继承人一般只能继承被代位继承人有权继承的遗产份额。”

代位继承人的范围限定在被继承人子女的直系晚辈血亲和被继承人兄弟姐妹的子女中。首先,先去世的被代位继承人只能是被继承人的子女或者被继承人的兄弟姐妹;其次,代位继承人只能是前述主体的直系晚辈血亲。换言之,《民法典》没有直接规定孙子女、外孙子女的法定继承权,而是通过代位继承制度保护其继承权益。“直系晚辈血亲”既包括自然血亲,也包括法律拟制的血亲,意味着无论是父母亲生,抑或养子女、继子女,都属于被继承人子女的直系晚辈血亲,享有代位继承的权利。

《民法典》在原《继承法》第 11 条的基础上,将代位继承人的范围扩大到被继承人兄弟姐妹的子女。这主要是基于计划生育政策的考量。在 20 世纪 80 年代计划生育政策的实施下,独生子女一代已经成为当前社会的中坚力量,如若将代位继承限于被继承人的子女直系晚辈血亲,可能会出现独生子女丧失继承权后被继承人的遗产无人可继、收归国家的现象。将公民个人的遗产收归国有的处理办法只能是处理遗产的兜底措施。扩大代位继承人的范围,可以减少遗产无人继承情况的产生,也可以促进亲属关系的沟通和联系,引导人们重视亲情血脉。同时,基于代位继承的本质是代替继承原本属于被代位继承人应当享有的继承权益,因此代位继承人的继承范围一般只能继承被代位继承人有权继承的遗产份额。

◉ 代位继承中继承权的适用与保护

《民法典》仅规定代位继承制度中继承人的资格和继承范围。实际上,要适用代位继承制度还需要满足其他一系列的条件。其一,享有继承权的被代位继承人必须先于被继承人死亡。死亡顺序是发生代位继承的前提条件。如果被代位继承人是在继承开始后死亡的,则继承已经开始,遗产已经为被代位继承人取得,只是尚未分割遗产而已,此时发生转继承的法律效果。其二,被代位继承人生前必须享有继承权,如果被代位继承人基于法定事由丧失了继承权,则连带引起代位继承权的灭失。其三,代位继承人只适用于法定继承,在遗嘱继承中不发生代位继承,在遗赠中也不发生代位遗赠。如果遗嘱人通过遗嘱指定子女以外的人作为继承人,该继承人先于遗嘱人死亡的,在遗嘱人死亡后,该继承人的晚辈直系血亲不能通过代位继承遗产。当被继承人死亡时,只能按照法定继承处理,不能根据遗嘱代位继承。

《民法典》第 1120 条规定:“国家保护自然人的继承权。”代位继承是法律规定的法定权利,从保护的角度理解代位继承权,只要是被继承人的合法可继承财产,代位继承人均可主张继承被代位继承人享有的遗产份额,并且非基于法定事由,代位继承权不可被剥夺,受到国家保护。

小沈先生在小东年幼时便已经离世,作为小沈先生的儿子、老沈先生的孙子,在老沈先生没有留下任何遗嘱声明自身遗产如何分割时，小东可以适用《民法典》关于代位继承制度的规定，合法地继承老沈先生遗产中属于小沈先生有权继承的那一份遗产份额。

专业提示

"承"者，下载上也，此为"承继"或"继承"。代位继承作为本位继承的对称，保障了被继承人的遗产在各支系中合理分配，实现财产的传承，并且发挥养老育幼的功能。小东因年幼丧父，跟随祖父老沈先生长大，可以依据《民法典》代位继承制度继承小沈先生应当享有的继承份额。此外，代位继承是以直系血亲为基础的，即使小东随母亲傅女士改嫁，在祖父去世之后，小东作为小沈先生的儿子，仍然享有代位继承的权利。

113. 孩子为得遗产，胁迫其父立遗嘱，后悔过后得谅解，是否还能继承遗产？

大沈先生性格嚣张跋扈、脾气暴躁。为了得到老沈先生的遗产，曾经拿刀胁迫老沈先生设立遗嘱，遗嘱内容为老沈先生所有的遗产由大沈先生继承。如果大沈先生深刻地认识到自己的错误，真诚进行悔过并得到老沈先生的谅解，父子重归于好，大沈先生还有权继承老沈先生的遗产吗？

专业解析

要解答这个问题，我们首先需要了解宽宥制度是什么，在法律上又是怎样规定的。

◉ 宽宥制度初认识

宽宥制度，指被继承人在情感上对继承人的故意或过失行为予以谅解和宽恕，并且对继承人继承身份或资格再次肯定与承认，表示愿意恢复其已丧失的继承权的一项制度。通俗来讲，宽宥制度是指丧失继承权的继承人，在得到被继承人的谅解后重新恢复继承的权利的制度。

基于继承权的私权属性，宽宥制度的根本目的在于控制公权力对公民的私权利进行过度的干预，保障被继承人在私权领域内依意愿处分个人财产，同时也能敦促缺格继承人在被继承人生存期间及时悔改，得到被继承人的谅解，重归家庭和社会。大沈先生年少无知，胁迫了老沈先生立下遗产都归自己所有的遗嘱，而后大沈先生意识到自己的错误，也得到老沈先生的谅解，是否可以依据宽宥制度恢复继承老沈先生遗产的权利？

◉ “情节严重”的认定

《民法典》第1125条规定：“继承人有下列行为之一的，丧失继承权：(一)故意杀害被继承人；(二)为争夺遗产而杀害其他继承人；(三)遗弃被继承人，或者虐待被继承人情节严重；(四)伪造、篡改、隐匿或者销毁遗嘱，情节严重；(五)以欺诈、胁迫手段迫使或者妨碍被继承人设立、变更或者撤回遗嘱，情节严重。继承人有前款第三项至第五项行为，确有悔改表现，被继承人表示宽恕或者事后在遗嘱中将其列为继承人的，该继承人不丧失继承权。受遗赠人有本条第一款规定行为的，丧失受遗赠权。”从丧失继承权的情形可知，继承人的行为一般都需要达到“情节严重”的标准，那如何具体认定“情节严重”，是认定大沈先生是否丧失继承权的关键。

在对继承人的故意或者过错行为能否属于“情节严重”的认定标准上，应当秉承家庭和谐之理念，既不应过于严苛，阻碍被继承人与缺格继承人之间关系的恢复，也不应过于宽松，导致缺格继承人并没有为自己故意或者过错的行为负责。人民法院在认定“情节严重”的判定标准时，不应简单地看是否造成了严重的后果，还应当综合考量手段的恶劣性、影响的深远性以及行为人的主观目的。如果缺格继承人以争夺遗产为目的，采取极度恶劣的手段实施了可能导致其继承权丧失的行为，或者是实施的行为对被继承人以及其他继承人造成了严重的伤害时，应视为“情节严重”。此外，继承权的丧失，从继承开始之日起发生法律效力，只有人民法院才能对继承权丧失进行确认。同时，继承人丧失继承权，丧失的仅是针对特定被继承人的遗产继承资格，并不影响其对其他被继承人的继承权。

大沈先生以夺取遗产为目的，拿刀威胁老沈先生立下遗嘱，已经构成“以欺诈、胁迫手段迫使或者妨碍被继承人设立、变更或者撤回遗嘱，情节严重”。

◉ 继承权的恢复：继承人的悔改及被继承人的宽恕

宽宥制度作为公权力和私权利在遗产分配上的制度平衡，使缺格继承人恢复相应的继承权。因此适用宽宥制度需要满足一定的条件，具体包括：(1)继承人并未绝对性地丧失继承的权利；(2)继承人确有悔改表现；(3)继承人得到被继承人的宽恕。三者缺一不可。

一是继承人并未绝对性地丧失继承权。这是继承权能够恢复的前提。如果继承人是由于杀害其他继承人或者遗弃、虐待被继承人等而丧失继承权，则法律规定该继承人永久性丧失继承的权利。

二是继承人确有悔改表现。法律规定继承权的恢复需要继承人"确有悔改表现"，是为了促使缺格继承人能够及时认识错误、改过自新。但是"悔过"本就是一种主观心理状态，对"悔改表现"的认定也带有极强的主观性，导致在实践中如何认定缺格继承人"确有悔改"是判断的难点，并没有统一的适用标准。对继承人是否"确有悔改"，应当站在被继承人的角度，充分考虑和尊重被继承人的主观感受。家庭的私密性决定了继承人与被继承人之间的情感沟通和行为表现的隐私性，对继承人是否真的已经悔改，被继承人感悟最深。此外，还需要综合考虑继承人的生活背景、个人习惯、前后态度、言语行为等表现在个案中予以具体的认定。

三是继承人得到被继承人的宽恕。被继承人可以通过明示或默示方式有效地表达对继承人予以宽恕的意愿；或者是被继承人虽然没有向继承人表达宽恕，但事后在遗嘱中仍将其列为继承人。

大沈先生拿刀威胁老沈先生立下遗嘱，从而丧失了继承的权利。如果而后大沈先生确实意识到行为的恶劣，向老沈先生真诚悔过，也得到老沈先生的谅解，父子两人重归于好，整个家庭又其乐融融，在这种情况下，大沈先生可以恢复继承的权利，仍然有权继承老沈先生的遗产。

专业提示

宽宥制度体现了国家对公民私有财产的尊重与保护，有利于家庭财产的合理分配，维护家庭的稳定。特别是对独生子女家庭而言，独生子女若永久地丧失了继承权，被继承人的财产会出现无人继承，最终收归国有的可能性，不利于保护私人的财产、维护家庭的和睦以及社会的稳定。对继承人丧失了继承权之后，《民法典》增设了宽宥制度，这是《民法典》继承编的一大特色，填补了我国继承法的空白，充分体现了意思自治原则及对私有财产权的保护。此外，应当注意的是，继承人有为了继承遗产杀害其他继承人、虐待被继承人等严重情形的，在确有悔改且得到被继承人谅解后，也不可以恢复继承的权利。这是因为继承人的行为已经触碰法律底线，是法律所不允许的。不允许其恢复继承的权利是法律对遗产自由继承的干预和评价。

114. 父亲丧失对爷爷的继承权，儿子能够继承祖父的遗产吗？

大沈先生并没有改过自新，后来大沈先生和妻子不幸死亡，只留下一个儿子小宇。小宇疑惑：自己可以代位继承祖父老沈先生的遗产吗？

专业解析

要解答这个问题，我们首先需要了解法定继承和继承权的丧失，以及其在法律上又是怎样规定的。

◉ 法定继承及其继承权的丧失

死亡并非一场有预兆的安排，并不是所有人生前都能够及时地作出嘱托。当遗产所有人生前并未立下任何遗嘱，而遗产又面临如何继承的问题时，法定继承制度就发挥出关键作用。依据《民法典》第 1127 条第 1 款规定："遗产按照下列顺序继承：(一)第一顺序：配偶、子女、父母；(二)第二顺序：兄弟姐妹、祖父母、外祖父母。"此条款明确了只有上述范围内的亲属才能够继承自然人的合法遗产。大沈先生作为老沈先生的独子，属于老沈先生的法定继承人，享有继承的权利。

但是，在某些特定情况下，当发生法律规定的法定事由时，继承人也会丧失所享有的继承权利，即剥夺继承人继承被继承人遗产的资格。继承权的丧失，是法律对被继承人作出的一种保护。然而，当唯一的法定继承人的继承资格被剥夺后，被继承人的遗产面临无人继承的紧迫局面。根据《民法典》第 1127 条所规定的法定继承人的范围，孙子女、外孙子女并没有被列为法定继承人的范围内，而在实践中，在父亲丧失继承权后，常常有孙子继承爷爷遗产的实例发生。从法律的角度上解释，孙子之所以能够继承爷爷的遗产，是法律通过设计代位继承制度实现了孙子女、外孙子女继承的权利。在没有遗嘱的前提下，被继承人的遗产适用法定继承，孙子能够继承爷爷遗产的情形，并非孙子对爷爷的遗产当然享有继承的权利。因此，小宇才会疑惑：自己是大沈先生唯一的儿子，能不能继承祖父的遗产。

◉ 代位继承权消灭的情形：继承人丧失继承权

《最高人民法院关于适用〈中华人民共和国民法典〉继承编的解释(一)》第 17 条规定："继承人丧失继承权的，其晚辈直系血亲不得代位继承。如该代位继承人缺乏劳动能力又没有生活来源，或者对被继承人尽赡养义务较多的，可以适当分给遗产。”被代位继承人享有继承权，是代位继承实现的要件之一。代位继承人所继承的权利性质上是属于被代位继承人原本享有的遗产份额。

继承权的丧失，可以区分为主动丧失和被动丧失。继承人主动丧失继承权是指继承人明确表示自愿放弃继承的权利。法律尊重当事人权利的处分。继承权的被动丧失，主要是基于某些特殊事由，继承人丧失了法定继承的权利，法律不认可、不肯定以及不保护继承人的继承权。《民法典》第 1125 条第 1 款规定：“继承人有下列行为之一的，丧失继承权：(一)故意杀害被继承人；(二)为争夺遗产而杀害其他继承人；(三)遗弃被继承人，或者虐待被继承人情节严重；(四)伪造、篡改、隐匿或者销毁遗嘱，情节严重；(五)以欺诈、胁迫手段迫使或者妨碍被继承人设立、变更或者撤回遗嘱，情节严重。”前述丧失继承权的情形都属于极其恶劣、严重伤害家庭成员感情的行为。无论是从法理抑或情理的角度，都不允许实施了该种行为的继承人的直系晚辈血亲代位继承。

大沈先生自私自利、乖张跋扈，在长大成家后，也不愿承担照顾父母的责任，反而经常打骂、虐待自己的父母，性质恶劣，且经教育仍不悔改，已经丧失了对老沈先生遗产的继承权。当大沈先生丧失了对老沈先生的法定继承权，作为大沈先生唯一的儿子，小宇在大沈先生去世后，对老沈先生的遗产享有的代位继承权当然消灭。因此，大沈先生去世后，小宇不可以代位继承祖父的遗产。

◉ 代位继承人可以适当分得遗产之情形

《最高人民法院关于适用〈中华人民共和国民法典〉继承编的解释(一)》第 17 条第 2 句“如该代位继承人缺乏劳动能力又没有生活来源，或者对被继承人尽赡养义务较多的，可以适当分给遗产”，体现了我国财产继承制度深受传统文化的影响，表明财产继承承载着赡养、扶养等功能。代位继承人可以基于以下两种情形适当分得遗产。

一是代位继承人缺乏劳动能力又没有生活来源。代位继承人缺乏劳动能力和没有生活来源，这两项情况必须同时满足，即只有在丧失继承权的继承人的直系晚辈血亲既缺乏劳动能力，又没有生活来源的情况下，才符合可以适当分得遗产的条件。如果只是缺乏劳动能力但有生活来源，或者具有劳动能力但没有生活来源，均不符合可以适当分得遗产的条件。此外，应当注意的是，《最高人民法院关于适用〈中华人民共和国民法典〉继承编的解释(一)》第 17 条虽然是参考《民法典》第 1131 条的立法精神制定的，都体现为一种酌定分得遗产的权利，但两者仍有区别，具体表现在直系晚辈血亲缺乏劳动能力又没有生活来源并不等于事实上“依靠被继承人扶养”，故即便被继承人的直系晚辈血亲在被继承人生前并未对其进行过扶养,代位继承人也可依据本条主张分得适当遗产。

二是对被继承人尽赡养义务较多的。虽然直系晚辈血亲因继承人丧失继承权而不能直接继承被继承人的遗产,但法律肯定和鼓励那些直系晚辈血亲给予被继承人经济、生活、精神上照顾的行为。《民法典》第 1074 条第 2 款规定:“有负担能力的孙子女、外孙子女,对于子女已经死亡或者子女无力赡养的祖父母、外祖父母,有赡养的义务。”若代位继承人在被继承人生前对其尽到较多的赡养义务,同样可以依据本条适当分得遗产。

此外,“可以适当分给遗产”是一种根据具体情况具体分析的自由裁量权的体现。“可以”意味着非强制性。对那些缺乏劳动能力又没有生活来源,或者对被继承人尽赡养义务较多的代位继承人,可以适当分给遗产,也可以不分。是否适当分给遗产,应当综合遗产情况、继承人情况、直系晚辈血亲的生活需要等考虑。

因此,小宇并不能取得对老沈先生遗产继承的权利。但是,如果小宇符合“缺乏劳动能力又没有生活来源”或者“对被继承人尽赡养义务较多”这两种情形之一,可能可以适当分得老沈先生的遗产。

专业提示

继承人丧失继承权,是代位继承权消灭的前提条件。法律规定继承权的丧失,有利于规范继承人的合法继承行为,维护社会的道德人伦和家庭秩序,维持良好的遗产继承秩序,维护被继承人的遗嘱自由等。如若继承人丧失继承权,而后取得被继承人的谅解,且不存在法律规定的永远丧失继承权的情形,代位继承权仍然存在。另外,当存在既缺乏劳动能力又没有生活来源的直系晚辈血亲,也存在对被继承人尽赡养义务较多的直系晚辈血亲时,二者遗产的分配应当以满足既缺乏劳动能力又没有生活来源的直系晚辈血亲的基本生活需要为首,这也体现了扶弱济贫的中华民族优秀传统思想。

115. 丈夫去世，长年照顾公婆的儿媳可以继承公婆的遗产吗？

小沈先生去世后，傅女士一直尽心照顾公婆，直到二老去世。傅女士想知道自己在二老生前尽了主要赡养义务，是否可以继承公婆遗产？

专业解析

要解答这个问题，我们首先需要了解赡养义务是什么，在法律上又是怎样规定的。

◉ 法定赡养义务的初次认识

父母对子女有养育之恩，子女对父母有赡养之责。成年子女对父母的赡养，既是对父母养育之恩的道德回馈，亦是法律明确规定的责任与义务。《民法典》第 26 条规定："父母对未成年子女负有抚养、教育和保护的义务。成年子女对父母负有赡养、扶助和保护的义务。"义务的违反伴随着责任的承担，《民法典》第 1067 条第 2 款规定："成年子女不履行赡养义务的，缺乏劳动能力或者生活困难的父母，有要求成年子女给付赡养费的权利。"那作为儿媳是否也有赡养义务呢？

按照《民法典》规定，法定赡养人的范围包括：老年人的婚生子女、非婚生子女、养子女、有抚养关系的继子女以及在特定情形下有负担能力的孙子女、外孙子女。儿媳并不属于法定赡养人，即法律并未规定儿媳应当对公婆履行赡养义务。但这不意味着儿媳对公婆没有协助赡养义务，我国《老年人权益保障法》第 14 条第 2 款和第 3 款规定："赡养人是指老年人的子女以及其他依法负有赡养义务的人。赡养人的配偶应当协助赡养人履行赡养义务。"

◉ 儿媳对公婆的继承权

法定继承是以继承人与被继承人之间的血缘关系和婚姻关系为前提和依据的。儿媳与公婆、女婿与岳父母之间没有血缘关系，两者属于姻亲关系。从婚姻家庭法律关系上讲，他们之间并无扶养、赡养的权利和义务，一般情况下，彼此之间不发生法定继承关系，即无论丧偶与否都不能使儿媳、女婿成为公婆或岳父母遗产的法定继承人。

但我国立法上鼓励丧偶儿媳、女婿对公婆、岳父母承担赡养义务，《民法典》第

1129条规定:“丧偶儿媳对公婆,丧偶女婿对岳父母,尽了主要赡养义务的,作为第一顺序继承人。”换言之,儿媳或女婿尽了主要的赡养义务的情况下,可以作为第一顺位继承人继承公婆或岳父母的遗产,其他任何人不得剥夺这种权利。

儿媳或女婿对公婆或岳父母尽了主要赡养义务取得的继承权既不受其子女是否代位继承的限制,也不影响其子女的代位继承权。丧偶儿媳的丈夫或丧偶女婿的妻子先于公婆或岳父母死亡时,其子女可以代位继承祖父母、外祖父母的遗产。在这种情况下,其子女是否代位继承并不影响丧偶儿媳或丧偶女婿对公婆或岳父母遗产的继承权;反之亦然。

◉ 主要赡养义务的认定

丧偶儿媳享有继承权的前提条件是对公婆尽到了主要赡养义务,应当如何认定承担“主要赡养义务”呢？根据《最高人民法院关于适用〈中华人民共和国民法典〉继承编的解释(一)》第19条规定:“对被继承人生活提供了主要经济来源,或者在劳务等方面给予了主要扶助的,应当认定其尽了主要赡养义务或主要扶养义务。”在实践中具体表现在以下几方面:(1)在经济上为老人提供了扶助、供养,老人主要依靠其提供的经济条件生活。对没有生活来源或者其生活来源不足以维持其基本生活条件的老人来讲,不仅应当从生活上进行照料,而且在经济上也应给予生活费、医疗费等方面的资助。(2)为老人日常生活提供帮助,如共同生活,经常照料,为老人做饭、打扫卫生,在老人生病时送医院进行护理等。(3)对老人的帮助具有长期性、经常性。无论是生活上的照料,还是经济上的供养,必须是经常的、长期的,如果只是偶尔给几次钱、做几回饭、看望几次、提供有限的劳务帮助等,只能视为对老人有过帮助,不能视为尽了主要赡养义务,不能由此取得第一顺序继承人资格。

但实践中若出现丧偶儿媳、女婿对公婆、岳父母确实进行了照顾,如老人住院期间也进行了陪护,可以视为对老人履行了部分照顾、扶养义务,但尚不属于法律规定的尽了主要赡养义务,不能由此取得第一顺序继承人资格。那么此种情况下,丧偶儿媳、女婿是否有权请求继承公婆、岳父母的遗产呢？《民法典》第1131条规定:“对继承人以外的依靠被继承人扶养的人,或者继承人以外的对被继承人扶养较多的人,可以分给适当的遗产。”因此,丧偶儿媳、女婿确实对老人进行了较多扶养的,可以分给其适当的遗产。

傅女士一直尽心照顾老沈先生和鲁女士老两口,为老人日常生活提供帮助,尽到了主要赡养义务,依法应当获得公婆的遗产继承权,并且取得第一顺序继承人资格。

专业提示

《民法典》赋予对公婆或岳父母尽了主要赡养义务的丧偶儿媳和丧偶女婿法定继承人的地位，不仅使年老的公婆或岳父母生活得到照料，精神得到安慰，安度幸福的晚年，也有利于维护家庭与社会和谐稳定。实践中有部分人认为丧偶儿媳或丧偶女婿虽对公婆或岳父母尽了主要赡养义务，但选择再婚之后就丧失其继承权。实际上，丧偶儿媳和丧偶女婿对公婆、岳父母遗产的继承权，同他们再婚与否没有关系。丧偶儿媳和丧偶女婿是否再婚，是他们自己的人身权利，对是否继承公婆、岳父母的遗产不产生影响。只要丧偶儿媳和丧偶女婿对其公婆、岳父母尽了主要赡养义务，就应依法享有继承权。

116. 若房屋登记在一方名下，属于夫妻共同财产吗？

小朱先生的同学杨先生和他的妻子王女士为校园恋爱，毕业后同居在杨先生单位分配的房屋中，后续也顺利步入婚姻殿堂。夫妻婚后共同投资了一家互联网公司并取得一笔不错的收益，杨先生提议将收益用于购买现在居住的单位分配的房屋。王女士想知道，该房屋仅登记在杨先生名下，是否属于夫妻共同财产？

专业解析

要解答这个问题，我们可以从抽象到具体去思考分析这一问题，首先从抽象概念上理解夫妻法定财产制和夫妻约定财产制，再具体到案例中理解相关的概念，以及了解法律上对“房改房”是如何规制的。

◉ 夫妻法定财产制度与夫妻约定财产制

在法律概念里，夫妻间的财产制度分为法定财产制和约定财产制。所谓法定财产制，是依照法律规定直接适用的财产制。约定财产制是相对法定财产制而言的，是指夫妻或者即将成为夫妻的双方，以契约的形式，约定相互间的财产关系，从而排除法定财产制适用的制度。简言之，约定财产制是以夫妻的契约为依据来分配财产归属的财产制。约定财产制优先于法定财产制适用，只有在没有约定或者约定不明的情形下，才适用法定财产制。

当前法律规定的法定财产制有通过《民法典》第1062条明确的夫妻共同财产，以及通过《民法典》第1063条明确的夫妻一方个人财产。考虑到法律的稳定性和可能存在的滞后性，对现实生活中可能出现的、法典未能涵盖的情形，《民法典》第1065条引入了夫妻财产约定制度，允许夫妻双方通过协商，自行确定财产的归属和管理方式。这一规定为夫妻财产关系的灵活性和适应性提供了法律支持。《民法典》第1065条第1款规定："男女双方可以约定婚姻关系存续期间所得的财产以及婚前财产归各自所有、共同所有或者部分各自所有、部分共同所有。约定应当采用书面形式。没有约定或者约定不明确的，适用本法第一千零六十二条、第一千零六十三条的规定。"

在这一制度下，夫妻双方可以通过自行协商的方式确定财产的所有，包括确认其是否属于夫妻共同财产。

◉ 婚后以共同财产购买的婚前个人承租房屋

房改房是指已购公有住房，即城镇职工根据国家和县级以上地方人民政府有关城镇住房制度改革政策规定，凭借工龄、职称等因素，以低于市场价格购买享有部分或全部产权的房屋。由于我国《民法典》所确立的法定共同财产制是夫妻婚后所得共同制，因此，在通常情况下，除夫妻个人特有的财产或者夫妻约定属于个人所有的财产外，婚姻关系存续期间双方或一方所得财产均为夫妻共同财产，包括婚前由一方承租，婚后以共同财产购买取得所有权的房屋。

杨先生与王女士购买的房屋虽然是杨先生单位分配的房屋，但购买房屋的资金是夫妻双方婚后的共同财产，不管仅登记杨先生一人的姓名或者是登记夫妻双方的姓名，都不改变该房屋作为夫妻共同财产的性质，夫妻双方对该房屋都享有平等的、相同的权利。

◉ 婚后以个人财产购买的婚前个人承租房屋

司法实务中，除了用夫妻共同财产购买婚前一方承租的公有房屋情形外，还存在婚后以个人财产购买婚前由一方承租的公有房屋的情形。这里区别在于购买公有房屋所使用的到底是共同财产还是个人财产。

如果该房屋属于商品房、私有房等非房改房，按照约定财产制原则，以个人财产购买的房屋，尽管是在婚姻关系存续期间取得的所有权，仍应将其认定为个人财产。但如果涉及房改房问题，实务中并不当然认为这一房屋属于个人财产。按房改政策出售房屋是一种福利政策，出售价格中包含了夫妻双方的工龄折扣等福利待遇，并综合考虑夫妻的职务、家庭人口等多种因素。因此，实务中的观点认为不能简单地将以个人财产购买婚前承租的公有房屋笼统地定义为个人财产。

专业提示

自 1998 年我国取消福利分房制度之后，房改房的概念应运而生。在这一深化城镇住房制度改革过程中，实务中也面对了不少的难题，直观地反映便是前文分析的两种情形，即以共同财产或个人财产购买婚前个人承租的公有房屋的权属主体的确认问题。另外，需要注意区别，若单位公有房屋尚未被职工购买而仅作租赁，那么相关的纠纷是不属于法院管辖范围的。其为什么不属于法院管辖范围呢？从本质上讲，租赁这类房屋实际上是企业为其员工提供的一种福利形式。企业对职工的房屋分配通常附加了对职工的奖赏和福利，是单位行使管理权的表现之一，故根据《最高人民法院关于房地产案件受理问题的通知》第 3 条规定："……因单位内部建房、分房等而引起的占房、腾房等房地产纠纷，均不属于人民法院主管工作的范围，当事人为此而提起的诉讼，人民法院应依法不予受理或驳回起诉……"房改房不同于这种情形，虽然当事人仅缴部分金额，但已经发生了产权转移，相关纠纷仍然属于法院管辖范围。

117. 婚前重大疾病告知义务

杨先生与王女士，二人婚前并未进行体检。婚后不久杨先生才发现王女士患有严重性疾病，而且会影响生育并有碍婴儿健康。于是，杨先生想要知道王女士的这种隐瞒行为在法律上该如何处理？

专业解析

要解答这个问题，我们需要了解夫妻一方婚前隐瞒有关夫妻或者婴儿健康的重大疾病信息在婚姻法上受到何种规制。

◉ 婚前重大疾病告知义务的简单认识

婚前重大疾病告知义务是指夫妻在结婚之前为保障夫妻身体健康以及婴儿身体健康而需向对方告知存在影响对方或者婴儿身体健康问题的重大疾病信息的义务。我国首部《婚姻法》中,虽然没有明确规定重大疾病告知义务,但从禁止结婚的条款中可发现其中隐含的重大疾病告知义务。1950 年的《婚姻法》第 5 条规定:“男女有下列情形之一者,禁止结婚……三、患花柳病或精神失常未经治愈,患麻风或其他在医学上认为不应结婚之疾病者。”随后,1980 年修改的《婚姻法》第 6 条规定:“有下列情形之一的,禁止结婚:……二、患麻风病未经治愈或患其他在医学上认为不应当结婚的疾病。”其后,2001 年修正的《婚姻法》第 7 条规定:“有下列情形之一的,禁止结婚……(二)患有医学上认为不应当结婚的疾病。”最后,2020 年公布的《民法典》第 1053 条第 1 款规定:“一方患有重大疾病的,应当在结婚登记前如实告知另一方;不如实告知的,另一方可以向人民法院请求撤销婚姻。”

从上述立法变迁,我们能够发现《民法典》之前的《婚姻法》时代,婚前重大疾病告知义务并未被明确地规定在法律条文之中,而是需要从禁止结婚的条款中进行解释;而现在的《民法典》婚姻家庭编则将该义务明确规定下来,作为夫妻双方需向对方尽到的法律义务。虽然夫妻关系的构建与一方存在重大疾病并无实质关联,但是对影响对方身体健康,以及将来婴儿身体健康的重大疾病而言,由于会牵扯夫妻感情的基础以及优生优育等问题,所以需要通过法律的方式明确要求存在重大疾病的一方尽到告知义务。

王女士患有的疾病不仅有碍夫妻生活,以及对方身体健康,更有碍生育及婴儿健康,这自然对杨先生和王女士的感情基础有着重大影响。对这个疾病的信息杨先生有着知情权,所以王女士对此需要尽到告知义务。

◉ 如何尽到婚前重大疾病告知义务

既然夫妻一方在婚前需要尽到重大疾病告知义务,那么该义务该如何履行呢?对此,我们面临着这样一个难题:毕竟重大疾病信息属于夫妻一方的隐私,而且婚姻家庭关系更多地属于道德规范调整的范畴,所以强制一方进行告知或者要求一方真正地如实告知都将是一个难以完全解决的问题。

为此,我国有如下立法尝试:首先,国务院于 1994 年制定的《婚姻登记管理条例》(已失效)严格规定了夫妻婚前健康检查制度,而且强制要求结婚登记时需要提交婚前健康检查证明以此证明双方不存在不能结婚的疾病,若存在则不予结婚登记。这是一种家长式的严格规定,通过法律强制的方式要求夫妻相互尽到婚前重大疾病告知义务。而后,于 2003 年修改的《婚姻登记条例》却缓和了该强制规定,即虽然强制要求进行婚前健康检查但不强制要求在办理结婚登记时提交婚前健康检查证明。

通过对上述立法尝试的观察和法律条文变迁的对比,我们发现除期待对方如实告知以外,唯有通过婚前健康检查才能使对方如实履行婚前重大疾病告知义务。然而,能否通过法律强制的方式要求对方进行婚前健康检查并以此结果办理结婚登记呢？想必这样可能有违双方结婚自由,甚至侵犯一方个人人身自由、隐私权等人格权,甚至会牵扯宪法上基本权利的问题。对此,现存在的一方面强制要求婚前健康检查,另一方面又不要求登记时必须提交健康检查证明的规定能够缓和好这个冲突。因为,这个规定既能够保障夫妻间相互尽到婚前重大疾病告知义务,又能避免阻碍双方结婚自由以及侵犯一方人身自由、隐私权等人格权。

在王女士并未主动如实告知杨先生的情况下,二人可以通过婚前健康检查的方式获悉对方的身体状况和疾病信息,由此使王女士对杨先生尽到婚前重大疾病告知义务。

◉ 未尽到婚前重大疾病告知义务的法律后果

对未尽到婚前重大疾病告知义务的情况,我国婚姻法制度此前一贯的态度是不论是未尽到还是尽到了婚前重大疾病告知义务都因存在不能结婚的疾病而将所缔结的婚姻视为无效婚姻。然而,《民法典》婚姻家庭编却一改此前的态度,将婚前重大疾病告知义务明确规定为夫妻双方于结婚前需向对方尽到的法律义务,在违反该义务的情况下并不会必然导致婚姻的无效,而是会导致婚姻的可撤销,即违反该义务一方将面临对方婚姻撤销权的制裁,该撤销权的存在期限是自对方知道或者应当知道其未履行婚前重大疾病告知义务之日起 1 年。具体体现为《民法典》第 1053 条规定:"一方患有重大疾病的,应当在结婚登记前如实告知另一方;不如实告知的,另一方可以向人民法院请求撤销婚姻。请求撤销婚姻的,应当自知道或者应当知道撤销事由之日起一年内提出。"

结合前面对如何尽到婚前重大疾病告知义务的介绍,我们发现通过强制要求婚前健康检查的规定来替补夫妻一方不主动如实告知婚前重大疾病的情况,就可以通过法律强制的方式催促夫妻一方尽到婚前重大疾病告知义务。另外,不强制要求在婚姻登记时提交健康检查证明并且不以健康检查证明认定能否登记结婚,则可以保障结婚自由,而且也符合《民法典》婚姻家庭编对违反该义务的婚姻从"无效婚"到"可撤销婚"的法律转变。

杨先生可以在 1 年的撤销权期限内,仔细思量二人的感情问题以及相关情况,经过谨慎思考决定二人的婚姻状况——既可以决定撤销婚姻,也可以决定维持婚姻,而不是被婚姻法所决定。

专业提示

婚前重大疾病告知义务此前一直藏在无效婚条款背后，《民法典》婚姻家庭编将该义务明确下来，而且将违反该义务的法律后果从“无效婚”改变为“可撤销婚”。这个转变的背后是对结婚自由的尊崇，以及对个人人身自由和隐私权的尊重。杨先生在与王女士结婚前可以通过婚前健康检查的方式得知对方是否存在影响婚后夫妻身体健康甚至婴儿身体健康的疾病，在未进行婚前健康检查而且王女士也未如实告知婚前重大疾病的情况下，杨先生可以根据《民法典》婚姻家庭编的相关规定于他知道或者应当知道王女士存在这种疾病之日起1年内通过诉讼的方式撤销二人的婚姻关系。

118. 夫妻一方擅自处分共有房屋有效吗？

杨先生与王女士结婚后名下有一套学区房。小朱先生上门拜访，话里话外都在暗示想低价购买这套学区房。杨先生看在朋友一场就同意了，不久便完成了登记过户，收款后才通知王女士。王女士看着不到房屋估值六成的购房款，想知道杨先生擅自处分房屋是否有效？

专业解析

要解答这个问题，我们需要了解夫妻共同所有房屋的概念，以及法律上如何规定夫妻共同所有房屋的处分。

◉ 夫妻共同所有房屋的初认识

夫妻共同所有房屋，从字面意义而言，是指夫妻共同对房屋拥有所有权。我们需要认识到，法律上所说的共有存在两种情形，即按份共有和共同共有。通俗来讲，按份共有是指共有人按照出资确认份额，并根据份额对财产享有所有权；共同共有则是共有人对财产不区分份额地对财产享有所有权，但一般需要共有人基于某种特殊的共同关系，如夫妻关系、家庭关系以及遗产继承关系等。杨先生和王女士对该房屋到底是属于夫妻共同共有还是夫妻按份共有？

夫妻按份共有在立法上没有明确的界定，在实践中则表现为两种，一是夫妻对婚前特定财产的按份共有，二是夫妻婚后因赠与或者遗赠而形成对特定财产的按份共有。夫妻共同共有的情形相对简单，《民法典》第 1062 条规定："夫妻在婚姻关系存续期间所得的下列财产，为夫妻的共同财产，归夫妻共同所有……"综上所述，若该房屋为杨先生与王女士婚后以夫妻共同财产购买的，那么我们可以判断该房屋是夫妻双方共同共有的财产。

关于共有财产的处分，《民法典》第 301 条规定："处分共有的不动产或者动产以及对共有的不动产或者动产作重大修缮、变更性质或者用途的，应当经占份额三分之二以上的按份共有人或者全体共同共有人同意，但是共有人之间另有约定的除外。"从该规定可知，如果夫妻双方为按份共有该房屋且杨先生占有 2/3 以上份额，那么王女士则无法主张房屋买卖行为无效；如果该房屋为婚后夫妻共同财产，那么王女士就可以主张杨先生处分该房产时没有征得其同意，杨先生的处分行为应当被认定为无效。

◉ 如何认定夫妻另一方是否同意

根据《民法典》第 301 条规定可知，共同共有人要处分共有的不动产，必须经全体共同共有人同意。在夫妻共同财产关系中，共同共有意味着若夫妻中一方希望出售夫妻共有的房产，则必须得到另一方的允许，因为另一方同样是财产的所有者。在司法实践中，处理此类争议存在一个棘手的问题，即如何确定另一方是否真正同意了出售行为。

首先，确定夫妻中的另一方是否已经表达了同意是法院进行判断的关键。在法律体系中，这种同意被称为意思表示，是指表达者向他人传达其意图，即基于其意愿希望产生特定的法律效果。根据《民法典》第 140 条规定："行为人可以明示或者默示作出意思表示。沉默只有在有法律规定、当事人约定或者符合当事人之间的交易习惯时，才可以视为意思表示。"在日常生活中，如果夫妻一方同意另一方出售共同拥有的房产，这种同意可以通过书面、口头、电话或电子数据等多种形式表达。在诉讼过程中，这种同意必须由第三人通过证据举示，这一点提醒我们若作为买受方时，面对购买夫妻共同房产时，需要取得夫妻双方的明确同意并注意证据的保存。当然，实践中考虑到夫妻之间通常具有密切的联系，即使一方没有直接表达对出售房屋的意见，但如果他们的行为已经暗示了对出售的同意，那么可以推断出他们已经默示同意了这一决定。在这种情况下，我们不需要区分这种同意是事先的还是事后的，重要的是行为本身已经表明了他们的同意。

其次，"同意"的范围也至关重要。在司法实践中，有时会遇到这样的情况：夫妻一起参与了房屋买卖合同的初步讨论,但在最终签订合同时其中一方并未出席。如果房屋价格随后上涨,另一方可能会以自己未在场为由,声称最终合同中的价格未经其同意,并试图取回房屋所有权。在这种情况下,需要考虑同意的表达是否涵盖了出售价格、付款方式、交付时间等要素。实践中认为,为了维护交易安全,同时考虑到夫妻之间在人身和财产关系上的特殊性,《民法典》第 30 条所指的"同意"应被视为对配偶出售房屋的全面授权。也就是说,只要证据显示夫妻另一方曾经表达了出售房屋的意愿,就应假定这种同意包括了对配偶自主决定出售价格、付款方式、交付时间等事项的全面授权。如果夫妻另一方想要否认这种全面授权,则需要夫妻双方提供证据用以证明他们对购买者所做的出售房屋的同意明确排除了上述事项。

◉ 如何理解"支付合理对价"

除了出售夫妻共有房屋的行为没有征得王女士的同意外,我们还发现小朱先生支付给杨先生的购房款不到房屋估值的六成,对此我们还需要考虑的问题是该对价是否合理。"合理的对价",是指房屋价款与物之价值基本相当,排除不合理低价或无偿出让等情形。

在此我们需要引入《民法典》第 311 条中的善意取得制度。简单地说,就是一个人如果不知道或者没有理由知道某件物品已经被别人所有,他从第三方那里买了这件物品,而且支付了合理的价钱,那么法律就会保护买方对这件物品的所有权,认定买方无条件拥有这一物品。如你去市场买了一部二手手机,如果你不知道或者没有理由得知该手机是被偷来的,而且你也是按正常市场价格进行购买的,那么法律就会保护你的权利,承认你对手机的所有权。我们可以注意到,善意取得制度的构成要件之一就是"以合理的价格转让",这一点在《民法典》第 311 条第 1 款第 2 项中明确规定。关于价格是否合理,《最高人民法院关于适用〈中华人民共和国民法典〉物权编的解释(一)》第 18 条规定:"民法典第三百一十一条第一款第二项所称'合理的价格',应当根据转让标的物的性质、数量以及付款方式等具体情况,参考转让时交易地市场价格以及交易习惯等因素综合认定。"

专业提示

在这一问题中,我们首先需要明确,夫妻在夫妻关系存续期间所得的财产均为夫妻共同共有的财产,除了实践中涉及的两种特殊情形:一是夫妻对婚前特定财产的按份共有,二是夫妻婚后因赠与或者遗赠而形成对特定财产的按份共有。夫妻双方在婚姻关系中共同拥有财产权,对家庭中的重大财务决策,理应通过双方的充分沟通和协商来达成共识。其次，第三人是否属于善意购买、是否支付了合理对价也是我们需要考虑的问题。对价合理与否应当根据转让标的物的性质、数量以及付款方式等具体情况，参考转让时交易地市场价格以及交易习惯等因素综合认定。如果第三人购买房屋时是善意的、支付了合理的对价，并且已经完成了不动产登记，那么人民法院通常不支持另一方追回房屋的请求。如果杨先生擅自处分共有房屋并无法撤销该出售行为，进而造成王女士遭受损失，离婚时王女士可以请求赔偿损失，人民法院应予支持。

另外需要注意的是，根据《最高人民法院关于适用〈中华人民共和国民法典〉婚姻家庭编的解释（二）》第 7 条的规定，“夫妻一方为重婚、与他人同居以及其他违反夫妻忠实义务等目的，将夫妻共同财产赠与他人或者以明显不合理的价格处分夫妻共同财产”，法院将判定该行为无效；在该情况下，离婚分割夫妻共同财产时，擅自处分方可能承担少分或者不分的结果。

我们倡导夫妻双方在处理家庭事务时，秉持公平协商的原则，共同作出决策。我们坚决反对任何形式的隐瞒或捏造事实的行为，因为这些行为不仅会伤害夫妻之间的信任和感情，还可能侵犯对方的财产权益。

119. 怎样协议离婚？

杨先生常觉得婚后的日子不如单身的生活轻松自在。趁着双方年纪尚轻且未生育小孩，杨先生想与王女士协议离婚。杨先生想知道，在双方都没有过错的情况下，是否可以凭借自己的意愿与另一半协商离婚？

专业解析

要解答这个问题，我们首先需要了解协议离婚需要什么条件，在法律上又是怎样规定的。

◉ 协议离婚的初认识

协议离婚在生活中常被理解为不用打官司就离婚。我们可从字面将其理解为两个人协商着离婚,即双方自愿解除婚姻关系并对其子女、财产等问题达成了一致的协议。在符合法律规定的条件下,婚姻登记机关应当充分尊重双方当事人的意愿,承认其协议离婚的事实并颁发离婚证。

协议离婚是婚姻关系终止的原因之一,其不仅会解除夫妻双方的配偶身份和财产关系,还会影响父母对未成年子女监护、抚养、教育以及保护义务的实际履行,还可能涉及夫妻的债权人等第三人的合法权益的保护。

协议离婚也是离婚自由原则在离婚程序上的具体体现,反映了法律尊重当事人婚姻自主的现代法治精神,有助于夫妻和平分手,防止矛盾激化,进一步促进社会和谐。那么,杨先生和王女士达成一致以后就意味着他们的婚姻关系解除了吗?换言之,杨先生想要协议离婚还需要满足哪些条件呢?

◉ 协议离婚的前提条件

我国《民法典》第 1076 条规定:"夫妻双方自愿离婚的,应当签订书面离婚协议,并亲自到婚姻登记机关申请离婚登记。离婚协议应当载明双方自愿离婚的意思表示和对子女抚养、财产以及债务处理等事项协商一致的意见。"从中我们总结出以下 4 点:第一,协议离婚的当事人是夫妻双方。首先,当事人双方需要具备完全民事行为能力,即协议离婚时双方应当成年且心智健康。其次,当事人双方存在有效的婚姻关系,即结婚时当事人双方已经达到法定结婚年龄、结婚意愿真实且没有重婚等法律规定婚姻无效的情形。第二,夫妻双方的结婚登记是在我国内地的婚姻登记机关办理的。第三,夫妻双方自愿离婚并形成了书面的离婚协议书。离婚协议书应当载明夫妻双方自愿离婚的意思表示,以及对子女抚养、财产及债务处理等事项协商一致的意见。第四,夫妻双方应当亲自到婚姻登记机关办理离婚登记,该行为不可由他人代理。

在满足了协议离婚的前提条件后,杨先生和王女士还应当到婚姻登记机关申请离婚登记。

◉ 协议离婚的具体流程

在做好协议离婚后,杨先生和王女士还应当依法完成行政登记离婚的程序。根据《民政部关于贯彻落实〈中华人民共和国民法典〉中有关婚姻登记规定的通知》,行政登记离婚程序分为:申请—受理—冷静期—审查—登记(发证)。首先,申请是指夫妻双方携带结婚证、身份证以及在婚姻登记机关现场填写的《离婚登记申请书》等材料到婚姻登记机关提出申请。其次,受理是指婚姻登记员按照《婚姻登记工作规范》的有关规定对当事人提交的材料进行初审,初审无误的颁发《离婚登记申请受理回执单》。再次,冷静期是指当夫妻双方收到婚姻登记机关发放的《离婚登记申请受理回执单》后还需等待 30 日再行办理离婚手续。30 日的离婚冷静期主要用于夫妻双方细细思索，以防二人因为冲动离婚。复次，审查是指 30 日后婚姻登记员对夫妻双方是否满足协议离婚的条件再进行严格审查。最后，登记是指婚姻登记员在审查无误的情况下填写《离婚登记审查处理表》，并在当事人的结婚证上加盖印章注明“双方离婚，证件失效”，再发放离婚证。

通过了以上流程之后，杨先生和王女士便可以成功协议离婚了。对此，小朱先生产生了一个困惑，既然协议离婚如此自由，是否有人能通过“假离婚”的方式获取利益呢？

◉ “假离婚”是否可行？

“假离婚”是指夫妻双方为了某种利益假意协商离婚，在取得离婚证并获取利益后，以协议离婚的意思表示不真实为由撤销离婚登记的行为。《民法典》第 1080 条规定：“完成离婚登记，或者离婚判决书、调解书生效，即解除婚姻关系。”也就是说，婚姻关系一旦改变，便不会单纯因为“我们当初不是真的想离婚”的理由失去效力，无论夫妻双方假意协议离婚的目的为何，均不享有请求撤销的权利。离婚登记只能因为婚姻登记机关在进行离婚登记时作出了违反法律程序、超越滥用职权等《行政诉讼法》第 70 条所规定的行为时才可撤销。同样，杨先生或王女士也不能以自己当时“假装离婚”等理由，要求法院确认离婚无效。根据《最高人民法院关于适用〈中华人民共和国民法典〉婚姻家庭编的解释（二）》第 2 条的规定，“夫妻登记离婚后，一方以双方意思表示虚假为由请求确认离婚无效的，人民法院不予支持”。因此，当杨先生和王女士完成离婚登记后，二人的婚姻关系即正式解除。从法律效力方面看，根本不存在“假离婚”之说，一旦完成离婚登记，便都是“真离婚”。

专业提示

协议离婚是解除婚姻关系的严肃法律行为。夫妻双方遵循“申请—受理—冷静期—审查—登记（发证）”的程序，便可完成协议离婚。其中，离婚冷静期制度出现的目的便是防止冲动型轻率离婚。我国《民法典》第 1077 条规定：“自婚姻登记机关收到离婚登记申请之日起三十日内，任何一方不愿意离婚的，可以向婚姻登记机关撤回离婚登记申请。前款规定期限届满后三十日内，双方应当亲自到婚姻登记机关申请发给离婚证；未申请的，视为撤回离婚登记申请。”杨先生和王女士任意一方在离婚冷静期期限内如若反悔，均可通过主动撤回和置之不理的方式撤回离婚登记申请。如果王女士不愿意离婚，而杨先生坚持离婚，根据《民法典》第 1079 条第 1 款规定：“夫妻一方要求离婚的，可以由有关组织进行调解或者直接向人民法院提起离婚诉讼。”

120. 人民法院已经判决不准离婚或者调解和好的离婚案件，原告是否可以随时重新提起离婚诉讼？

杨先生决定向法院起诉离婚，人民法院经审理后判决不准离婚。过了两个月，杨先生和王女士仍旧时常会因生活琐事产生争执，杨先生随即再一次向法院起诉离婚，但收到了法院不予受理的裁定，杨先生感到十分困惑，为什么法院不允许自己再起诉离婚呢？

专业解析

要解答杨先生的疑问，我们需要对法律规定的原告二次提起离婚诉讼的时间节点要求有所了解。

◉ 原告二次起诉离婚以 6 个月为限

每个人都享有离婚的自由，而人民法院受理首次起诉离婚也是对夫妻任意一方诉权的保障。然而，离婚案件不仅仅涉及一纸法律文书，更关乎夫妻双方的人身关系、子女的成长环境以及社会的稳定。婚姻的基础源于双方的感情，只有在感情完全破裂、无可挽回时，离婚才成为一种不得已的选择。为了让夫妻双方能够有更多的时间消除隔阂，重归于好，民事诉讼法对原告第二次起诉离婚设定了 6 个月的时间限制。这一做法既是对家庭的保护，也是对社会和谐的维护，毕竟家庭是社会的基本单位，其稳固性会直接影响整个社会的安定和发展。

《民事诉讼法》第 127 条规定："人民法院对下列起诉，分别情形，予以处理……（七）判决不准离婚和调解和好的离婚案件，判决、调解维持收养关系的案件，没有新情况、新理由，原告在六个月内又起诉的，不予受理。"《最高人民法院关于适用〈中华人民共和国民事诉讼法〉的解释》第 214 条第 2 款也规定："原告撤诉或者按撤诉处理的离婚案件，没有新情况、新理由，六个月内又起诉的，比照民事诉讼法第一百二十七条第七项的规定不予受理。"由此可知，无论是判决不准离婚或者调解和好，还是原告撤诉或按照撤诉处理的离婚案件，在没有新情况、新理由的情况下，人民法院在 6 个月内并不会受理原告针对离婚事项的二次起诉。这也能解释为什么杨先生在法院判决不准离婚的两个月后再次起诉，法院不予受理。

◉ 新情况、新理由的认定

当然,法不强人所难,并非在任何时候原告方均不能在 6 个月内二次起诉离婚,只要存在有证据证明的新情况、新理由,人民法院也会对其进行受理。例如,夫妻双方在首次离婚诉讼后的 6 个月内若发生了新的冲突,感情进一步恶化,婚姻关系确实难以为继,那么这些新的事实和证据就构成了再行起诉的合法理由。这种情况下,原告在 6 个月内再次提起离婚诉讼,人民法院应依法受理。这一例外确保了法律的适应性,使那些在短时间内遇到重大问题的夫妻能够及时寻求法律保护,避免矛盾积累造成更大的伤害。又如,根据《最高人民法院关于办理人身安全保护令案件适用法律若干问题的规定》第 11 条规定:“离婚案件中,判决不准离婚或者调解和好后,被申请人违反人身安全保护令实施家庭暴力的,可以认定为民事诉讼法第一百二十七条第七项规定的‘新情况、新理由’。”另外,在首次离婚诉讼中作为被告的一方,如果之后选择向人民法院起诉离婚,则不受 6 个月时间限制的约束。这个例外的设定,既保障了婚姻中另一方当事人的诉权,也体现了法律对不同角色的平等对待和公正考虑。

◉ 分居 1 年后再次起诉离婚应当被准予

《民法典》第 1079 条第 5 款规定:“经人民法院判决不准离婚后,双方又分居满一年,一方再次提起离婚诉讼的,应当准予离婚。”该规定显示,当夫妻双方在初次离婚诉讼被法院驳回后,继续分居满 1 年,并且在此期间互不履行夫妻义务,这种长期的分居状态表明夫妻感情已经彻底破裂,基本丧失了修复的可能性。且持续提起诉讼不仅反映了当事人要求解除婚姻关系的坚定意志,也表明双方之间已经难以再通过任何方式弥合感情上的裂痕。法律在此作出强制性的规定,体现了对个体意愿的尊重,同时也避免了因为婚姻形式上的维系而给当事人带来进一步的精神和生活上的痛苦。

该规定中“一年”的时间节点与上述法律对原告二次起诉离婚设定的“六个月”有所不同。即使在首次诉讼离婚的 6 个月后,法院受理了原告的再次起诉离婚的案件,最终是否判决离婚,仍需由法官根据具体案情进行综合判断。这意味着,虽然 6 个月后原告有权再次提起离婚诉讼,但能否成功解除婚姻关系依然取决于法庭对夫妻感情是否彻底破裂的认定。而在《民法典》第 1079 条第 5 款中所规定的“一年”分居期内,法院的裁量权则相对受限。当夫妻双方在法院判决不准离婚后,持续分居满 1 年并再次提起诉讼时,法律明确要求法院必须准予离婚。

专业提示

如上所述，在首次诉讼离婚失败后，分居满 1 年会成为法院准予离婚的法定事由，但在法律上，“分居”的定义十分严格。夫妻双方除了在不同的地址居住外，还应不再相互履行夫妻义务，包括停止经济支持、生活关心等。如果仅是因为出差、治病等客观原因分开居住，或是分居时间断断续续等，都不能被认为是因分居而造成离婚的法定事由。另外，在收集有关“分居”的证据时，要注重能证明因“感情不和而分居”的证据，如记录清楚的由于双方感情问题分居并由双方签字的分居协议，相关邻居证言，双方通话聊天内容等。这些证据的存在可以帮助法院更好地认定分居的事实，并作出公正的判决。

121. 经常照顾父母的子女可以多分遗产吗？

杨先生的父亲 70 岁患病住院，杨先生在医院悉心陪伴父亲，主动承担起照顾父亲的责任，而杨先生的姐姐杨女士以工作繁忙为由很少到医院看望父亲。3 年后杨先生父亲去世，杨女士以法定继承人的身份请求继承父亲的遗产，杨先生想知道经常照顾父母的子女可以多分遗产吗？

专业解析

要解答这个问题，我们首先需要了解遗产分配的原则是什么，在法律上又是怎样规定的。

◉ 遗产分配的原则

现实生活中，许多人为了生计在外奔波，无法照顾年迈的父母。所以照顾父母大多只能选择兄弟姐妹分工，有钱出钱，有力出力。然而父母去世后，继承纠纷就出现了。照顾父母多的子女认为应该多分遗产，而其他子女则认为应该均分。那么在法律上继承遗产遵循什么原则呢？

在法定继承方式中，如果同一继承顺序中仅有一位法定继承人，则被继承人的全部遗产统归继承人所有，并不发生遗产分配问题。被继承人有若干个法定继承人，又未立遗嘱时，必然发生同一继承顺序的法定继承人之间对被继承人所留遗产如何予以分配的问题。遗产分配原则，是指同一继承顺序的法定继承人有两个或两个以上时，遗产如何进行分配的原则。《民法典》第 1130 条第 1 款规定："同一顺序继承人继承遗产的份额，一般应当均等。"这就意味着，在一般情况下，同一继承顺序的各个法定继承人，在生活状况、劳动能力和对被继承人所尽的赡养义务等方面条件基本相同或相近时，所应继承的份额应当均等，即平均分配遗产，这是对同一继承顺序法定继承人继承权的平等保护。

当然，继承同样遵循意思自治原则。《民法典》第 1130 条第 5 款规定："继承人协商同意的，也可以不均等。"这就意味着，允许继承人之间协商，对遗产作不均等的分配。同一继承顺序的法定继承人在不违背法律和道德的前提下，可以自行协商，确定各个继承人的遗产继承份额。继承人协商一致同意不均等分配遗产，应当尊重当事人的意愿，可以某些人多分，某些人少分甚至不分，但必须是全体继承人一致同意不均分，不应实行少数服从多数原则。如果各继承人之间无法协商一致而起诉到法院，在没有其他特别需要考虑的因素时，法院将按照同一继承顺序的法定继承人均等继承遗产份额的原则分割被继承人的遗产。

◉ 可以多分遗产的正当性

为弘扬中华民族的优良传统，保护老年人的合法权益，《民法典》第 1130 条第 3 款规定："对被继承人尽了主要扶养义务或者与被继承人共同生活的继承人，分配遗产时，可以多分。"尽"主要扶养义务"，是指继承人对被继承人在生活方面承担了主要劳务，如做饭、照顾、护理等，或主要负担其生活费用，给予经济扶持。有的继承人与被继承人长期生活在一起，相互照顾体贴，对被继承人特别是老年人起到了精神慰藉的作用，理应多分遗产。

在司法实践中有一种情形需要注意：被继承人有固定劳动收入、独立生活的能力和劳动能力，不要求继承人赡养或者履行扶养的义务，此时继承人的继承权是否受到影响？根据《最高人民法院关于适用〈中华人民共和国民法典〉继承编的解释（一）》第 22 条规定："继承人有扶养能力和扶养条件，愿意尽扶养义务，但被继承人因有固定收入和劳动能力，明确表示不要求其扶养的，分配遗产时，一般不应因此而影响其继承份额。"此时，有扶养能力和扶养条件的继承人不尽扶养义务不是继承人主观原因造成，而是被继承人做出的决定，因此继承人不属于未尽扶养义务。

◉ 可以多分遗产的非强制性

可以多分遗产不等于应当多分，也就意味着本分配原则不具有强制性，需要根据案件的具体情况来适用。根据《民法典》第 1130 条第 2 款规定："对生活有特殊困难又缺乏劳动能力的继承人，分配遗产时，应当予以照顾。”若在第一顺序法定继承人中，不仅包括尽“主要扶养义务”的继承人，还包括生活有特殊困难又缺乏劳动能力的继承人，则后者属于依法应当予以照顾的，因而在分配遗产时，如果遗产数量不多，则必须先多分给生活有特殊困难又缺乏劳动能力的继承人，至于对被继承人尽了主要扶养义务或者与被继承人共同生活的继承人，则可能仅取得较少的遗产份额。这体现法律对弱者的倾斜性保护，有利于维护社会的和谐与稳定。

杨先生和杨女士都是其父的第一顺位法定继承人，原则上对其父的遗产应当平均分配。然而其父生病住院期间，杨先生悉心照料，尽了主要扶养义务，按照《民法典》第 1130 条第 3 款规定，杨先生可以多分遗产。对杨女士，常以工作繁忙为由很少到医院看望父亲，按照《民法典》第 1130 条第 4 款规定的“有扶养能力和有扶养条件的继承人，不尽扶养义务的，分配遗产时，应当不分或者少分”，杨女士应当根据其情节，不分或者少分遗产。

专业提示

百善孝为先。赡养老人不仅是中华民族的传统美德，更是我国法律规定的责任与义务。成年子女作为赡养人对父母履行孝道，自古天经地义，赡养父母没有绝对的公平、平等。当然，对赡养父母付出更多的子女，法律会给予他们最大限度的公平，即对被继承人尽了主要扶养义务或者与被继承人共同生活的继承人，可以多分遗产。而对有扶养能力和有扶养条件的继承人，不尽扶养义务的，分配遗产时，应当不分或者少分。

122. 军嫂可以随意离婚吗？

杨女士与张先生结婚之后，张先生一直在军队服役。杨女士因为夫妻二人时常不能见面黯然神伤、度日如年。杨女士决定向法院起诉，请求法院解除其与张先生的婚姻关系。法院会支持杨女士的诉求吗？

专业解析

要解答这个问题,我们首先需要了解军人的婚姻是否被法律特殊保护,法律上又是如何规定的。

◉ 对军婚的特殊保护

军婚是指与现役军人形成婚姻关系的婚姻。根据《兵役法》第 6 条规定:“兵役分为现役和预备役。在中国人民解放军服现役的称军人;预编到现役部队或者编入预备役部队服预备役的,称预备役人员。”而现役军人指的是在中国人民解放军和中国人民武装警察部队服役的,具有军(警)籍和军(警)衔的军官、士兵和警官、警士及其文职干部。

军婚在我国受到法律的重点保护。根据我国《国防法》第 62 条第 3 款规定:“国家采取有效措施保护军人的荣誉、人格尊严,依照法律规定对军人的婚姻实行特别保护。”根据我国《民法典》第 1081 条规定:“现役军人的配偶要求离婚,应当征得军人同意,但是军人一方有重大过错的除外。”根据《刑法》第 259 条规定:“明知是现役军人的配偶而与之同居或者结婚的,处三年以下有期徒刑或者拘役。利用职权、从属关系,以胁迫手段奸淫现役军人的妻子的,依照本法第二百三十六条的规定定罪处罚。”由此可见,我国法律存在军婚保护制度,当军婚中非现役军人一方要求离婚却没有征求现役军人一方的同意时,人民法院一般不支持该诉讼请求。当他人蓄意破坏军婚时,也将受到比破坏一般婚姻更严重的刑事处罚。

因此,身为非现役军人的杨女士的离婚诉求若想得到法院支持,首先要征得现役军人张先生的同意。

◉ 军婚保护的渊源

军人作为从事军事工作的特殊群体,对国家和平与发展作出了极大的贡献。为消除军人的后顾之忧,激发军人保家卫国的热情,增强部队战斗力,我们应当对军人婚姻实行特别保护。军人婚姻问题看似是个人问题,实则也关系到国家安全。军人婚姻是否稳固,也关系到整个军心是否稳定。保护军婚符合国家和人民的根本利益,也是我国婚姻家庭立法的良好传统。

对军婚实行特殊保护源于革命战争年代,该制度创建于第二次国内革命战争时期。1934 年制定的《中华苏维埃共和国婚姻法》规定:“红军战士之妻要求离婚,须得其夫同意。”抗日战争时期颁布的《晋察冀边区婚姻条例》规定:“抗日军人之配偶,非于抗日军人生死不明逾四年后,不得为离婚之请求。"1950 年公布的《婚姻法》第 19 条第 1 款明确规定:"现役革命军人与家庭有通讯关系的,其配偶提出离婚,须得革命军人的同意。"1980 年公布的《婚姻法》在确立婚姻自由原则的同时,第 26 条规定:"现役军人的配偶要求离婚,须得军人同意。"2001 年公布的《婚姻法》第 33 条"现役军人的配偶要求离婚,须得军人同意"之后增加规定"但军人一方有重大过错的除外"。到 2020 年公布的《民法典》第 1081 条仍然沿袭了 2001 年公布的《婚姻法》第 33 条的规定。

在了解了军婚的保护制度之后,杨女士不禁产生疑问,难道现役军人的配偶想要离婚,只有获得对方同意才行吗?《民法典》第 1081 条规定的除外情形又是指什么情形?

◉ 军婚保护的例外

当军人有重大过错时,我们也应当保护军人配偶的权益。根据我国《最高人民法院关于适用〈中华人民共和国民法典〉婚姻家庭编的解释(一)》第 64 条规定:"民法典第一千零八十一条所称的'军人一方有重大过错',可以依据民法典第一千零七十九条第三款前三项规定及军人有其他重大过错导致夫妻感情破裂的情形予以判断。"根据我国《民法典》第 1079 条第 3 款前 3 项规定,以下情况应当视为军人有重大过错:第一,军人重婚或者与他人同居;第二,军人实施家庭暴力或者虐待、遗弃家庭成员;第三,军人有赌博、吸毒等恶习屡教不改。

此外,当军婚双方都是现役军人时,二人离婚可以不需要征得对方同意。根据《军队人员婚姻管理若干规定》第 13 条第 1 款规定:"离婚双方均为现役军人,双方自愿离婚或者一方要求离婚的,当事人所在单位党组织或者政治工作部门应当进行调解;调解无效且双方均同意离婚的,政治工作部门出具同意离婚的《军人婚姻登记证明》,由当事人到婚姻登记机关办理离婚登记;调解无效且其中一方不同意离婚的,政治工作部门出具同意离婚的《军人婚姻登记证明》,由当事人向法院提起离婚诉讼。"

当现役军人一方要求离婚时,不需要征得非现役军人一方的同意。根据《军队人员婚姻管理若干规定》第 13 条第 2 款规定:"配偶为非现役军人,现役军人一方要求离婚的,所在单位党组织或者政治工作部门应当视情进行调解;调解无效且对方同意离婚的,政治工作部门出具同意离婚的《军人婚姻登记证明》,由当事人到婚姻登记机关办理离婚登记;现役军人一方要求离婚,对方不同意离婚的,现役军人所在单位还可以商请对方所在单位或者地方有关部门进行调解,调解无效的,政治工作部门出具同意离婚的《军人婚姻登记证明》,由当事人向法院提起离婚诉讼。"

因此，杨女士作为非现役军人提起离婚诉讼时，法院应当进行调解，调解无效且张先生有与第三者同居、重婚或者其他重大过错时，不需征求张先生同意，而应当判决离婚。

专业提示

虽然我国法律对军婚进行特殊保护，但是如果非现役军人一方长年累诉要求离婚，而军人一方始终不同意离婚的，人民法院此时应当与部队政治机关加强沟通、互相配合，做好军人的思想工作，防止形式婚姻残害夫妻双方的生活。根据《军队人员婚姻管理若干规定》第 13 条第 3 款规定："配偶为非现役军人，配偶一方要求离婚，现役军人一方同意离婚的，政治工作部门出具同意离婚的《军人婚姻登记证明》；现役军人一方不同意离婚的，政治工作部门不得出具同意离婚的《军人婚姻登记证明》，但是经查实现役军人一方确有重大过错的除外。"根据《军队人员婚姻管理若干规定》第 18 条规定："军队人员所在单位党组织或者政治工作部门应当针对军队人员的婚姻纠纷，协调提供法律服务，帮助维护合法权益。"

123. 夫妻的遗嘱中没有为人工授精出生的子女保留遗产份额，遗嘱内容效力如何？

陈先生和妻子共同与某医院签订人工授精协议书，对妻子实施了人工授精（非陈先生精子），妻子顺利怀孕。后陈先生患癌住院，向妻子表示不要孩子，但妻子不同意。陈先生自书遗嘱声明不要人工授精生下的孩子，并将其名下唯一的房屋赠与其父。后陈先生去世，妻子生下孩子。孩子想知道，他有权利继承陈先生的遗产吗？

专业解析

要解答这个问题，我们首先需要了解人工授精出生子女的法律地位是什么，在法律上又是怎样规定的。

◉ 人工授精子女的法律地位

人工授精技术是一种人类辅助生殖技术，通过运用医学技术和方法对配子、合子、胚胎进行人工操作，以达到受孕目的的技术。《人类辅助生殖技术管理办法》第24条规定，人工生殖技术包括人工授精和体外受精-胚胎移植技术以及各种衍生技术。

所谓人工授精，是指采用人工方式取出精子或者卵子，然后用人工的方法将精子或者受精卵胚胎注入妇女子宫，使其受孕的一种新生殖技术。人工授精一般分为同质人工授精和异质人工授精两种情形。同质人工授精的方式，由于精子和卵子源于夫妻双方，所生子女与父母双方均存在血缘关系，为双方亲生子女，其法律地位当然适用《民法典》有关父母子女关系的规定。而异质人工授精的方式，因所生子女与父亲一方本无血缘关系，对采用此种方式进行人工授精所生子女的法律地位，常存在争议。

《最高人民法院关于适用〈中华人民共和国民法典〉婚姻家庭编的解释（一）》第40条规定："婚姻关系存续期间，夫妻双方一致同意进行人工授精，所生子女应视为婚生子女，父母子女间的权利义务关系适用民法典的有关规定。"由此明确，在夫妻婚姻关系存续期间，双方均同意进行人工授精，无论是同质授精还是异质授精，所生的子女都应视为婚生子女。也就是说，人工授精的方式，无论是同质授精还是异质授精，所生子女为婚生子女需要符合两个要件：一是人工授精是在夫妻婚姻关系存续期间进行；二是以夫妻双方一致同意为前提。陈先生和妻子在夫妻婚姻关系存续期间，一致同意通过异质授精的方式怀孕，而后妻子成功受孕，生下的孩子就是二人的婚生子女。

◉ "夫妻一致同意"的例外情形

依据《最高人民法院关于适用〈中华人民共和国民法典〉婚姻家庭编的解释（一）》第40条规定，婚姻关系存续期间，夫妻双方一致同意进行人工授精，所生子女应视为婚生子女，父母双方与所生子女的关系适用《民法典》规定的父母子女的权利义务，夫妻双方均有照顾、扶养和教育所生子女的义务。

"夫妻一致同意"的例外情形一般是指妻子未经丈夫的同意，擅自通过同质授精或者异质授精的方式生育儿女。对在夫妻关系存续期间，妻子擅自通过人工授精所生育的子女，需要区别情况对待。一般而言，女方采用同质人工授精的方式受孕，所生子女系使用夫妻二人的精子、卵细胞人工授精而生育的，与夫妻双方均具有血缘关系，无论男方是否同意，所生子女均应视为夫妻双方婚生子女。但由于未经过男方的同意，法律应给予男方进行救济的途径，可以通过提起亲子关系否认之诉来否认双方之间的亲子关系。如若女方擅自采用他人精子人工授精生育子女，由于所生子女与男方既无血缘关系又是非基于男方意愿所生，男方有权否认所生子女为婚生子女，除非男方的行为可以构成默示的同意。所谓男方默示的同意，是指在夫妻婚姻关系存续期间，女方未经男方同意，擅自进行人工授精生育子女，事后丈夫也没有明确表示异议并且实际进行抚养子女，则可以从丈夫的实际行为推定为“夫妻一致同意”。此时女方未在夫妻一致同意的情况下，通过异质授精所生育的子女也可能被认定为夫妻双方的婚生子女。“一致同意”的意思表示，不仅仅是书面形式、口头形式，在一定情形下也可以是夫妻一方的事后追认行为以及根据实际情况进行推定。

◉ 人工授精子女的继承权

在夫妻婚姻关系存续期间，双方一致同意人工授精所生子女被视为婚生子女，同婚生子女一样享有同等的权利与义务。《民法典》继承编中关于子女继承权的相关规定同样适用于人工授精子女。父母有照顾、抚养以及教育未成年子女的义务，应当为不能独立生活且缺乏经济来源的子女提供必要的保障，人工授精子女享有继承的权利。

遗嘱人立遗嘱时，虽然可以依自由意愿对其死后的个人财产进行处分，但遗嘱人在预先处分遗产时并非完全的、无限制的自由。基于遗产扶养功能和维护家庭稳定的目的等，法律规范对遗嘱人处理财产的权利进行了一定的必要限制，如《民法典》第 16 条规定：“涉及遗产继承、接受赠与等胎儿利益保护的，胎儿视为具有民事权利能力。但是，胎儿娩出时为死体的，其民事权利能力自始不存在。”《民法典》第 1130 条第 2 款规定：“对生活有特殊困难又缺乏劳动能力的继承人，分配遗产时，应当予以照顾。”《民法典》第 1155 条第 1 句规定：“遗产分割时，应当保留胎儿的继承份额。”在遗产分割时，无论在法定继承还是遗嘱继承的情形下，立遗嘱人均应当为胎儿保留必要的继承份额。胎儿出生后，继承份额由其法定代理人代为保管。

孩子是陈先生和妻子的婚生子，陈先生在立遗嘱时，房产作为陈先生唯一的遗产，应当保留孩子的继承份额，陈先生将房产赠送给其父，没有预留孩子的继承份额，涉及部分的遗嘱应当是无效的。孩子可以主张分得必要的遗产份额。

专业提示

随着科技的发展,体外授精技术日益成熟,人工授精技术解决了许多家庭不孕不育的难题,但是同时也引发了社会许多法治和伦理的难题。在夫妻关系存续期间,双方一致同意人工授精,女方受孕后,男方反悔,女方坚持生出子女,根据《民法典》第136条规定:“民事法律行为自成立时生效……”非依法律规定或者未经对方同意,行为人不得擅自变更或者解除民事法律行为。夫妻双方已一致同意人工授精,在人工授精开始后,女方已受孕的情况下,一方反悔需要经过对方同意,否则就此前作出同意人工授精的意思表示仍具有法律效力。因此,无论该子女是否在夫妻关系存续期间出生,都应当被视为夫妻双方的婚生子女。夫妻任何一方订立的遗嘱没有为胎儿保留遗产份额,违反“遗产分割时,应当保留胎儿的继承份额”,该部分遗嘱效力无效,从而有利于依法保护通过人工授精出生的子女以及妇女的合法权益。